바다의 황제

EMPEROR OF THE SEAS
Copyright © Jack Weatherford, 2024
All rights reserved

Korean translation copyright © CUM LIBRO, 2025
Korean translation rights arranged with ROBIN STRAUS AGENCY, INC.
through EYA Co.,Ltd

이 책의 한국어판 저작권은 EYA Co.,Ltd를 통해 ROBIN STRAUS AGENCY, INC.와
독점계약한 도서출판 책과함께가 소유합니다.
저작권법에 의하여 한국 내에서 보호를 받는 저작물이므로 무단전재 및 무단복제를 금합니다.

바다의 황제

쿠빌라이 칸은 어떻게 유목 제국을
해양 초강국으로 변모시켰는가

잭 웨더포드 지음 | 이재황 옮김

책과함께

바다에서 일하는 모든 이에게
경의를 표하며

일러두기

- 이 책은 Jack Weatherford의 EMPEROR OF THE SEAS(Bloomsbury Continuum, 2024)를 우리말로 옮긴 것이다.
- 옮긴이가 덧붙인 설명은 〔 〕로 표시했다.
- 중국 인명에는 기본적으로 한자를 병기했지만, 확인하지 못한 경우 원서에 쓰인 영문명을 병기했다.

들어가며
중국의 해양 황금시대

중국과 몽골 스텝의 경계로 베이징 북쪽 50킬로미터 지점에 위치한 만리장성의 쥐융관居庸關에는 1342년에 새겨진 석비가 있다. 토곤 테무르 칸의 명령으로 새겨진 비문에는 몽골의 통치자를 '바다의 황제이자 제국의 대칸'으로 언급하고 있다.[1]

'바다의 황제'는 이 책의 제목이지만, 몽골인들이 자기네 최고 통치자를 부르는 칭호이기도 했다. 그들은 육지로 둘러싸여 산 사람들이었는데도 말이다. 그들에게 바다는 온 세계를 상징했다. 내가 알기에 그들은 자기네 최고 지도자를 '바다의 황제'로 부른 유일한 문명이었다. 몽골어로 '달라이 칸Dalai Khan'이다. 그들은 이 칭호를 주화, 공식 인장, 문서에 사용했다. 유럽의 왕들과 교황에게 보내는 서신에도 썼다. 흔히 한문 기록들은 몽골인들이 "사해四海 안의 모든 것을 차지"하려 했다고 주장했다. 페르시아 역사가 라시드웃딘(유대인 지식인으로 이슬람교로 개종해 몽골제국의 서아시아 영토에서 높은 자리에 올랐다)

은 그런 용법에 대해 대칸이 "대양처럼 대단한 황제"이기 때문이라고 설명했다.[2] 쿠빌라이 칸은 또한 자신의 무한한 치세, 즉 자신의 영토가 세계에 뻗어 있음과 그것이 영원히 지속될 것임을 이야기했다.

몽골어 칭호 달라이 칸은 다른 언어에서 '왕 중의 왕'(King of Kings; Khan of Khans), '세계의 통치자'(Universal Ruler; Imperator Omnium Hominum; Weltherrscher; Padshan-i jahan; Xan-i 'alam)로 번역되었다.[3] 이런 말들은 모두 '달라이'에 들어 있는 의미의 한 측면을 포착하고 있으나, 몽골어 용법의 문자적인 진수를 담아내지 못하고 있다. 쿠빌라이가 권좌에 올랐을 때 그의 할아버지 칭기스 칸이 이끈 몽골인들은 역사상 가장 큰 제국을 건설했지만, 그 모든 것은 육상에 있었다. 쿠빌라이는 몽골인답지 않게 정복과 군대의 방향을 바다 쪽으로 돌린 사람이었다.

'바다의 황제'라는 칭호는 처음에 몽골인들이 상징적이고 정신적인 개념으로 사용해 모든 생명체의 주인을 의미했지만, 쿠빌라이 칸은 자신, 자신의 몽골제국, 중국을 위해 그것을 말 그대로의 현실로 만들었다. 그가 이끈 스텝 전사 민족은 지배적이고 세계적인 대양 해군을 건설하기에는 아마도 역사상 가능성이 가장 적어 보였을 테지만, 그는 그것을 해냈다. 쿠빌라이 칸의 성취를 현대의 지도로 옮겨 놓는다면 치세 말년에 그는 러시아의 태평양 연안 건너에 있는 섬 사할린에서부터 내쳐 나아가 이란과 아라비아반도(오만, 사우디아라비아, 아랍에미리트연합국이 있는 곳이다) 사이 페르시아만에 있는 호르무즈에 이르는 해로를 지배했다. 이전의 어떤 세력도 그렇게 하지 못했고, 이후에도 그런 일은 없었다.

21세기에 일부 관찰자들은 중국이 세계적인 해양 강국으로 부상하는 것을 보고 깜짝 놀랐다. 서방의 반응은 경멸과 놀라움 수준의 불안 사이에서 흔들거리고 있다. 중국이 세계 정치에서 지배적인 행위자로 떠오른 것은 세계사 속의 한 단절로 취급되었다. 육상 중심의 나라이자 내향적인 유교 국가에 어울리지 않는 일이었다. 그러나 이 책의 중심에 있는 놀라운 인물이 보여주듯이 중국의 해상 제국은 새로운 것이 아니다. 중국은 사상 최초의 해상 초강국이었다.

차례

들어가며 중국의 해양 황금시대   7

프롤로그 마르코 폴로의 여행   13

1부 쿠빌라이: 자격 없는 황족

1장 | 몽골인들의 남하   21
2장 | 먼지 속에 그대로   33
3장 | 두 대륙의 형제들   47
4장 | 뭉케의 대칸 즉위와 몽골의 전쟁 재개   57
5장 | 태평양에서 지중해까지의 전쟁   65
6장 | 쿠빌라이의 기지개   83

2부 바다로 나간 쿠빌라이

7장 | 중국의 강해장성   105
8장 | 자금 조달로 시작된 군비 경쟁   121
9장 | 쿠빌라이의 공격용 수군 건설   131
10장 | 대원, 거대한 시작   145
11장 | 일본 앞바다의 혼돈   165
12장 | 범람 전의 타락   181
13장 | 대송의 대단원   187
14장 | 나라 없는 수군   203

3부 바다의 실크로드

15장 | 일본 상공의 검은 바람   219

16장 | 시장, 돈, 살인   245

17장 | 밀림에서 사라지고 해상에서 떠돌고   259

18장 | 베트남 대신 이집트로   277

19장 | 몽골 공주와 호랑이   291

20장 | 쿠빌라이 시대의 종말   309

4부 쿠빌라이 이후의 고요와 쇠락

21장 | 철인과 연꽃   317

22장 | 정복에서 상업으로   329

23장 | 이윤과 쾌락, 시와 허영의 항구들   337

24장 | 썩어가는 배, 가라앉는 화폐   351

25장 | 바다에서 철수하는 중국   361

26장 | 늑대는 우중에 온다   381

27장 | 엠프러스오브차이나호의 출항   393

에필로그 역사는 총아를 허락하지 않는다   411

감사의 말   415
옮긴이의 말   419
주   423
찾아보기   455

프롤로그

마르코 폴로의 여행

쿠빌라이 칸이 새 조정을 꾸리고 있을 때, 당시 알려진 세계의 반대편에서는 마르코 폴로가 등을 스치는 뜨거운 사막의 바람을 맞으며 바다를 응시했다. 그의 모직 옷은 땀에 젖어 무거웠다. 그는 아직 스무 살이 되지 않은 앳된 얼굴의 젊은이였고, 아시아를 가로지르는 사업 여행에 다시 나서는 아버지 및 숙부와 함께 1271년에 고향 베네치아를 떠났다. 마르코는 장부 담당이자 실습생이었다. 그들은 동부 지중해를 건너 아크레 항과 아야스 항을 거친 뒤 육로로 페르시아만 입구의 호르무즈까지 여행했고, 여기서 안전하게 인도양을 건너 중국까지 갈 배를 찾고자 했다. 아직 그들은 쑵쓸한 실망만 맛보고 있었다.

마르코 폴로는 호르무즈 해협을 바라보았다. 그 해협은 오만만으로 이어지고, 인도양으로 들어가며, 세계의 모든 바다와 연결되었다. 호박, 상아, 말, 사향, 의류 판매로 유명한 번화한 무역항을 만날 것이라고 기대했던 그는 우중충한 거리, 뒤죽박죽인 흙집, 욕심 사납게 경비되는 창고가 있는 햇볕에 바랜 도시 호르무즈를 실망스러운 눈으로 바라보았다. "그곳은 아주 역겨웠고, 햇볕의 열기가 엄청났다"고 마르코 폴로는 나중에 말했다. 현지 주민들은 고기나 곡물을 구하기 어려워 대추야자, 절인 생선, 양파를 먹고 살았다고 그는 전했다.

몽골제국은 해안선 안에 갇힌 육상 제국이었다. 마르코는 몽골이 교역을 장려하고 외국 상인에게 특혜를 준다는 얘기를 아버지에게서 들었지만, 그렇게 강력한 몽골인들이 물을 두려워한다는 것은 아직 알지 못했다. 그들은 서아시아 대부분을 정복한 뒤 구태여 페르시아의 해안을 점령하려 하지 않고 대신에 자기네의 새 수도를 이란 북부 타브리즈(현대의 아제르바이잔과의 국경에 가까운 곳이다)에 두는 편을 택했다. 말에게 매우 적합한, 온화한 산악 목초지와 비옥한 평원이었다.

그러나 북적이는 상업 항구 베네치아 옆에서 자란 젊은 마르코 폴로에게 정말로 충격적이었던 것은 호르무즈에서 본 배들이었다. 그는 항구에 널려 있는 갖가지 구색의 작은 다우선들을 보며 이렇게 탄식했다. "그들의 배는 형편없었다. 많은 배들이 쇠못도 없이 그저 코코넛섬유(인도산 견과 껍질에서 추출한 섬유로 꼰 실이다)로 판자를 꿰매기만 한 수준 미달이었다." 그는 금세 그 배들이 얼마나 허술한지를 간파하고 놀라움을 표했다. "배는 역청을 칠하지 않고 어유魚油를 발랐다. 돛대 하나에 돛도 하나, 키도 하나였고, 갑판이 없어 화물을 실으면 그냥 그 위에 덮개를 펼쳐 덮었다. 덮개는 동물 가죽으로 만들었고, 이 가죽 위에 자기네가 인도로 가지고 가서 팔 말들을 실었다."

마르코는 지중해에 익숙했다. 그 섬들은 하루도 안 걸리는 거리에 있었다. 그는 이제 대양이 얼마나 더 위험한지도 알았다. 광활하고, 파도가 크며, 바람이 거센 곳이었다. "따라서 그런 배를 타고 항해하는 것은 위험한 일이었다. 저 인도양에서는 흔히 무시무시한 폭풍우가 휘몰아쳤기 때문이다."[1]

마르코가 여행에 나서기 전에 그의 아버지와 숙부는 이미 육로로 중국에 갔다가 베네치아로 돌아온 바 있었다. 칭기스 칸이 창안한 오르토örtöö 또는 잠jam; 站으로 불린 중계 우편 제도 덕분이었다. 몽골인들은 정복하는 곳마다 인구 조사를 실시하고, 대략 50킬로미터 간격으로 역驛을 만들었다. 역에서는 관의 통신 전달자(그들은 하루에 320킬로미터 안팎을 갈 수 있었다)에게 말, 물품, 음식을 제공하는 것 외에 상인들을 위해 숙박, 물자 공급, 금융 서비스도 제공했다. 무엇보다도 그들은 한 역에서 다음 역까지 보호와 안전 보장을 제공했다.

이런 식으로 칭기스 칸은 역사상 처음으로 태평양에서 지중해까지 이르는 동방과 서방을 하나의 통신 및 수송 체계로 통합했다. 놀라운 위업이었지만, 오로지 육상에 국한되었다. 칭기스 칸의 제국은 해상에서는 작동하지 않았다. 폴로 가족에게 선택지는 뻔했다.

마르코와 그 아버지, 숙부 등 세 이탈리아 상인은 예상과 달리 바다 대신 더 안전한 육로의 몽골 역참 연결망으로 발길을 돌렸다. 중국까지 가는 실크로드를 되살리고 확장한 연결망이었다. 그들은 걷거나 말 또는 낙타를 타고 먼지를 마시는 여행을 감내해야 했지만, 몽골 병사들의 주의 깊은 보호 아래 상단商團의 뒤를 따라 한 교역소에서 다음 교역소로 이동하며 유라시아 내륙을 안전하게 횡단했다. 그들은 거의 3년이 걸려 1275년 이전 어느 시기에 마침내 중국에 도착했고, 그런 뒤에 쿠빌라이 칸의 궁궐 문을 향해 나아갔다.

*

　1294년, 20년 가까운 여행 끝에 마침내 고국으로 돌아가는 늙고 풍상에 찌든 마르코 폴로가 그의 생애 두 번째이자 마지막으로 호르무즈 항구에 접근하고 있었다. 이번에는 대선단을 이룬 매끈하고 현대적인 중국 선박을 타고서였다. 그는 베네치아로 가는 긴 귀국 항해를 중국 취안저우에서 출발했다. 베트남 해안으로 내려가고, '향신료 제도'로 불린 인도네시아의 말루쿠제도를 거치고, 북쪽 믈라카 해협으로 들어가고, 벵골만을 건너고, 스리랑카에 들른 뒤, 인도 서해안을 따라가다가 아라비아해를 건너고, 오만만을 지나 마침내 호르무즈 항구로 돌아왔다. 귀국 여행은 해로로 1만여 킬로미터를 이동했으며 2년이 걸렸다. 이번에 그는 쿠빌라이 궁정의 손님으로서 커다란 해상 궁전의 개인 특실에 편안하게 머물며 여행했다. 갑판에는 중국의 비단, 자기, 사향, 의약품, 그리고 인도·스리랑카·자바에서 난 귀한 향신료가 가득 실려 있었다. 그 불과 20년 사이에 대양 항해는 쿠빌라이 칸의 통치 아래서 근본적인 변화를 겪었다. 이때 쿠빌라이는 이 시대에 가장 크고 최첨단기술로 만들어진 중국의 '정크선' 선단을 세계 반 바퀴 건너에 보냈다.

　폴로를 고국으로 데려다주는 선단의 지휘선에 탄 몽골인 중에 가장 지위가 높은 사람은 쿠케진Kökejin 공주였다. 고국에서 비단, 보석, 호랑이 등 많은 지참금을 가지고 출발해 한 번도 본 적이 없는 몽골인에게 시집가는 것이었다.[2] 믿을 만한 공주의 초상화는 없지만, 당시 몽골 문헌에는 아름다운 왕비가 눈이 반짝거리고 뺨이 볼그스름한 '동그란 얼굴의 여성'으로 그려졌다. 공주를 모시고 가는 사람들은 중국 관리 외에 페르시아 사절과 이제 중년이 된 마르코 폴로도 있었다. 그는 당시 인생의 절반을 중국에서 보낸 셈이었고, 나중에 중국 여행에서 본 바를 기록해 후대의 유럽인 탐험가들에게 자극을 주었다. 우리는 그의 저작에서 그가 모호하게만 이해했던 무언가를 발견할 수 있다. 바로 쿠빌라이 칸이 그 20년 동안에 이룬 것에 대한 조사다. 쿠빌라이는 세계 최대의 수군을 건설했다. 그 수군을 거느리고 중국을 통일하고, 북극 지방의 태평양에서 열대 중국 해안에까지 뻗치는 상업 연결망을 더욱 확대했다. 그는 해상 세력을 기반으로 한 국제 질서와 세계 상업이라는 완전히 새로운 체제를 만들었다. 쿠빌라이는 역사의 무대를 육지에서 바다로 옮겨놓았다.

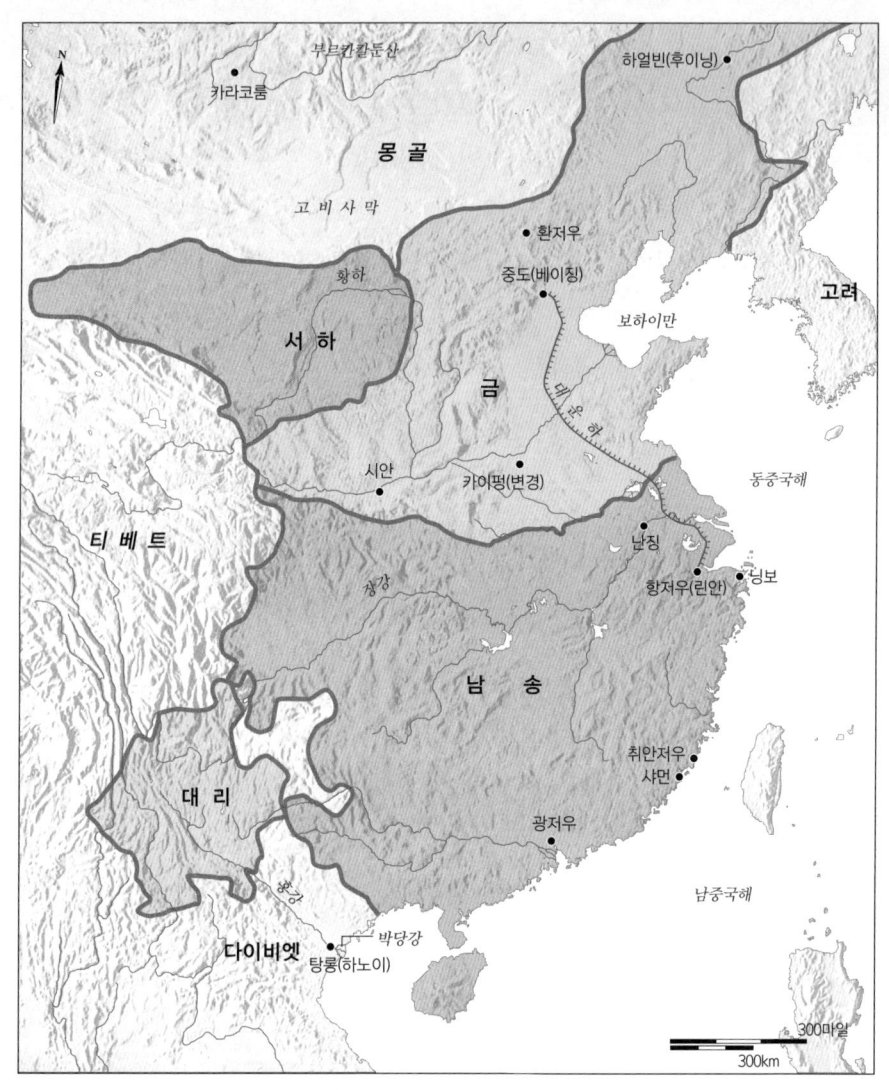

남송 왕조(1127~1279)와 금 왕조(1115~1234)

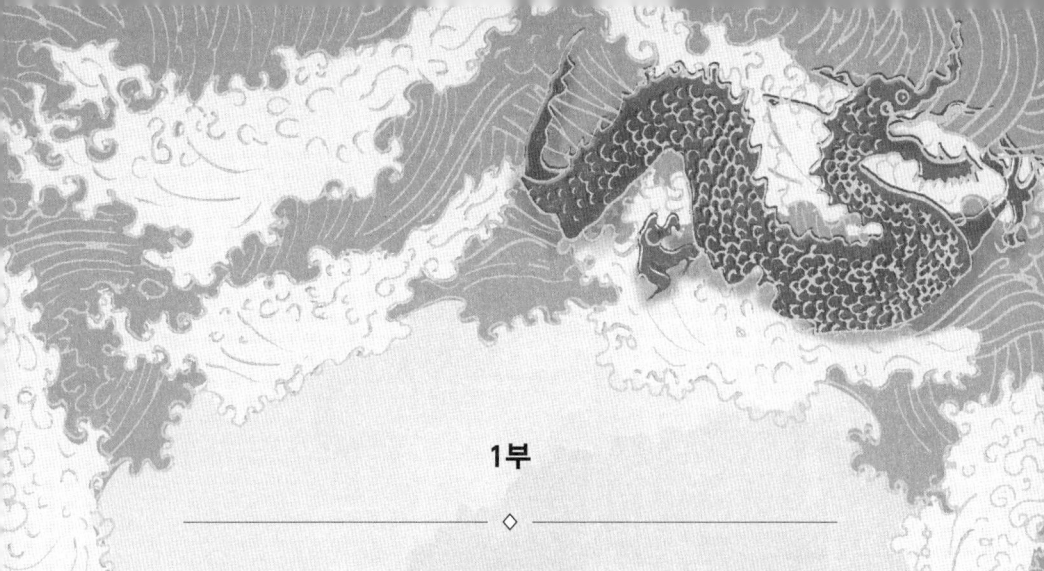

1부

쿠빌라이: 자격 없는 황족

천명天命을 받은
보르테치노(푸른 이리)와 코아이마랄(아름다운 사슴)이
바다 건너에서 와서 부르칸칼둔산에 정착했다.
—《몽골비사》서두

1장

몽골인들의 남하

쿠빌라이의 무용담은 그가 탄생하기 4년 전인 1211년 쥐융관에서 시작된다. 금 왕조의 수도 중도中都(지금의 베이징) 중심부에서 서북쪽으로 불과 50킬로미터 떨어진 이곳은 중국의 심장부로 들어오는 관문이었다.[1] 쿠빌라이 생애의 서막은 그의 할아버지가 고비사막을 건너 중국의 드넓은 평원으로 내려가는 원정을 조직하기 시작하면서 올랐다. 중국은 아직 태어나지 않은 쿠빌라이의 운명이 실현될 곳이었다. 가을이 여름풀의 마지막 빛깔을 앗아가고 겨울바람이 호수를 얼음으로 칠하기 시작하자 위대한 정복자 칭기스 칸은 부하들 및 말들을 이끌고 고비사막을 건널 준비를 했다. 그들의 말은 여름내 풀을 뜯고 달려 잘 먹고 강해졌으므로 10월은 그들이 겨울 원정에 나서 남쪽을 향하기 딱 좋은 달이었다.

첫눈이 내린 날 아침, 몽골 전사들은 벌거벗은 채 눈밭을 굴렀다. 다가오는 추위를 대비하는 것이었다. 전통적으로 사냥과 습격을 벌이는 이 계절의 얼어붙는 날씨 속에서 몽골 군대는 빠르게 이동했다. 칭기스 칸이 자기 군대의 눈[目]이라고 불렀던 그들의 깃발은 삭풍 속에서 펄럭거렸다. 특수 수레에 실린 큰 소가죽 북은 그 군대의 귀로서 기병들이 고비 고원의 탁 트인 지평선, 자갈이 깔린 사막, 모래 언덕을 건너 남쪽으로 떼 지어 이동할 때 서로 긴밀한 접촉을 유지할 수 있도록 힘차게 울렸다. 비옥한 스텝에 살던 기병들에게 이곳의 풍광은 낯설었고, 그래서 그들은 밤낮으로 깃발을 향해 가호를 빌고 계속해서 말 젖을 바치며 제사를 올렸다. 밤중에 무당들이 작은 북을 두드려 말발굽 소리를 흉내내고 상상 속의 기병대를 일으켜 그것으로 이 땅에 떠도는 귀신들에게 자기네의 임무를 알리고 건너가도 되는지 허락을 구했다.

몽골 기병들은 고원의 내리막길에서 조심조심 길을 갔다. 가파른 경사지를 천천히, 그리고 조심스럽게 내려갔고, 말을 탈 수 있을 때는 탔지만 필요할 때는 말에서 내려 끌고 갔다. 바닥으로 내려온 몽골 병사들은 중국의 북부 평원을 내달렸다. 그들에게는 미지의 세계였고 전설적인 부가 있는 곳이었다. 몽골인들은 이 중국 북부 지역을 키타이Kitai(마르코 폴로는 카타이Cathay로 표기했다)라고 불렀다. 그들의 친척인 거란족의 이름에서 온 것인데, 거란족은 전에 요遼(916~1125) 왕조를 세워 이 지역을 통치하다가 금(1115~1234) 왕조에 자리를 내주었다.

덜거덕거리는 수레들, 황소의 울음, 달리는 말의 소리에 땅이 우르릉거렸을 것이다. 몽골 병사들의 출현은 한반도에서부터 헝가리까지 그들을 보는 모든 사람을 두려움에 떨게 했다. 그들이 탄 말은 작았고, 몽골인들은 앞이 뾰족한 쇠가죽 장화를 목제 등자에 확실하게 찔러 넣은 채 서서 말 타는 것을 좋아했다. 큼직한 델deel(그들의 무거운 모직 외투 이름이다)을 입고 무릎까지 오는 장화를 신고 넓은 모피 모자를 쓴 채 이렇게 서면 실제보다 훨씬 더 커 보였다. 몽골 전사들은 또한 대개 피부색이 매우 희고 뺨은 넓으며 선홍색이었다. 그들은 이〔蝨〕를 방지하기 위해 윗부분의 머리털을 밀었지만, 양쪽 귀 바로 위부터 달려 있는 긴 머리칼 가닥은 남겨두었다. 앞머리의 작은 가닥은 이마로 내려뜨렸으나, 그 양쪽에 민 부분 때문에 길게 늘어뜨린 머리칼과는 이어지지 않았다. 이 머리 모양은 유목민 전사들에게는 실용적이었겠지만, 의도했든 의도하지 않았든 전쟁터에서 거의 악마와 같은 그들에 대한 공포심을 더욱 부추겼다.

 말과 전사는 하나였다. 옛 속담에서 이야기한 대로 말 없는 몽골인은 날개 없는 새였다. 기수와 말은 서로의 근육 움직임을 하나하나 잘 알았다. 활(말을 탄 상태에서 쏘았다)을 가진 몽골 전사는 그들이 어떻게 보이는지와 상관없이 치명적이고 꺾을 수 없을 듯한 상대였다. 현대의 전차가 만들어지기 전에는 역사 속에서 대적할 것이 없는, 움직이는 전쟁 기계였다.

 그들의 지도자 칭기스 칸에 대해 이슬람 자료들은 "키가 크고, 풍성한 체구에, 몸이 튼튼하고, 얼굴의 수염은 성글고 희어졌으며, 고양이 눈에, 대단한 힘과 분별력과 천재성과 이해력을 지녔다"고 묘사했다. 그의 행동은 "두려움을 불러일으키고, 도살자이고, 공정하고, 결연하고, 적을 넘어뜨리고, 용맹하고, 살벌하고, 잔인"하다고 이어갔다.[2] 칭기스 칸이 꼭 정복하려고 오는 것은 아니었다. 그는 '황금 칸'(그들은 북중국의 황제를 이렇게 불렀다)의 부유한 금나라 도시들을 약탈하고, 중국과 유라시아 대륙의 나머지 부분들을 연결하고 있어 돈이 되는 실크로드의 통제권을 장악하기 위해 왔다.

칭기스 칸은 도시들을 보호하고 있는 성벽과 금나라 군대의 거대한 성채를 기어오르기에는 자기네 군대의 능력이 제한적임을 알고 있었다. 늘 그렇듯이 수적으로 훨씬 열세인 몽골은 거친 힘보다는 전략과 기습에 의존했다.³ 첫 번째 방책은 속임수였다. 칭기스 칸의 장수 제베Jebe는 작은 몽골군 분견대를 이끌고 금나라의 첫 번째 전초기지로 가서 성문을 향해 기병 공격을 감행했다. 그러나 그들은 건성으로 싸우는 듯하다 돌아서서 서둘러 퇴각하기 시작했다. 무기, 수통, 식량, 기타 병사들이 소중히 여기는 것들을 버려둔 채 말이다.

명백히 손쉬운 승리에 힘이 솟구친 수비병들은 사방으로 달아나는 몽골 습격자들을 뒤쫓고 전쟁터에 흩뿌려진 전리품을 거두기 위해 무질서하게 달려 나왔다. 그러다 몽골 대군이 양쪽에서 다가오고 있는 것을 뒤늦게야 알아차렸다. 들판에서 독 안에 든 쥐가 된 금나라 군은 당황해 우왕좌왕했고, 몽골 병사들은 금세 손쉬운 승리를 거두고 난공불락의 성채로 밀고 들어가 성은 이제 칭기스 칸의 차지가 되었다.⁴ 많은 금나라 병사가 배반해 칭기스 칸의 군대에 합류했다. 특히 거란족 출신들이 그랬다. 그들은 1125년 금나라에 패하기 전까지 200년 동안 북중국을 지배하던 민족이었다. 비슷한 말을 쓰는 몽골인들은 거란족에게, 자기네 지배자인 금나라를 상대로 복수할 기회를 주었다.

한편 지금 내몽골의 산뎬허閃電河(상도하上都河) 강변에서는 몽골 기병들이 좁고 얼어붙은 강을 건넜다. 나중에 쿠빌라이가 유명한 그의 여름 수도 상도上都를 건설하게 되는 곳에서 멀지 않은 또다른 작은 전초기지 환저우 성의 수비병을 기습 공격하기 위해서였다.⁵

군대는 성벽 바깥에서 멈췄다. 이때 수비병들은 몽골의 위장 패배 전술을 들은 뒤였고, 술수에 말려들지 않았다. 성은 토성이었고 특별히 거대하지도 않았지만 몽골 병사들은 그곳을 기어올라갈 수 없었다. 몽골인들은 사다리를 타고 올라가야 했으나 말에서 내리려고 하지 않았고, 특히 쏟아지는 화살을 헤치고 토성을 넘는 것을 싫어했다. 성벽을 오르는 것은 통상 잘못을 저지른 것에 대한 처벌로서 가련한 사람들에게 강요되었다. 《몽골비사蒙古祕史》에 따르면 죄수들은 "열 손가락의 손톱이 다 닳도록 성벽을 기어올라가야" 했다.[6]

환저우의 성벽과 해자 앞에 선 병사 수베데이는 소년 시절 산에서 바위를 기어오르고 벼랑을 올라가며 구렁을 뛰어넘고 치고받고 싸우던 일을 떠올렸다. 그는 용감하게 말에서 내린 열 명의 분대를 이끌고 달려가 넋이 나간 수비병들이 대응하지 못하는 사이에 성벽을 올랐다.

그저 그런 전사였던 이 사람은 이때부터 '수베데이 바아타르Subedei Baatar'로 알려지게 된다. '영웅 수베데이' 또는 '용사 수베데이'라는 뜻이다. 나중에 몽골군은 벼랑을 오르거나 바위를 오르는 특수부대를 추가한 데서 얻은 교훈을 적용하게 되는데, 이들은 캅카스 지역, 이란 북부, 알라무트의 아사신파 이슬람교도 거점을 정복하는 데 중요한 역할을 했다.[7] 그런 적응성은 몽골의 강대한 힘을 구성하는 한 요소였으며, 그것은 이 역사의 핵심 주제 중 하나다.

이 전투(그리고 실로 이 책에 나오는 많은 사건들)에 대한 가장 중요한 자료는 그 주위에서 일어나는 일들을 보고 기록한 사람들의 저작이다. 그들은 학자가 아니었다. 칭기스 칸이 죽은 직후에 완성된 《몽골비사》는 칭기스 칸의 의형제인 타타르부 출신의 시기 쿠투쿠Shigi

Qutuqu가 편찬했으며, 이는 몽골 구전 역사의 잔편과 자신이 몽골 황실 가문에서 자라면서 본 것들을 열심히 모은 결과물이었다. 한 학자는 이렇게 말했다. "《몽골비사》에는 몽골에 관한 현대 유럽 저작들에 나오는 영웅적 행위나 낭만성도 없고, 동양 역사가들이 쏟아내는 칭찬과 찬양도 없다. 진짜 몽골의 무대에서 벌어지는 충격적이고 투박하며 야만에 가까운 사실성을 접할 수 있을 뿐이다."[8]

《몽골비사》에는 생애가 기록된 사람들의 신체 묘사가 별로 없다. 칭기스 칸에 대해서는 어떤 저작이나 종류를 막론하고 묘사나 초상이 금지되었다. 칭기스 칸이 죽은 뒤 몽골의 예케야르구치yeke jarguchi(수석재판관)가 된 시기 쿠투쿠는 당시의 사건과 말들을 적었지만 꾸미는 말을 덧붙이지는 않았다. 세 세대가 지나고 마르코 폴로 같은 외부인이 오고 나서야 신체 묘사가 나온다. 그것도 그가 본 사람들뿐이었다. 쿠빌라이는 만년에 이르러서야 약간의 묘사와 초상을 허락했다. 그러나 이전 세대는 여전히 빈 화폭이었고, 그저 몇 마디 말로 기록되었다. 대개 적에게 공포감과 두려움을 심어주려는 것이었지 사실을 알려주려는 것은 아니었다.

《몽골비사》에 인용된 그들의 적 하나는 수베데이와 그 동료들이 초자연적인 힘을 가지고 적들에게 간 것으로 묘사했다. "인육을 먹고 자란 개 같은 자들이 (…) 사슬을 감고, (…) 코를 자를 끌과 혀에 꿸 송곳을 맸다. 쇳덩이 같은 심장에 칼 대신 채찍을 들고, 이슬을 마시고 바람을 타며, (…) 살육하는 날에 그들은 인육을 먹는다. 전투하는 날에 그들은 인육을 식량처럼 먹는다."[9] 이 단순한 사냥꾼은 칭기스 칸의 장수들 가운데 가장 성공한 사람이자 아마도 역사상 가장 위대한 전략가 중 한 명이 될 운명이었다.[10]

계절에 따라 5만에서 10만 명 사이의 몽골인 기병으로 이루어진 군대를 거느리고 칭기스 칸은 15만이 넘는 금나라 군대를 쉽게 격파했다. 몽골이 취약한 금나라 환저우의 방어벽을 뚫자 중앙의 수도로 가는 길이 활짝 열렸다. 1214년 봄 마침내 금나라를 무너뜨리고 중도를 점령한 뒤 칭기스 칸은 실크로드 일대의 통로를 장악했고 이에 따라 중국의 육상 무역에서 독점권을 행사했다.

가장 영리한 대신들의 조언을 듣지 않았던 비겁한 금나라 황제를 칭기스 칸은 자비롭게도 살려주었는데, 황제는 이듬해 수도를 버리고 조정을 남쪽으로 800킬로미터쯤 떨어진 변경汴京(카이펑開封)으로 옮겼다. 몽골 군대의 힘이 그곳까지는 미치지 않으리라고 생각했다. 칭기스 칸에게 이것은 명백한 배신이었고, 몽골에 대한 황제의 복종 의무를 저버린 것이었다. 칭기스 칸은 두 번 다시 패배한 군주를 살려두지 않았다. 이후 그의 치세가 끝날 때까지 고수한 전략은 그 자신이 시적으로 이야기한 이런 것이었다. "물리치고 파괴한다, 그들이 더이상 남지 않을 때까지muquli musquli ügei bolqan."[11] 어떤 적의 지도자도 도망칠 수 없었다. 몽골 전사들은 아무리 먼 곳이라도 끝까지 쫓아가서 잡았다.

칭기스 칸은 이듬해인 1215년 6월에 중도로 돌아와 그곳을 재정복했다. 이번에는 그곳을 편입시켰다. 이제 그의 정책은 그저 약탈을 하는 것에서 정복하고 점령하는 것으로 바뀌었다. 17세기 몽골의 불교 문헌 《황금 연대기Altan Tobchi》는 이렇게 요약했다. "축복받고 성스러운 칭기스 칸은 다섯 색깔, 4대 외국, 361개 씨족, 721개 언어를 사용하는 큰 나라들로부터 공물을 끌어 모았다."[12]

*

남중국에서는 당시 가장 부유하고 가장 선진적인 제국 송나라의 용의주도한 관리들이 북쪽의 두 나라 몽골과 금이 서로 싸우는 것을 지켜보았다. 패배하고 남쪽으로 쫓겨와 북쪽의 금나라에게 끊임없이 시달린 송나라는 신흥 세력 몽골이 마음에 들었다. 그들이 대리 복수를 해줄지도 몰랐다. 이제 송 조정은 북쪽의 두 늑대가 서로의 목을 물어뜯는 것을 지켜볼 수 있었다. 중도 함락 이후 상급자에게 보고하는 만족스러운 결말로서 몽골 병사들은 금나라 수도를 "녹이고 깨뜨리며 부수고 대부분 파괴"했다.[13] 칭기스 칸이 금나라를 남쪽으로 몰아내자 중국은 이제 북에서 남으로 세 나라가 늘어선 형국이 되었다. 옛 중국의 관료제 국가 송이 가장 넓은 영토를 차지하고 있었다. 주로 장강 이남이었다. 강력한 몽골은 북쪽을 점유하고 있었고, 금은 황하와 장강 사이에 축소됐지만 만만찮은 완충 국가로 남아 있었다.

그때 한 천연 장애물이 몽골 군대를 당혹스럽게 했다. 바로 강이었다. 칭기스 칸은 중국을 가로질러 흐르는 큰 물줄기인 황하 남쪽으로 출정하고 싶지 않았다. 고향의 기지에서 너무 멀어지면 위험에 노출될 터였다. 서쪽에서 동쪽으로 흐르는 중국의 강들은 그 어떤 성벽보다도 몽골 군대를 더 잘 막을 수 있는 방벽이었다. 중국 정복을 위한 원정이 답보 상태에 빠지자 칭기스 칸은 1217년 병력 일부를 이끌고 중앙아시아의 보다 쉬운 목표물을 취하기 위해 철수했고, 결국 남쪽으로 가서 아프가니스탄까지 정복했다. 그러나 그는 잘라이르 부족의 장수 무칼리Muqali에게 몽골군 대병력을 주어 중국에 남게 했고, 칭기스 칸은 그의 관리 중 한 사람에게 처음으로 중국식 칭호인 귀옹gui ong 직위를 주었다. 귀옹은 한자어 '국왕國王'을 그들 방식으로 읽은 것으로, '총독' 정도의 개념이었다.[14] 중국식 관행에 다가서는 이 임시 조치에도 불구하고 칭기스 칸이나 무칼리는 모두 관부를 만들 거나 새 왕조를 수립하지는 않았다. 그들은 몽골인들의 착취와 궁극적인 군사적 통제 아래 중국인들이 스스로 통치하게 했다.

그들이 강을 두려워하기는 했지만, 빙판 위에서 싸우는 능력은 몽골을 따라갈 군대가 없었다. 그리고 한겨울에 몽골군이 갑자기 들이닥친다면 서쪽의 도나우강에서부터 멀리 남쪽의 히말라야산맥과 중국의 강 건너에 이르기까지 방심하고 있던 주민들을 공포에 떨게 할 수 있었다. 칭기스 칸은 그의 남은 생애 10년 동안에 대체로 수베데이의 군사적 전문기술에 의존해 유라시아 일대의 광대한 '겨울 구역'을 손아귀에 넣게 된다. 한반도, 만주, 티베트, 아프가니스탄, 캅카스 지역, 시베리아, 그리고 북중국 대부분이었다. 산악과 사막은 몽골인들에게 아무런 문제도 되지 않았다.

*

칭기스 칸이 미래의 베이징을 점령한 해인 1215년 9월, 그의 막내 아들 툴루이와 혼인한 며느리 소르콕타니Sorkhokhtani 베키(최근 정복한 케레이트 부족 출신의 기독교도 왕비로, 매우 재능이 있고 세계주의적이며 영향력 있는 여성이었다)가 쿠빌라이를 낳았다. 쿠빌라이는 돼지해에 태어났고, 그의 형 뭉케는 6년 전인 1209년 초, 음력으로는 용의 해 마지막 달에 태어나 훨씬 상서로운 조짐을 타고났다.

쿠빌라이는 몽골이 오랜 중국 정복을 시작할 때 태어났다. 금나라 수도를 정복하고 약탈한 이 바쁜 시기에 몽골 연대기들은 그의 탄생에 대해 아무런 언급이 없다. 떠들썩한 축하를 받지 못했고 그의 직계가족 외에는 거의 관심을 끌지 못했다.

뭉케는 이름을 칭기스 칸의 공식 궁정 무당인 텝텡그리Teb Tengri 코크추Khokhcuu가 직접 지었다. 쿠빌라이의 이름은 누가 지어줬는지, 명명의 정확한 의도는 무엇인지 알 수 없다. 아무도 구태여 이를 기록하려 하지 않았다. 그러나 뭉케에게 높은 영예가 주어지고 영적으로 강력한 이름이 붙여졌지만('뭉케'는 중세 몽골어로 '영원'이라는 뜻이라고 한다), 아무도 인식하지 못한 저주도 담겨 있었다. 아기에게 이 이름을 지어준 직후 코크추는 칭기스 칸의 어머니 및 막냇동생과 심한 분쟁에 말려들었다. 칭기스 칸의 아내 보르테Börte는 시어머니 편을 들었고, 궁정에서 전례 없는 내분이 일어나 칭기스 칸의 막냇동생이 코크추의 등뼈를 꺾어버렸다. 궁정의 방치 속에 그는 스텝에서 홀로 굴욕적인 죽음을 맞이했다. 이것이 잔인한 몽골 궁정 정치의 세계였다. 소르콕타니가 쿠빌라이의 이름이 어디서 왔는지를 비밀에 부친 것은 충분한 이유가 있었을 것이다.

쿠빌라이는 계속 어머니와 유모의 보살핌을 받았지만, 뭉케는 어린 시절에 삼촌인 우구데이의 집에서 자랐다. 우구데이는 칭기스 칸의 아들들 가운데 가장 너그럽고 침착해 대칸 자리를 이어받을 것으로 생각되었다. 우구데이는 뭉케를 자식 없는 한 아내에게 주어 기르게 했고, 그에게 이슬람교도 선생을 붙여주었다. 이렇게 맏형이자 황자에게 맡겨진 뭉케는 몽골제국 궁정에서 자랐지만, 쿠빌라이는 먼 지방인 동몽골과 북중국에서 자랐다. 안전하고 외진 곳이었으며, 궁정의 관심이나 음모와는 멀리 떨어져 있었다.

소르콕타니는 아기 쿠빌라이를 보살필 보모로 탕구트족 출신을 선택했다. 중국 북중부에 작은 왕국을 세웠다가 최근 정복된, 티베트 계통의 불교를 믿는 민족이었다. 소르콕타니는 기독교 가정에서 자랐지만 어린 시절 일부를 불교도 탕구트인들과 함께 보내(아버지가 정치적 이유로 그곳에 있었다) 당시 스텝의 다른 몽골인들에 비해 더 폭넓고 더 세계주의적인 생각을 갖게 되었다. 탕구트인 유모 외에, 소르콕타니는 쿠빌라이가 정식 교육을 받을 나이가 되자 곧바로 자신의 지방 궁정으로 중국인 교사들을 불러들였다.

뭉케와 쿠빌라이는 같은 아버지에게서 태어난 형제였지만, 친하지도 않고 경쟁을 벌이지도 않았다. 그들은 떨어져 자랐지만 운명은 45년 동안 계속해서 밀접하게 서로 뒤얽혔다. 뭉케는 양지에 있었고 쿠빌라이는 음지에 있었다. 뭉케는 여러 원정에 나가 거듭 칭찬을 받았지만, 몽골의 이 대정복의 시기에 쿠빌라이에 관해서는 명확하게 알려진 것이 거의 없다. 칭기스 칸은 호라즘을 상대로 한 중앙아시아 원정을 끝내고 몽골로 돌아와 손자들인 뭉케와 쿠빌라이를 처음으로 만났다. 이것이 쿠빌라이가 아홉 살의 어린 나이로 아주 짧은 시간 세계사의 무대로 나온 순간이었다. 그의 역할은 그저 이미 10대가 돼서 더 카리스마가 있고 탄탄하고 능력을 갖춘 진정한 몽골 남자가 되어가고 있는 그의 형 뭉케를 따라가는 것이었다. 그들은 할아버지와 아버지를 만나기 위해 현재 중국과 카자흐스탄의 국경 부근인 일리강으로 갔다. 뭉케는 그날 일찍 영양과 토끼 한 마리씩을 쏘아 잡았다. 할아버지에게 드릴 선물이었다. 동물을 받은 칭기스 칸은 거기서 떼어낸 비계를 두 아이의 가운뎃손가락에 문질렀다. 궁수로서 그들의 목표를 가다듬는다는 의미를 지닌 전통적인 행동이었다. 이 짧은 만남 이후 쿠빌라이는 동몽골로 돌아가고 기록에서 다시 사라졌고, 역사는 그 할아버지의 유목민 전사 궁정에 초점을 맞춘다.

아마도 쿠빌라이가 진정한 몽골인처럼 보이지 않는다는 암시적인 말을 칭기스 칸이 했던지, 그의 어머니는 그를 교육시키기 위해 특히 열심히 노력했다. 그 결과로 그는 철학과 학문에 관심이 많았다. 그의 유모는 그를 불교 신비주의와 미신으로 이끌었다. 어머니의 세계주의적인 유목민 궁정에서 쿠빌라이는 여러 언어를 들으며 자랐을 것이다. 중국어, 위구르어, 티베트어, 심지어 시리아어(그 어머니의 종교와 기독교 성서에 쓰인 초기 아람어 계통의 언어) 기도문도 들었을 것이다. 성년으로 접어드는 나이의 쿠빌라이는 많은 일을 시도했다. 주변에 있는 여러 종교를 조금씩 접해보고, 학자들과 인생의 의미나 미덕에 관해 이야기하고, 사냥하고 술도 마셨다. 그는 전쟁처럼 많은 육체적 노력이 들지 않는 모든 것에 관심이 있는 듯했다.

쿠빌라이가 그 할아버지를 만났을 때쯤, 칭기스 칸은 인생의 말년을 보내고 있었다. 그는 1227년 탕구트를 상대로 한 원정 도중에 사망했다. 중국 서북 황하 일대에 있던, 쿠빌라이 유모의 고향이었다.

2장

먼지 속에 그대로

> 그의 피부색은 밝고 붉었고, 눈은 검고 맑았으며, 코는 잘생겼다.
> — 마르코 폴로[1]

칭기스 칸이 죽은 뒤 형제, 사촌, 숙부, 조카 등 가문의 사람들은 그가 했던 방식 그대로 무대를 지배하기 위해 애를 썼다. 칭기스 칸에게서 그의 셋째 아들 우구데이로 권력이 승계되는 과정은 매끄럽게 진행됐지만, 우구데이는 힘든 전투 출정보다는 안락한 궁정에서 사냥하고 씨름하고 잔치 벌이는 것을 좋아했다. 그와 정반대로 쿠빌라이의 아버지 툴루이는 전투를 좋아했고, 곧 칭기스 칸의 아들들 가운데 가장 사납고 두려운 존재로 명성을 얻었다.

툴루이는 중앙아시아 원정 도중 몽골의 가장 피비린내 나는 학살을 저지른 부대를 지휘했다. 그중 하나가 유명한 교역 도시 메르브의 절멸이었고, 그 폐허가 아직도 투르크메니스탄 땅에 널려 있다. 공개적으로 툴루이를 지지했던 페르시아 역사가 아타-말릭 주바이니는 그를 '번쩍이는 불의 검'으로 묘사했다. 툴루이가 치면 그 불같은 검의 바람이 "누구를 내리치든 가루로 만들었고, 그의 기마술은 전광

석화 같았다." 주바이니는, 툴루이가 정복한 사회들을 도륙냈음을 인정했다. 그는 정복한 사회들의 "징표나 흔적을 전혀" 남기지 않았다.²

툴루이는 이슬람교도의 땅에서 돌아온 뒤 북중국의 금나라와 싸우기 위해 파견되었다. 쿠빌라이가 나중에 그곳에서 권력을 잡게 되는 토대를 마련한 원정이었다. 칭기스 칸의 네 아들 가운데 툴루이가 가장 성격이 사나웠다. 그는 잔인하고 탐욕스러운 정복자로 유명했다. 변덕이 심하고 성격이 불같았다. 그리고 툴루이는 칭기스 칸의 막내아들로서 형제들보다 더 많은 전투에서 승리하고 더 많은 적을 죽여 형들을 능가하려는 생각인 듯했다.

1230년, 쿠빌라이가 좋아하는 형 뭉케는 스물한 살의 나이에 아버지 툴루이와 함께 금나라 원정에 나섰다. 툴루이는 아마도 뭉케를 데리고 감으로써 뭉케가 나중에 중국을 지배할 토대를 쌓을 수 있다고 생각했을 것이다. 우리는 뭉케의 성격 역시 극도로 가혹했음을 알고 있지만, 무분별한 아버지에 비해 좀더 냉정하고 계산된 방식이었다. 그는 아버지보다 지능이 뛰어났다. 그렇게 아버지의 무분별함과 어머니의 지성이 결합된 면모는 나중에 뭉케가 성공 가도를 달리는 과정에서도 나타나게 된다. 무자비하고 동정심이 별로 없지만 매우 능력이 있고 지적이며 야심찬 뭉케는 강대한 힘을 가졌음을 입증했다.

열다섯 살의 쿠빌라이 또한 아버지를 따라 전선으로 갈 수 있을 만한 나이였지만, 그가 어디에 있었는지는 언급이 없다. 그는 아직 준비가 되지 않았다고 여겨진 듯하다. 툴루이의 네 아들 가운데 오직 쿠빌라이만이 아버지의 야만적 기질을 물려받지 않았다. 지성과 도량에서 그는 세 형제보다 뛰어났다. 형 뭉케와 동생 훌레구는 어느 정도 아버지를 닮았지만, 막냇동생 아릭부케는 감정적으로 가장 격럴하고 예측할 수 없고 때로 무분별한 모습을 보였다. 그는 천생 몽골인이었다.

때로 과도한 기대나 야심에 제약되지 않고 자라는 것은 한 사람이 흥미와 정체성을 찾는 데 보다 융통성을 발휘하게 만든다. 그의 형제와 사촌들은 서로 다른 지역의 원정에 열심히 달려 나가 사나운 몽골인으로서의 명성을 드높이는 것을 즐겼지만, 쿠빌라이는 가능하면 집에 머물러 스승, 학자, 종교 지도자들과 이야기하는 것에 만족한 듯하다. 이런 경험은 그를 가족 내의 다른 구성원들과 다른 사람으로 만들었다. 그는 지식을 축적했다. 그 상당수는 당시 몽골인의 생활과는 무관해 보이는 것들이었다.

쿠빌라이의 어머니는 그의 성장에 정말로 관심을 가진 유일한 사람인 듯했고, 그를 변화시키려 애쓰기보다는 그가 자신의 관심을 유지하도록 격려했다. 소르콕타니는 쿠빌라이가 특별한 역할을 하도록 계획을 세웠다. 자신과 남편이 북중국의 넓은 땅덩이를 맡고 있었고 습격, 약탈, 정복이 장기적으로 이득이 되지 않음을 처음부터 알고 있었기 때문이다. 몽골인들은 자기네가 정복한 땅을 다스릴 필요가 있었다. 소를 잡으면 잔치에 쓸 고기를 얻을 수 있지만, 소를 기르면 장래를 위한 우유를 얻을 수 있다. 영리한 소르콕타니는 중국 문화와 교육에 익숙한 아들을 두면 그 땅을 다스리는 데 도움이 될 수 있음을 알았다. 특히 몽골이 중국 남부를 정복한다면 말이다.

쿠빌라이는 전체 몽골 황실 가문에서 할아버지 칭기스 칸을 제외하면 가장 지적이고 성공적인 사람임이 장차 드러나게 된다. 그러나 열다섯 살의 그는 그것을 보여주기에는 아직 너무 어렸다. 그는 시대와 보조를 맞추지 않고 자기네 문화와 조화를 이루지 못하는 한 소년일 뿐, 완전한 몽골인도 아니고 완전한 중국인도 아니었다. 그는 좋은 통치자가 되는 데 필요한 모든 것을 갖추고 있는 듯했다. 야심과 의욕만 없었다. 그의 형제와 사촌의 말들이 정복을 거듭하며 달려가고 있을 때 쿠빌라이는 그들이 일으키는 먼지 속에 홀로 남아 있었다.

*

우구데이는 그의 뛰어난 장수 수베데이의 군사적 재능에 대해 아버지가 칭찬하는 말을 들었지만, 아버지처럼 수베데이의 충성심을 신뢰할 수 없었고 수베데이와 툴루이 사이의 깊은 우정을 불신했다. 그래서 그는 둘을 갈라놓았다. 수베데이는 서쪽으로 보내 폴란드와 헝가리에서 싸우게 하고, 툴루이는 중국 중부로 보냈다.

중앙아시아를 가로지르는 원정과 다시 중국으로 돌아오는 동안에 툴루이는 더욱 잔인성을 드러냈고, 술도 더 많이 마셨다. 금나라 원정은 1231년에서 1232년에 걸쳐 더디게 진행되었다. 결정적인 방략이 없었던 우구데이는 어쩔 수 없이 수베데이를 러시아의 킵차크인을 상대로 한 전쟁터에서 소환해 중국으로 보내 툴루이의 서투른 원정을 돕게 했다. 수베데이는 대단한 위기의 순간에 돌아왔다.

몽골인들은 산시陝西 산악 지대의 금나라 방어막을 뚫을 수 없었다. 그들은 허난에 쳐들어가고 이어 금나라 수도 중도(현대의 베이징)로 가려면 그 군대가 엄중한 방어막이 쳐진 통관潼關을 넘거나 우회하는 방법을 찾아야 했다. 페르시아의 역사가 라시드웃딘은 그의《세계사Jāmi' al-tawārīkh》에서 이렇게 말했다(아마도 후대에 일실된 몽골의 보고를 바탕으로 한 듯하다). "(어느 시기에) 군대는 식량과 보급품 없이 방치돼 매우 쇠약하고 굶주렸다. 그래서 그들은 인육과 모든 동물, 그리고 마른 풀까지 먹는 지경에 이르렀다."³ 금나라 병사들은 웨이허강과 황하의 합류 지점 부근에서 툴루이 부대 후미의 몽골 병사 40명을 생포했다. 몽골 포로들은 매우 소름 끼치는 방식으로 죽임을 당했다. 금나라 병사들은 그들을 강물에 던져 넣고 그들이 마구 허우적거리며 서서히 익사하는 것을 조롱하며 구경했다.

금나라 병사들은 또한 몽골 진영에서 한 무리의 소년과 소녀를 사로잡은 뒤 그들에게 구해주는 것이라고 허풍을 떨었다. 그러나 풀어주기는커녕, 지휘관은 그들을 자기 병사들에게 나누어주고, 몽골군을 격파한 뒤 자기 병사들이 몽골군의 아내, 어미, 딸들을 잡아다 강간할 것이라고 낄낄거렸다.⁴

몽골인들은 칭기스 칸 치하에서 수십 년 동안 그랬듯이 추운 날씨와 주술에 의존했다. 그들은 자기네가 원하면 비를 불러올 능력이 있다고 믿었다. 그러나 폭풍우나 홍수가 나지 않게 하려면, 특별히 훈련된 무당만이 주술적인 '날씨의 돌'을 사용해 눈보라처럼 군사적으로 유용한 무언가를 적절한 시기에 올바른 방식으로 만들어낼 수 있었다. 그들의 믿음이 그렇게 터무니없는 것은 아니었는지도 모른다. 이 시기의 지질학적 증거는 몽골의 정복 기간 동안에 중국의 날씨가 보통 때보다 더 추웠음을 보여준다.⁵ 그들은 따라서 군대를 따라다니는 자기네 무당들(몽골인도 있고 캉글리 튀르크인도 있었다)에게 요청해 주술적인 돌에 대한 그들의 지식을 이용해 비를 내리게 하고 이어 "눈으로 변하게 하고 여기에 차가운 바람을 더하게" 했다.

무당들은 밤낮으로 주술을 행했다. 북을 치고 노래를 부르고 주술적인 돌을 가지고 기도를 했으며, 영마靈馬를 타고 밤의 우주를 내달렸다. 몽골 병사들은 숙영지를 만들고 펠트 담요로 자신들과 말을 보호하며 기다렸다. 마침내 비가 왔다. 무당이 더욱 목소리를 높여 노래를 부르고 빙빙 돌자 비가 눈으로 바뀌었다. 그리고 눈이 내렸다. 또 눈이 내렸다. 라시드웃딘은 이렇게 말한다. "(금나라 군대는) 그러는 사이에 어쩔 수 없이 툭 트인 들판에 머물러 눈과 바람에 노출되었다. 사흘 동안 (숙영지에서) 전혀 움직일 수가 없었다." 배고프고 춥고 괴로운 그들은 온기를 보존하기 위해 "양 떼처럼 서로의 머리를 다른 사람의 꽁무니에 박고" 다닥다닥 붙었다. "옷은 모두 줄어들었고, 무기는 얼어붙었다."

눈이 나흘째 계속 내리자 쿠빌라이의 아버지 툴루이는 큰북을 울리며 병사들에게 외쳤다. "이제 전투에 나가 명성을 얻을 때다. 사내답게 나가자." 안에 양털을 댄 모직 외투를 입은 몽골 병사들은 와들와들 떨며 거의 얼어붙어 있는 금나라 병사들을 향해 "사자가 사슴 떼에게 달려들듯이" 달려 내려갔다. 그들이 죽이지 못한 금나라 병사들은 산이나 차가운 강물로 내몰렸고, 거기서 익사했다.[6] 금나라 병사들을 상대로 한 툴루이의 승리는 고통스러운 대가를 치르고 얻은 것이었지만, 그것은 승리였다.

아들 뭉케와 함께한 정복을 통해 툴루이는 자신의 가문이 중국에 거점을 만들 바탕을 마련했다. 동시에 소르콕타니는 쿠빌라이에 대한 지속적인 교육을 통해 단순히 중국에 거점을 마련하는 데 그치지 않고 그 모두를 지배할 바탕을 마련했다(아마도 그녀 자신이 인식한 것보다 더 확고했을 것이다).

*

점차 경험이 더욱 쌓이면서 몽골인들은 중국의 들판, 마을, 도시에서 싸우는 자기네의 능력을 끊임없이 개선했으나, 더 깊숙이 들어갈

수록 더 많은 문제들에 직면했다. 1232년 초에 그들은 일부 병력을 황하 건너로 보내는 데 성공했으나, 그들은 넓은 수로 양쪽에서 작전을 펼치는 몽골 전사들을 위한 식량, 통신, 증원군을 유지하는 데 애를 먹었다. 그들은 경험이 부족해 물을 건너 병참을 지원하는 과정에서 복잡함과 어려움을 느꼈다. 계획된 정복을 진전시키는 이런 시도에서 좌절을 겪은 대칸 우구데이는 점점 더 술에 의존하게 되었다. 툴루이와 똑같았다. 그가 술에 취해 자신의 개인적 불운이자 군사적 패배의 책임을 망구드 부족의 도콜쿠 체르비Doqolqu Cherbi에게 떠넘긴 것은 그가 내린 최악의 결정 중 하나였다. 도콜쿠는 칭기스 칸을 충직하게 섬겼고, 이어 우구데이 자신을 섬긴 장수 가운데 하나였다. 손실에 대한 징벌로 우구데이는 그를 암살하라는 비밀 명령을 내렸으나, 몽골 궁정에서는 모든 눈이 모든 움직임을 보고 있어 비밀은 없었다. 도콜쿠 독살 성공은 그의 친척과 그가 의지하는 장수들로부터 더 많은 비난과 의구심을 자아냈다. 결국 우구데이는 이례적인 발표를 통해 죄를 고백하고 칸으로서 저지른 네 가지 중요한 잘못을 열거했다. 그중 하나가 "자신의 정당한 주군인 칸을 위해 엄청나게 애를 쓴 도콜쿠를 비밀리에 해친 것은 잘못이고 실수"라는 것이었다.[7]

먼 동쪽에서는 또다른 문제가 있었다. 1232년, 몽골군의 또다른 분견대가 한반도를 공격했는데, 고려 조정은 완강하게 항복을 거부하고 한강 어귀에 있는 강화도로 피신했다. 강화도는 강에 있는 섬이나 마찬가지였고, 본토에서 가장 가까운 곳은 겨우 500미터 떨어져 있었다. 그러나 몽골군은 이 작은 물의 장벽조차도 여전히 넘을 수 없었다. 그들은 거듭 노력했지만 건너가는 데 실패했다. 고려 조정은 몽골의 약점을 알고 그것을 이용했다. 고려의 왕과 관리들은 몽골군이 뻔히 볼 수 있는 곳에 있었지만, 그들의 손길이 미치지 않는 안전한 곳이었다.

*

대칸 우구데이에 대한 신뢰는 그가 알코올성 발작으로 인해 일시적으로 말을 하지 못하게 되자 더욱 떨어졌다. 그의 가장 능력 있는 아내 토레게네 카툰Töregene khatun(또 한 명의 기독교도 황후였지만 몽골 서북부와 현대 카자흐스탄 동부의 나이만 부족 출신이었다)이 행정적으로 더 높은 역할을 맡아 남편의 이름으로는 물론 자신의 이름으로도 명령과 포고를 내렸다. 칸이라는 칭호가 수장 또는 황제권을 가진 통치자와 관련된 제한적이고 엄격한 의미를 지니는 것에 반해 카툰 또는 카탄Khatan(모두 황후를 의미)은 엄청난 권력의 훨씬 광범위한 의미를 지녔다. 토레게네는 거기에 부합하는 인물이었다.

우구데이의 치세 동안에 몽골 궁정에서 살았던 페르시아의 역사가 주바이니에 따르면, 우구데이는 "하루 종일 술독에 빠져 병이 날 정도"였다.[8] 우구데이는 술이 자신의 최악의 실패 중 하나라고 고백했다. "나는 포도주에게 정복당하는 잘못을 저질렀다." 무당과 점쟁이들은 그의 고난이, 그가 중국 강들의 수신水神을 번거롭게 하고 화나게 한 탓이라고 말했다.

《몽골비사》는 이렇게 기록하고 있다. "무당들은 키타이 민족의 땅과 강들의 주인이자 지배자들이 지금 격렬하게 화를 내고 있다고 보고했다. 그들의 땅과 물이 파괴되고 그들의 백성이 약탈당했기 때문이다."[9] 중국의 땅과 물은 너무 많은 피를 흘렸다. 몽골인들에게 강력한 수신은 말을 두려움에 떨게 하고, 바람 없이 나무를 흔들고, 우박을 불로 바꾸고, 보름달을 삼키며 밤에 가죽이 타는 냄새가 나게 하고, 화강암에 자국을 남기며 물 표면에 발자국을 찍을 수 있었다. 이 귀신들은 또한 사람들을 끽소리도 못하게 한 채 조용히 먹을 수 있고, 그런 뒤에 한 줄기 작은 증기와 함께 먼 곳으로 사라질 수 있었다.[10]

무당들이 보기에 자기네 지도자가 말을 못하게 된 것은 중국의 강들을 지키려는 수신들의 결연한 노력 때문이었다. 오늘날 우리는 그것이 발작임을 알 수 있다. 이 설명은 미신의 이야기로 금나라를 정복하기 위해 몽골이 겪은 어려움을 극적이면서도 정확하게 표현한 것이다. 강들이 군사적 성공을 가로막고 있었다.

우구데이 궁정의 무당들은 대칸이 다시 말을 할 수 있게 하는 방법을 필사적으로 찾았다. 그들은 화가 나고 복수심에 불타는 중국의 수신들을 달래기 위해 동물과 금을 바쳤지만 아무런 보람이 없었다.

1232년, 우연인지 배반에 의한 것인지 툴루이가 거꾸러져 죽었다. 우구데이나 그와 가까운 누군가가 독살했을 가능성도 있지만(도콜쿠가 그렇게 죽었다), 그것은 분명하지 않다. 살해당했든 자연스러운 일이었든 그의 죽음에 대한 공식 설명이 필요했다. 툴루이가 우구데이의 또다른 암살 희생자라는 소문을 잠재우기 위해서였다. 칭기스 칸의 막내아들인 툴루이는 가족 내에서 중요한 상징적 위치를 차지하고 있었다. 몽골 전통에서 막내아들은 옷치긴otchigin(불의 왕자)이었고, 가족 안에서 가장 명예로운 아이였다. 몽골 황실의 미래는 그 불에 있었고, 막내는 혈통의 존속을 책임진 사람으로 여겨졌다. 막내아들은 다른 누구보다도 더 가족의 운명을 구현하는 사람이었다. 툴루이의 죽음은 칭기스 칸 가문의 불꽃이 꺼져가고 있다는 징표로 해석될 수 있었다. 그래서 몽골 궁정은 이 서사를 뒤집었다. 툴루이는 칭기스 칸의 막내아들이고 따라서 우구데이를 벌주고 있는 신들을 달래기에 가장 적합한 희생물이라고 그들은 설명했다. 사실 그가 죽을 때쯤 몽골이 중국을 정복하는 것은 이제 확실해졌다. 정말로 무당들은 재빨리 공식 설명을 내놓았다. 툴루이는 사랑하는 형인 우구데이 대칸의 목숨을 구하기 위해 자발적으로 자신의 생명을 수신에게 희생물로 바쳤다고. 그들은 이 최고의 희생을 도덕적 견지에서 정당화했다. 중앙아시아와 중국에서 희생자들을 "무자비하게 두 토막을 내서" 학살한 것은 우구데이가 아니라 툴루이였다.[11] 그는 수신들의 분노에 책임이 있고, 따라서 그들을 달래기 위해 죽어야 했다.

《몽골비사》는 또한 좀 기괴하게도 툴루이가 우구데이보다 더 키가 크고 더 잘생겼기 때문에("얼굴이 희고 키가 크다"), 아마도 그래서 중국을 보호하는 신들의 마음에 더 드는 공물이어서 자발적으로 스스로를 희생했다고 주장한다. 툴루이가 죽고 얼마 지나지 않아서 우구데이는 회복되기 시작했다(아니면 적어도 궁정 무당들이 그렇게 보고했다).

툴루이는 칭기스 칸의 아들들 가운데 가장 어렸지만 형들보다 먼저 죽었는데, 겉으로는 칭찬하더라도 실제로 그를 애도한 사람은 많지 않았던 듯하다. 그리고 동몽골과 북중국에 있는 그의 영지를 상속받아(그의 네 아들을 대신해서) 더욱 유명해진 것은 그의 아내이자 쿠빌라이의 어머니인 소르콕타니 베키였다. 소르콕타니는 칭기스 칸의 초기 부족 동맹자의 딸이고 방대한 영지의 통치자가 됐지만, 더 높은 칭호인 '카툰'(황후)보다는 수수한 칭호인 '베키'를 유지했다. 대략 '귀인' 정도에 해당하는 말이다.

소르콕타니는 우구데이 궁정의 황후들에게 오만하거나 맞서는 것처럼 보이지 않게 했다. 중요해 보이는 것과 실제로 중요한 것은 다르다. 그녀의 겸손이 수단이었음을 알아차린 사람은 거의 없었다. 영리하게 온순하다는 명성을 쌓으면서 성공 가도를 달렸고, 뭉케가 칸이 되고 쿠빌라이가 북중국의 유능한 관리자가 되도록 훈련시켰다. 소르콕타니의 노력은 아마도 자신의 예상보다 더 성공적인 결과를 낳게 된다. 그러나 우구데이가 대칸으로서 통치하는 동안 소르콕타니는 자신의 계획을 아무에게도 드러내지 않은 채 언젠가 사용하게 될 영향력을 조용히 축적했다.

소르콕타니는 주도면밀하게 정치에 무관심하다는 인상을 심어주면서, 대신에 자신이 몽골족이 아닌 케레이트족으로 태어났지만 아비 없는 자신의 네 아들이 몽골의 법과 관습을 충실하게 지키도록 만든 성실한 어머니의 역할을 강조했다. 소르콕타니는 그들을 지도자로 훈련시켰고, 그 아버지가 죽은 뒤에는 그들을 자신의 수레에 맨 네 마리의 황소처럼 서로 협력하게 만들었다. 뭉케, 훌레구, 아릭부케의 별난 기질 탓에 군사적 평판이 좋지 않았음에도 불구하고 모두 어머니의 능력을 알고 몽골 지배층 사이에서 더 큰 존경과 공적을 축적하는 데서 그녀를 따랐다.

성공적인 어머니였던 소르콕타니와 대조적으로 대칸 우구데이는 능력이 제각각인 아들들을 두었지만, 가장 문제가 많은 구육이 유감스럽게도 토레게네 황후(대칸이 사랑하는 강력한 아내였다)가 가장 좋아하는 아들이었다. 구육은 까탈스럽고 허영심이 강했다. 우구데이는 그에게 악담을 하고, 썩은 달걀에 비유하고, 나쁜 군사 지도자라고 비난했다. 그는 아들이 병사들을 야만적으로 때리자 훈계를 했다. 그는 이렇게 소리 질렀다. "너는 부하들의 엉덩이란 엉덩이는 다 때렸어. 네가 모든 병사의 사기를 꺾어놓고 있어."[12] 구육을 개심시키기 위한 기묘한 노력으로 우구데이는 소르콕타니에게 구육과 혼인할 것을 청했다. 아마도 소르콕타니가 맏아들 뭉케(우구데이는 그를 사랑했다)처럼, 구육을 더 강하고 더 곧은 사람으로 만들어주리라고 기대했을 것이다. 이 혼인은 또한 우구데이가 동몽골, 만주, 북중국에 있는 소르콕타니의 방대한 영지에 대한 직접 통제권을 얻는 방편이기도 했을 것이다.

소르콕타니는 거절했다.

우구데이는 대칸으로서 남쪽의 한반도와 중국, 그리고 멀리 서쪽의 유럽에 원정을 보낸 군대의 최고 지휘권을 행사하고 있었다. 그리고 소르콕타니의 아들들은 그의 지휘에 따라 야전에서 복무하고 있었다. 소르콕타니는 겸손하게 주장했다. "군대와 우리 모두는 대칸의 것이다. 대칸은 자신이 무슨 일을 하는지 알고 있으며, 그는 지휘를 하면 되고 우리는 복종하고 따르면 된다."[13] 우구데이에 대한 이런 충성과 복종 선언에도 불구하고 소르콕타니는 아마도 넓은 범위의 황실에서 전략적 사고에 가장 능한 사람이었을 것이다. 몽골제국의 운명은 중국을 통제하는 사람에게 달려 있음을 알았고, 자신과 아들들이 그곳을 차지해야 하고 따라서 우구데이와 그 자손들에게서 권력을 빼앗아 와야 한다고 굳게 다짐했다.

툴루이가 죽은 진짜 원인이 무엇이든 소르콕타니는 우구데이의 생명을 구하기 위해 그가 희생했다는 공식 서사를 지지했고, 이 이야기를 자신과 자기 아들들을 위한 큰 정치적 자산으로 이용했다. 자기 남편의 유례없는 희생은 그저 존경과 명예를 얻는 것으로 그치지 않고 보상받아야 마땅함을 미묘하게 밝혔다. 툴루이가 북중국 허베이(하북) 정복을 위한 원정 동안에 죽었기 때문에 이 땅을 차지하는 것은 자신의 권리라고 소르콕타니는 주장했다. 우구데이는 약간 망설였지만 동의했다. 아마도 죄의식 때문이거나 강력한 중국의 수신들에 대한 두려움 때문이었을 것이다. 소르콕타니는 그 보상으로 몽골의 일부 수렵지와 휘하 병사 대부분을 우구데이에게 넘겼지만, 북중국의 자원을 마음대로 이용할 수 있게 됨으로써 최고의 전리품을 얻었다.

몽골의 개념으로 소르콕타니는 이 지역의 '사람들과 강들'의 주인이었다. 몽골의 세 강은 부르칸칼둔산에서 발원했다. 오논강과 케룰렌강은 동쪽으로 흘러 현대의 중국-러시아 국경인 아무르강(헤이룽강)이 되고, 투울강은 서쪽으로 흘러 셀렝가강으로 들어간다. 그 강들이 이제 소르콕타니의 관할이었고, 더욱 중요한 것으로 중국 해안의 일부도 그러했다. 그 너머의 대양은 아직 중요한 자원으로 인식되지 않았지만, 소르콕타니는 그곳을 차지하는 데 거의 100년이 걸리게 될 여정을 시작했다. 쿠빌라이가 이 책의 주제이기는 하지만, 몽골 치하 중국의 해양 장악 움직임을 시작한 것은 소르콕타니였다.

*

그뒤 어느 특정되지 않은 시기에 소르콕타니는 북중국의 근거지에서 출발해 부르칸칼둔산에서 서쪽으로 가는 길을 따라 내려가 북쪽으로 가서 바이칼호(세계에서 가장 깊은 담수호이며, 너무 커서 내해內海로 생각되는 곳이었다)를 거쳐 시베리아를 가로지르는 강 탐험을 계획했다. 이 일은 우구데이의 허락 없이는 공공연하게 군사적인 행위로 비칠 수 있기 때문에(그리고 아마도 그의 의구심을 자극하지 않기 위해) 무역 원정으로 묘사되었다. 라시드웃딘에 따르면 이 원정대는 밍간mingghan, 즉 1천 명으로 이루어졌으며, 자기네 식솔 출신이 지휘하는 세 부대로 조직되었다.[14]

시베리아의 바이칼호에서 원정대는 배를 타고 현대의 이르쿠츠크 시를 지나 흐르는 안가라강을 내려가 예니세이강을 통해 북극 지방으로 갔다. 몽골인들에게 '은해銀海'로 알려진 곳이었다. 이 지역에 도시나 농업 사회가 없다는 것을 알고 있었기 때문에 원정은 천연자원, 특히 은을 찾기 위한 것이었다. 은은 몽골 경제에서 기본적인 귀금속이 되어 있었다. 여행은 배와 돛으로 했지만, 그밖에 배의 크기나 유형에 관한 정보는 역사 기록에 없다. 원정은 특정되지 않은 양의 은을 얻어 상당한 이득을 얻었다고 하며, 몽골인들이 해를 입지 않고 외국 땅의 낯선 강을 여행할 수 있음을 입증했다.

소르콕타니는 시범을 보여 가르쳤다. 그들에게 보여주면 그들이 장래에 배우고 따를 것이다.

3장

두 대륙의 형제들

> 두렵다면 하지 마라. 한다면 두려워하지 마라.
> ― 몽골 속담

툴루이가 스스로 희생했다는 공식 설화에도 불구하고 우구데이는 툴루이의 자손이나 칭기스 칸이 칭찬한 장수 수베데이를 완전히 믿지 않았다. 그는 중앙아시아의 몽골 땅을 통치하고 있던 둘째 형 차가다이와 친하게 지냈다. 그들 둘은 제국의 변경을 유지하기 위해 함께 일했다. 먼 서쪽 맏형 주치의 가족이 지배하고 있는 러시아와 막냇동생 툴루이의 가족 치하에 있는 북중국이었다. 주치 가문은 지리적으로 가장 넓은 몽골 영토를 통치했다. 킵차크 칸국으로 알려지게 되는 울루그울루스Ulug Ulus다. 여기에는 시베리아, 우크라이나, 몰도바, 아제르바이잔, 조지아, 카자흐스탄 북부, 우즈베키스탄 서부, 볼가불가리아, 벨라루스, 러시아 등이 포함된다.[1]

툴루이가 죽은 뒤 우구데이 칸은 뭉케를 중국에서 빼내 먼 서쪽으로 보냈고, 그는 그곳에서 캅카스 산지, 러시아 남부, 우크라이나 등지를 원정하며 몇 년을 보냈다. 이것은 야심 있는 친척들을 옮겨

다니게 하려는 우구데이와 차가다이의 전략 가운데 일부였다. 그들이 한 지역에 너무 오래 붙박여 있거나 어떤 군부대와도 긴밀한 관계로 발전시키지 못하게 하려는 것이었다. 그러나 뭉케는 용맹으로 몽골인들 사이에서 명성을 얻었고, 가혹하다는 아버지의 명성 또한 일부 이어갔다. 특히 킵차크인과 오세티야의 알란인을 처리하고 키이우를(그리고 구체적으로 언급되지는 않았지만 헝가리와 폴란드를) 파괴한 데서 그랬다.² 뭉케는 멀리 보내졌지만 우구데이 계통 및 주치 계통의 사촌들과 모두 좋은 관계를 유지하기 위해 조심했고, 양쪽 사촌들 사이에서 불거지는 불화에 말려드는 것을 현명하게 피했다.

우구데이와 차가다이는 어린 쿠빌라이의 야심 또는 그가 제기하는 위협에 대해서는 덜 걱정했던 듯하다. 쿠빌라이는 형과 사촌들이 유럽을 정복하는 동안 중국의 집 및 어머니 소르콕타니와 가까운 곳에 계속 머물렀다. 이때까지 쿠빌라이는 확대되는 몽골 황실 자제들로 이루어진, 명령에 따라 이리저리 움직이는 하급 기간요원의 하나일 뿐이었지만, 우구데이의 아들들은 중요한 자리를 차지했다. 소르콕타니는 아들들, 특히 쿠빌라이를 중국과 몽골의 풍습에 익숙해지도록 훈련시켰다. 주바이니는 소르콕타니가 "자기 아들들을 통제하고 관리"한 것, 그리고 그들의 인격과 지성을 형성시킨 것을 칭찬했다. 그의 설명에 따르면 아들들을 "기민함과 총명함에서 다른 어느 황실 자제보다 나은" 칸으로 만들었다.³ 소르콕타니는 점차 이전 금나라 수도 중도를 포함하는 허베이와 황하 이북 중국의 대부분을 쿠빌라이에게 넘겼다.

《원사元史》에 따르면 쿠빌라이는 나이 서른도 되기 전인 1244년에 이미 '천하 만물'을 위한 자신의 능력을 계발하겠다고 생각했다. 이 지역의 전직 관리들과 문화적 소양 및 학식을 갖춘 사대부들을 사방에서 초청해 "그들에게 통치하는 법을 문의"했다.[4] 그는 그들이 찾아온 것을 '도하渡河'로 지칭하고, 그에 비해 자신은 "제한된 지식밖에 없어 시대의 여러 어려움을 당하고, 깊은 물을 건널 때 어디서 건너야 할지 알지 못하는 상태"라고 겸손하게 말했다. 3년 뒤, 그는 금 왕조의 신하였던 존경받는 유학자 장덕휘張德輝를 불러 중국의 기본 통치 원리를 청해 들었다.

이 시기 동안 쿠빌라이의 생애에 관해 우리가 알고 있는 것은 대부분 그가 죽은 지 거의 100년 뒤에 편찬된 《원사》에 나오는 내용이다. 중국 왕조들에 대한 24개 정사正史 가운데 《원사》(칭기스 칸의 건국에서부터 1368년 몽골 왕조의 멸망까지 150년 남짓을 다뤘다)는 아마도 가장 수준이 떨어지는 공식 왕조사일 것이다. 1369년 명 왕조의 창건자 홍무제洪武帝의 명에 따라 서둘러 편찬된 이 책은 중국의 새 통치자들의 정치적 편견에 맞추기 위해 윤색되고 검열되었다. 이전의 역사들은 전 왕조에 대해 기록할 뿐만 아니라 평가도 내렸지만, 명나라 학자들은 중국을 통치했던 몽골 칸들에 대한 평가나 설명을 별로 하지 않았다. 이러한 단점에도 불구하고 《원사》는 여전히 우리가 볼 수 있는 쿠빌라이의 생애와 원 왕조에 대한 최고의 사료다.

자기 아들에게 중국식 교육을 시키기로 한 소르콕타니의 결정은 몽골 궁정에서는 전례가 없는 일이었다. 중국은 국가의 지도 원리로 고전 철학에 의존했다. 반면에 몽골인들은 경험적 관찰에 의지했다. 몽골인들의 생활에서 직접 관찰은 매우 중요해서, 몽골어에는 화자가 직접 보거나 경험한 것에 대한 과거 시제와 화자가 그저 전해 들은 것에 대한 과거 시제가 따로 있을 정도였다. 몽골인들이 유학과 다른 고대 중국의 저작들을 거부한 것은 단순한 경험적 사실로부터 나왔다. 즉 고전 중국의 가르침에 흠뻑 빠진 수백만의 농민과 도시 거주자들이, 속담 모음 이상의 교육을 받지 못하고 그들 자신의 관찰과 분석의 힘 외에는 아는 것이 없는 소수의 몽골 유목민 세력에게 정복됐다는 것이다.

장덕휘는 이동하는 궁정과 함께 꼬박 1년 동안 여행하며 쿠빌라이와 철학 및 행정에 관해 자주 대화를 나누었다. 쿠빌라이는 1252년에 그를 다시 불러 추가 자문을 구했다. 쿠빌라이는 중국 사회에 대해 좀 이해가 안 되는 부분이 있었다. 중국은 농민들의 농업 생산을 기반으로 한 듯했지만, 그들의 빈곤은 그를 어리둥절케 했다. 몽골의 번영은 목부들의 노동을 바탕으로 한 것이었다. 그들은 중국의 농민과 기술공들(그들은 나라에 바치기 위해 자기 분야에서 "힘들게 고생"했다)에 비해 식량과 의류가 충분했다. 쿠빌라이는 이렇게 물었다. "그러면 중국의 의복과 음식은 왜 충분하지 않습니까?" 장덕휘는 가난한 사람들이 "가장 좋고 가장 고운 것은 관리들에게" 바쳐야 하고, "자기네 어른과 아이들에게는 조잡하고 추한 것만 남기기" 때문이라고 설명했다. 게다가 지방의 하급 관리들은 "부정한 상납"(다시 말해서 뇌물이다)을 요구해 "그들의 자원을 고갈시키기 때문에 보통 사람들은 추위와 배고픔에서 벗어나기 어렵다"고 했다. 대화할 때 쿠빌라이 왕은 "선량함을 좋아하고 자신의 권력을 잊는" 모습을 보였다고 장덕휘는 묘사했다.[5]

처음에 쿠빌라이는 농지와 도시가 있는 중국 땅을 직접 다스리거나 심지어 그곳에 사는 데 별로 관심을 보이지 않았다. 그는 북쪽의 스텝을 더 좋아했다. 그곳이 사냥하고, 스승들과 긴 토론을 하고 술을 마시며 여가 시간을 보내기에 더 좋았다. 그는 가난한 농민들에게 동정심을 표시하기는 했지만, 처음에는 중국과 중앙아시아의 이슬람교도 관리들이 주민을 착취하고 그들로부터 짜낼 수 있는 모든 것을 짜내는 것을 내버려두었다. 그러나 소르콕타니는 그를 가르치려고 열심히 노력한 것이 물거품이 된다 할지라도 그가 자신의 인생을 낭비하게 놔둘 수는 없었다. 소르콕타니는 이 지역과 그 관리들을 아들이 직접 관리해야 한다고 고집하고, 그를 몽골에서 중국의 자기 영지로 보내 그곳에서 살게 했다. 그리고 그곳이 나머지 생애 동안 그의 근거지가 되었다.

*

당시 쿠빌라이의 핵심 조언자 가운데 한 사람이었던 유병충劉秉忠은 직함이 없었고, 관료로서보다는 친구로서의 삶을 더 좋아하는 듯했다. 그는 새로 만들어진 쿠빌라이 관부의 일원이라기보다는 그의 가솔이었다. 1264년이 돼서야 쿠빌라이는 그에게 공식 직위를 주고자 했지만, 무엇을 주어야 할지 쉽게 결정하지 못했다. 그는 이전에 중국에서 형식적인 관직이었던 태보太保라는 벼슬을 주기로 결정했다. 그는 상당한 급료를 사양했지만, 그래도 쿠빌라이가 받으라고 고집하자 그것을 친척들에게 나누어주었다. 그에게는 자식이 없었기 때문이다. 다른 관리와 조언자들 또한 중국인들을 위한 중국식 통치 형태를 권했지만, 그것이 정확히 어떻게 이루어져야 하는지는 보여줄 수 없었다. 이제 유병충은 어떤 일을 해야 하는지를 알았다. 1249년에 그는 1만 자의 보고를 쿠빌라이에게 올렸다. 그것이 중국 통치의 바탕이 되었다.

"하늘이 가능하게 만들었더라도 치세와 난세로 가는 길은 사람의 손에 달려 있습니다."⁶ 유병충은 쿠빌라이의 조언자 가운데 철학적 주장을 넘어서 관료제 건설에 필요한 상세한 정책들을 개괄한 첫 인물이었다. 상시적인 과세, 표준 법전, 국채 지불, 정부 관리 및 군 장교들을 위한 봉급 체계, 표준화된 도량형, 학교 제도와 시험, 군마를 위한 방목지 지정, 역법 개정, 금 왕조 정사 발주(공감의 표시였다) 같은 것들이었다. "왕조는 사라질지라도 그 역사는 남습니다." 쿠빌라이는 유병충의 제안을 모두 실행에 옮기지는 않았다. 군사를 관료제 아래에 종속시키는 문제나 완전한 법전을 반포하는 일 같은 것이 그랬다. 그러나 유병충의 권고는 이후 40년 동안의 행정 의제를 설정했다.

쿠빌라이의 새 영지에는 큰 문제가 하나 있었다. 북중국은 자급자족하기가 어려웠다.⁷ 궁정, 군대, 관료들을 먹여 살리려면 이 지역에서 생산하는 것보다 더 많은 식량이 필요했다. 먼 북쪽은 농사짓기에는 너무 추웠고, 서쪽은 너무 건조했고, 동쪽은 대양에 면해 있고, 남쪽만이 그 필요한 양을 공급할 수 있었다. 중국의 강들은 서방 고원에서 나와 동쪽으로 대양을 향해 흐른다. 남쪽에서 북쪽으로 흐르는 강은 없었다. 이전 왕조들은 북쪽으로 식량을 운송하기 위한 운하를 건설했으나, 13세기에는 파괴와 방치로 운하가 제구실을 못한 지 오래였다. 남중국은 자기네가 소비하는 것 이상으로 생산했으나, 대부분 여전히 몽골의 손길이 닿지 않고 남송의 지배하에 있었다.

*

몽골은 불과 한 세대 만에 역사상 가장 큰 제국을 정복했지만, 전 세계를 정복하라는 그 창건자의 유명遺命에도 불구하고 가장 탐나는 전리품은 여전히 그들의 손길이 미치지 않는 곳에 있었다. 바로 믿을 수 없는 농업과 상업의 부를 가진 남중국의 송나라 영토였다. 1241년 우구데이 칸이 죽자 몽골의 전쟁 기계는 10년 동안 멈추었다. 토레게네 카툰의 5년 섭정과 카툰의 탐욕스럽고 무능한 아들 구육(그리고 그의 아내 오굴 카이미시Oghul Qaimish)의 다행스럽게 짧은 통치 동안에 비교적 평화로운 시기가 이어졌다. 몽골 여성들은 정복보다는 장사에 더 경험이 많았고, 육상 실크로드의 중요성은 토레게네의 섭정기에 더 커졌다.

영리한 송나라 관리들은 평화와 상업의 10년이 몽골의 중대한 변화를 의미한다는 환상에 빠지지 않았다. 그들은 거듭 북쪽으로 대표단을 파견해 몽골을 정탐하려 했고, 이를 통해 몽골 사회에 관한 좋은 정보들도 얻었지만 몽골이 다음에 어떻게 나올지에 대한 귀중한 통찰은 별로 얻지 못했다. 송나라 관리들은 당연히 강력한 기병으로 이루어진 침략군이 언제라도 다시 쳐들어올 수 있음을 걱정했다. 최악의 경우에 대비하기 위해 그들은 주로 자기네의 열대 지형에 의존해야 했다. 넓은 강, 벼를 재배하는 범람원, 빽빽한 숲, 인구가 밀집한 도시로 이루어진 곳이었다. 말과 기병들에게 이 지형은 괴로웠고, 질병은 무자비했다. 남중국은 북쪽의 몽골 영토에 비해 훨씬 더웠다. 송나라 수군은 지난 100년 동안 금나라에 맞서 자기네를 성공적으로 지켜냈다. 그리고 이제 몽골을 막기 위해 그들은 다시 강과 바다에 의존하게 되었다.

*

거대한 황하와 비교하면 쉽게 건널 수 있는 몽골의 강들은 시골의 개울이나 마찬가지로 보였다. 먼 북쪽의 비교적 건조한 몽골고원에서는 고도 1500미터 이상의 작은 강들이 겨울에 얼어붙은 길로 변한다. 그리고 몽골인과 그 말들은 이를 한 스텝에서 다음 스텝을 연결하는 빙판 간선도로로 이용할 줄 알았다. 얼어붙은 강들은 긴 겨울 사냥과 습격 철에 운송로가 됐고, 또한 몽골 전사들에게 고비사막을 건너는 수단을 제공했다. 강이 전혀 없고 길게 뻗은 텅 빈 자갈 사막이 앞을 가로막고 있었지만, 몽골인들은 고비사막으로 들어가기 전에 강에서 잘라낸 커다란 얼음덩이를 수레에 실었다. 그들은 길을 가면서 얼음덩이를 녹여 사람과 말의 식수로 사용했다. 몽골군에게 얼음과 얼어붙은 강은 활과 화살만큼이나 중요한 무기가 되었다.

그러나 중국 본토의 거대한 강들은 엄청난 장벽이 되었다. 심지어 관개수로와 도랑조차도 걸어서 건너기에는 너무 깊고 가팔랐으며 뛰어 건너기에는 너무 폭이 넓었고, 얼음 위를 걷는 것이 편하고 나무 다리 위로 올라가는 것이 익숙지 않은 겁먹은 몽골 말들에게는 문제로 다가왔다. 몽골인들은 황하의 상류 지역이 얼어붙는 겨울을 기다렸다. 그러면 닝샤와 내몽골의 강 상류를 통해 중국으로 들어갈 수 있었다. 그러나 강폭이 더 넓어지고 대양에 더 가까워질수록 건너가기는 더욱 어려웠다.

그런 문제들은 《몽골비사》에 거듭 나타난다. '도하'라는 말은 먼 거리, 멀리 있는 것이나 사람을 의미한다.[8] 여기에 나오는 "깊은 물을 건너는 것"이라는 구절은 거의 불가능한 일을 가리키는 속담이다.[9] 물과 불은 똑같이 성스러웠지만, 소용돌이치는 물은 타오르는 불만큼이나 위험했다.[10] 물은 여전히 가장 힘든 장애물이었다. 칭기스 칸이 간결하게 말했듯이 "깊은 물은 사람을 죽일" 수 있었다.[11]

몽골 국가 초기에 그들이 물을 만났을 때 사용한 전략은 1245~1246년 교황 인노켄티우스 4세가 보낸 사절이었던 조반니 다 피안 델 카르피네Giovanni da Pian del Carpine가 쓴 목격담에서 분명해진다(마르코 폴로 또한 이를 알고 있었다). 조반니는 몽골인들이 수영을 하지 못하며 강을 건널 때는 먼저 포로들을 강에 몰아넣어 안전한 곳을 찾게 한다고 말했다. 그는 이렇게 썼다. "늪이나 위험한 강을 건너게 되면 포로들이 먼저 통로를 찾아야 한다."[12] 이렇게 강을 건널 곳이 정해지면 몽골 병사들은 옷을 벗어 꼭 밀봉한 가죽 가방 안에 넣은 뒤 그 위에 나무 안장을 놓았다. 그런 뒤에 가방을 말의 꼬리에 묶고 안장 위로 올라간다. 부착된 가방 위에 있는 안장이다. 말이 헤엄쳐 나아가면 그것이 가방과 몽골 전사를 끌고 가고, 전사는 말 뒤에서 떠가면서 똑바른 자세를 유지하려고 안절부절 애쓴다.[13]

몽골인들은 배를 알았고 그것이 어떻게 움직이는지를 보았지만, 말(때로는 낙타) 이외에는 어느 것도 타려 하지 않는 사람에게 배는 운송을 위해 선택할 수 있는 수단이 아니었다. 병사는 자신이 타는 말뿐만이 아니라 여분의 말 다섯 필도 데리고 가야 했다. 모든 병사에게 의무화된 숫자였다. 게다가 몽골인들은 소, 양, 염소 떼도 데리고 다녔으며, 게르라는 양털로 만든 천막도 가지고 다녔다. 진정한 유목민으로서 그들은 자기네의 모든 생활 물자를 가지고 전쟁 또는 어디든 가는 곳마다 지니고 다니며, 살림살이를 떼어놓는 일이 없었다. 몽골인들에게 강을 건너는 것은 작은 배로 쉽게 해낼 수 없는 복잡한 작전이었다.

몽골 남성들이 목선 타기를 꺼리는 편견은 또한 목선을 물 위의 수레로 보기 때문이기도 했다. 그들의 풍습에서 수레는 여성의 것이었고, 여성은 게르라는 집도 소유했다. 몽골인들은 펠트 천막집을 끌고 황소가 끄는 수레에 실려 이곳저곳을 돌아다녔다. 여성들은 게르와 수레를 여럿씩 소유했다. 관찰자들은 한 여성이 최고 30대의 수레 행렬을 끌고 가는 것을 목격했다고 보고했다. 서로 연결돼 길게 뻗은 줄을 이루고, 그만한 수의 황소가 수레를 끌었다. 몽골제국 초기에 대형 천막 궁전이 구르는 기단 위에 올려져 여러 마리의 황소에 의해 수송되었다. 덩치가 컸기 때문에 이것은 남자들(황후의 하인일 가능성이 높았다)이 담당했고, 황후와 그 시종들은 궁전 안에 탄 채였다. 그러나 궁전 기단이나 수레에 남자가 타는 법은 없었다.[14]

여성들은 자기네 수레와 그 소유권을 소중하게 여겼다. 남성들이 자기 말을 소중하게 여기는 것과 마찬가지였다. 칭기스 칸이 약혼할 때 그의 장인은 그를 자기 딸 보르테의 장래 남편으로 생각하면서, 수레의 상징적이고 실질적인 중요성을 강조하고 수레에 있는 딸의 위치를 옥좌에 있는 딸의 위치와 등치시켰다. "우리는 뺨이 아름다운 우리 딸들을 낙타가 끄는 큰 수레에 태워 보낸다. 우리는 그들을 칸에게 인도해 그의 옆 황후의 보좌에 앉힌다."[15]

남자가 수레를 이끈다면 그는 자신의 말 가운데 하나에 타고 황소와 연결된 밧줄이나 가죽 끈을 잡았다. 필요하다면 옆에서 걸었을지언정 거기에 타지는 않았다. 진정한 전사는 심하게 다치지 않으면 절대로 수레에 타지 않으며, 다쳤더라도 말 위에 올려지는 것을 선호한다. 그런 남자들에게 배는 여자들을 위한, 물 위에 뜬 수레에 지나지 않았다.

4장

뭉케의 대칸 즉위와 몽골의 전쟁 재개

들어가는 문을 발견했다면 나가는 문을 잊지 마라.
— 몽골 속담

플랑드르 출신의 사절 빌럼 판 뤼브룩Willem van Rubroeck은 서방에서 간 사절로서 뭉케 칸을 직접 알현하고 그에 관해 쓴 최초이자 유일한 사람이었다. 뭉케 아내의 커다란 게르인 오르도ordo 안으로 입장이 허락되기 전에 호위병들이 꼼꼼하게 몸수색을 했다. "우리가 칼 같은 것을 숨기지 않았는지 알아보기 위해 우리의 다리, 가슴, 팔"을 조사했다. 빌럼은 들어가서 칸 앞의 작은 걸상에 앉았다. "집 전체는 내부가 완전히 금란金襴으로 싸여 있었고, 중앙의 작은 화로에는 잔가지, 약쑥 뿌리, 우분牛糞으로 불을 피웠다." 빌럼은 뭉케를 대면했는데, 그는 "물개 가죽 같은 얼룩덜룩하고 빛나는 모피를 두른 채 소파에 앉아 있었다." 뭉케의 외모에 대한 알려진 기록으로는 빌럼의 것이 처음이자 유일한데, 그는 이렇게 썼다. "키는 보통에 코가 납작했고, 나이는 마흔다섯 살쯤이었다. 젊은 아내가 그와 성년이 된 매우 추한 딸 옆에 앉아 있었다."[1]

*

뭉케는 즉위한 날부터 이전 10년 동안의 상업정책을 폐기하기로 결심하고 상인들을 억누르기 시작했다. 그가 보기에 상인들은 너무 부유하고 건방졌다. 그는 상인들의 자유와 권한을 줄이고, 관직에서 쫓아내고, 우역 제도의 무료 이용을 없애고, 그들의 특권을 폐지하고, 전쟁과 관련이 없는 정부 지출을 줄이고, 상업에 대한 세금을 늘렸다. 그러면서 "상인들에게 계속 일을 맡겨 그들이 이득을 보았"으니 그들은 자기네가 내야 할 세금을 내고 "우월한 지위를 주장하지 말아야" 한다고 주장했다. 주바이니에 따르면 뭉케는 휘하 관리들에게 "고리대금과 탐욕의 문제를 경계"하라고 지시했다.[2] 외국 상인들의 고리대금은 광범위한 분노를 불러왔다. 중국의 소액 대출 이자는 평균 월 3퍼센트 정도였는데, 이슬람교도 상인들의 거액 대출은 8퍼센트를 넘기도 했다.[3]

확실하게 몽골에 우호적인 주바이니는 뭉케 칸이 상업을 억압하고 다시 정복에 전념하는 것에 대해 찬양 일변도라 할 정도로 엄청나게 칭찬했다. 두 황후의 10년 통치 이후 뭉케의 즉위로 새로운 시대가 열렸다고 극찬했다. "세상 일이 그의 공명정대함으로 인해 질서가 잡히고, 사람들의 마음을 짜증나게 했던 고름이 제거되고, 생겨났던 혼란이 그의 상서로운 즉위로 가라앉은" 시기였다.[4] 새로이 힘이 실린 뭉케의 협력자들에게 이는 정말로 새로운 서광이었지만, 또한 그의 할아버지 칭기스 칸의 많은 정책들이 이제 폐기되고 그에게 반대하는 몽골인들에게는 파멸이 기다리고 있다는 얘기이기도 했다.

숙청은 물러난 황후 오굴 카이미시로 시작되었다. 뭉케는 오굴 카이미시를 어머니 소르콕타니의 오르도로 보내 재판을 받게 했다. 오굴 카이미시는 그곳에서 발가벗겨지고 손을 등 뒤로 묶인 채 고문당하고 신문을 받았다. 평생의 경쟁자 소르콕타니가 재판관이었다. 집행자들은 오굴 카이미시를 물에 던지기 전에 펠트 양탄자로 꼭꼭 쌌다. 시체와 피가 강을 오염시키지 않게 하려는 것이었다. 숙청은 곧바로 오굴 카이미시의 아들과 딸, 협력자, 그리고 오굴 카이미시에게 충성한 것으로 간주된 모든 사람에게로 확산되었다. 뭉케 칸의 유산에 헌신적이었던 주바이니조차도 그들에 대한 고문의 실상을 시적인 어조로 묘사했다. "타타르 매의 난폭함을 억지로 삼킨 뒤에" 희생자들은 "그들의 마음속에 숨겨두었던 것을 쏟아내 이야기"했다.[5]

정복과 약탈에 의한 사치스러운 생활방식을 갈수록 유지하기 어려워진 황실 남자들은 그들 주위의 부유한 몽골 여성들의 재산을 털기 시작했다. 여성들은 가정 경제를 관리했고, 부족이 제국이 되면서 그들의 역할은 극적으로 확대되었다. 남자들이 정복과 약탈을 했지만, 그들은 그 부를 집에 있는 아내에게 보내 관리하게 했다. 자기네가 최대한 사용할 수 있는 것보다 훨씬 많은 물건을 받은 여성들(특히 귀족 가문 여성들)은 상업에 능숙해졌다. 그들은 외국인(특히 이슬람교도) 상인들과 함께 오르톡ortoq이라는 상업적 협력 관계를 맺었다. 이렇게 해서 몽골인들에게 전쟁은 남자의 일이 되고 상업은 여자의 일이 되었다.

평화의 시기에 대칸에서부터 최하급의 소소한 귀족에 이르기까지 모든 부류의 남성들은 이 가족 안의 여성 식구들이 운영하는 재산과 사업에 손을 대기 시작했다. 가장 적극적으로 손댄 사람은 뭉케 칸 자신이었다. 그는 여러 가지 구실로 몽골 여성들의 땅을 빼앗았고, 통상 자신의 협력자 가운데 하나를 지명해 대신 관리하게 했다. 대부분의 황실 여성은 이 시기에 자기네가 갖고 있던 땅을 빼앗겼지만,

일부는 수익이 많은 오르톡을 계속 보유하고 있었다.

*

1252년의 늦겨울에서 초봄 사이에 소르콕타니가 죽으면서 단호하게 관리할 사람이 사라지자 아들들의 방종과 토지 점탈이 늘어나는 것을 막을 수가 없게 되었다. 소르콕타니는 자신의 네 아들을 권력으로 인도한 유도등이었다. 어머니는 분명한 방향 감각을 가지고 아들들의 모든 생활을 엄격하게 통제했지만, 이제 그들은 자신이 원하는 대로 할 자유가 주어졌다. 좋은 쪽이든 나쁜 쪽이든, 탐욕스럽든 동정적이든 말이다. 네 아들 가운데 어머니를 잃고 가장 큰 상실감에 빠진 것은 둘째 아들 쿠빌라이였다. 그렇지만 슬픔이 새로운 땅을 탈취하는 일까지 막지는 못했다. 뭉케의 승인 아래 쿠빌라이는 1253년 무렵 옹구드 왕국(현대의 내몽골)을 병합했다. 원래 칭기스 칸이 자기 딸 알라카이Alaqai 베키에게 주었던 곳이다.[6]

소르콕타니는 오늘날 잘 기억되지는 않지만, 생전에 유럽과 페르시아에서 중국까지 이르는 당대 관찰자들에게서 뛰어난 여성으로 칭송을 받았다. 이슬람교도, 유대교도, 기독교도 작가들이 한목소리로 칭찬했다. 교황 인노켄티우스 4세가 중국에 보낸 사절 조반니 다 피안 델 카르피네는 자신이 쓴 책《몽골 이야기Ystoria Mongalorum》에서 소르콕타니가 "매우 유명"하며 몽골인들 사이에서 황후 다음으로 존경받는다고 묘사했다. 라시드웃딘은 이렇게 말했다. "소르콕타니의 지혜와 분별력, 그 조언과 총명함에 대한 명성은 사방으로 퍼졌고, 아무도 그 말에 반대하지 못한다."[7] 시리아 역사가 그리고리오스 바르에브라야Grigorios Bar 'Evrāyā는 소르콕타니를 콘스탄티누스 대제의 어머니인 로마의 황후 헬레나 성인과 비교했다. 그는 자신의《편년사

Makhtbhanuth Zabhne》에서 유명한 찬사를 이렇게 바꾸어 전했다. "여자라는 족속 가운데 이런 여성이 하나라도 더 나온다면 나는 여성이 남성보다 훨씬 우월하다고 말할 수밖에 없다."[8]

*

뭉케 칸은 정치권력을 장악하고, 상인들을 굴복시키고, 황실 안의 경쟁자와 적들을 숙청했다. 그리고 이제 보다 평화적이고 상업적인 성향의 어머니가 행사했던 억제력이 사라지자 곧바로 세계를 상대로 전쟁을 재개하고자 했다. 알려진 세계에서 남아 있는 가장 수익성 있는 전리품은 둘이었다. 하나는 바그다드에 있는 이슬람 칼리파의 쇠퇴하고 있지만 매우 부유한 나라였고, 또 하나는 남중국의 튼튼한 상업 제국 송나라였다. 이에 따라 뭉케는 동생 훌레구를 바그다드로 보내 그에게 서아시아를 재정복하고 이집트를 정복하는 막중한 책임을 부여했으며, 막냇동생 아릭부케는 불만스럽게도 옷치긴(불의 왕자)으로서 몽골인의 고향을 책임지도록 남겨졌다. 한편 서른여섯 살의 쿠빌라이는 북중국의 몽골 총독 격인 총령막남한지사무總領漠南漢地事務로 임명돼 행정 업무와 민간 및 군사를 전적으로 책임지게 되었다.

뭉케 칸은 몽골 스텝 카라코룸에 있는 몽골제국의 수도를 차지하고 있었지만, 쿠빌라이는 고비사막 남쪽 그의 중국 영지와 더 가까운 곳에 행정 수도를 둘 필요가 있었다. 그는 현대 내몽골의 한 지역을 골랐다. 몽골인들은 '황색 스텝'이라 불렀지만, 중국인들은 탁 트이고 평평하다고 해서 카이펑開平이라 부른 곳이었다. 두 이름이 모두 몽골인들이 귀중하게 여기는 풍광을 잘 표현하고 있지만, 외부인들에게는 그냥 평범하고 따분하게 보이기도 했다. 그러나 여기에는 개울과 작은 호수가 흩어져 있어 쉽게 풍요로운 낙원으로 만들 수 있었다. 중국의 전설에 따르면 호수에 사는 수룡水龍이 쿠빌라이 칸의(따라서 몽골 황실과 중국의) 수호신이 되었다.⁹

중국에는 이미 도시가 많았지만, 이곳은 몽골인이 건설하는 첫 도시였다. 쿠빌라이는 이 커다란 몽골 도시 안에 중국식 궁궐을 설계하는 일을 유병충에게 맡겼다. 1252년에서 1256년까지 대략 4년이 걸리는 사업이었다. 카이펑은 두 가지 양식으로 황제의 부에 대한 특히 대단한 장관을 연출했다. 하나는 몽골의 유목민 숙영지 양식이고, 또 하나는 중국식이었다. 영구적인 벽돌 건물도 있었고, 격자 틀 위에 세워진 모피 벽의 이동식 몽골 게르도 있었다. 카라코룸과 마찬가지로 카이펑도 완전히 중국적이지도 않고 완전히 몽골적이지도 않은 혼종이었다. 어떤 의미에서 모순적이었다.

중국식 부분은 업무, 문서 작업과 관리, 쿠빌라이의 공식 회의 등을 위한 것이었지만, 이 도시의 전체적인 분위기는 오락, 휴양, 업무에서의 해방을 위한 것이었다. 풍광은 동물, 나무, 개울, 풀밭, 연못, 새가 있는 아름다운 공원으로 개조되었다. 이곳은 몽골판 낙원이었다. 쿠빌라이는 게으르지만 열성적인 사냥꾼이었다. 그는 동물들을 어원御苑에 가져다놓게 했다. 아침에 일어나 멀리까지 동물을 뒤쫓지 않고도 사냥에 나설 수 있게 하기 위해서였다. 그는 선발된 몽골인 전문 궁사들과 함께 사냥했다. 그들이 쿠빌라이를 위해 사냥감을 쏘거나, 훈련된 송골매나 표범을 풀어 동물을 잡게 했다. 쿠빌라이에게 사냥은 관람 경기였다.

뭉케는 동생이 자신의 낙원에서 즐길 시간을 많이 주지 않았다. 몽골 황실의 사업은 전쟁이었고, 쿠빌라이는 아무리 내키지 않더라도 자신의 형제나 사촌들만큼 거기에 참여해야 했다.

쿠빌라이의 가장 중요한 임무는 남중국의 송나라를 정복하는 것이었다. 그가 동생 훌레구보다 전쟁 경험이 적었기 때문에 뭉케는 그에게 정확한 지시를 내리고 목표를 정해주었다. 1252년 한여름에 형제는 만났고, 뭉케는 쿠빌라이에게 윈난을 공격하라고 명령했다. 이에 대해 쿠빌라이는 자신의 부대에 식량을 조달하는 데 어려움이 있어 그것이 불가능하다고 이의를 제기했다. 쿠빌라이는 곧 자신의 통풍이 너무 심해 군대를 이끌고 전투에 나갈 수 없다며 집으로 돌아가 쉬어야겠다고 하소연했다.

뭉케는 쿠빌라이에게 독자적인 군사 임무를 맡길 수 없음을 깨달았다. 그는 자신이 중국으로 가서 직접 송나라 원정을 지휘해야 했다. 그는 쿠빌라이에게 잠시 떠나서 통풍을 치료하라고 허락했지만, 곧 전쟁터로 돌아와야 한다고 고집했다. 그러나 지휘관이 아니라 뭉케의 부하로서 전투에 나가야 했다.

*

몽골이 남중국을 정복할 수 없었던 이유 중 하나는 군대에 퍼진 새로운 종류의 금전적 부패였다. 군대의 효율성을 높이려는 노력으로 뭉케는 자금 조달과 공물 수취의 질서를 바로잡기 위해 몽골 정부의 최고위 외국인 관리인 마흐무드 얄라바치를 보내 조사하게 했다. 조사는 단 하루밖에 걸리지 않았지만, 이 과정에서 28명이 처형되고 말을 훔친 자 한 명은 장형杖刑을 받았다. 얄라바치의 휘하 한 사람이 새 환도를 받자 그는 병사들에게 장형을 당했던 자를 데려오게 해서 그 머리를 베어 환도를 시험했다.

이 잔인한 조사는 쿠빌라이로 하여금 독립적이고 보다 동정적인 마음의 첫 징표를 드러내도록 자극했다. 그는 대칸인 형을 화나게 할 위험을 무릅쓰고 얄라바치와 그 부하를 책망하며 요구 사항을 제시했다. 쿠빌라이는 이렇게 말했다고 한다. "죄인들에게는 꼼꼼하게 판결과 처벌을 내려야 한다. 지금 하루에 스물여덟 명을 죽였고, 대부분은 죄가 없는 듯하다. (…) 이게 무슨 처벌인가?" 그의 반박에 관리들은 "말문이 막혔고 대답할 수가 없었다."[10] 쿠빌라이는 뭉케를 설득해 얄라바치를 파직시켰다.

1253년, 뭉케는 쿠빌라이에게 경조京兆(현대의 시안 부근 지역)의 땅을 나누어주었다. 이곳은 옛 중국 문명의 중심지였고, 이곳 역시 부패한 몽골 군대의 먹이가 되었다. 쿠빌라이는 그 역사와 명성 때문에 휘하 장수들이 "모두 경조에 집을 짓고 서로 사치와 낭비를 경쟁"하는 것을 발견했다. 다시 말해서 그들은 정복은 하지 않고 이전에 정복했던 사람들의 선물을 즐기고 있었다. 그는 그들의 생활방식에 찬성하지는 않았지만, 그들에게 화를 내거나 잔인한 처벌을 가하지는 않았다. 대신에 쿠빌라이는 현명하게 그들을 자리에서 제거하고 서로 다른 지역을 관리하도록 파견했다. 그렇게 함으로써 그들을 갈라놓아 더이상 부패를 위해 공모하거나 더 큰 방종을 저지르도록 서로 자극하지 못하게 했다.

쿠빌라이는 군사적 무용은 없었지만 그의 형제나 사촌들에 비해 더 큰 정치적 감각을 보여주기 시작했다. 그는 민간 행정가로서 배운 기술을 응용해 군대를 더 잘 관리하는 데 사용할 수 있음을 보여주었다. 전투에 관한 최고의 전략가라 하더라도 부패하거나 제대로 조직되지 않은 군대에 의존한다면 실패할 가능성이 높았다. 조직화는 용맹함만큼이나 승리를 위해 중요했다. 둘 중 어느 것도 다른 것이 없으면 충분하지 않았다.

5장

태평양에서 지중해까지의 전쟁

동료가 없어도 자신의 그림자만은 함께한다.
—《몽골비사》

뭉케가 길을 안내하는데도 전쟁터에서 쿠빌라이의 발걸음은 1255년 이슬람교도들의 땅을 향해 떠난 동생 훌레구의 빠른 성공과 비교하면 느렸다. 훌레구는 가혹하고 거칠었고, 다른 문화에 대해 물리지 않는 호기심을 지닌 쿠빌라이와 달리 자신이 정복한 땅에서 그 경제적 가치 외에는 거의 관심을 보이지 않았다. 그는 그들의 지식이 아니라 그들의 부를 추구했다. 몽골 궁정에서 만든 훌레구의 세밀화들은 그가 중간 정도 키에 약간 땅딸막하며 작은 손발에 얼굴은 넓적하고 수염이 성근 모습임을 보여준다.

네 형제 가운데 쿠빌라이는 가장 공식적인 교육을 받았으며, 이웃 문화들에 대한 지식을 일부 갖췄다. 가장 중요한 것이 자기네 본국인 몽골 문화와 자기네에게 복속된 중국 문화였다. 쿠빌라이는 특히 그 신민들의 종교를 연구하고 토론을 주재하며 장시간에 걸친 지적 논의를 후원하기를 좋아했다. 훌레구는 그런 것에 아예 관심이 없었고,

자기 주위 자연 환경의 정령들과 전사라는 그의 직업에 충실한 스텝의 유목민으로 남았다. 쿠빌라이는 행정가였고, 훌레구는 정복자였다. 그러나 그들 사이의 차이에도 불구하고 쿠빌라이와 훌레구는 긴밀한 유대를 유지했고, 시간이 지나면서 그들의 친밀함은 몽골제국의 동부와 서부를 이전 어느 때보다도 더 가깝게 끌어당겼다.

몽골을 '궁수들의 나라'로 지칭하고 있는 아르메니아 연대기들은 1258년 훌레구가 바그다드로 접근하자 칼리파가 몽골인들을 전멸시키겠다고 위협했다고 썼다. 그는 이렇게 단언했다. "내가 선지자의 옷을 꺼내 사람들에게 보이면 너희들은 거꾸러질 것이다."[1] 이 말에 대한 훌레구의 반응은 비웃듯이 칼리파를 잘게 씹어 땅바닥에 뱉는 듯한 몸짓을 하는 것이었다. 결과적으로 그의 확신은 옳았다. 훌레구는 일생일대의 혁신적인 작전으로 티그리스강을 두려운 장애물에서 전술적인 자산으로 바꿔놓았다. 그 제방을 파괴해 적군을 향해 물이 범람하게 함으로써 바그다드를 점령하고 칼리파와 그의 지배 계층을 처형했다.

훌레구는 이제 두 개의 이라크로 일컬어지는 지역을 차지했다. 하나는 이라크 알아랍, 즉 아라비아 이라크(아라비아반도와는 별개다)이고, 다른 하나는 이라크 알아잠, 즉 비非아라비아(즉 페르시아) 이라크다. 전자는 메소포타미아의 현대 이라크와 시리아 및 튀르키예 땅을 포괄하는 지역이고, 후자는 시라즈시 주위의 고대 파르스를 중심으로 하고 현대의 이란, 우즈베키스탄, 아프가니스탄의 대부분을 포괄하는 지역이다. 티그리스강과 유프라테스강 사이의 바그다드와 메소포타미아는 수천 년 동안 서아시아 문화의 심장부였다. 그렇지만 시간이 지나면서 과도한 경작과 관개로 인해 지력이 고갈되고 염도가 높아짐에 따라 이 지역 주민들은 가난에 빠졌고, 이는 훌레구에게 갑작스럽고도 예기치 못한 승리를 안겨주었다.[2] 몽골인들은 이 열악해진 농경지에는 별로 관심을 보이지 않았고, 대신에 타브리즈에 자기네 수도를 건설하고 그 결과로 권력이 이라크에서 이란으로 크게 이동했다. 그러나 그들은 여전히 도시에 영구 거주하는 방식을 경멸했다. 타브리즈는 역사상 처음으로 행정 중심지이자 문화 및 상업 중심지가 됐지만, 정치 중심지는 여전히 몽골 유목민 숙영지 속에 있는 훌레구의 오르도였다. 그의 오르도는 지금의 이란 북부와 아제르바이잔 일대를 떠돌았고, 여기에는 몽골 말들을 위한 이상적인 목초지가 있었다. 이곳은 또한 울루그울루스 사촌들의 침입을 감시하기 위한 전방 기지도 제공했다. 그들은 조지아, 아르메니아, 아제르바이잔 스텝의 자기 땅을 호시탐탐 노리고 있었다.[3] 몽골제국은 이미 서로 갈라설 조짐을 보이고 있었다.

*

몽골인들은 서아시아를 '훌레구의 나라'로 불렀으나, 그곳은 결국 일 칸국으로 알려지게 된다. 몽골 대칸의 속국이라는 뜻이다. 서아시아의 몽골인 통치자는 '일칸'이었으며, 이 칭호는 칭기스 칸이 금나라를 정복한 뒤 무칼리 장군에게 주었던 '귀옹'(한자어 '국왕'의 변음)에 해당하는 것이었다. 몽골인들은 다양한 언어에서 의미를 가지는 말을 좋아해서 이를 '일칸'으로 번역했다. 일il은 몽골어에서 칭기스 칸의 법을 평화적으로 받아들이는 것을 의미했고, 또한 튀르크 부족들 사이에서 '속국 군주'를 의미하는 일릭$ilig$ 또는 일테베르il-$teber$에도 나오기 때문이다.[4] 이 이름은 이곳이 자치 지역으로 통치되지만 여전히 확실하게 중국의 몽골 대칸의 권위 아래 속해 있고 그에게 충성

맹세를 해야 한다는 것을 보여주었다. 한 제국이 그렇게 멀리 떨어진 영토를 통치한 경우는 한 번도 없었다. 베이징과 타브리즈 사이의 거리는 현대의 런던과 뉴욕 사이의 거리보다 멀었다. 그러나 몽골인들은 그 모두를 통치했다. 시작부터 이 거리는 정보, 물품, 관리의 효율적인 이동에 상당한 실무적인 문제를 안겼다.

몽골인들은 바그다드를 정복한 지 채 2년이 되기 전에 육상으로 여행해 서쪽으로 1천 킬로미터 떨어진 지중해에 도달했다. 좀 우연한 계기였다. 알레포와 다마스쿠스에 집착한 그들은 해안에는 전혀 흥미를 보이지 않았다. 그러나 그들은 현대 레바논의 해항 시돈을 정복했다. 다만 이 정복은 항구를 통제하기 위한 어떤 전략적 욕구에서 나온 것이 아니었고, 시돈의 십자군 통치자 줄리앙 그르니에Julian Grenier가 이슬람교도 이웃들을 습격하다가 우연히 강력한 몽골 지휘관이자 훌레구가 믿는 친구 키트부카Kitbuqa의 조카를 죽인 데 대한 보복이었다. 슬픔에 빠진 키트부카는 화가 나서 몽골 전사들의 통상적인 애도 방식을 따랐다. 가해자들을 몰살시키는 것이었다. 줄리앙과 그 측근들은 인근 섬으로 도망쳤다. 몽골인들이 바다 건너로는 쫓아오지 못하리라는 계산이었고, 그들의 생각은 옳았다.[5]

몽골은 3월 1일 부유한 도시 알레포와 다마스쿠스를 점령했고, 바다 쪽으로 밀고 나아갔다. 다마스쿠스가 함락된 뒤 시리아 아이유브의 마지막 아미르 안나시르 유수프는 충성파인 쿠르드인 및 튀르크인의 작은 분견대와 함께 이집트를 향해 달아났다. 그는 이미 가족과 보물들을 그곳에 보낸 상태였다. 그는 팔레스타인 일대에 전개된 1만에서 1만 2천에 이르는 몽골인, 아르메니아인, 조지아인 병사들에게 쫓겼고, 결국 요르단 사막에서 붙잡혔다. 훌레구의 부대는 가자에 도달했는데, 그곳은 주둔하기에 편한 장소였다. 이곳은 북쪽의 십자군 성채들과 서쪽의 이집트 사이에 끼여 있어 양쪽을 정찰할 수 있고 그들이 합치는 것을 막을 수 있었다.[6] 몽골은 이제 이슬람 세계의 거의 모든 대도시를 점령했다.

*

훌레구가 칼리파를 상대로 빠르고 효율적인 승리를 거둔 데 반해 남중국 정복은 지지부진했다. 수군 전통이 전혀 없었던 몽골은 공격할 방법을 찾지 못했다. 북중국의 거대한 석성은 몽골에게 대단한 장애물이 아니었다. 칭기스 칸은 수로를 만들어 흐르는 물이 솟구치게 해서 도시 성벽을 무너뜨리는 기술을 익혔고, 산악 출신의 장수인 수베데이는 병사들에게 성벽을 오르는 방법을 가르쳤다. 그러나 송나라는 몽골인들이 오기 훨씬 전에 이미, 성벽으로는 정복하려는 자들을 막을 수 없다는 확실한 교훈을 배웠다. 물은 돌에 비해 더 효과적인 장벽이었다.

엄중한 방어 시설을 갖춘 장강은 송나라를 그 북쪽 경계에서 보호해주었고, 이에 따라 뭉케는 남중국을 포위해 여러 방면에서 동시에 공격하기로 결정했다. 송나라 주위에 몽골 영토로 올가미를 만들고 서서히 목을 졸라 항복을 받아내는 것이었다. 이미 중국 북부와 중부를 장악하고 티베트와 쓰촨까지 손에 넣은 뭉케는 쿠빌라이에게 훨씬 내륙에 있는 윈난의 대리大理 왕국을 공격하라고 명령했다. 송나라의 강력한 수군과 가장 멀리 떨어져 있는 변경이었다.

쿠빌라이는 지금까지 중요한 군사적 승리를 거둔 적이 없었다. 대리 왕국 공격은 자신을 입증할 기회였다. 그는 이번에는 불평하거나 변명하지 않고 자신이 형제들과 마찬가지로 진정한 몽골 지도자가 될 수 있음을 보여줄 기회를 잡아챘다. 뭉케는 현명하게도 수베데이의 아들 우량카다이Uriyangqadai에게 쿠빌라이에 대한 군사적 조언을 맡겼다. 우량카다이는 쿠빌라이보다 열다섯 살 연상이었다. 뛰어난 스승이자 군사적 조언자로 드러나게 되는 우량카다이는 자신의 아들 아주Aju를 데리고 갔다. 20대의 아주는 똑똑하고 열성적이고 자신만만했으며, 이미 대단한 명성을 얻은 자신의 할아버지 수베데이와 필적할 준비가 되어 있었다.

몽골의 대리 왕국 침략에 관해 알려진 내용은 대부분 쿠빌라이 칸의 '윈난 평정비平雲南碑'로 알려진 석비 비문에 나오는 것이다. 이 비는 높이가 대략 4미터이며, 그의 후계자가 14세기 초에 세웠다. 이 비문은 또한 《원사》 편찬에도 이용됐고, 따라서 이 원정에 대한 공식 기록이 되었다.

쿠빌라이 군은 1천 킬로미터를 행군해 1253년 11월 진사강金沙江으로 알려진 장강 상류에 도달했다. 강 양쪽 기슭에 서로 마주 선 양군은 아주 대조적이었다. 잘 조직되고 훈련된 몽골군은 경험 많은 베테랑 전문 기병과 직업적이고 경험이 풍부한 중국인 보병으로 이루어져 있었다. 매우 숙련된 몽골인 및 중국인 기술공들이 만든 강력한 검, 갑주, 방패로 무장했다. 대리 왕국의 경기병 전사들은 아마도 마찬가지로 용감했을 테지만, 부족 단위의 임시 조직을 방어 병력으로 서둘러 소집한 것이어서 쿠빌라이 칸의 군대와 같은 훈련, 경험, 공식 조직이 없었다. 그 지도자들은 왕국의 귀족 출신으로, 직업군인이나 훈련받은 전술가가 아니었다. 그들의 무기 중에는 농기구나 기타 연장으로 만든 것도 있었다.

대리국 지도자들은 방어를 위해 직업적인 군대에 의존하지 않았고, 몽골이 사용할 수 있는 배를 모두 제거했다. 그들의 치명적인 약점이 깊은 물을 건너올 수 없다는 것이라는 정보를 확고하게 믿었다. 그러나 그들은 적의 집요함을 과소평가했다. 쿠빌라이 군대는 쇠가죽을 부풀린 양가죽과 함께 묶어 뗏목 비슷한 것을 만들었다.[7] 창의적이기는 했지만 그것은 몽골 병사들이 목선 타기를 얼마나 꺼리는지를 다시 한번 보여주었다. 차라리 동물 가죽을 타고 물을 건너겠다는 것이었다.[8]

대리 지도자들이 도움을 청할 수 없게 쿠빌라이 군대는 매복을 해서 그들을 무찔렀다. 그리하여 그 수도 야츠鴨池로 가는 길이 취약해지고 개방되었다. 불행하게도 우량카다이는 자신의 승리를 만끽할 수 없었다. 1254년 초 몽골군이 그 수도를 포위하기 위해 도착했을 때 그는 병이 들었다. 이것은 원정의 중요한 순간이었다. 부대를 이끌 수 없게 되자 그는 20대의 아들 아주에게 그 일을 맡겼다. 그는 아들을 제대로 평가했다. 아주는 자기 아버지 및 할아버지와 마찬가지로 대단한 용맹을 발휘하며 도시의 성벽을 뚫어내고 병력을 이끌어 승리했다.

1256년에 쿠빌라이는 대리 왕국을 격파해 몽골제국에 편입시켰다. 이 승리를 기념하기 위해 세운 석비에 따르면 "우량카다이는 대리의 전 통치자를 죽이면 안 된다는 것을 분명히" 했다. 전투를 지휘하기는 했지만 분명히 직접 개입하지는 않았던 쿠빌라이는 이에 동의했다. 할아버지의 방침과는 정반대였다. 칭기스 칸은 북중국을 정복할 때 쫓겨난 금나라 황제가 비겁하게 달아난 이후 패배한 적의 목숨을 절대로 살려주지 않았다.[9] 쿠빌라이가 대리국 통치자를 포용하자 그는 충성스러운 신민이자 믿을 수 있는 협력자가 되었다. 그는 그 이후 베트남, 미얀마, 남송을 상대로 한 원정에서 직접 자신의 군대를 이끌고 몽골을 도왔다.

이런 뜻밖의 관대함은 자비심을 베푸는 행위라기보다는 영리한 전략 가운데 하나였다. 쿠빌라이는 호전적이고 충동적인 아버지 툴루이보다는 현명하고 인내심 있는 어머니 소르콕타니를 더 닮았다. 마침내 대칸이 된 뒤에 그는 비교적 적은 수의 죄수 처형을 승인했다. 그의 긴 치세 동안에 연 평균 90명 이하였다고 한다. 그리고 송나라 충신들의 비판이 계속되었지만 자신을 비판했다는 이유로 처형한 사람은 한 명도 없었다.[10] 그는 설득을 우선시했고, 폭력보다는 전술적으로 동정을 사용했다.

쿠빌라이는 아마도 윈난에서 자기 목표를 이루었다고 생각한 듯하다. 그래서 통풍이 또다시 도졌다고 하소연하면서 동몽골의 자기 근거지로 돌아갔다. 새로 정복한 영토는 그의 최고위 장수 우량카다이에게 다스리게 했다.[11] 그러나 뭉케에게 윈난 정복은 그저 전쟁의 한 국면일 뿐이었다. 궁극적인 목표는 여전히 남송 왕조를 제거하고 중국 전체를 몽골제국에 편입시키는 것이었다. 쿠빌라이가 돌아가자 성난 질책이 뒤따랐고, 뭉케는 그에게 전선으로 돌아가 남송과의 전투를 확대하라고 명령했다. 잘못을 깨달은 쿠빌라이는 곧바로 명령대로 했고, 갑자기 통풍이 나았다고 뭉케에게 알렸다.[12]

*

쿠빌라이는 이 첫 군사적 승리로 송나라 영토를 둘러싼 경계 지역의 통제권을 장악했다. 윈난 산지와 바다 사이의 약 500킬로미터 지역만이 예외였다. 이 땅은 현재의 북베트남을 포괄하고 있던 다이비엣, 즉 대월국大越國으로 알려진 나라에 속했고, 매우 독립적인 황제와 그의 충성스러운 베트남 신민들이 통치하고 있었다. 송나라 영토에 대한 포위를 완성하고 다이비엣의 원조와 국제 무역을 차단해 남중국을 고립시키기 위해 쿠빌라이는 송-베트남 경계 지역을 정복할 필요가 있었다. 다이비엣 영토를 장악하면 그는 하롱만에 새로운 기지를 건설하고 거기서 통킹만을 지배할 수 있으며, 그의 군대를 중국의 남쪽 문으로 들여보낼 수 있었다.

다이비엣은 남송의 충성스러운 속방 협력자였다. 다이비엣 황제와 관리들은 몽골을 달래기를 원하면서도 송나라를 배신하고 싶지 않았다. 그들은 송과 강한 문화적·상업적·외교적 유대를 맺고 있었다. 우량카다이는 쿠빌라이를 대신해 쩐陳 왕조의 첫 황제 태종을 회유하기 위해 세 차례의 별도 사절을 보내 다이비엣 조정과 송나라를 떼어놓을 기회를 엿보았다.[13] 여러 세대에 걸친 왕조 동맹의 역사를 이어받은 황제는 먼 스텝에서 온 이 낯선 북방 기병들과 손잡을 만한 이점을 발견하지 못했다. 그래서 사절이 오는 족족 투옥시켰다. 몽골인들이 다이비엣을 통제하려면 그들을 정복해야 한다는 것이 분명해졌다.

다이비엣 황제를 겁주어 굴복시키기 위한 무력시위로서, 우량카다이는 군대를 윈난과의 경계에 있는 다이비엣의 산악으로 이동시켰다. 아마도 대리 왕국을 상대로 거둔 최근의 승리가 그를 자신만만하게 만들었을 것이다. 1257년 말에 우량카다이는 당시 중국에서 작전 중이던 10만 명의 동원 가능한 몽골 전사 가운데서 약 3천 명의 경험 많은 몽골 기병을 지휘했다. 여기에 아마도 1만 명(베트남 사료의 주장에 따르면 3만 명)에 이르는 경험이 부족한 대규모 보병 부대가 추가되었다. 막 정복한 윈난의 여러 부족 출신들이었다.[14] 우량카다이는 그의 전사들을 이끌고 윈난에서 베트남 서북부로 흐르는 홍강을 따라 남쪽으로 내려갔다. 쩐 황제는 이에 대응해 침공로에 있는 신민들에게 농작물과 식량을 없애거나 못 쓰게 만들고, 침략자들에게 대항하지 말고 물러나라고 명령했다.

몽골 기병들은 공포의 땅, 가파른 산지, 빽빽한 숲에서 말을 달렸다. 여기서 누군가가 용변을 보기 위해 밀림 속으로 너무 깊이 들어간다면 방향을 잃고 잘못된 쪽으로 갈 수 있고, 소리를 질러본들 빽빽하고 눅눅한 밀림에 먹혀 자신의 부대로 돌아오는 길을 찾을 수 없었을 것이다. 좁은 길에서 기병들은 자신인들이 좋아하는 대로 측면이 탁 트인 상태로 달리지 못하고 유순한 암소처럼 일렬종대로 나아가야 했다. 말들은 모두 앞 말의 꼬리에 코를 박고 수많은 말들이 지나갔던 그 길을 터벅터벅 나아갔다.

초목은 무성했지만 쩐 황제의 과감한 조치로 인해 사람과 말이 먹을 것이 남아 있지 않았다. 벼를 심는 제전梯田과 논은 텅 비어 있었고, 못에는 오리 한 마리 없었다. 몽골 전사들은 진흙탕을 뒹구는 돼지도 없고 관개수로에서 빈둥거리는 물소도 없으며 벌레를 잡기 위해 땅바닥을 헤집는 병아리도 없음을 알아차렸다. 그들은 전투를 하거나 탈출이 필요한 경우에도 말에 의존하기 때문에 말을 잡아먹을 수도 없었고, 굶주려 죽거나 자연적인 이유로 죽은 것을 먹는 일은 전통적으로 금기였다. 말들은 뜯을 풀이 없어 거의 소화가 되지 않는 볏짚을 먹어야 했다.

지치고 굶주리고 기가 꺾인 몽골군이 적의 영토 깊숙이 들어가자, 쩐 황제는 군대를 이끌고 자기네 수도 서북쪽 약 80킬로미터 지점에서 침략자들을 저지했다. 로강과 홍강의 합류 지점 부근이었다. 몽골군과 대리 군대 사이의 대치를 떠올리게 하듯이 그들은 폭이 넓은 흙탕물을 사이에 두고 서로를 바라보았다. 위엄 있는 자세로 코끼리를 탄 황제는 털이 수북하고 비쩍 마른 말을 탄 우량카다이보다 훨씬 당당하고 위협적으로 보였다. 몽골인들은 탁 트인 스텝의 남자들이었고, 베트남인들은 물의 남자들이었다. 베트남의 고위 장수들은 코끼리를 탔고, 일반 보병들은 비선飛船이라 불린 가벼운 배를 타고 전투장으로 수송되어왔다. 최대 100명의 노잡이가 빠르게 노를 젓는 배였다.

우량카다이는 두 가지 어려움에 직면했다. 부하들은 물을 두려워했고, 말들은 코끼리를 두려워했다. 그와 아들 아주는 신중하게 계획 하나를 만들어냈다. 윈난 출신의 대리국 협력자들의 도움으로 그들은 강을 건너는 방법을 알아냈다. 몽골인들은 훌륭한 명사수였기 때문에 불화살을 코끼리 발에 쏘아 그들을 공포에 질리게 하고 놀라 도망치게 만들어야 했다. 타고 있던 사람들은 나뭇가지로, 또는 물속으로 던져진다. 승리를 확실하게 하기 위해 몽골인들은 베트남 군대가 도망치지 못하게 할 필요가 있었고, 우량카다이는 체첵투Chechegtu라는 몽골 장수에게 중요한 임무를 부여했다. 다른 부대들이 황제의 군대를 공격하는 동안 그들의 배를 파괴하는 것이었다.

전투가 시작되자마자 계획은 어그러졌다. 몽골 병사들은 사람과 싸우기를 원했다. 강변에 묶여 있는 빈 배를 공격하는 것이 아니었다. 그들은 명령을 따르지 않고 배는 내버려둔 채 곧바로 전투장으로 달려갔다. 몽골군은 계획대로 베트남군을 패주시켰지만, 황제와 그의 군사들은 손상되지 않은 배로 달아날 수 있었다. 자기네 배가 없었던 몽골군은 그들을 추격할 방법이 없었다. 그들은 전초전에서 승리했지만 적이 항복할 때까지 전투는 끝나지 않는다. 체첵투가 그의 명령을 수행하지 않는 바람에, 완승을 거둘 수 있었던 것이 굴욕적인 전략 파탄이 되었다. 이 중대한 잘못으로 인해 우량카다이에게 처형당할 것이 두려워진 체첵투는 독을 마시고 자살했다.[15] 적어도 이것이 그의 갑작스러운 죽음에 대한 공식적인 설명이었다.

우량카다이는 베트남 북부의 수도 탕롱(현재의 하노이)으로 진격했다. 굶주린 병사들을 먹일 쌀이나 다른 곡물 창고를 발견하기를 기대했지만 도시는 버려져 있었다. 배고픈 병사들은 도시를 뒤졌으나 먹을 것은 거의 발견되지 않았다. 패배한 베트남군은 급히, 그리고 안전하게 배를 타고 탕롱으로 돌아와 서둘러 자기네 양식을 긁어모으고 도시에서 사용할 수 있는 것은 모두 없애버렸다. 몽골군이 도착했을 때는 베트남인들이 드넓은 홍강 삼각주로 사라진 뒤였다.[16]

*

아무리 억세고 불편함에 단련된 몽골인이라도 굶주리면 싸울 수 없다. 우량카다이는 베트남 출정을 위해 1년 반 동안 나와 있었고, 그의 부대는 곧 있을 쿠빌라이의 송나라 공격을 위해 필요했다. 복속하거나 협력할 수 없는 텅 빈 도시를 점령함으로써 얻을 수 있는 것은 별로 없었으므로 그는 철수했다. 절망적인 9일이 지나고 몽골군은 올 때와 마찬가지로 재빨리 떠나갔다.

때는 1월이었지만 몽골군은 여름의 열기가 사라지지 않는 곳에서 작전을 하고 있었다. 아주가 나중에 조정에 보고했듯이 그들의 기병은 "습지와 산악 지역"에서 옴짝달싹못하고 있었다.[17] 몽골인들이 퇴각을 하는 일은 예전에도 있었지만, 그것은 주로 적을 매복 장소로 유인하기 위해서였다. 베트남의 기록에 따르면 이번에는 몽골인들이 정말로 철수해 달아난 것이었다. 질서 있게 물러나는 데 익숙하지 않았던 그들의 철수는 마구잡이 패주가 돼버렸다. 베트남인들이 수륙 양쪽에서 아무 때나 공격해와 그들을 더욱 혼란스럽게 했다. 몽골인들은 약탈할 시간이나 기회가 없었고 적을 죽이는 데도 거의 성공하지 못했다. 이 때문에 후대의 베트남 역사가들에 따르면 베트남인들은 이들을 '불제자 도적'으로 불렀다고 한다. 떠도는 승려 무리의 위협밖에 되지 않았다는 것이다.

베트남인들은 몽골인들과의 전투에서 단 한 번도 이기지 못했다. 그럼에도 불구하고 그들은 전쟁에서 이기고 침입을 격퇴했다. 유격 전술의 우월한 전략 덕분이었다. 지역에서 식량을 없애버리고, 수로를 이용해 추격하는 몽골군을 따돌렸다. 쩐 황제는 자기네 나라의 통제권을 유지했지만, 몽골인들을 나라에서 몰아냈다고 해서 그들이 다시 쳐들어오지 않는다는 보장은 없다는 것을 인식했다. 다이비엣 황제는 몽골 지도부를 달래 또다른 침략을 미리 막으려는 희망에서 공물을 바치고 명목상의 몽골 총독인 다루가치를 받아들이는 데 동의했다. 그러면서도 송나라에는 계속 공물을 보냈다. 적대하는 두 나라에 충성하는 이상한 모습이었다. 몽골은 다이비엣을 정복하는 데 실패했지만, 그들은 재건이라는 어려운 일에 직면한 파괴된 왕국을 뒤에 남겼다.

쿠빌라이는 잘못을 했을 수도 있다는 사실을 인정하고 싶지 않았기에, 다이비엣의 공물 지불이 자기네가 전쟁에서 이겼음을 의미한다고 주장했다. 나중에 윈난에 세워진 〈윈난 평정비〉 비문에 따르면 쿠빌라이는 그 며칠 동안 다이비엣 수도를 점령한 사실을 내세워 침공에 성공했다고 떠벌렸다. "우량카다이의 군대는 교지交阯(다이비엣)를 공격해 그 수도를 점령하고 36개 산골짜기의 통제권을 장악했다."[18] 쿠빌라이는 분명히 자신이 목표를 달성했다고 생각했다. 베트남 통치자를 무력화하고 다가올 전쟁에서 베트남이 송나라에 원조를 제공할 가능성을 미리 차단하는 협정을 맺었기 때문이다. 이후 베트남은 몽골에 전혀 군사적인 위협을 제기하지 못했고, 송나라 군대에 원조를 제공하지 못했다. 그저 다가오는 전쟁의 시기에 달아나는 병사, 관리, 난민에게 피난처를 제공하는 정도였다.

*

한편 몽골제국을 위해 칼리파를 정복하고 서아시아를 점령한 쿠빌라이의 동생 훌레구는 이집트를 차지하기로 결심했다. 그는 이집트의 맘루크 술탄 사이프 앗딘 쿠투즈에게 사절을 보냈다. 몽골에 항복하게 하기 위해 그를 칭찬하고 회유하고 위협하는 전갈을 들려 보냈으며, 이집트는 대칸의 법에 복종해야 한다고 강조했다.[19] 이것이 바라던 효과를 내지 못하자 그는 이집트인들 사이에 불만의 씨앗을 뿌리고자 시도했다. 계략과 암살이 잦은 불안정한 궁정에서 얼마 전에야 술탄이 된 쿠투즈는 그저 "우리의 위협 아래 있다가 도망쳐 이 나라로 온 맘루크 부류"의 노예에 지나지 않음을 상기시켰다.[20] 술탄은 몽골에 맞서는 자신의 임무에 대중의 신뢰를 결집하기 위한 노력으로 몽골에 맞서는 검이라는 비유를 사용하고, 알렉산드리아에서 자신을 '승리한 왕, 현세와 신앙의 검'으로 묘사한 금화를 주조했다.[21]

상대에 관한 정보는 몽골인들보다 쿠투즈가 더 잘 알고 있었다. 그는 한때 몽골의 포로였다. 중앙아시아 호라즘 제국의 튀르크인 가정에서 태어났다고 알려져 있으며, 그 제국이 멸망할 때 몽골인에게 붙잡혀 노예로 팔렸다. 그는 약간의 고급 교육을 받았을 것이다. 그가 맘루크 술탄을 섬기게 됐고, 궁정에서 두 번째로 높은 권력자 자리에 올랐다가 1259년에 스스로 권력을 장악했기 때문이다. 동방에서 몽골의 위협이 다가오고 있는 바로 그때였다. 쿠투즈는 미심쩍지만 칭기스 칸에게 패배한 샤 알라 웃딘 무함마드(무함마드 2세)의 후손이라고 하는데, 그가 정확히 누구의 후손이든 노예가 됐기 때문에 확실히 몽골인에 대해 계속해서 증오를 품었고 당연하게도 복수에 목말라했다. 칭기스 칸의 적수인 무함마드의 혈통임을 주장함으로써 그는 즉위의 정당성을 더했다. 자신의 조상을 쫓아내고 죽인 사람의 자손들로부터 이집트를 보호한다는 그의 단호한 언명 또한 마찬가지였다.22

훌레구의 요구에 화가 난 맘루크는 몽골 사절들의 허리를 말 그대로 톱질해 둘로 자르고 머리는 카이로의 주웨일라 문에 걸어놓았다. 작은 분견대만이 가자를 지키고 있음을 간파한 쿠투즈는 몽골에서 도망쳐 그곳으로 온 시리아인, 튀르크인, 쿠르드인 전사들을 모아 군대를 조직했다. 이집트의 대군을 맞게 된 몽골 수비대는 가자에서 나와 북쪽으로 퇴각했다. 십자군과 정교회 기독교도들은 이집트인들과 함께 몽골에 맞서자는 제안을 거절했으나, 가톨릭교도들은 자기네 공통의 적에 맞서 이슬람교도 군대에 물자를 제공했다.

쿠투즈가 가자를 넘어 진격하고 있다는 말을 들은 몽골인 기독교도 키트부카 장군(그의 조카가 시돈 교외의 조우전에서 살해됐다)은 아르메니아인과 조지아인 협력자의 대규모 부대와 함께 남쪽으로 달려갔다. 이 협력자들은 키트부카와 마찬가지로 기독교도였고, 따라서 몽골과 자기네 종교 양쪽에 충성을 바치고 있었다. 그들은 이슬람교도를 쳐부수고 싶어 안달이었다. 1260년 9월, 양군은 오늘날 이스라엘의 일부인 팔레스타인 북부 갈릴리호 부근의 아인잘루트('골리앗의 샘')에서 만났다. 기독교 성서에서 어린 왕 다윗이 새총으로 거인 골리앗을 쏘아 죽인 곳이다. 아르메니아 역사가 헤툼Het'owm은 시적 왜곡이 있는 말로 몽골의 패배를 묘사했다. "그 평원에서는 사랑스러운 파랑새가 먹이를 쪼고 있었는데, 그 새들이 침입자 쪽에서 날아와 보초에게 적이 오고 있다고 알렸다."[23] 역사적 역설과 우연이 가득한 이 교전에서 무엇보다도 중요한 것은 맘루크가 몽골을 상대로 칭기스칸의 전술을 사용해 성공했다는 것이다. 즉 맘루크는 퇴각하는 체했고, 그러자 키트부카는 그들이 달아나고 있다고 확신해 맘루크를 추격했다. 몽골군의 병력이 성글어지고 지나치게 간격이 벌어지면서 그들은 매복하고 있던 맘루크 예비대를 당할 수가 없었다.[24]

키트부카의 많은 병사들이 맘루크에게로 탈주하거나 달아나다가 팔레스타인의 마을 사람들에게 살해되었다. 몽골 병사들이 벌판에 숨으려 하자 맘루크군은 벌판에 불을 질렀다. 그들은 또한 알 수 없는 수의 여성들을 포로로 잡았다. 여성들은 가족이거나 아마도 군대에서 보조적인 역할(몽골 여성들은 때로 남성들과 함께 전투를 했다)을 하기 위해 몽골군과 함께 온 사람들이었다.

아인잘루트 전투는 조우전이나 마찬가지였지만 몽골군에 결정적인 영향을 미쳤다. 그들도 격파당할 수 있음을 마침내 보여주었기 때문이다. 쿠빌라이 군대가 베트남에서 패배한 것과 달리 이번에는 승리로 가장하기가 어려웠다. 몽골인들은 여기서는 석비를 세우지 않았다. 그들은 아무것도 탈취하지 못했고, 오히려 모든 것을 잃었다. 그들의 목숨까지 말이다. 이집트의 맘루크는 몽골이 서쪽으로 돌진하는 것을 저지했고, 그들의 침공에 맞서 북아프리카를 지켰다.

이전 시기에 몽골은 북중국의 금 왕조, 150년 된 중앙아시아의 호라즘 왕조, 500년 된 이란·이라크의 아바스 왕조, 100년 된 시리아의 아이유브 왕조, 그리고 아르메니아와 조지아의 더 작은 나라들을 정복했지만, 이집트의 맘루크를 상대로는 실패했다. 이에 대한 보복으로 몽골은 수감된 아이유브 왕 안나시르 유수프와 그의 동생을 처형해 그 왕조가 막을 내리게 했다. 팔레스타인과 시리아 일대에서 이슬람교도들이 떠올랐고, 대부분의 몽골인들이 아르메니아와 아제르바이잔으로 탈출하면서 다시 살아난 이슬람교도 민간인과 군대가 지역 기독교도와 유대교도들을 학살했다. 훌레구에게는 다행스럽게도 승리한 이슬람교도들은 곧바로 자기네끼리 싸우기 시작했고, 몽골 땅 재정복을 계속하지는 못했다.[25]

*

이집트를 점령하기 위한 원정이 펼쳐졌던 이 걱정스러운 시기에 훌레구는 본국 몽골에서 일어나는 일 때문에 마음이 산란했다. 아인잘루트에서의 패배보다 더 절박한 소식이 중국에서 날아왔다.

6장

쿠빌라이의 기지개

나중에 자라나는 뿔이 먼저 생겨나는 귀보다 더 억세다.
— 몽골 속담

1259년 8월 말의 찌는 듯한 날에 좋지 않은 소식이 말과 기수의 중계를 통해 중국을 가로질러 왔다. 쿠빌라이가 휘하 군대와 함께 우한武漢 공격을 준비하고 있을 때였다. "형님께서 돌아가셨습니다." 어떻게 그럴 수 있는가? 그의 이름 뭉케의 뜻이 '영원'인데 말이다. 이제 쉰 살이었고, 몽골의 대칸이었다. 세계 최대 제국의 황제 노릇을 한 지 겨우 8년이었다. 그는 원기 왕성했고, 건강했으며, 황실 가족 중에서 술을 많이 마시는 편도 아니었다.

잘생긴 형에 비해 쿠빌라이는 과체중에다 통풍으로 고생이 심했다. 지적이었지만 충동적이었다. 결국 말보다 코끼리를 타는 게 편안한 사람이 되었다. 검은 밍크를 잘라 붙인 흰 담비 옷을 입고 사냥을 나가는 몽골인이었다. 그는 몽골 병사들의 작은 나무 안장과는 잘 어울리지 않았다. 쿠빌라이는 몽골 황실 남자들 중에서 가장 황제가 되지 못할 것 같은 사람이었다.

여러 측면에서 그는 심지어 몽골인답지도 않았다. 그는 칭기스 칸의 막내아들의 둘째 아들이었고, 그의 할아버지조차도 그가 진짜 몽골인처럼 보이지 않는다고 말했다. 페르시아의 역사가 라시드웃딘은 칭기스 칸이 손자 쿠빌라이를 처음 보고 아리송한 말을 했다고 전한다. "우리 아이들은 다 피부색이 불그스레한데, 이 아이는 제 외숙처럼 가무잡잡해."[1] 그는 케레이트 부족 출신의 어머니 소르콕타니를 너무 많이 닮았다. 쿠빌라이의 여러 형제, 삼촌, 사촌들은 베이징에서부터 부다페스트와 바그다드까지 세계의 대도시들을 정복하면서 무시무시한 전사로서의 명성을 얻었다. 몽골은 페르시아 산악 지대의 아사신파 거점에서부터 지중해의 십자군 성채에 이르는 성채들을 점령했다. 지난 100년 동안 티베트, 한반도, 이라크, 이란, 아프가니스탄, 조지아, 아제르바이잔, 아르메니아, 러시아, 우크라이나, 시베리아, 만주, 카자흐스탄, 키르기스스탄, 우즈베키스탄, 투르크메니스탄, 시리아와 여러 소국이 모두 몽골의 손에 떨어졌다.

이들 정복 가운데 쿠빌라이가 한 것은 아무것도 없었다.

그는 형 뭉케에게 복종했다. 그 이전 수십 년 동안 어머니 소르콕타니에게 복종했던 것과 마찬가지였다. 마흔네 살이 다 되어가던 쿠빌라이는 자신의 인생에서 중요한 결정을 독립적으로 내린 적이 거의 없었다. 형제 가운데 특색이 없는 중간의 위치에서 그는 주역이자 가족의 상속자(할아버지 칭기스 칸의 상속자이기도 했다)인 뭉케의 그늘 아래에서 살았다. 뛰어난 전사 가문에서 쿠빌라이는 형을 당할 수 없었다. 뿐만 아니라 두 동생, 바그다드를 정복한 훌레구와 성급한 아릭부케에게도 계속해서 밀렸다. 두 사람은 무자비하기로 유명했던 아버지 툴루이를 빼닮았다. 쿠빌라이는 어머니를 빼닮았던 듯하다.

뭉케 칸이 죽었다는 소식을 듣고 쿠빌라이는 거의 무력해졌던 듯하다. 그는 그늘을 벗어나 밝은 곳으로 나아갈 방법을 찾을 수 없었다. 스스로 큰 계획을 세우는 데 익숙하지 않았던 그는 뭉케가 죽기 전에 마지막으로 내린 명령을 맹목적으로 계속 수행했다. 쿠빌라이는 자신을 인도하도록 임명된 보다 유능한 장수들의 후견 아래 어저우鄂州(우한) 주변 지역을 정복하기 위해 파견되었다. 장강 도하를 막고자 그곳에 주둔하고 있던 송나라 군대를 몰아내고 남중국에 교두보를 마련하려는 목적이었다.[2] 아직 형의 명령을 완수하지 못한 그는 집으로 돌아갈 준비가 되지 않았다. "우리가 해야 할 일을 마치지 못했는데 어떻게 서둘러 돌아간단 말인가?"[3]

쿠빌라이는 제왕諸王 가운데 누가 새 대칸이 되어야 하느냐를 둘러싼 큰 싸움은 안중에도 없는 듯했다. 형의 빛이 사라져 그는 어둠 속에서 휘청거리고 있었다.

*

몽골 칸들의 죽음이 대개 그렇듯이 뭉케 칸의 죽음도 수수께끼, 음모, 소문에 휩싸여 있다. 일반적으로 알려진 사망 원인은 과도한 음주 탓에 악화된 이질이었다. 그러나 그가 전투 중 부상으로 인해 죽었다는 의혹이 여전히 있다. 병사들의 사기가 떨어져 위험해지는 것을 막기 위해 질병을 가장했다는 것이다.[4] 대단한 권위를 지닌 글을(그러나 때로는 사실, 이야기, 개성, 선전이 뒤섞여 있다) 쓴 13세기 시리아의 역사가 그리고리오스는 뭉케 칸이 바다를 건너 어느 섬을 침공하는 원정에 나섰는데, 적의 잠수부들이 헤엄쳐서 그들의 배 아래로 들어가 배에 구멍을 내서 몽골군을 물리치고 뭉케를 익사시켰다고 주장했다.[5]

송나라와 몇 년 동안 전쟁을 벌인 끝에 뭉케 칸이 죽은 것은 몽골이 패배했음을 의미했다. 그들은 남중국을 정복할 방법을 찾을 수 없었다. 그들은 자기네의 실패를 인정하지 않은 채 철수했다. 뭉케의 동생들 가운데 누가 그를 승계해 대칸이 될 것이냐를 놓고 그들끼리 싸우기 위해서였다. 소르콕타니의 아들들은 서로에게 달려들었다.

중국에 있던 뭉케가 죽었다는 소식이 몽골에 전해지자마자 제국 수도 카라코룸의 귀족들은 쿠빌라이보다 네 살 어린 동생인 아릭부케 주위로 모여들었다. 모든 부족, 파벌, 가문의 지도자들은 새로운 지도자를 선출하기 위한 부족 대회인 쿠릴타이를 열기 위해 모였다. 뭉케의 근위병과 이전 대신들은 아릭부케를 지지했다. 가족의 막내아들인 옷치긴으로서 아릭부케는 형들이 중국과 페르시아로 싸우러 나간 사이에 고향을 책임지기 위해 남아 있었다. 카라코룸 총독이자 아직 스텝에서 전통적인 생활을 하는 몽골인으로서 그는 경솔한 성정에도 불구하고 충성스러운 추종자들을 거느렸다. 아릭부케는 스텝에서 말을 타고 몽골인처럼 살았다. 충동적이고 거칠고 아직 길들여지지 않은 모습이었다. 그는 쿠빌라이의 어설픈 세계주의에 비해 더 큰 호소력이 있었다. 여러 가지 측면에서 그의 기질과 갑작스럽게 폭발하는 모습은 그를 죽은 아버지 툴루이와 더 닮아 보이게 했다. 중앙아시아와 러시아를 통치하는 울루그울루스로 일컫는 몽골인들은 몽골에서 자기네를 인도하는 느슨한 고삐를 신경 쓰지 않았다. 그러나 그들은 중국이나 다른 어떤 외국의 지배하에 들어가는 것을 원하지 않았다.

도시화되고 중국화되고 멀리 떨어져 있고 수상쩍게 다른 쿠빌라이는 스텝의 고향에 있는 몽골인들에게 미지의 인물이었다.[6] 그는 몽골에서 지리적으로, 그리고 심적으로 멀리 떨어져 있었다. 그는 전투에서 작은 승리만을 거두었고, 그마저도 쿠빌라이보다는 우량카다이와 그 장교들 덕분으로 여겨졌다. 그는 자신의 아버지, 어머니, 형의 말을 따랐다. 그리고 지금 그의 형인 대칸이 죽었다는 소식을 들었을 때 그는 그 자리에 얼어붙은 듯했다. 쿠빌라이는 뭉케가 내린 마지막 명령을 이행하기 위해 장강을 건너기로 결심했다.

*

1259년 9월, 장강 상류의 강둑은 아직 뜨거웠다. 몽골인에게는 너무 덥고 습했다. 쿠빌라이는 강의 흐름을 더 넓게 살피기 위해 가까운 산꼭대기에 올랐다. 휘하의 중국인 장수 하나가 그에게 송나라가 "장강은 하늘이 장벽으로 만들어놓은 극복할 수 없는 장애물이라고 굳게 확신"하고 있다고 말했다.[7] 건너편의 육지는 수많은 송나라 병사들이 엄중하게 지키고 있지만, 강 자체를 순찰하지는 않았다. 마치 어떤 군대도(더더구나 몽골의 육상 기병은) 뚫을 수 없다고 생각하는 듯했다. 뭉케가 죽은 이후 쿠빌라이는 전쟁터에서의 능력을 입증할 기회를 잡았다. 그는 장강을 건너 큰 승리를 거두고 북쪽으로 돌아가 동생을 만나고 싶었다. 우한 주변의 강 양안을 확보하고 남중국 송나라 영토 안에 몽골의 거점을 만들고서 말이다.

《원사》는 9월 22일 아침에 "비바람이 몰아치고 어두워서" 힘든 상황이었다고 묘사했다. 양쪽 모두 무언가 새로운 노력을 하기에는 불길한 징조였고, 더군다나 공격을 하기에는 좋지 않았다. 그러나 쿠빌라이는 밀어붙였다. 그의 부하들은 배를 징발하고 현지 어부들을 길잡이로 삼아 장강을 건너기 시작했다. 그들은 "북을 마구 울리는 가운데" 강을 건너고 상대 병사들을 강력하게 압박해 결국 "자기네 함대가 구원하러 오게" 했다.

그는 기습적으로 강 남쪽의 송나라 부대를 쳤지만 그 전술의 효력은 단기간에 그쳤다. 쿠빌라이와 송나라 장수들 사이의 비밀 협상에 관해서는 기록이 불분명하나, 약간의 협정이 맺어졌고 쿠빌라이에게는 빨리 돌아가라는 의미로 비단과 은이 주어졌다. 11월 말에 쿠빌라이는 다시 강을 건너 철수했다.[8] 그의 이전 베트남 침공 때와 상당히 비슷하게 양쪽은 승리를 주장할 수 있었다. 쿠빌라이는 전리품을 가지고 돌아왔고, 몽골군은 떠났다. 송나라 장수들은 제국 조정의 상부에 올린 보고에서 자기네가 비밀리에 쿠빌라이에게 재물을 준 사실을 뺐다. 이 장수들에게는 몽골군을 쳐부수고 패주시킨 공으로 벼슬과 영예와 부가 주어졌다.[9]

그들은 아마도 쿠빌라이보다 축하해야 할 이유가 더 많았던 듯하다. 우량카다이 장군은 쿠빌라이가 송나라를 공격하는 데 합류하려 노력했으나 너무 늦게 도착했다. 강 건너편에서 우량카다이의 증원군은 송나라 군대의 함정에 빠졌고, 송나라 장수들은 그들의 휴전이 쿠빌라이 및 그 부대에만 유효하고 다른 몽골 병사들에게는 해당하지 않는다고 말했다. 많은 병사가 살해되거나 포로로 잡혔고, 이는 송나라 군대가 몽골군을 물리쳤다는 그 장수들의 주장에 약간의 근거를 제공했다.[10]

*

쿠빌라이는 군사적 영예를 얻을 기회를 살리지 못했다. 그가 이를 아무리 승리로 둔갑시키려 해도 아무도 감명을 받지 않은 듯했다. 우선 그의 아내 차부이(Cabui)부터가 그랬다. 차부이가 보기에 송나라를 정복하는 것보다 더 그가 관심을 가져야 할 훨씬 중요한 일들이 있었다. 쿠빌라이의 생애 전반부에 그의 어머니가 가장 영향력 있는 인물이었다면, 이제 차부이가 확실히 그 역할을 이어받았다. 쿠빌라이는 자기 아버지와 마찬가지로 네 명의 주요 아내를 거느렸고, 그들은 각기 자신의 오르도(궁정)를 소유하고 있었다. 또한 정확한 수는 알 수 없지만 격이 좀 낮은 아내와 첩도 있었다. 대체로 정치적 목적으로 유지되는 관계였고, 그는 분명히 이들에게 그다지 관심을 보이지 않았다.[11] 권력과 위신에서 다른 모든 아내들을 능가했던 차부이에 대해 라시드웃딘은 "매우 아름답고 매력적"이며 분명히 쿠빌라이가 "좋아하는 아내"라고 묘사했다.[12]

쿠빌라이가 정확히 언제 차부이와 혼인했는지는 알 수 없다. 다만 쿠빌라이가 스물다섯 살쯤 됐을 때(1240년 무렵) 차부이를 두 번째 아내로 맞아들인 듯하다. 우구데이 칸이 죽기 전이다. 차부이는 콩기라트 출신인데, 이 씨족은 전사로 유명하지는 않지만 여성은 강하고 능력 있는 것으로 명성이 있어 칭기스 칸의 어머니 때부터 이곳에서 아내를 맞아들이는 것을 선호했다.[13] 뭉케가 죽었을 때 차부이는 쿠빌라이와 혼인한 지 20년 가까이 됐고, 그동안 뒷전에서 네 아들을 길렀다. 아들들은 여러 가지 우환을 겪었는데, 넷 중 셋이 아버지보다 먼저 죽었다. 차부이는 시어머니 소르콕타니와 친밀한 관계를 유지했던 듯하며, 스스로와 자식들을 교육시키기 위한 결의라는 측면에서 볼 때 자기 세대 여성 가운데 시어머니와 가장 닮았다. 학자들은 차부이가 시어머니와 마찬가지로 몽골의 미래를 위해 중국이 중요하다는 것을 인식했으며, 쿠빌라이의 결의와 야심을 어떻게 강화하고 인도할 것인가에 관한 분명한 비전을 가졌다는 사실에 대체로 동의하고 있다.[14] 페르시아, 몽골, 중국의 자료들은 차부이의 중요성을 칭송하지만, 그 인물이 어떻고 어떤 일을 했는지는 의문스럽게도 공식 전기에 빠져 있다.

쿠빌라이가 뭉케의 마지막 명령을 이행해 우한을 공격하려고 애쓰고 있을 때 몽골의 빠른 우편 기수를 통해 카라코룸에서 전갈이 왔다. 그의 가장 가까운 지기인 차부이가 보낸 것이었는데, 막냇동생 아릭부케가 스스로 대칸임을 선언하려 하고 있고 뭉케 칸의 많은 관리와 참모들이 지원하고 있다는 내용이었다.

처음에 아릭부케가 사람을 더 보내달라고 요구했을 때 쿠빌라이는 별 생각 없이 자신의 염전 일꾼 100명을 보내주었다.[15] 차부이는 아릭부케가 대군을 육성하기 위해 사람을 요구한 것이라고 반대했다. 라시드웃딘에 따르면 차부이는 전장에 있는 쿠빌라이에게 우화의 형태로 암호 메시지를 보내 경고했다. "큰 물고기와 작은 물고기의 머리가 잘렸습니다. 당신과 아릭부케 말고 누가 남았습니까? 지금 돌아오세요."[16]

차부이는 쿠빌라이에게 동생과 대결하라고 애원하고 있었다. 남중국을 정복하는 것은 우선순위가 아니었다. 남송의 황제가 아니라 아릭부케가 당장의 적이었다. 차부이는 남편에게 원정을 연기하고 수도로 돌아와 대칸이 되기 위한 싸움을 하라고 말했다. 결국 훌레구는 멀리 지중해에서 서아시아에 집중하고 있었고, 아릭부케는 카리스마가 있을지 모르지만 또한 변덕스러웠다. 차부이의 전갈은 쿠빌라이에게 인생의 방향, 깊숙한 의미, 새로운 도전, 그저 몽골 본토에 있는 상급자의 명령에 복종하는 것이 아니라 이번에는 독자적으로 행동할 수 있는 독특한 기회를 제공했다.

모든 몽골인은 히모리Khiimori(풍마風馬)를 가지고 있다. 인생에서 사람을 앞으로 나아가게 하는 속마음이다. 꼼꼼한 규율과 통제가 없으면 풍마는 혼돈, 방탕, 신비적 열광, 고삐 풀린 분노로 마구 치닫고 심지어 혼수상태에 빠질 수 있다. 강한 사람은 풍마를 통제하기 위해, 스스로를 통제하기 위해 강한 말채찍이 필요했다. 몽골인들이 '금편金鞭'이라 부르는 것이다. 그런 속박 아래서 풍마는 그 꼬리가 잡아채는 대로 어느 쪽이든 달려 나간다. 벌써 중년이 된 쿠빌라이는 아직 그의 금편(자신의 자율적 동기 부여)을 발견하지 못했다. 이것은 그에게는 기회였다. 이것은 마침내 제멋대로인 자신의 풍마를 제어할 수 있게 하는 금편이었다. 그는 이를 받아들일까? 그는 도전에 나서 대칸이 될까?

쿠빌라이는 권력을 쟁취하기 위한 싸움을 벌이고자 고향으로 향했다.

*

1260년 봄, 쿠빌라이는 몽골의 부족 대회인 쿠릴타이를 소집했다. 이전까지 몽골에서만 열렸던 것과 달리 이번에는 그의 개인 영지인 중국에서 열렸다. 고비사막 남쪽이었다. 칭기스 칸의 법에 따라 쿠릴타이는 몽골에서 열려야 하고 몽골인만 참여할 수 있었다. 각 몽골 가문의 대표들이 중국에 살았고, 《원사》에 따르면 쿠빌라이는 그의 쿠릴타이에 참석해 자신을 지지하는 모든 귀족 가문에 은괴 5천 냥씩을 주겠다고 약속했다.[17] 이 돈의 유혹에 그들 대부분은 자기네가 법을 어기고 있다는 사실을 무시했다.

쿠릴타이에서 쿠빌라이를 대칸으로 선언했고, 1260년 5월 12일 쿠빌라이는 그의 즉위 조서 서두에 좋은 통치를 확립할 필요성을 강조했다. "우리는 사방으로 뻗쳐 있는 조상들이 세운 나라를 소중히 여긴다. 군인 정신은 매우 투철하지만 흔히 민간 통치는 부족하다."
그는 선임자들이 정복에 분주했다는 이유를 들어 이 결여에 대해 변명하고, 이제 질서 있는(보다 중국적이라는 의미다) 행정을 확립하는 복잡하고 장기적인 과정을 시작하겠다고 약속했다. 쿠빌라이는 중국인 신민들에게 더 정통성이 있는 것처럼 보이고자 몽골 통치자로서는 처음으로 중국식 연호를 채택했다. 1260년에 그는 자신의 치세를, 중국에서 황통皇統을 열었다中華開統는 의미를 붙여 '중통中統'으로 불렀다. 중국 전역에 대한 권리를 주장하겠다는 그의 야망을 큰 목소리로 분명하게 제시한 것이다.

쿠빌라이는 그의 동생 아릭부케(역시 자신의 추종자들에 의해 새 대칸으로 선언됐다)와 곧바로 전쟁을 벌이는 대신에 모든 부류의 주민들로부터 지지를 강화하는 조심스러운 길을 추구했다. 북중국은 그의 큰 자산이었다. 많은 군대, 제조업, 농업이 있었다. 그가 이 거대한 힘과 부를 통제할 수 있다면 적당한 시기에 승리를 거둘 수 있었다. 한편 아릭부케는 고비사막 북쪽 스텝의 약화된 자기 영지에서 분노를 표출했지만, 쿠빌라이를 제거할 힘이 없었다. 대부분의 몽골인들은 아릭부케를 지지했지만 그들의 수는 수백만에 이르는 중국인과 비교하면 얼마 되지 않았다. 아릭부케에게는 중국을 정복하기에 충분한 수의 군대가 없었다. 그는 칭기스 칸이 아니었다.

쿠빌라이는 주민과 자신의 신민이라고 주장하는 여러 부족 및 민족의 마음을 얻기 위해 여러 가지 조치를 취했다. 그는 오랜 전쟁 이후 지역 경제를 재건할 수 있도록 일시적으로 세금을 감면했으며, 농업 발전을 위해 지방 관청을 만들고, 학술 기관과 의학 연구생에게 옷과 식량을 지급했다. 그는 나이 든 징집병과 상이자의 퇴역을 허락하고, "또한 그들의 가족을 위로하고 구제"해주었다.[18] 그는 자기 전투 장비를 가져올 수 없는 병사들에게 새것을 무료로 주고 말, 안장, 마구가 없는 병사들에게 그것도 지급하라고 명령했다. 그는 전투에서 잡히거나 다른 이유로 투옥된 유학자들을 사면하고, 그들의 사원과 학당을 특별히 보호하라고 명령했다. 그는 자신이 이전에 박해했던 도사道士들에 대한 매우 가혹한 규제를 완화했다.

쿠빌라이는 새로 정복한 대리 왕국 및 고려의 관리들에게 더 높은 영예와 전반적인 존중을 부여함으로써 그들과의 관계를 강화하고 무역 제한을 완화하는 일에 나섰다. 여행하는 관리들은 식량과 물자를 국영 창고에서 제공받고 "주민들에게 폐를 끼치지 말아야" 한다고 명령했다. 이에 따라 관리들(몽골 귀족 포함)은 민가에 들어가 돈과 물품을 뜯어내거나 강배江船 또는 우역 제도 '잠'에 간섭하는 것을 금지했으며, 동시에 국경 무역에 대한 정부의 통제를 강화하고 소금과 술의 가격을 안정시켰다. 그는 환자를 치료하기 위한 공공 약방과 병원을 인가했다. 굶주림에 직면한 사람들에게는 식량을 제공하고, 전쟁으로 궁핍에 빠진 사람들에게 옷을 주었다. 그는 광업, 금속 가공, 등나무 제품 생산에서 부역을 동원하는 강제노동의 수요를 줄였다. 그는 정부 노역장에 징발돼 자수刺繡 일을 하던 여성들을 풀어주어 혼인하고 가정을 꾸릴 수 있게 했다. 그는 노래와 접대를 위해 여성들을 징발하거나 점유하는 것을 금지했다. 이들은 일종의 강제 매춘부 또는 성노예였다.

칭기스 칸 이래로 모든 관개시설을 파괴하는 것은 몽골의 정책이었다. 농작물을 심는 것이 아니라 말이 풀을 뜯는 데 사용해야 할 목초지를 확보하는 데 방해가 되기 때문이다. 그러나 쿠빌라이는 수로에 새로운 관점으로 접근했다. 그는 수송을 확대하기 위해 새로운 수로를 건설하고 새로운 배를 건조하라고 명령했다. 황소가 끄는 수레로 물건을 운반하는 것은 궂은 날씨에 쉽게 방해받을 수 있음을 알아차린 것이다. 낙타가 하루에 갈 수 있는 거리는 45킬로미터 정도였다. 이는 1300킬로미터의 거리를 가는 데 4주가 걸린다는 얘기다. 이 시점에서 여행 경비에 잠재적 위험과 싣고 가는 곡물의 부패 등을 더하면 화물 자체의 가치를 넘어선다. 반면에 황하의 배는 더 많은 짐을 거의 네 배 빠르게, 즉 하루에 160킬로미터를 운송할 수 있었다. 몽골에 가장 가까운 하항河港은 황하 동북 만곡부彎曲部에 있었다. 오늘날 내몽골 오르도스 지역으로 알려진 곳이고, 당시 탕구트인들이 살던 땅이었다.[19] 쿠빌라이는 주변 지역을 지키고 관개시설을 확충하는 기술공 및 건설 일꾼을 먹이기 위해 둔전屯田을 설치했다. 그 관개시설 공사는 5년 동안 이어지는 대규모 사업이었다.

  이런 조치들이 쿠빌라이의 동정심 때문이었든 그의 날카로운 정치적 감각 때문이었든, 결과는 긍정적이었다. 중국과 고려에서 쿠빌라이에 대한 지지가 늘었다. 남송의 상인들이 자기 영토에 들어오게 허락함으로써 쿠빌라이는 그들이 자신의 공정한 통치를 보고 인정해줄 것임을 알았다. 1261년 여름, 쓰촨 동남부 장강 변의 루저우 항이 남송의 지배에서 이탈해 그에게 합류했다. 쿠빌라이는 항구의 관리들을 유임시키고 보상을 해주었으며, 특히 안무사 유정劉整에게는 다른 도시들을 자기네 편으로 끌어들이는 일을 맡겼다. 그는 또한 이 도시에 식량을 급송했다. 겨울이 시작되면서 분노한 남송 관리들은 이 도시를 탈환하기 위해 원정군을 보냈으나, 유정에게 격퇴되었다. 이에 대해 쿠빌라이는 유정과 관리들에게 벼슬을 높여주고 상을 내렸다.

1261년 차강사르(백월白月, 몽골의 신년)는 쿠빌라이가 대칸임을 주장하고 나서 처음 맞는 신년이었다. 《원사》에 따르면 이해는 상서로운 조짐과 함께 시작되었다. 동북쪽 하늘에 붉은 구름이 있었는데, "큰 돛처럼" 보였고, "사람들을 비추었다."[20] 그것은 쿠빌라이에게 좋은 해를 약속했고, 하늘의 돛은 새 황제에게 좋은 전조였다.

*

훌레구에게 주어진 이집트 정복 임무는 아인잘루트 전투에서 맘루크에게 패함으로써 실패로 끝났지만, 새로운 대칸 쿠빌라이는 훌레구에게 더욱 압박을 가해 서아시아에 대한 몽골의 통제를 강화하고 이집트를 통해 지중해와 북아프리카로 가는 길을 확보하게 했다. 훌레구는 아시아와 아프리카를 연결하는 좁은 육교만이 있을 뿐이어서 몽골은 육군 이외의 것이 필요함을 영리하게 알아차렸다. 그들은 이집트를 바다에서 공격할 필요가 있었으나, 그들에게는 수군이 없었다. 이 일에 적합한 배를 가진 나라는 유럽의 기독교 왕국들뿐이었다. 1260년 8월, 훌레구는 모든 사람에게 종교적 자유를 허용하는 몽골 일반 포고를 발표했다. 이슬람교도, 기독교도, 유대교도, 조로아스터교도뿐만 아니라 불교도와 기타 신앙의 소유자가 모두 해당하는 것이었고, 이는 이집트와 이슬람교도의 잠재적인 적 모두를 단합시키기를 바란 것이었다. 그러나 이 자유는 문제를 해결하기보다는 더 많은 문제를 일으켰다. 좀더 공격적인 기독교도들에게 그것은 자기네가 이슬람교도를 괴롭히고 이슬람 사원을 모독할 권리를 의미했음이 분명해졌기 때문이다.

훌레구의 아내 도쿠즈Doquz는 몽골인 기독교도였고 궁정의 다른 여러 사람들도 마찬가지였으며, 이는 훌레구의 기독교도 신민과 관계를 개선하는 데 도움이 되는 것으로 드러났다. 그저 훌레구의 어머니와 아내가 모두 기독교도임을 아는 것만으로도 이슬람 세계 끝자락의 몽골인 침략자들에 대한 신뢰와 희망을 촉발했다. 이에 따라 훌레구는 자신의 수군을 만들기보다는 기독교도 왕들과 군사동맹을 맺어 유럽의 해군력을 손에 넣고자 했다.

그는 프랑스 왕 루이 9세에게 보낸 편지에서 자신이 육상에서 이집트의 성채들을 공격하는 동안 루이와 유럽의 다른 통치자들이 이집트 항구들을 봉쇄해달라고 요청했다. 그는 "우리 공통의 적인 이교도 놈들이 바다로 피하지 못하게 무장한 선박으로 바다를" 순찰해달라고 청했다. "그들이 우리의 해군력 부족을 틈타 도망칠 수 없게" 하려는 것이었다. 그런 동맹의 유인책으로 훌레구는 예루살렘을 교황에게 주겠다고 제안했다.

훌레구의 외교적 제안에 대한 대답은 차가운 침묵이었다. 서유럽의 가톨릭교도들과 동맹을 맺을 수 없게 된 훌레구는 이제 로마제국의 동쪽 잔존 국가를 통치하는 동로마의 정교회 황제에게 눈길을 돌렸다. 이제까지 훌레구의 아내들은 기독교도일지라도 모두 몽골인이었는데, 동로마 황제 미하일 8세가 그의 딸 마리아와의 혼인을 제안하자 그는 이를 받아들였다. 마리아는 황제의 사생아였으나, 몽골의 법은 혼외婚外를 따로 구분하지 않았다. 마리아는 그저 황제의 딸이었고, 그것은 종교적으로 승인된 그 부모의 혼인 상태와는 무관한 일이었다. 마리아는 사제와 학자를 모으고 매우 우아하고 사치스러운 천막을 특별히 만들게 했다. 몽골 유목민 일칸의 아내로서의 새로운 생활에서 사용하게 될 예배당이었다. 마리아 일행은 1264년에 타브리즈를 향해 떠났다. 남아 있는 그리스어 및 시리아어 자료들을 보면 마리아는 잘 교육받고 신앙심이 깊은 여성이었으며, 이 여행과 혼인을, 몽골인들을 기독교로 개종시키라는 신의 명령으로 받아들였다.

몽골인들에게 이 혼인의 목적은 영적인 것과는 거리가 멀었다. 몽골 통치하의 흑해는 강력한 무역 중심지가 됐지만, 울루그울루스와 일 칸국은 그 통제권을 놓고 경쟁했고 그들 사이의 관계는 불편했다. 울루그의 베르케 칸은 사촌들인 쿠빌라이 및 훌레구와의 협력에 깊은 의구심을 가졌으며, 아릭부케를 지원하고 심지어 그를 대칸으로 인정하는 주화를 발행했다. 울루그나 일 칸국은 모두 수군이 없었다. 일칸과 동로마 황제 사이의 동맹은 흑해의 통제권을 훌레구에게로 넘길 수 있었다.

*

엄혹하고 예측할 수 없는 날씨, 계절에 맞지 않고 호된 추위, 모진 눈보라·우박·결빙, 그리고 세찬 바람이 스텝의 아릭부케의 땅에서 파괴를 초래했다. 나이테 분석은 몽골에서 1262년까지 혹독한 추위가 있었음을 보여준다. 아마도 6천여 킬로미터 떨어진 인도네시아 롬복섬 사말라스 화산의 거대한 분출 때문이었을 것이다.[21] 몽골에서 주드$_{zud}$로 알려진 그런 날씨는 한 해 겨울 동안에 수백만 마리의 가축을 굶주려 죽게 할 수 있다. 몽골의 수많은 파벌과 가문이 지지했음에도 불구하고 아무도 아릭부케의 편에 서서 전쟁터로 달려가지 않았다. 쿠빌라이가 통제하는 중국의 식량 공급망에서 단절되고 엄혹한 날씨로 인해 약화된 아릭부케는 절망적이었다. 그는 남쪽 투르키스탄의 비옥한 강 유역으로 이동하지 않을 수 없었다. 칭기스 칸의 외손녀로 고종사촌인 오르가나Orghana 카툰과 그 새 남편 알구Alghu의 땅이었다. 두 사람 모두 쿠빌라이에 맞섰던 아릭부케 초기 지지자들이었다. 오르가나 카툰과 알구는 모두 아릭부케를 지지했지만, 그가 전쟁을 치르는 데 필요한 식량을 자기네 땅에서 내주고 싶지 않았다. 그에 대한 초기의 열의와 몽골 유목민의 생활방식이라는 그의 스텝 철학에 대한 지지에도 불구하고, 아릭부케와 쿠빌라이 사이의 적대는 이미 중국과의 수익성 있는 교역에 지장을 주기 시작했다. 그들의 충성심은 몽골을 향하고 있었지만, 그들의 부는 중국에 의존했다. 상업이 이미 타격을 받고 있는 마당에 비축 식량까지 잃고 싶지 않았다.

아릭부케는 식량 수송을 강제하기 위해 자신의 군대를 오르가나와 알구를 향해 이동시켰다. 아릭부케는 그들을 격파했지만, 이전의 동맹자들은 이제 충성의 방향을 쿠빌라이 쪽으로 바꾸고 투르키스탄과 사마르칸트에서 아릭부케에게로 가는 추가적인 식량 공급을 막아 그를 갈수록 고립시켰다. 아릭부케는 일리강 유역을 파괴하고, 모든 식량을 징발했으며, 경작지를 유린하고, 자신의 추종자들과 현지 주민들에게도 훨씬 심한 기근을 초래했다. 동맹자들은 이미 그를 버렸지만, 이제는 굶주린 병사들과 장교들 역시 그를 버리기 시작했다.[22]

오르가나와 알구의 지원이 쿠빌라이에게 실질적인 도움은 별로 되지 못했으나, 그것은 분명히 전체 몽골의 대칸이라는 그의 주장을 뒷받침했다. 더 중요한 것으로, 그들의 협력은 또한 실크로드를 통해 쿠빌라이와 그 동생 훌레구 사이의 연락을 쉽게 만들었다. 쿠빌라이는 권력이 정복만큼이나 상업에 의존한다는 사실을, 죽은 어머니 소르콕타니를 제외하고는 아마도 황실의 그 누구보다도 더 잘 알았을 것이다. 상류층은 중국 비단, 페르시아 카펫, 인도 보석, 시베리아 모피 등 새로운 사치품을 소중히 여겼지만, 쿠빌라이는 다른 계층을 위한 상품 수송 역시 지원했다. 중국산 의약품과 청동 거울, 다마스쿠스산 강철과 유리 같은 것들이었다. 중국과 서아시아는 새로운 유형의 직물용 염료와 도자기를 교환했다. 심지어 종이와 석면 같은 상품들도 새로운 시장을 발견했다. 중국인, 러시아인, 이슬람교도, 그밖의 사람들은 몽골 통치자들이 적은 비용으로 쉽고 빠른 수송을 보장하는 한 그들의 지배 아래서 살려는 생각이 훨씬 더 많았음이 입증되었다. 중앙아시아를 통치하는 사촌들의 도움에 힘입어 훌레구와 쿠빌라이는 침체된 시장에 활기를 불어넣었고, 이는 아릭부케를 소외시켰다.

이제 쿠빌라이는 훌레구와 차부이의 도움에 힘입어 몽골에 대한 권력을 주장할 준비가 되어 있었다. 그는 군대를 동원하고 그들을 몽골고원으로 올려 보냈고, 거기서 그들은 제국의 원래 수도 카라코룸을 정복했다.

아릭부케는 항복했다.

*

몽골인들이 자기들끼리 싸우는 것을 본 베트남인들은 공물을 보내겠다는 최근의 협정을 지키지 않았다. 고려는 곧 오래가지만 덜 격렬한 저항을 시작했다. 1262년 남송과의 접경인 이두益都에서는 쿠빌라이의 이전 도독이 반란을 일으켜 남송 쪽에 가담했고, 그후 더 불어난 반대파 무리와 함께 서부 산둥으로 이동했다.

쿠빌라이는 몽골 내전에서 관심을 돌리고 중국 한족 신민들 사이에서 대칸으로서의 자신에 대한 지지를 강화하기 위해 연호를 지원 至元으로 바꿨다. '근본으로 돌아간다'라는 뜻이며, 중국의 새로운 시작에 관한 약속이었다. 이 명칭은 결정적이고 중요했던 듯하지만, 그가 어떤 근본 원칙으로 돌아가고자 했는지는 분명하지 않았다. 몽골인들에게 그것은 몽골의 법과 칭기스 칸의 가르침으로 돌아간다는 거짓 약속을 유지하는 것이었겠지만, 중국인들에게는 부족적인 방식에서 중국 문명의 전통과 토대 쪽으로 방향을 전환한다는 의미일 수 있었다.

1264년, 그는 자신이 통치자임을 더욱 내세우기 위해 카이펑의 행정 중심지를 제국의 새 수도로 정했다. 그는 이곳의 이름을 '위쪽 수도'라는 의미의 '상도上都'로 고쳤다. 이로써 카라코룸의 옛 몽골 수도를 분명하게 거부하고 그가 아릭부케와 전통 몽골의 스텝 파벌을 물리쳤음을 확실히 보여주었다. 쿠빌라이와 그에게 가까운 사람들에게 그의 미래는 이제 그의 제국의 중심이 된 중국에 있음이 분명한 듯했다. 그러나 자신의 주장에서 조금이라도 더 나아가기 전에 그는 동생을 처리해야 하는 문제에 직면했다.

쿠빌라이는 아릭부케에 대한 심문을 감독하기 위해 믿을 만한 친구가 필요했다. 1264년에 그는 볼라드에게 그 일을 맡겼다. 그는 많이 알려지지 않은 궁정의 젊은이였지만, 죽은 할머니 보르테의 요리사 유르키의 믿을 만한 아들이었다. 앞서 1248년에 쿠빌라이가 중국인 학자 장덕휘에게 자신의 맏아들 도르지를 가르치는 일을 맡겼을 때 어린 볼라드 역시 함께 수업을 받게 했다. 아직 스물다섯 살이 되지 않은 볼라드는 분명히 중국어에 가장 능숙한 몽골인이었다. 쿠빌라이가 재위하는 동안에 그는 대칸이 가장 믿을 수 있는 법률가, 정책

담당자, 정보 책임자였다. 그가 맡은 첫 임무인 아릭부케 심문은 결코 쉬운 일이 아니었다. 10년 전 뭉케 칸의 권좌 등극을 둘러싼 무시무시한 재판과 숙청의 구름이 가족 위에 드리워져 있었고, 일 칸국이나 울루그울루스는 모두 포로인 아릭부케를 재판에 회부하는 데 동의하지 않았다.

*

이 시기에 쿠빌라이의 충성스러운 동생 훌레구가 지독한 병에 걸렸다. 겨우 40대였다. 1265년 그가 자연사했을 때 그와 혼인하기로 한 동로마의 기독교도 약혼녀 마리아는 아직 그의 궁정에 도착하지 않았다. 마리아는 도착해서 새 일칸인 그의 아들 아바카Abaqa의 여섯 번째 아내가 되었다. 아바카는 열렬한 불교도로, 사회적 갈등의 시기에 일 칸국을 통치했다. 훌레구가 세상을 떠났고 이슬람교도가 대부분인 일 칸국에서 평화가 사라지니 몽골이 유럽과 해군 관련 동맹을 맺을 희망은 완전히 사라졌다. 아릭부케는 여전히 가택 연금 상태였고, 그의 운명은 위험에 처해 있었다. 그 얼마 뒤에 어떤 죄도 공식적으로 입증되지 않은 상태에서 그 역시 알 수 없는 이유로 죽었다.

세 형제가 모두 죽어 쿠빌라이는 이제 아직 살아 있는 소르콕타니의 마지막 아들이었다. 동생의 알 수 없는 죽음은 몇몇 문제를 해결했지만, 또한 새로운 문제들을 만들어냈다. 일시적인 동맹자 오르가나와 알구가 쿠빌라이에게서 발을 빼기 시작했다. 이것이 쿠빌라이를 실크로드의 상당 부분과 단절시켰다. 실크로드는 여전히 죽은 동생의 지지자 및 동맹자들의 통제 아래 있었다. 그들은 우구데이의 후손이었고, 자기네가 형제 살해의 죄가 있는 찬탈자로 여기는 사람에게 충성하기를 거부했다.

고립된 쿠빌라이는 몽골에서 눈을 돌려 새로운 방식으로 생각하지 않을 수 없었다. 이전의 부족 왕조들은 북중국을 정복했지만, 남쪽을 정복하기 위한 전략이 없었다. 스텝에서 벌어지는 전쟁 방식은 이 지역에서 너무 이질적이었다. 그는 이전에 시도하지 않았던 방법을 채택해야 했다. 몽골에 의해서나 다른 어떤 침략군에 의해서나 말이다.

2부

바다로 나간 쿠빌라이

물은 중국에 저주이면서 축복이다.
—《원사》제64권

7장

중국의 강해장성

우리의 누선과 전함은 이 장성의 감시탑이고,
선원, 전투원, 배 목수는 장성의 병사다.
— 장이Zhang Yi, 1131[1]

쿠빌라이 칸의 한 가지 중요한 승리는 무례한 외적을 상대로 거둔 것이 아니라 집안 싸움에서 동생 아릭부케를 상대로 거둔 것이었다.

가장 큰 도전이 아직 그를 기다리고 있었다.

북중국과 몽골에 자리잡은 그의 제국이 가장 크겠지만, 지구상에서 단연 가장 부유하고 가장 생산적인 곳은 남중국이었다. 그곳은 강력한 송나라 육군과 수군이 지배하며 우쭐한 태도로 지키고 있었다. 남중국은 세계 경제의 견인차였다. 그곳의 공장과 상업은 남중국을 세계 무역에서 공업 중심지로 만들었다. 비단과 공단을 짜내고, 자기와 종이를 생산했으며, 돈을 주조하고 의약품을 만들었다.

몽골의 황족 전사 가운데서 쿠빌라이는 군사적 승자로 가장 어울리지 않는 듯했다. 그의 비만, 통풍, 기질은 하나같이 군사적 영웅의 모습과는 거리가 멀었다. 그의 평범한 군 경력을 보면 그의 할아버지인 위대한 칭기스 칸, 그의 삼촌 우구데이, 그리고 보다 능숙한 그의 형 뭉케가 모두 이루지 못한 일을 마무리할 가능성이 매우 낮아 보였다. 인생의 대부분을 그늘에 숨어 있었기 때문에 역사의 조명이 그에게 앞으로 나아가라고 손짓할 때 내부의 히모리(쿠빌라이의 풍마)가 무엇을 보여줄지는 여전히 지켜봐야 할 일이었다.

권력은 정화한다. 그것은 지도자의 내적 자아가 남들의 통제에서 풀려나 자랑스럽게 스스로를 표현하도록 허용될 때 그 보유자의 기본적인 성격(좋든 나쁘든)을 확대하고 드러낸다. 더 지적이고 효과적인 통치자는 언제나 그 내적 자아를 숨기는 데 가장 능숙하지만, 절대 권력은 반드시 드러난다.

쿠빌라이를 변변찮은 전사로 만든 바로 그 요인은 또한 그로 하여금 기병과 육상에 의존하는 몽골의 내재적 한계를 인식할 수 있게 해주었다. 그에게는 활과 화살을 들고 스텝을 가로질러 공격하는 기마 전사 이외의 무언가를 중심으로 한 새로운 전쟁 모형이 필요했다. 남중국은 몽골이 늘 승리하는 스텝과는 전혀 다른 완전히 낯선 풍광이었다. 몽골군은 물에서, 그리고 강과 바다에서 싸우는 데 적응할 필요가 있었다.

몽골제국은 그 군대를 중심으로 건설되었다. 몽골 사회의 기반인 군대의 구성과 운용을 바꾸는 데는 단지 새로운 전투 방식을 찾는 것보다 훨씬 더 많은 것, 즉 한 전쟁 방식을 중심으로 만들어진 사회의 사회적·경제적·문화적 기구 전체를 구상하고 구축하는 새로운 방식이 필요했다. 쿠빌라이 칸은 몽골인들 속에서 중요한 정책 변화를 가져올 필요가 있었다. 이제까지 몽골제국은 정복을 바탕으로 건설됐고, 정복된 땅을 약탈함으로써 유지되었다. 새로운 전투와 원정을 벌이면서 쿠빌라이는 점차 약탈에 제한을 두게 된다. 장기적인 번영은 공물과 세금에서 비롯된다는 사실을 점차 인식했기 때문이다.

오랫동안 간과됐던 쿠빌라이의 자질이 드러나기 시작했다. 중국식 교육, 도시 계획과 궁정 관리에 대한 관심, 철학과 종교에 대한 추구 같은 것들이었다. 그의 형제 및 사촌들과 가장 구별되고 이전에 그를 뒤처지게 했던 것들이 이제 그의 가장 큰 자산이 되었다. 이 교육의 한 가지 결과는 그로 하여금 과거의 실패에서 배울 수 있게 했다는 것이다. 한때 강대했던 금나라는 북쪽에서 송 왕조를 철저히 제압했음에도 불구하고 왜 남송을 완전히 정복하지 못했을까? 쿠빌라이와 마찬가지로 금나라 황제들도 남쪽을 보호한 것이 물임을 인식했고, 그곳을 정복하기 위해 수군을 건설했다. 그렇다면 그들은 왜 전쟁에 졌을까?

*

쿠빌라이 칸보다 거의 100년 전에 태어난 포악한 금나라 황제 디구나이Digunai(폐제廢帝 완안량完顏亮)는 배로 남중국을 침공하려는 첫 시도를 했다. 디구나이는 감히 자기 기분을 긁는 사람은 누구든 직접 죽장竹杖으로 후려친 야만적인 잔인성으로 가장 잘 기억되지만(비단 옷은 사람을 교화하지 못하며, 심지어 황제일지라도 마찬가지다), 그가 내린 가장 중요한 결정은 유례없이 짧은 기간 안에 수군을 건설하는 일에 나섰다는 것이다. 쿠빌라이가 남송을 격파하려면 가장 필요하다고 생각한 바로 그것이었다.[2] 목표는 단순한 듯했다. 바로 배를 충분히 모으고 거기에 병사들을 채우는 것이었다. 디구나이는 어떻게 해야 할지 잘 몰랐지만, 그 때문에 그의 결의가 식지는 않았다. 남부 푸젠 지방의 배 목수 세 사람에게 많은 돈을 주고 유혹해 북쪽으로 탈주시킨 뒤 그의 속성 건조 계획을 책임지게 했다. 그러나 이들 세 대

목수는 남쪽에서 불충했듯이 북쪽에서 애처롭게도 무능력했다. 기술만으로는 역사를 전진하게 할 수 없었다. 진보는 솜씨, 그리고 훈련에 의존했다.

그럼에도 불구하고 디구나이는 2년이 되지 않아 아무도 이전에 본 적이 없던 가장 훌륭한 수군을 보유하게 되었다. 그는 밝은 비색緋色으로 물들인 커다란 돛으로 장식한 거대 함대를 자랑스럽게 지휘했다. 돛은 햇빛을 받아 빛나도록 기름을 발랐다. 1161년에 그는 첫 군사 작전의 준비를 마치고 대규모 모의 전투를 기획했다. 그의 새 수군과 남쪽에서 나포한 중국 배들의 작은 무리 사이의 대결이었다. 당연하게도 이 연출된 연습에서는 그의 훌륭한 새 수군이 장비도 열악하고 장식도 훨씬 볼품없는 상대를 물리쳤다.

디구나이 황제는 탐나는 장난감을 가진 오만하지만 심술궂은 아이처럼 빛나는 돛을 펄럭이는 그의 최신식 수군을 투입하고 싶어 안달했다. 금나라는 경험 있는 수병이 없어 "바다와 강물의 성격에 대해 무지한 채소 농사꾼, 쌀 농사꾼, 어부" 수만 명을 징발했다고 송나라 첩자는 보고했다. 그들은 배로 상륙해 육지에서 싸워야 했기 때문에 엄청나게 무거운 갑주를 입고, "칼집에서 뽑기가 어려울" 정도로 긴 칼을 지녔다.[3]

바다로 나간 금나라 함대는 장관이었다. 훌륭한 배 수백 척이 밝은 비색 돛에 기름을 발라 햇빛에 반짝이고 바람에 나부꼈다. 그러나 이 모습은 바다에서의 전쟁보다는 가극에 더 적합했다. 서둘러 건조된 금나라의 강배는 파도에 마구 튕겨져 올랐고, 경험이 없는 선원들은 배가 심하게 출렁거리자 갑판 위에서 무력하게 몰려 다녔다. 더욱 고약하게도 기획자들은 항해자들을 훈련시키거나 그들의 목표물에 관한 적절한 정보를 수집하는 일을 소홀히 했다. 육지가 시야에서 사라지자 금나라 수군 제독 완안정가完顔鄭家는 완전히 방향 감각을 잃고서는 자신이 어디로 가고 있는지 알지 못했다. 이는 송나라가 이미 함대를 발진시켰다는 것도 몰랐다는 얘기이고, 그들은 이제 곧바로 금나라 함대를 향해 다가오고 있었다. 완안정가는 적선이 접근하는 것을 보고 길을 잘못 든 자기네 소함대를 구하러 오는 증원군으로 오인했다.

송나라의 화살이 그들의 목표를 향해 날아올라 돛을 맞히고 물속으로 떨어졌으며, 선체 겉판자를 꿰뚫었다. 때로는 표적을 맞혀 고통스러운 비명이 일어나고 피가 뿜어져 갑판이 미끄럽고 축축해졌다. 밝은 색깔의 돛이 불화살에 닿자마자 기름을 바른 돛은 치명적인 구름으로 변해 아래쪽 불운한 선원들을 향해 세찬 불비를 쏟아냈다. 병사들은 무거운 갑주 속에서 구워지거나, 어쩔 수 없이 바다로 뛰어들어 금세 파도 속으로 사라졌다. 완안정가 제독은 부하들을 따라 물속으로 뛰어들었고, 곧 어두운 심연으로 들어가 역사에서 사라졌다.

역사가들은 이 해상 충돌을 인근의 작은 섬 이름을 따서 '탕다오唐島 전투'라 부르지만, 이는 전투라기보다는 학살에 더 가까웠다. 1만 명이나 되는 사람이 죽었고, 대부분 익사했다. 어떤 기록에 따르면 한때 당당했던 불타는 선체는 동중국해의 100킬로미터에 걸쳐 나흘 동안 볼 수 있었다.

쿠빌라이는 허술하게 건조되고 허술하게 조직되고 허술하게 관리된 금나라 황제의 하천 수군의 잔재를 물려받았다. 몽골 장수들은 아무도 그것을 떠맡으려 하지 않았다. 이 이상한 습득물을 어떻게 해야 할지에 대해서는 대체로 확신이 없었지만, 쿠빌라이는 탕다오 전투의 대실패에서 단순한 교훈들을 끌어낼 수 있었다. 강배는 대양 선박과 다르고, 승무원들은 전문적으로 훈련받을 필요가 있으며, 지도자는 어떻게 항해해야 하는지를 알아야 하고, 붉은 돛(특히 기름을 발랐다면)은 절대 사용해서는 안 된다는 것이었다. 그는 성급한 황제 디구나이에 비해 좀더 천천히, 그리고 더 조심스럽게 나아갈 터였다.

*

쿠빌라이가 남중국 침공 준비를 시작할 때, 남송은 자기네가 금나라와 몽골에 그렇게 오랫동안 저항할 수 있게 했던 과학적 탐구와 혁신의 정신을 잃어버렸다. 쿠빌라이가 대칸이 되고 조금 뒤에 남송 왕조의 통치자가 된 도종度宗 황제는 거의 국정을 돌보지 않았고, 뒤에서는 '바보 황제'로 일컬어졌다. 몽골이 자기네의 전술을 더 강하고 정교하게 만드는 사이에 도종 황제는 자신의 쾌락 정원에서 '운우지희雲雨之戲'를 즐기며 인생을 낭비했다고 한다.[4]

그러나 이전 시기에 송 왕조는 세계를 선도했다. 그들이 선박 건조에 돈, 자원, 노동력, 지식을 쏟아부은 것은 선박 건조와 항구 건설 양쪽의 진보를 자극했다. 관리들은 새로운 발상을 열심히 시험하고 기술 혁신에 많은 보상을 해주었다. 발명가들은 새로운 유형의 돛을 만들고, 새로운 설계와 건조 공정을 개발했으며, 항해를 위한 나침반과 성도星圖를 개선했다.[5] 송나라 기술공들은 남자의 다리 근육이 팔 근육보다 더 나은 힘을 발휘할 수 있음을 알고 거선車船(외륜선外輪船)을 만들었다.[6] 그들은 격벽으로 분리된 방수 격실을 만들어 배의 한 부분이 파괴되더라도 전체에 물이 흘러드는 것을 방지했다. 그들은 선저船底 펌프와 키를 사용했다. 전통적인 무기를 개선하고 새로운 무기를 제작하려는 비슷한 노력은 다양한 폭발 장치를 만들어내 화약의 새로운 용도를 개발했다. 화약은 이미 발명됐지만 이전에는 주로 불꽃놀이에 사용되고 있었다. 의문의 여지 없이 남송의 중국은 세계 최대의 수군을 보유했고, 또한 기술적으로도 단연 최첨단이었고 정교했다.[7]

일부 혁신은 나침반이나 새로운 돛에 비해 덜 눈에 띄지만 놀랄 만한 중요성을 지녔다. 선박의 전통적인 진흙 틈 메우기는 바다에서 오래 항해하면 용해되고, 쇠못은 녹이 슬고 매우 짠 물에서 약해진다. 송나라 선박 건조자들은 굴 껍데기의 탄산칼슘과 유동油桐나무(학명 Vernicia fordii)의 열매에서 나오는 기름을 혼합했는데, 이를 발라 굳어지게 하면 새로운 방수 접착제가 될 수 있었다.[8] 이런 크고 작은 혁신들은 바다 항해를 가능하게 하고 중국 선박들이 먼 섬과 항구에 가서 중국의 상업과 문화적 영향력이 미치는 범위를 확장할 수 있게 했다.

이런 항해공학의 위업이 드러내는 것만큼이나 인상적으로, 역사는 흔히 가장 작은 일들을 중심으로 움직인다. 철을 쉽게 구할 수 있게 되면서 다양한 모양과 크기로 만들어진 단순한 중국의 못은 현대 이전의 역사에서 가장 대량생산된 금속 제품이 되었다. 철을 녹이고 못을 만드는 일은 유라시아와 아프리카 일대에 널리 퍼졌지만, 세계의 다른 지역에서는 채굴량이 부족하고 제조 기술이 발달하지 못한 탓에 못의 생산이 적어 귀한 사치품이 되었다. 중국은 가장 단단한 나무에도 박을 수 있는 매우 강하고 날카로운 쇠못을 대량생산하고, 이례적인 크기의 새로운 목조 건조물을 만들었다. 쌀과 곡물 같은 산적散積 화물을 값싸게 수송할 수 있는 크고 작은 선박과 거룻배도 그중 하나였다.[9]

이 수상 운송의 편리함은 도시 인구의 급속한 팽창을 촉발했다. 송나라에는 당시에 가장 큰 도시들이 있었다. 인공호수 주위에 공원이 생겨나고 식당이 문을 열며 차茶 생산이 증가하고 과수원이 확대되고 유흥지가 급증해, 거리 곡예사에서부터 대중적인 새 연극까지 다양한 오락을 제공했다. 교양 있고 부유한 계층의 여가가 늘면서 예술과 철학이 흥성했다.

중국 바깥에서는 쇠못과 조임 장치가 부족해 더 큰 배를 만들 수 없었다. 마르코 폴로가 지적했듯이 호르무즈의 아라비아 다우선은 코코넛섬유 줄로 꿰맸고 나무못 또는 장부촉으로 고정시켰다. 멀리 북쪽의 유럽에서는 철 생산이 많지 않아 우아하게 만들어진 노르드인(바이킹)의 배와 매끄러운 지중해 갤리선의 크기를 제한했다. 전자는 멀리 갈 수 있었으나 많은 것을 싣지 못했고, 후자는 소규모 무역이나 제한된 지역에서의 전쟁에 적합했다. 중국의 공업화로 더 큰 배를 만들게 되었고, 그것은 또한 안락함도 배가시켰다. 수차는 철을 녹이는 풀무에 동력을 공급하고, 궁궐과 가정에서 더위를 식히기 위한 대형 선풍기를 돌렸으며, 물을 건너는 배에 추진력을 제공했다.[10] 외륜만으로 새로운 놀이용 탈것을 작동했을 뿐만 아니라 동시에 사람들이 좀더 전략적인 목적에도 사용할 수 있는 기술에 익숙해지게 했다.

*

1161년, 송나라 지휘관 우윤문虞允文은 외륜 동력의 유람선을 영리하게 이용해 금나라의 침입을 물리쳤다. 차이스采石 전투로 알려지게 되는 전투에서다. 금나라는 이상한 배들(인근 가옥에서 뜯어온 목재로 건조했다)을 서둘러 조합해 만든 함대로 장강을 건너기 위해 강 남안의 취약한 지점을 공격하기로 계획을 세웠다. 겨우 1만 8천의 병력과 소함대가 방어하는 곳이었다. 우윤문은 '해추선海鰍船'으로 알려진 유람선 안에 부하들을 숨겨놓았다. 송나라의 보고는 이러했다. "배에 탄 병사들은 배를 움직이게 하기 위해 발로 기계를 작동시켰다. 배가 날아가는 것 같았지만, 병사들은 보이지 않았다." 뜻밖에도 이 이상한 배가 전투장소에 나타나자 금나라 지휘관들은 당황했다. 돛이나 노, 승무원도 보이지 않는데 어떻게 그리도 빨리 물을 가로질러 움직일 수 있을까? 틀림없이 계략일 것이라고 금나라에서는 결론지었다. 아마도 이 배들은 대나무 틀 위에 종이를 붙인 것이라고 생각했다. 그들은 믿지 못하는 눈초리로 바라보았다. 승무원이 없는 것으로 보이는 배를 어떻게 공격해야 할지 확신할 수 없었다.

전투의 절정에서 송나라는 최근의 탕다오 해전에서 사용했던 폭발 장치 및 소이燒夷 장치를 동원했다. 시인이자 관리였던 양만리楊萬里는 송나라 군대가 "돌, 생석회, 유황을 종이에 싼" 일종의 폭탄을 던졌다고 보고했다. "(이 장치가 물에 닿자마자) 유황이 확 타올랐고, 불길은 물에서 튀어 나왔다. 천둥 같은 소리가 났다. 그런 뒤에 종이가 터지고 돌과 생석회가 연기나 안개처럼 퍼졌다. 적들은 눈을 뜰 수가 없어 서로를 볼 수 없었다." 송나라 전함은 "적선을 향해 빠르게 돌진해 사람과 말을 물에 빠뜨리고 적에게 큰 패배를 안겼다."[11]

금나라 황제 디구나이는 자신의 무능력을 인정하거나 애처로운 자기 수군의 손실을 받아들이기를 거부한 채 이후 보름에 걸쳐 더 강하게 밀어붙였다. 실패에 대해 가혹한 처벌을 하고 자신의 명령을 이행하지 못한 배의 승무원 전원을 처형했다. 그의 치세에 대한 냉혹하고 매우 편향된 명 왕조의 평가는 이러했다. "그는 파괴된 가옥에서 가져온 목재를 사용하고 죽은 시체에서 나온 지방을 연료로 사용해 전함을 건조했다. 그는 돈을 흙이나 모래처럼 많다는 듯이 썼고, 인간의 생명을 지푸라기에 불과한 것처럼 다루었다."[12] 그가 죽은 지 수백 년 뒤에 쓰인 이 글은 그가 여러 세대가 지난 뒤에도 여전히 얼마나 경멸당하고 있었는지를 분명하게 보여준다.

*

송나라 황제들은 취약한 제국의 수로와 해안을 방어(특히 북쪽에서 오는 침략을)하기 위해 기술적으로 정교한 수군을 건설했지만, 물길의 안전을 보장함으로써 외국 상인들에 대한 보호도 제공했다. 중국은 유라시아 대륙 국제 무역의 초점이었다. 고려와 일본만이 동쪽에 있었고, 그들은 모두 독자적인 항해 전통이 있었지만 중국의 항구들을 넘어서는 규모의 장거리 항해를 하기에는 여전히 적합하지 않은 수준이었다. 이 시기 이전에 인도는 해상무역의 중심지로서, 서쪽으로 페르시아, 아랍, 이집트, 아프리카, 아르메니아, 동로마에 걸치는 이슬람 문명들에서부터 동쪽으로 향신료제도(말루쿠제도), 베트남, 중국 사이의 대양에 멀리 뻗쳐 있었다.[13] 수천 년 동안 인도는 이상적인 지리적 위치에 자리잡은 덕에 동방과 서방 사이의 지렛목 역할을 했고, 처음에 송나라가 중국의 바다를 평화롭게 유지한 데서 가장 큰 이득을 본 것도 인도 상인들이었다.

송나라는 무역의 중요성을 잘 알고 있었다. 고종高宗 황제는 이렇게 설명했다. "대외무역에서 나오는 이윤은 막대하다. 무역을 올바르게 관리한다면 그 이득이 쉽게 수백만 전錢에 이를 것이다. 무역에서 나오는 수입이 보통 사람들에게 과세해서 나오는 것보다 많지 않은가? 따라서 나는 백성들의 세금 부담을 줄여주기 위해 대외무역에 더 관심을 가질 것이다."[14]

송나라는 수도 항저우 외에 두 개의 주요 항구를 개발했다. 남쪽으로 약 800킬로미터 내려간 곳에 있는 취안저우와 800킬로미터를 더 내려가 현대의 홍콩 부근에 있는 광저우다. 북부의 한 시인은 이렇게 썼다. "취안저우는 인구가 너무 많다. 구릉지에다 토질이 좋지 않다. 농부들은 아무리 애를 써도 경작할 땅을 찾을 수 없다. 취안저우 남쪽에는 이국으로 가는 바다가 끝없이 펼쳐져 있다. 사람들은 항해할 배를 만드느라 분주하다."[15]

송나라는 외국 상인을 장려하고 때로는 보조금까지 주었다. 고려인, 일본인, 아랍인, 페르시아인, 유대인, 인도인, 크메르인, 베트남인, 말레이인 상인들이 배를 타고 취안저우와 광저우에 꾸준히 드나들었다. 두 도시에는 아랍인 및 인도인의 큰 공동체가 있었다. 매년 11월이 되면 북풍이 불기 시작하자마자 배들이 조심스럽게 항구를 나와 항해에 나섰다. 정부의 공식 정책은 중국 배와 상인들에게 해상무역을 허용하는 것과 오로지 외국 배들에만 의존하는 것 사이에서 왔다 갔다 했지만, 배들이 도착하고 출발하는 것은 끊임이 없이 여전했다.[16]

바다 항해, 국제 무역, 외국 상인은 유교적 행정 전통에 도전을 안겼다. 그 전통에서 황제는 자기 신민을 보호하고 그들이 조화롭게 살도록 보장할 책임이 있었다. 중국 선원이나 상인이 나라를 떠나면 황제가 이를 해주기 어려웠고, 외국인이 자기 영토를 마음대로 드나들게 허용한다면 중국 사회의 허약한 균형을 교란시킬 수 있었다. 책임성이라는 유교 윤리를 따르자면 관리들은 중국 상인들이 나라를 떠나는 것을 금지하고 외국인은 몇몇 항구에만 들어와 그곳의 별도 공동체에서 살도록 제한해야 했다.

  5월에 남풍이 불면 태풍이 부는 철이 되기 전에 배들이 돌아왔다. 배들이 안전하게 항구로 들어오면 하역 인부들이 외국의 화물을 내리고 정부 감독관은 물건을 창고로 옮기는 것을 기록했다. 파는 사람과 사는 사람이 가격을 흥정했다. 중국에서 동남아시아로 가는 무역 주기는 1년의 여행이 필요했다. 인도를 거쳐 서아시아의 이슬람 국가들로 가는 배는 목적지에 닿는 데 2년이 걸렸고, 본국으로 돌아오려면 또 2년이 걸렸다. 광저우와 취안저우의 부에 이끌린 외국 상인들은 그곳에 정착하기 시작했고, 가족을 데려오고(또는 중국인 아내를 얻어 새 가정을 꾸리고) 독자적인 공동체를 형성했다. 아랍인과 인도인은 이미 중국과의 오랜 무역의 역사를 자랑하고 있었지만, 취안저우와 광저우가 갑작스럽게 국제 상업에 개방되는 바람에 그들의 영향력이 상당히 약해졌다.

  송나라 상류층은 서예, 시, 철학을 중요시했지만, 수학은 전통적으로 그들의 우선순위에서 뒤로 밀렸다. 귀족보다는 상인이 관심을 갖는 분야였다. 단순한 상거래에서 필요한 것을 넘어서는 수치 계산은 흔히 주술의 일종으로 간주되거나 귀신을 달래는 풍습에 가장 잘 남아 있었다. 정부 관리들에게 수학은 그다지 실용적인 가치가 없는 것으로 여겨졌는데, 1247년 진구소秦九韶가 어머니의 삼년상을 치르면서 그의 걸작 《수서구장數書九章》을 완성해 수학이 어떻게 아홉 개 행정 분야의 실무적인 문제를 해결할 수 있는지를 보여주었다. 토지 측량, 건축과 건설, 책력 계산, 날씨 예측, 과세 같은 일들이었다. 그는 또한 영(0)을 표시하기 위해 작은 동그라미를 사용하는 것을 지지했다. 이미 남아시아에서 사용되고 있던 회계 관행으로 중국에서도 서서히 확산되고 있었다.[17] 새로이 수학을 받아들이면서 농업에서 선박 건조까지 모든 분야가 진전되었다.

의학 지식과 위생(공중 및 해상 모두의) 또한 송 왕조 동안에 높아졌다. 이전 중국 왕조들을 능가하고, 동시에 먼 나라들보다도 나았다.[18] 중국인들은 음식과 괴혈병 사이의 관계를 밝혀냈고, 유럽보다 400년 일찍 백신과 접종을 개발했다. 많은 유럽 선원들은 그런 지식이 없어 불필요한 고통과 죽음을 당해야 했다.

쿠빌라이는 중국의 조언자들과 중국식 교육을 통해 건강의 중요성을 파악했으며, 전통적인 몽골식 약초 치료와 식이요법을 버리지 않고 이를 오랜 전통을 가진 수준 높은 중국의 약물과 의료의 통상적인 방식 속에 편입시켰다. 이것은 수군을 만드는 데 특히 중요했다. 장거리 해상 여행이 가능하려면 기술적 혁신도 필요하지만 무엇보다 성공적인 항해를 위해 가장 근본적으로 필요한 것은 해상 및 육상 모두에서 선원이 생존하는 것이었다. 그들이 불가피하게 낯선 사람, 동물, 질병에 노출될 수 있음을 알았기 때문이다. 그때나 지금이나 여행자들이 시장에서 시장으로, 대륙과 대양을 건너 끊임없이 이동하는 것은 유행병과 전염병을 퍼뜨린다. 중세 사회에서 가장 무서운 것은 천연두였다. 천연두에 걸리면 대부분 죽었고, 살아남은 사람은 섬뜩한 흉터가 남았다. 끊임없는 질병의 위협은 세계 상업에 엄청난 사회적 장벽으로 작용했다.

상인과 선원들을 질병으로부터 보호하기 위해 사용된 일부 방법은 틀린 것으로 밝혀졌다. 일부 약물은 효과가 있었지만, 어떤 것들은 현대의 의학적 검증을 통과하지 못했다. 때로 영적 또는 초자연적인 치료는 질병 자체보다는 환자의 정서적·심리적 측면에 도움이 되었다. 오랜 시간에 걸친 시행착오와 꼼꼼한 관찰을 통해 일부 놀라운 발견들이 이루어졌다. 그중 가장 중요한 것이 천연두 접종이었다. 중국의 의사들은 10세기에 이미 이 질병의 약한 형태를 인체에 주입해 그보다 치명적인 형태가 발생하는 것을 막았다. 이를 위해 그들은 천연두 환자의 고름과 딱지를 모았다. 될 수 있으면 가장 경미한 환자의 딱지가 좋았다. 그들은 이를 작은 면봉을 이용해 코 속에 직접 넣었다. 액체 상태나 고체 상태 모두 가능했다. 나중에 그들은 기법을 다듬었다. 약화된(그러나 아직 해로운) 딱지를 갈아 가루로 만들고 이를 긴 대나무 관을 통해 접종자의 코에 불어넣었다. 각지의 의사와 치료사들이 환자를 치료하고 질병을 퇴치하고자 하면서 중국은 예방에 중점을 두었다. 한漢 왕조 때의 유안劉安은 이렇게 썼다. "노련한 의사는 질병의 조짐이 나타나기 전에 병을 치료한다. 그러면 병에 걸리는 일이 없다."[19]

질병에 대한 예방은 특히 해상 여행에서 더욱 중요했다. 병에 걸린 육지의 상인들은 목적지에 닿기 전에 죽기 십상이지만, 배는 더 많은 승객을 실었기에 더 많은 잠재적 숙주를 제공했다. 괴혈병은 1년 또는 그 이상의 항해를 하는 장거리 해상 여행에 수반되는 가장 위험한 부작용 가운데 하나였다. 비타민 C가 부족하면 생기는 괴혈병은 신체가 끝없이 손상되고 잇몸이 망가지며 치료되거나 낫지 않으면 죽음으로 이어지는 무서운 질병으로 떠올랐다. 고려 선원들은 발효시킨 배추와 양념으로 만든 김치를 먹었는데, 여기에는 비타민 C가 많았다. 중국 선박들은 레몬을 실었고 선상에서 화분에 채소를 길렀다.[20]

의료의 초점을 예방에 맞추는 것은 사회 전체를 보호하는 노력으로까지 이어졌다. 선박 여행과 국제 상업을 통제하는 광범위한 공중 보건 규정을 통해서였다. 해외에서 들어오는 전염병을 막기 위해 중국 관리들은 항구를 상업 지구에서 약간 거리를 두어 설치하고 선박은 바깥 바다에 격리(때로는 몇 달씩)했다가 질병으로부터 안전하다고 생각되면 부두에 배를 대고 화물을 하역하도록 허락했다. 그러나 격리가 해제된 뒤에도 중국인 주민과 뒤섞이는 것은 여전히 작고 분리된 공동체로 조심스럽게 제한되었다. 상인과 선원들은 도시를 자유롭게 돌아다닐 수 없고, 그 너머의 지역에 들어갈 수 없었다. 반면에 중국 선원들은 해외로 나가는 것이 대체로 금지되었다. 당국자들은 외국인의 입국을 통제하는 것이 더 쉽다는 사실을 발견했다. 그들은 눈에 띄게 색다르고, 쉽게 붙잡아둘 수 있었다. 그러나 고향(때로는 훨씬 내륙일 수도 있었다)으로 돌아가려고 안달하는 자기네 주민들은 그럴 수 없었다.

몽골인들 또한 격리에 익숙했고, 병자를 격리시키는 자기네 나름의 방법이 있었다. 그들은 자기네 게르 바깥에 꽂아놓는 창 꼭대기에 검은 펠트 깃발을 달아, 지나가는 여행자나 상인들이 들어갔다가 전염병 전파자가 되는 일을 막았다. 마찬가지로 해산한 산모와 아기는 한 달 동안 격리된 채로 보냈으며, 사람이 죽은 집의 식구 전원은 한 달 동안 사람들이 모이는 곳(통상 궁정 같은 곳이다)에 가지 못했다.[21]

*

송나라를 정복하고 중국을 통일하기 위해 쿠빌라이는 송 왕조가 건국 때 보여주었던 것처럼 혁신할 필요가 있었다. 거기에는 새로운 접근법, 새로운 기술, 새로운 전술이 필요할 터였다. 탕다오 전투와 차이스 전투는 금나라의 굴욕적인 대실패였고 송나라에는 갈급했던 승리였으며, 금나라가 송나라의 강해장성江海長城을 돌파하지 못한 것은 쿠빌라이에게 좋은 교훈을 제공했다. 두 결정적인 해전으로부터 25년 뒤에 남송의 한 대신은 이를 명확하게 표현했다. 이 승리들은 "우리의 기병이 거둔 것도 아니고, 우리의 궁수가 거둔 것도 아니고, 우리의 보병이 거둔 것도 아니며, 바로 우리 수준이 거둔 것"이라고 했다.22 전쟁의 새날이 밝았고, 쿠빌라이는 결연히 승리의 의지를 다졌다. 아직 어떻게 해야 할지는 몰랐지만, 어떻게 하면 안 되는지는 알았다.

8장

자금 조달로 시작된 군비 경쟁

차가운 바닷물이 세차게 흘렀다.
— 원호문 元好問[1]

쿠빌라이가 대칸의 칭호를 주장하고 4년 뒤인 1264년, 쿠빌라이는 어머니가 했던 일을 따라 시베리아의 강들로 원정대를 보냈다. 어머니의 원정은 북극 지방으로 흐르는 강들을 따라간 것이었지만, 그의 원정대는 아무르강을 따라갔다. 동북쪽에서 오늘날의 러시아-만주 사이를 흘러 오호츠크해로 향하는 강이었다. 쿠빌라이가 따라가도록 결정한 것은 아무르강이었고, 그는 남아 있는 아릭부케 반란 지지자들을 찾아내고 일본으로 가는 쉬운 길을 찾기 위해 원정대를 파견했다. 일본은 느슨하게 통일된 섬나라로, 쿠빌라이가 앞으로 더욱 정복하고 싶어하게 되는 곳이었다. 새로운 강들의 탐험에 대한 그의 관심은 그를 바다에 주목하게 했고, 이와 함께 전투와 수송 및 상업에서 선박을 사용하는 일에까지 이어졌다.

쿠빌라이가 '검은 용의 강'이라는 뜻의 중국어 헤이룽강으로 알고 있던 아무르강 지역은 두루미와 백조, 사슴과 영양, 그리고 이들을 먹이로 삼는 호랑이, 곰, 표범을 끌어들였다. 그 지류들에는 비버와 엄청나게 큰 다양한 물고기들이 살았다. 철갑상어, 메기, 강꼬치고기, 송어 같은 것들이었다. 이 지역에는 야생 생물이 많지만 몇몇 부족만이 흩어져 살았다. 그들은 중국인에게 '어피달자魚皮韃子'로 알려졌는데, 부드럽고 방수가 되는 연어와 잉어 가죽으로 만든 독특한 옷 때문에 그런 이름이 붙었다. 그들은 나무와 물고기 가죽으로 만들고 안에 모피를 댄 원뿔형 임시 천막에서 살았고, 때로는 통나무집에서도 살았다.[2] 이 지역은 중국 시장을 위한 매력적인 사치품도 제공했다. 호피가 가장 귀했고, 그밖에 다양한 모피, 매의 깃털, 야생 생강도 있었다.

중국 상인들과의 평화로운 거래에 익숙하고 북아시아 기마 부족의 호전적 명성과는 거리가 먼 아무르 토착 부족들은 별다른 저항 없이 쿠빌라이 군대를 열심히 도우면서 자기네 적들에게 맞서고자 했다. 몽골인들은 아무르강과 암군강이 합류하는 지점에 기지를 만들었고,[3] 거기서 대양으로 나가 타타르 해협을 건너고 사할린섬을 침공하고자 했다. 아무르강 하구에 자리잡은 이 섬은 강과 오호츠크해를 떼어놓고 있었다. 사할린섬은 길이가 1천 킬로미터에 육박하고 육지와 가장 가까운 지점은 거리가 불과 10킬로미터 정도였다. 그러나 타타르 해협은 좁고 위험한 수로이며, 이는 원정대도 발견했다.

사할린섬에 사는 부족들은 원정대가 본토에서 만난 부족들만큼 유순하지 않았다. 일본과 가까운 사할린섬 남쪽의 아이누족은 이미 1263년에 몽골의 침입을 격퇴했다.[4] 아마도 잦은 습격, 다툼, 이웃 섬들에서의 아이누인과 일본인 사이의 적대감 때문에 몽골인들이 더 남쪽으로 뚫고 내려갈수록 사람들은 더욱 사나워지고 저항이 더 커지는 것을 알 수 있었다. 아이누족은 쿠빌라이의 원정과 상업적 또는 군사적으로 일본 북부로 팽창하려는 그의 노력을 멈춰 세웠다. 몽골은 이 섬을 제압했지만, 정복은 너무도 느리게 진행되었다. 섬사람들은 공격을 받자 다이비엣 병사들이 사용했던 전술과 마찬가지로 시골로 싹 사라졌다가 갑자기 다시 나타나 정복하려고 온 몽골인들을 괴롭혔다.[5]

*

50년 가까운 산발적인 노력에도 이른바 무적이라는 몽골 군대가 송나라를 정복하는 데 거의 진전을 이루지 못했다. 수천 명의 북중국 보병이 보충됐지만 들쑥날쑥한 해안선, 드넓은 강, 수군으로 안전하게 보호된 나라를 상대로 승리를 거둘 수는 없었다. 몽골로서는 무언가 새로운 시도를 하든지 아니면 노력을 아예 포기하든지 선택을 해야 할 시간이었다. 그들이 송나라를 정복하고 싶다면 수군 방어벽을 깨고 송나라의 강해장성을 돌파해야 했다.

사할린섬으로 가는 북방 원정을 추진하면서 쿠빌라이는 고려인들이 능숙하게 배를 만들어 그것을 송나라 배들을 잡는 데 이용할 수 있음을 깨달았다. 그는 이미 송나라 배를 해적선으로 규정하고 충성스러운 신민이면 누구라도 나포할 수 있다고 선언했다. 1266년에 고려인들은 송나라 선원 약 70명을 죽이고 송나라 기함 한 척을 나포하는 데 성공했다.[6] 쿠빌라이는 고려인들에게 수송선 1천 척을 준비해 남중국 해상 침공을 위한 보급로를 유지하라고 명령을 내렸다.[7]

몽골이 고려의 배 목수들에게 의존한 것이 이번이 처음은 아니었다. 뭉케가 대칸으로서 거둔 초기 승리 중 하나는 강화도로 피난했던 고려 조정에 대한 통제권을 다시 장악한 것이었다. 고려의 이탈자들은 이 섬을 공격하기 위한 배를 만들라는 명령을 받았다. 이 단순한 결정이 몽골의 제국 정복의 물길을 돌리고 쿠빌라이의 수군 전략의 핵심이 되는 결과로 이어졌다. 뭉케의 강화도 침공은 신속하고 힘이 들지 않았으며, 고려 조정은 몽골의 통치를 받아들이고 본토로 돌아왔다. 이후 고려와 몽골은 손을 잡고 송나라와 맞서 싸웠다.

*

문제는 쿠빌라이가 수군을 건설하려면 막대한 돈이 필요하다는 것이었다. 그러나 그의 조세 체계는 육군과 조정을 유지하기에도 버거웠다. 황실 씨족 안의 여성들은 자기네의 오르톡, 즉 상업적 협력 관계를 빼앗겼다. 그러나 그들 상당수는 돈 문제에 대해서는 기민한 판단을 보여주었다. 《원사》에 따르면 국사에서 쿠빌라이의 아내 차부이의 역할이 증대됐고, 이는 쿠빌라이에 대한 영향력을 감소시키는 역할을 했다. 한 구절은 이렇게 주장한다. "황후는 지적이었다. 황후는 중요한 일들을 알았다. 초기의 통치에 관해서는 황후가 이쪽저쪽으로 조정했다."⁸ 황궁의 재정을 관리하면서 차부이는 매우 검소하다는 명성을 얻었다. 낡은 활줄을 삶아 실을 만들고 버려진 양가죽을 모아 새 옷을 만든다고 할 정도였다.

차부이는 점차 자신의 궁정 사람들을 정치 무대로 이동시켰다. 가장 중요한 사람이 이슬람교도 상인 협력자 아흐마드 파나카티Ahmad Fanākatī였다. 그는 현대의 우즈베키스탄에 있는 페르가나 분지 출신이었다. 그가 처음에 어떻게 차부이의 식솔이 됐는지는 불분명하지만(아마도 차부이 아버지의 오르톡 협력자였을 수 있다), 2년 뒤인 1262년에 영중서좌우부領中書左右部에 오르고 수도 상도의 행정장관을 겸했으며 결국 쿠빌라이의 재상인 중서평장정사中書平章政事가 되었다. 라시드웃딘은 "일을 풀고 묶는 것이 그의 손에 달려 있었다"고 썼다. 차부이 황후에 대한 충성 덕분에 "그는 권력을 얻고 대ㅅ아미르가 됐으며 제국을 좌지우지"했다.[9]

아흐마드에게는 세 가지 분명한 우선 과제가 있었다. 오르톡 상인, 성직자, 기술공, 군인에게 부여한 면세 혜택을 철회해 세금을 늘리는 것, 귀금속과 귀한 무역 상품(소금, 차, 식초, 술)의 정부 독점을 확립하는 것, 통화 개혁을 실시해 지폐를 더 많이 유통시키고 은과 금을 더 거둬들이는 것이었다. 이들 개혁은 동이나 청동 등 다른 금속, 심지어 금 대신에 은을 영구히 통화 제도의 기반으로 삼도록 보장했다.[10]

그러나 조직상으로 쿠빌라이의 제국은 여전히 엉망이었다. 몽골의 봉건제도는 씨족의 각 가계가 제국 전역에서 재산권을 주장하는 형태였다. 칭기스 칸의 황실 자손들은 울루그울루스를 통치하든 일 칸국을 통치하든 중국 곳곳에 자기 생산 마을과 직물 작업장을 소유했다. 생산은 금실로 수놓은 직물에 대한 몽골인들의 끝없는 욕망을 채우는 데 들어갔다.[11] 각 가계는 중국에 자기네 대리인을 두고 물건을 생산해 멀리 있는 소유자에게 수송하는 것을 감독하게 했다. 쿠빌라이에게는 세금이나 어떤 이득도 없었다.

죽은 아릭부케의 지지자들이 이제 조카 카이두 칸의 휘하로 들어감에 따라 서쪽 변경에 문제가 생기면서 실크로드를 통해 상품을 보내는 것이 더욱 어려워졌다. 북중국은 유럽 및 서아시아 시장과 단절됐고, 남송 군대는 쿠빌라이의 영토에서 바다를 통해 상품을 들여오거나 내가는 것을 막았다.[12] 이것이 문제이기는 했지만, 또한 그의 몽골 친척들이 소유한 재산으로부터 수입을 늘릴 기회이기도 했다. 자신의 통치를 중앙집권화하려는 쿠빌라이의 욕망은 아흐마드가 고안한 계획으로 이어졌다. 즉 이 재산들을 위탁받아 상품을 자기네가 거두고 그 일부를 친척들에게 보내는 것이다.[13] 점차 그는 봉건 체제를 제거하고 이를 중국의 전통적 행정과 더 비슷한 것으로 대체했다. 당분간 외국인이 관리하는 형태였다.

황실의 다른 가계 남성 대부분의 재산은 이제 쿠빌라이의 통제 아래 들어왔고, 그는 황실 여성과 중국에서 활동하는 그 사업 협력자들의 전통적인 특권을 억제하는 죽은 형 뭉케의 정책을 이어갔다.[14] 차부이와 그 남편의 지원 아래 아흐마드는 무력화된 몽골 여성과 이슬람 상인 사이의 오르톡 협력 관계를 국가가 통제하는 상업 체제(오르톡 감독 총감總監 관리 아래 두었다)로 대체함으로써 몽골 귀족을 더욱 약화시켰다. 이 규제는 육상의 상인은 빼고 선박을 이용한 무역에 적용됐지만, 아흐마드는 동시에 선적 규정도 강화했다. 그런 변혁은 경제 전반에 걸친 변화를 요구했고, 아흐마드는 실험과 수정을 해야 했다. 어떤 조치가 실패하면 그는 곧바로 그것을 버리고 다른 것을 시도했다. 그렇다 보니 그의 성과는 좀 제멋대로인 것처럼 보인다. 때로 통화정책과 상업정책이 갑자기 뒤집히는 것을 설명하기 어렵다. 그러나 핵심적인 결과는 아흐마드가 쿠빌라이의 금고로 들어오는 수입과 자기 일가친척의 부를 엄청나게 늘렸다는 것이다.

*

조공경제에서 상업경제로 이동한 이 중대한 변화는 조세 제도의 큰 개혁, 그리고 물물교환과 공물을 대신한 화폐 사용의 확대를 수반했다. 정부는 더이상 세금을 쌀, 농작물, 노동력이라는 형태로 거둘 필요가 없었지만, 문제는 제국에 충분한 주화가 없다는 점이었다. 아흐마드는 지폐로 전환했다. 이전 왕조들에서 지폐는 비단이나 무늬비단에 인쇄한 고급 상품이었지만, 쿠빌라이의 치하에서 관리들은 이것을 뽕나무 껍질(때로 다른 섬유를 보충했다)로 만든 종이로 대체했다. 이 지폐는 거무스름한 색깔이어서 '오람烏藍'으로 알려졌고, 칸의 주홍색 인장이 찍혀 있었다.[15]

마르코 폴로는 새 통화 제도에 놀라고 매혹되었다. 그는 이렇게 썼다. "대칸은 나무껍질을 가지고 종이 비슷한 것을 만들어 온 나라에서 돈으로 통용되게 했다." 그는 뽕나무 속껍질이 어떻게 종이로 바뀌는지를 상세하게 설명했다.

그리고 칸은 매년 많은 양의 이 돈을 만들며, 이것을 위해 그가 비용을 들이지는 않는다. 그 돈은 아마도 세계의 부 전체와 맞먹을 것이다. 내가 묘사한 대로 만든 이 종잇조각을 가지고 모든 지불을 하며, 자신의 왕국과 지방과 영토와 어디든 그의 권력과 통치권이 미치는 모든 곳에서 보편적으로 통용되게 한다. 누구도(스스로를 아무리 중요한 사람이라고 생각하더라도) 감히 죽음을 무릅쓰고 이를 거부하지 못한다. 그리고 실제로 모든 사람이 이를 선뜻 받는다. 그 사람이 대칸의 영토 어디를 가더라도 이 지폐 조각을 볼 수 있고 이것을 가지고 모든 상품 판매와 구매를 처리할 수 있을 것이기 때문이다. 순금으로 만든 주화와 똑같이 말이다.

마르코 폴로는 이 지폐의 사용을 "완벽한 마법의 비밀"이라고 묘사했다. 이 거의 마법적인 과정을 거쳐 "대칸은 아마도 세계의 모든 왕들보다 더 많은 재산을 가졌을 것이며(그것은 사실이다), 사람들은 이 모든 것에 관해 알고 그 이유를 안다"고 했다.[16] 몽골인들은 이 지

폐 유통의 가치를 곧바로 알아보았다. 그들은 이를 '부의 원천'이라 불렀다.[17]

시간이 지나면서 쿠빌라이의 관리들은 지폐의 외양을 개선하고 그 사용을 촉진하기 위해 인쇄용 판목을 동 제품으로 바꾸었다. 돈이 더 많이 들고 만드는 데 시간과 기술이 더 필요했지만, 더 오래 사용할 수 있고 뽕나무 종이 위에 더 곱고 세밀하게 인쇄할 수 있었다.[18] 모든 지폐에는 개별 일련번호가 있었다. 그 숫자가 다 달랐기 때문에 인쇄한 뒤에 손으로 새겨야 했다. 활자 사용의 초기 사례로서, 인쇄자들은 재사용할 수 있는 숫자를 만들었다. 그것으로 지면 위에 인쇄를 할 수 있었고, 기입 과정의 선명도와 정확성을 보장하게 했다.[19]

동판은 또한 지폐 위조를 더욱 어렵게 만들었다. 이런 악습을 단념시키기 위해 모든 지폐에는 지폐를 위조하다 붙잡힌 범죄자는 처형하고 위조범을 당국에 신고하는 사람에게는 은 50냥을 준다는 문구를 넣었다.[20]

아흐마드는 곧 쿠빌라이의 영토 확장 정책의 배후에서 경제 참모를 대표하는 사람이 되었고, 그 결과로 중국에서 가장 싫어하는 사람 중 하나가 되었다.[21] 전쟁은 이제 대칸, 그의 궁정, 그의 정부의 강박관념이 되었지만, 경제적 파벌이 차부이 황후 주위에 형성되기 시작해 상업과 돈벌이에 몰두했다. 그러나 쿠빌라이는 아흐마드가 돈을 벌어다주고 군대를 보급해주는 한 그 나머지를 가지고 그가 무엇을 하든 신경 쓰지 않는 듯했다. 쿠빌라이는 그 이전의 우구데이와 마찬가지로 다른 사람이 부를 축적하는 것을 걱정하지 않았다. 아마도 그것이 결국 황제인 자신에게 돌아오리라고 생각했기 때문일 것이다.

지폐가 흔히 그렇듯이 이 통화는 처음에 귀금속으로 보증되었다. 은으로 태환할 수 있었으며, 주화 1천 개인 관賈의 명목가치가 주어지고 그 그림이 지폐에 인쇄되어 글을 모르는 사람도 그 가치를 알 수 있게 했다. 지폐는 순전히 사업을 위한 편리한 도구로서 발행되었다. 묵혀두는 것을 막기 위해 지폐에는 3년의 만료 기일을 적었다. 시간이 지나면서 정부는 보유하고 있는 은보다 더 많은 지폐를 발행해 1230년에서 1276년 사이에 그 액면가치의 3분의 2가 상실되는 결과를 초래했다.[22] 쿠빌라이는 그 치세 동안 계속해서 지폐를 실험했지만, 그것이 완벽하게 기능하는 성공을 거두지는 못했다. 그러나 그가 지폐 사용을 강제할 수 있는 권력을 유지하는 한(지폐를 받기를 거부하는 사람은 엄한 처벌을 받을 것이라고 위협했다) 그 제도는 작동되었다.

이전의 몽골 칸들은 싸움 기술을 우선시하고 재정에 별 관심을 기울이지 않았으며(그것은 여자들의 일로 생각됐다), 이 체제는 군대가 자립적인 한 작동되었다. 군대에서 소요되는 말과 기타 동물들을 먹일 목초지가 있고, 습격과 약탈로 다른 모든 재정과 사치품 수요를 충당할 수 있으며, 군대가 풀이 있는 스텝과 가까운 거리에서 배회하다가 언제라도 그 스텝으로 가서 동물들을 먹이고 번식시킬 수 있다면 말이다. 그러나 군대가 더 멀리 베트남의 밀림으로, 유럽의 농사짓는 들판과 질척거리는 땅으로 이동하거나 남송의 강해장성과 맞닥뜨리면 모든 것이 허물어졌다.

쿠빌라이의 개혁은 권력을 더욱 집중시켰지만, 새로운 해전의 시대를 시작하는 데는 더 많은 수입원과 더 강력한 정부 통제를 받는 경제가 필요했다.

9장

쿠빌라이의 공격용 수군 건설

일곱 번 넘어지면 여덟 번 일어나라.
— 몽골 속담

쿠빌라이는 수군을 건설하는 데 이제 노련한 군 지도자가 된 영리한 아주(수베데이의 손자였다)가 도움이 되리라고 기대했다. 아주의 할아버지는 북쪽에서 금나라의 성벽을 처음으로 돌파했다. 아마도 그 손자는 물의 성벽을 돌파하는 방법을 찾을 수 있을 듯했다. 아주는 20대를 송 제국의 변경 일대에서 전투를 하며 보냈고, 30대 중반에는 몽골 군대에서 가장 노련한 지휘관이 되었다. 물론 분명히 가장 인기 있는 지휘관은 아니었다. 때로 그는 쿠빌라이의 축소판 같았고 (그러나 더 활기에 넘쳤다), 그가 전투에서 승리할 수 있게 만든 바로 그 특성이 보다 전통적인 몽골인 파벌에게서 불신을 사는 원인이 되었다. 그는 몇몇 조우전에서 이기기도 하고 지기도 했으나, 상황의 의미 있는 변화를 이끌어내지는 못했다.[1]

아주는 남중국을 정복하기 위해서는 중국의 방식을 연구해야 한다는 사실을 깨달았다. 그는 "그 물을 마시면 그 풍습을 따라야 한다"²는 몽골의 격언을 긍정했다. 그는 중국의 물을 마시고 있었다. '무위無爲'라는 도가道家의 공리대로 물은 송나라 영토를 지킬 수 있었지만, 그곳 사람들이 강을 이용해 북쪽을 재정복할 방법은 없었다. 송나라는 금나라를 상대로 살아남기 위해 지리멸렬한 싸움을 벌인 이후 수십 년이 지나면서 이전의 기술에 대한 혁신적인 접근법을 상당수 잃어버렸다. 강은 100여 년 동안 그들을 지켜주었고, 강에 의존하면서 그들은 더욱 안주하게 되었다.

아주 역시 시행착오를 통해 배우는 그 할아버지의 비범한 능력을 물려받았다. 홍강에서 베트남의 배를 파괴하지 않은(그래서 적군이 퇴각해 패배를 모면하게 한) 장수의 처형과 그 아버지 우량카다이의 치욕은 그로 하여금 그들의 잘못을 꼼꼼히 분석하게 했다. 베트남인들은 배를, 병력을 수송하고 달아나는 데 사용했고 전투에는 사용하지 않았다. 송나라가 자기네 수군을 방어에 사용했지만 거리를 둔 충돌에서 싸우기 위해 선박을 건조하지는 않은 것과 마찬가지였다. 두 접근법은 모두 쿠빌라이의 공격용 무기에 대한 필요를 충족시키지 못했고, 그 개발의 책임이 아주에게 맡겨졌다. 몽골인에게 움직이는 모든 것은 무기로 바뀔 수 있었다. 배는 사람과 물건을 수송하는 선박 이상의 구실을 할 수 있었다. 그것은 치명적인 전쟁 도구가 될 수 있었다.

전통적으로 정주 사회의 군대는 도시를 공격해 정복하는 것을 추구했다. 수도와 멀리 떨어진 곳에서 일어나는 일은 덜 중요했다. 유목민이었던 몽골인들은 시골 지역을 먼저 챙겼다. 시골을 장악하면 도시는 항복하는 것 외에 다른 선택지가 없음을 알고 있었기 때문이다. 사이의 공간이 중요하다. 아주는 도시 사이 지역을 연구하기 시작했고(그것은 물에 관한 그의 편견과 가정을 극복하는 일을 수반할 터였다), 그것을 이해하게 되었다. 그는 주요 강들을 연구했고, 이에 따라 심지어 가장 작은 지류까지도 위험을 무릅쓰고 오르내리며 약점과 이전에 간과했던 경로를 탐색했다.

황궁의 사치와 위락에서 벗어나 멀리 떨어진 땅에서 아주는 먼 곳의 주민과 수로에 관한 지식을 쌓았다. 아주는 그 목표였던 도시가 아니라 주변부의 관점에서 임박한 전투를 평가하고, 지형을 연구해 결국 수로들의 전략적 가치를, 그곳의 통치권을 주장하는 송나라 통치자들보다 더 잘 파악했다. 그는 몽골인이었지만 중국은 그의 고국이었고, 그의 아버지나 할아버지와 달리 그는 몽골인 및 고려인과 마찬가지로 중국의 한족 병사들에 대해서도 공감을 드러냈다.

아주 같은 예리한 전략가는 전투의 승리가 계획을 통해 얻어진다는 것을 알고 있었고, 그는 새로운 무기와 수단(그것이 아무리 이상해 보일지라도)을 실험하는 것을 꺼리지 않았다. 그는 예컨대 송나라 군대의 수상 소이 폭발물 사용에 대해 자신이 할 수 있는 것을 알아냈고, 연구와 정찰을 거쳐 마침내 한 가지 계획을 만들었다. 송나라 수도 항저우를 점령하는 가장 좋은 방법은 원정을 1천 킬로미터 상류에서 시작하는 것이라고 결론지었다. 성곽 도시 샹양(양양襄陽)과 수비대가 있는 더 작은 쌍둥이 도시 판청(번성樊城)이었다. 한강漢水 양쪽에서 서북 변경을 방어하고 있는 곳들이었다.

샹양은 바다에서 멀리 떨어진 번성하는 하운河運 중심지 노릇을 했다. 나중에 마르코 폴로는 이 도시에 갔고, 쿠빌라이 군대를 상대로 한 고투를 길게 서술했다. 그는 이 도시를 이렇게 묘사했다. "(이 도시는) 매우 크고 당당한 도시이고, 열두 개의 크고 부유한 도시를 지배하며 그 자체는 큰 무역과 제조 중심지다. (…) 이 도시에는 당당한 도시가 지녀야 할 모든 것이 그득하다."³ 그는 이 도시 주민들의 생산성을 강조하고, 수천 척의 배들이 비단, 철, 대마를 싣고 하류로 가고 해변에서 막대한 양의 소금을 싣고 온다고 상세하게 묘사했다.⁴

1268년, 몽골의 육군과 수군은 송나라 북부 관문의 포위전을 준비했다. 활과 화살을 가지고 말을 타고 공격하는 전통적인 스텝 전쟁 방식 대신에 아주는 종합적인 전략을 마련했다. 보병, 포병, 기병, 그리고 마침내 수군 등 다양한 부대를 결합해 그들의 개별적인 강점을 발휘하게 하고 그들을 몽골 기병대의 단순한 부속물 이상의 존재로 만드는 것이었다. 이 목적을 위해 아주는 중국인 부대를 요청했다. 그들이 성곽 도시 포위전에 더 경험이 많았기 때문이다. 화포火炮 같은 초기 형태의 포도 동원되었다. 화포는 이 복잡한 새 전쟁 도구를 작동하기 위한 중국인 기술자와 함께 아주가 열의를 갖고 채용한 것이었다.⁵ 쿠빌라이는 이를 승인했다. 몽골이 샹양과 판청의 쌍둥이 도시를 점령한다면 그들과 장강 사이의 큰 장애물이 사라지는 것이었고, 그들은 항저우를 타격 거리 안에 두게 된다. 송나라 관리들은 몽골의 공격을 예견하고 샹양 성내에 몇 년의 포위전을 버티기에 충분한 식량과 물자를 쌓아놓았다. 길고 어려운 싸움이 벌어질 터였다.

몽골은 옛 금나라의 배 약 500척을 가동할 수 있었다. 지휘관은 송나라에서 이탈한 장수 유정이었다. 아주와 마찬가지로 능력이 있지만 엄격하고 인기가 없었다. 1270년 봄,《원사》에 따르면 유정은 아주에게 보낸 전갈에서 몽골의 진퇴양난을 조심스럽게 요약했다.

우리의 강한 무기는 우리의 보병과 기병이고 그것은 무적이지만, 해전에서는 우리가 송나라에 열세입니다. 우리는 전함을 건조하고 병사들

을 해전을 위해 훈련시켜 그들의 우위를 분쇄해야 합니다. 그러면 우리가 승리할 수 있습니다.[6]

이제까지 몽골은 중국의 무기를 받아들이기를 꺼렸고, 선택적으로 몽골의 전쟁 조직에 편입시켰을 뿐이었다. 반면에 수군 창설에는 큰 변화가 필요했다. 아주는 선박을 전통적인 몽골의 전쟁 계획 체계에 간단하게 끼워 넣을 수 없었다. 몽골인의 사고방식으로는 작은 배 조차도 끼어들 자리가 없는데, 하물며 큰 배는 말할 것도 없었다. 수군을 건설한다는 것은 중국의 선박 건조 체계를 통째로 받아들인다는 얘기였다. 나침반, 지도, 돛, 키, 그리고 항구와 배를 건조하는 조선소 같이 배에 따라붙는 모든 것도 함께였다.[7]

선박 건조는 분명히 세계를 뒤흔들었다. 쿠빌라이 칸은 그가 황제로서 재위하는 동안 1만 7천여 척의 선박을 건조한 것으로 추산된다.[8] 이 사업을 위해 막대한 돈이 들어가고, 많은 농민들이 노동력을 제공하는 부담을 졌으며, 나무를 공급하기 위해 삼림이 벌채되었다. 벌목꾼들이 몽골 영토 각지로 보내져 중국의 삼림을 벗겨냈다. 유명하지만 고통스러운 이 시기의 노래 하나가 엄청난 경관의 파괴를 한탄했다.

> 빽빽한 숲의 무수한 나무가 다 잘려나가고
> 검푸른 산에 애처롭지 않은 곳 하나도 없네.
> 도끼를 들고 산허리에 가면
> 새가 돌아올 큰 소나무 한 그루 남겨주려나.[9]

몽골인들은 항해 지식이 없었지만, 유라시아 대륙을 이리저리 가로지른 노련한 유목민답게 방향, 이동, 상황을 헤치고 나아가는 데 필요한 예민한 감각이 있었다. 이렇다 할 바다 경험이 없는 몽골인들은 중국의 방식을 채용했지만 또한 자기네 제국의 다른 지역에서 항해 전문지식을 들여왔다. 《원사》에 따르면 1267년에 페르시아 학자 자말 앗딘 부하리Jamal ad-Din Bukhari가 나무로 만든 지구의를 가지고 일 칸국에서 중국의 몽골 궁정으로 와서, 아랍에서 경도와 위도를 계산하는 방법을 소개하고 중국의 지도와 해도를 개선하게 했다.[10] 몽골의 기술은 북중국과 남중국의 재능을 결합하고 외국의 혁신을 보충함으로써 점차 송나라를 뛰어넘었다.

관찰자들이 말로 표현하기 어려운 새로운 세계가 모습을 드러내고 있었다. 황하의 배들은 시인 원각袁桷(자 백장伯長)을 자극해 이런 비교를 하게 했다. "쇠못으로 뒤덮인 자른 수박 조각 (…) 떠다니는 땔나무 묶음의 산처럼 오네." 그는 작은 배들을 "머리를 집어넣은 달걀 모양의 거북이"로 묘사했다.[11]

몽골은 강을 따라 작은 습격을 기획해 자기네의 수상 기술을 개선하고, 강에서 작은 조우전을 도발하고 승리해 송나라 군대를 탐색하고 그들이 하천 전투에 어떻게 나서는지를 살폈다. 몽골인들은 적선을 파괴하기보다는 다양한 크기와 설계의 배들을 나포하고자 노력했다. 자기네 기술공들이 그 설계 특성을 연구해 베끼게 하기 위해서였다.

알고 보니 더 나은 배를 건조하는 방법을 알아내는 것보다 배를 어떻게 다루느냐를 배우는 것이 더 어려운 일이었다. 아주의 요청에 따라 쿠빌라이는 7만 명의 중국인을 보내 집중적으로 선원 훈련을 받게 했고(가장 강해지기 위해 수영 훈련까지 시켰다), 몽골 장교들에게 지시해 자신의 중국 수군과 협력해 그들의 군사적 공격을 어떻게 통합시킬 것인지를 배우게 했다. 아주는 고급 기술에만 주로 의존하고 그것을 익히기 위한 선진적인 훈련이 없는 것의 문제점을 인식했으며, 이들 생소한 배를 엄혹한 상황에서 조작할 수 있도록 훈련된 선원들의 전문 부대를 원했다. 몽골은 송나라의 배를 나포하면 흔히 승무원 전원을 포로로 잡았다. 대부분은 설득해 목숨을 살려주는 대가로 몽골 수군에 편입시킬 수 있었지만, 몽골인들은 이들 강제 편입된 병사들의 능력이나 충성심에 의존할 수 없었다. 아주는 어떤 상황에서도 믿을 수 있는 병사들로 구성된 부대가 필요했다.

최고의 기병을 낳은 스텝과 최고의 전투 보병을 낳은 농경 지역이 반드시 최고의 선원을 낳을 것 같지는 않았기 때문에 아주는 황하와 화이허강淮河, 그리고 해안 지역에서 가장 강한 남자들을 모집했다. 남자들이 물과 배에 친숙하게 자란 곳들이었다. 새 수군 지휘관들은 "용감하고 똑똑하고 결의가 굳은 투사들"을 선발했지만, 물에서 지휘하기에 적절한 기술과 의지를 가진 장교를 찾는 데 실패한 아주는 그런 일을 배울 수 있는 육군 장교들을 찾았다.[12] 신참 수병은 1272년 초여름에 훈련을 시작해 가을에 전투에 투입되었다.

몽골 육군의 최대 강점 중 하나는 최악의 전투 상황에서도 통신과 협력을 유지할 수 있는 능력이었다. 아주의 헌신적인 지도 아래서 몽골은 이미 고도화된 중국 수군의 통신망(봉화, 깃발, 연기, 불화살)을 현대화해 육상의 몽골군과 협력했다. 불[火] 명적鳴鏑 같은 야전 시 몽골의 옛 통신 방법은 바다에서는 통하지 않았다. 항상 파도 소리가 나기 때문이다. 휘파람은 몽골인들에게 상징적인 의미를 지녔다. 그것이 바람이나 비를 부르는 데 사용됐기 때문이다. 그러나 바다로 나가면 아무도 휘파람을 불지 않았다.

유정 장군은 송나라에서 넘어온 이후 의심의 눈초리를 받았지만, 끊임없이 자신의 능력과 몽골에 대한 충성심을 드러내 2년이 채 되지 않아 수군의 도원수都元帥로 임명되었다. 수군은 4익翼으로 성장했고, 각기 만호萬戶의 지위로 승진한 지휘관들이 있었다. 만호는 여전히 높은 지위였지만 그 수만큼의 병사가 배정되는 것은 아니었다.

아주는 계속해서 육군과 새 수군을 더 밀접하게 만들고자 했다. 금나라의 실패에서 배우려는 한 시도는 그의 전술 실험에 정보를 제공하는 듯했다. 예컨대 작은 배에 가연성 물질을 싣고 불을 붙인 뒤 이를 송나라 진영(배들이 다닥다닥 붙어 있고 흔히 사슬로 묶여 있었다)으로 보내는 것 같은 일이었다. 그는 또한 더 작은 배들을 많이 모아 조우전에 투입하고 철수시켰으며, 개별 선박을 정찰선과 안내선으로 삼아 조사 임무를 주어 보냈다. 그의 명령에 따라 첩보선은 꺾은 갈대를 물에 심어 비밀 통로를 표시했다. 송나라 전사들이 거의 알아차리지 못할 정도였다.[13] 그런 비밀 임무는 매우 중요해져서, 거기에 사용되는 작은 배들은 몽골어 경칭이 붙었다. 바로 '바아타르Baatar'(영웅)였다. 그의 할아버지 수베데이 바아타르와 칭기스 칸의 아버지 예수게이 바아타르에게 붙여져 알려졌던 바로 그 칭호였다.

아주는 여전히 몽골의 전통적인 전투 방식을 선호했지만 시범을 보이며 자기 부하들의 목선에 대한 태도 변화를 이끌었다. 《원사》의 아주 전기에 따르면 그는 직접 배를 타고 적어도 한 번 이상 "키를 손에 잡고 적선을 향해 돌격"했다. 말 위에서의 용감성을 배 위에서도 발휘할 수 있음을 부하들에게 보여주기 위해서였다.[14] 이런 전술의 성공은 송나라 지휘관들(그들은 배를 강바닥에 닻을 내린 채 고정되고 움직일 수 없는 장벽으로 사용했다)과 몽골 지도자들 사이의 근본적인 차이점을 드러냈다. 몽골인들에게 움직이지 않는 것은 무엇이든 목표물이었다. 아주의 배들은 효과적인 무기가 되려면 끊임없이 공격에 나서야 했다. 송나라의 기술이 몽골의 전략과 결합해 새롭고도 치명적인 혼합물을 만들어냈다.

*

아주가 현장에서 매우 결연하게 군사 작전에 몰두하고 있는 동안에 쿠빌라이는 새로운 궁정의 총신과 관계를 구축하고 있었다.[15] 그의 이름은 '부자'를 뜻하는 바얀Bayan이었다. 당시나 지금이나 몽골인이 많이 쓰는 이름이다. 아주보다 거의 10년 어린 바얀은 1236년 바아린Baarin부의 이른바 적라赤裸 가계에서 태어났다. '벌거벗다'라는 뜻의 '적라'는 그가 이 씨족의 본래 성원 가운데 한 사람의 직계 후손이라는 의미로, 나중에 옷을 입고서 합류한 사람들과 구분하기 위해 붙인 명칭이다.[16]

아주와 마찬가지로 바얀은 3대째 몽골 황실을 섬기는 가문 출신이었다. 그의 할아버지 알락Alaq이 칭기스 칸에게 항복한 1201년 이후다. 알락과 그 동생은 칭기스 칸을 섬겼고, 1206년에 각기 천호千戶가 되었다.[17] 바얀의 종조부 나야아Nayaa는 나중에 만호에 오르고 무칼리(칭기스 칸과 함께 북중국에서 전쟁을 하고 금나라를 격파한 뒤 귀웅이 되었다) 장군 휘하의 부지휘관으로 근무했다. 알락 자신은 호라즘 제국을 상대로 한 전쟁에 나갔고, 보상으로 후잔트를 받았다. 현대 타지키스탄의 아름답고 부유한 계곡이자 도시다. 바얀은 아마도 여기서 자랐을 것이다. 해외에 사는 몽골인의 거칠지만 특권이 있는 계급이었다.

9장 쿠빌라이의 공격용 수군 건설   139

바얀은 페르시아의 일 칸국에서 성인이 되었다. 그는 훌레구의 침략군이 이란을 가로지를 때 아버지와 함께 따라갔는데, 아버지는 1256년 말 아사신파에 대한 포위전 과정에서 죽었다. 9년 뒤에 일칸 훌레구는 바얀을 쿠빌라이 궁정에 보냈고, 그는 여기서 빠르게 승진했다. 그는 몽골어를 능숙하고 날카롭게 구사했고, 또한 매우 잘생겼다. 바얀은 곧 쿠빌라이를 둘러싸고 있는 총신 반열에 합류했다. 가장 먼 곳에서 온 사람들을 포함하는 다양한 가신들이었다. 그 가운데 하나가 베네치아 출신의 폴로 가족이었는데, 이들도 대략 이 시기에 궁정에 나타났다. 바얀은 몽골인이지만 남달랐다. 명나라 때의 《원사》 편찬자 송염宋濂은 그의 목소리가 "산을 무너뜨리는 천둥 같았다"고 썼다.[18] 멀리서 온 이 몽골인의 존재는 쿠빌라이의 궁정이 얼마나 국제적인 장소가 됐는지를 보여주었고, 그 세계적인 규모와 함께 온 세계를 지배하려는 그의 굳은 의지를 잘 드러냈다.

거의 틀림없이 차부이의 조언에 따른 것이겠지만, 쿠빌라이는 바얀의 혼인을 중매했다. 신부는 차부이의 조카 베수진Besujin으로, 황후의 언니의 딸이었다. 베수진은 분명히 일찍 죽었다. 바얀이 나중에 또다른 아내 디우누Diunu를 얻었기 때문이다. 디우누는 그와의 사이에서 아들 셋을 낳았다는 것 외에는 별로 알려진 바가 없다.

엄청나게 충성스러운 바얀은 훌륭한 행정가가 됐고, 고위 관직인 중서좌승상中書左丞相으로 승진했다. 중국에 온 지 5년 만인 1270년, 군직이 없던 서른네 살의 바얀은 쿠빌라이가 좋아하는 아들인 친킴Chinkim 태자 휘하의 부지휘관이 되었다. 바얀보다 일곱 살 아래인 친킴은 명목상의 군 사령관이었지만, 황태자라는 다른 책임이 있었고 군사보다는 궁정 정치에 더 적극적이었다.[19] 그 휘하에서 가장 지위가 높았던 바얀은 실질적인 군 사령관이었다. 중국의 제국 궁정에 갔던 후대의 한 역사가는 이렇게 썼다.

> 그는 대단한 천재성을 타고났고, 대부대를 다루는 최고 수준의 기술을 가졌다. 그 휘하에 단 한 사람이 있는 경우와 마찬가지로 쉽고도 침착하다. 그의 장교들은 그를 천재로 존경하며, 그의 능력을 절대적으로 신뢰해 무조건적으로 그에게 복종한다.[20]

혼맥과 우아한 태도를 가진 세련된 바얀과 대조적으로, 손톱 밑에 때가 끼고 말똥이 묻은 장화를 신고 다니는 아주는 투박한 스텝의 유물 같은 인상을 주었다. 그는 세게 이야기하고 부하들을 심하게 다루는 경향이 있는 몽골 군인이었다. 아주는 현장에서 전투를 하며 성장했지만, 바얀은 세련된 일 칸국의 궁정에서 자랐고 그것을 이용해 발전하는 중국의 몽골 궁정에서 주역 가운데 하나가 되었다.

바얀이 전투에서 유명해질 기회는 금세 찾아왔다. 그는 쿠빌라이의 조카 카이두(악명 높고 무시무시한 씨름꾼 공주 쿠툴룬의 아버지로, 쿠툴룬이 때로 아버지 옆에서 싸웠다)의 반란을 진압하기 위해 친킴 태자를 따라 서방으로 출정했다.

칭기스 칸의 아들들인 주치, 우구데이, 차가다이의 자손들은 공통점이 별로 없었지만, 몽골제국을 본래의 상태로 되돌려놓으려는 욕망은 같았다. 쿠빌라이가 자기네에게 가하고 있는 것처럼 보이는 중국의 지배를 끝내겠다는 것이었다. 쿠빌라이는 몽골의 전통에서 탈피해 목축보다 농경을 우선시했고, 몽골인들이 농경지를 목초지로 바꾸는 것을 금지했다. 쿠빌라이는 심지어 농경이 가능한 몽골의 몇

몇 지역에서 경작할 것을 요구하기 시작했다. 카라코룸이 위치한 골짜기도 그중 하나였는데, 몽골제국의 수도를 농업 중심지이자 군사 중심지로 바꾸겠다는 것이었다. 쿠빌라이의 노력에도 불구하고 몽골은 식량을 자급자족할 수 없었다.

카이두 칸은 중앙아시아의 몽골인들이 군대의 규모나 무기 생산에서 쿠빌라이의 중국에 필적할 가능성이 없음을 인식하고 있는 듯했다. 그들이 쿠빌라이의 통치에 가하는 가장 큰 위협은 오히려 그를 세계 무역(실크로드를 따라 그들의 영토를 통과해 이루어졌다)에서 떼어내는 것이었다. 그의 권력 상당 부분은 중국 상품을 판매하기 위한 세계 시장에 접근하는 것과 중국 경제를 위한 상품과 물자의 원천이 되는 데 달려 있었다. 그의 통치는 그 군대의 군사력과 함께 그의 경제적 능력에도 달려 있었다.

*

바얀과 친킴은 몽골의 전통적인 방식으로 출정을 준비했다. 멀리 톈산산맥까지 가는 광대한 영토에 걸치는 기병대 원정이었다. 그들은 또 한 번의 이례적으로 추운 해였던 1270년 봄에 출발했다. 카이두가 자신의 군대를 끌고 나와 그들과 맞섬으로써 도전에 응할 것으로 생각했다.[21] 그러나 카이두가 공격해오지 않아 친킴 태자와 바얀은 그의 군대를 찾을 수 없었고, 그들은 말머리를 돌려 다시 고국으로 향했다. 장거리 원정은 아무런 보람이 없었고, 그들은 보여줄 성과도 전혀 없이 집으로 돌아왔다. 쿠빌라이는 이에 실망했다. 그에게는 중앙아시아 재정복이 필요했다. 그 땅에 대한 대칸으로서의 자신의 권력을 재천명한다는 위신의 문제도 있었지만 꼭 필요한 무역로를 재개통시켜야 했기 때문이다. 송나라 군대가 여전히 남중국 해안과 인근 해역을 장악하고 있는 상황에서, 중앙아시아와 실크로드는 여전히 성실한 페르시아의 일칸들(그의 동생 훌레구 가문의 후예들이다)의 수익성 있는 상업적 자원들과 연결되는 유일한 길이었다.

이 통로를 다시 장악하기 위해서는 기동성이 뛰어난 군대 이상의 것이 필요했다. 쿠빌라이는 중국 서부에 기지 하나를 세울 필요가 있었다. 그는 이를 위해 두 가지 방법을 사용했다. 첫째로, 그는 그의 중심지에 인접한, 톈산산맥 동쪽 끝에 있는 하서河西회랑에서부터 사막 오아시스들의 방어벽을 구축하고 물자를 공급함으로써 중국을 가로지르는 무역로를 다시 활성화했다. 둘째로, 그는 병사, 말, 양, 기타 물자를 새로이 군대가 주둔한 지역으로 옮기기 시작했으며, 현지 주민들의 충성심을 확보하기 위해 개혁을 계속 추진하고 세금을 낮춰 그들을 보다 인자하게 대했다.[22] 그는 새로운 중계 역참을 설치하고 광부들을 보내 지역 자원을 개발하게 했다. 아마도 이 지역에 매장된 옥이 서방과의 무역 재개를 자극하리라는 희망에서였을 것이다.

그는 남쪽에 있는 그의 영토에서 이런 조치들을 취하면서 서북쪽에 영구 기지를 건설하기 위한 더욱 강력한 군사 원정을 더했다. 현대의 중국-카자흐스탄 국경 부근의 일리강을 따라서였다. 그는 넷째 아들인 북평왕北平王 노무칸Nomuqan을 보냈는데, 그의 실제 이름은 '유순'하다는 의미였고 소심하고 유보적이고 단순하다는 함의도 있었다. 이것은 출생 시의 그에 대한 정확한 기술이었겠지만, 적대적인 변경에서 나라를 방어하기 위해 파견되는 귀족에게 상서로운 조짐이라고 할 수는 없었다.

무역의 유혹도 새로운 군사 행동의 위협도 중앙아시아의 칸들에게 영향을 미치지 못했다. 내부에서 서로 다투고 있던 그들은 쿠빌라이를 위협한다기보다는 무시하고 있는 듯했다. 주치, 차가다이, 우구데이 후손들의 칸국들과는 영구히 소원해지고 페르시아에 있는 유일하게 충직한 일 칸국(동생 훌레구 가계의 조카들의 나라다)과 이따금씩 접촉하고 있던 쿠빌라이는 더이상, 그가 무어라고 주장하더라도 몽골제국의 실질적인 대칸이 아니었다.[23] 그는 중국의 황제였다. 그는 반항하는 중앙아시아의 몽골인들이 아니라 송나라를 정복하는 일에 그의 지원을 강화하고 집중할 필요가 있었다.

10장

대원, 거대한 시작

당당한 원나라가 천명을 받아
모두가 그를 지배자로 인정하는 곳
땅과 하늘의 끝에 이르렀도다.
— 유기劉基[1]

쿠빌라이는 동생 아릭부케를 완전하게 쳐부쉈다(그리고 아마도 그를 죽음에 이르게 했을 것이다). 그러나 동생을 지지했던 스텝 파벌은 계속해서 번영을 누렸다. 그들은 도시에 정착하기를 거부했고 여전히 전통적인 유목민 제국 개념을 고집했지만, 더욱 중요한 것은 그들이 서몽골과 중앙아시아를 지배했다는 것이다. 그들이 중국과 페르시아의 일 칸국 사이의, 그리고 중국과 러시아 사이의(따라서 유럽까지도 역시) 전체 실크로드를 장악하고 있었다는 얘기다. 그들이 모든 상업과 통신을 막지는 않았지만, 틀림없이 그것을 통제하고 있었다.

1267년 무렵에 다른 몽골 가문들(칭기스 칸의 아들들인 러시아의 주치, 중앙아시아의 차가다이, 서몽골의 우구데이의 자손들이다)은 일련의 쿠릴타이 회의를 시작했고, 그들은 여기서 쿠빌라이 칸과 일 칸국에 있는 그 동생 가계의 대표를 분명하게 배제했다. 이는 1269년 우구데이 칸의 손자 카이두 칸이 현대의 키르기스스탄-카자흐스탄 국경 부근의 탈라스에서 개최한 쿠릴타이에서 정점에 이르렀다.² 그들은 쿠빌라이에게 보낸 분노에 찬 편지에서 그가 몽골인의 생활을 버리고 더욱 중국화되었다고 비난하고, 경작할 수 있는 땅을 목초지로 전환하는 것을 중지시킨 조치를 비판했다.³ 특히 중국인과 고려인 병사들을 몽골에 주둔시켜 곡물을 재배하게 함으로써 스텝에 농경을 도입하는 것을 비난했다. 여기서 나오는 곡물은 현지 식량 공급에 기여하기보다는 대개 술을 만드는 데 들어갔다.⁴

불만을 품은 몽골 가문 지도자들은 쿠빌라이가 몽골제국의 대칸이라고 주장하는 것의 적절성을 인정하기를 암암리에 거부했다. 그는 북중국과 몽골 일부만을 장악하고 있었기 때문이다. 칭기스 칸 가족 중 세 가문은 이제 카이두 칸을 자기네가 공식적이고 적법하게 선출한 지도자로 인정했다.⁵ 중국과 몽골의 자료들은 이 문제에 대해 침묵하지만, 그들은 분명히 중앙 몽골제국과 중국 몽골제국 사이의 지속적인 적의와 잦은 전투를 이야기하고 있다. 몽골 가문들의 탈라스 집회는 쿠빌라이가 그저 여러 칸들 중 하나임을 분명히 했다.

연대기들은 카이두 칸이 보통 키였다고 묘사했지만, 그는 항상 안장에서 똑바로 높이 서서 말을 달렸다. 페르시아 연대기에 따르면 그는 얼굴에 털이 아홉 가닥밖에 없었지만, 그의 뻣뻣한 자세만큼이나 생활방식도 정확했다. 그는 몽골 전통을 고수했지만 말 젖을 발효시킨 아이락을 마시기를 거부하고 모든 종류의 술을 입에 대지 않았으며, 흥미롭게도 소금 역시 먹지 않았다.⁶

카이두를 따른 몽골인들이 자기네는 여전히 쿠빌라이와 평화롭게 지내기를 원한다고 주장했지만 쿠빌라이는 그들의 비판을 선의로 받아들이지 않았다. 그것은 그를 설득하기는커녕, 그를 더욱 소외시키고 그를 그의 중국 신민 쪽으로 더 가깝게 밀어냈다. 그는 대칸이라는 몽골의 칭호에 등을 돌리고(다만 결코 그것을 포기하지는 않았다), 이제 완전히 새로운 중국 왕조를 받아들였다.

1271년 동지에 가까운 한 상서로운 날(중국의 현인들이 그렇게 말했다)에, 쉰여섯 살의 쿠빌라이 칸은 그 제국에 새로운 중국식 이름을 부여했다. 태평양에서부터 지중해까지의 북아시아 일대에 뻗쳐 있는 그의 왕조에는 다시 이름이 붙여졌다. 몽골제국은 이제 대원大元으로 알려지게 되었다. 통상 창건자와 관련된 지명이 많았던 이전 왕조 이름들과 달리 '원'은 지명이나 민족과 전혀 관련이 없었다. 쿠빌라이가 새로 채택한 이 이름은 분명히 새로운 세계가 나타나고 있다는 의미였으며, 통합을 요구한 것이었다. 쿠빌라이는 두 부류의 아주 다른, 그리고 흔히 대립하는 신민들에게 호소하려 애쓰고 있었다. 자기네 몽골인들, 그리고 자신의 신민과 관리 대부분을 차지하는 중국의 한족이었다.

몽골인에게 이것은 '세계 전체, 전 세계, 세계 도처', 또는 모든 생명을 포괄하는 '거대한 바다'에서처럼 다얀Dayan('거대한 전체')을 의미했다.[7] 중국인들에게 이것은 '거대한 시작'을 의미했다. 이는 옛 경전 《역경易經》을 떠올리게 한다. 중국적인 상징성으로 가득한 '원元'은 '시초' 또는 '근원'으로 번역할 수 있다.[8] 이것은 제국의 몽골어 이름 예케몽골 울루스Yeke Mongol Ulus(대몽골국)의 중국어판일 것이다. 그리고 새로운 중국 왕조뿐만 아니라 세계의 새로운 시대 또한 선포했다.

새 왕조 이름 붙이기는 중국사에서 역사적인 사건이었지만, 이는 쿠빌라이의 더 큰 손실을 숨겼다. 그는 몽골제국 대칸으로서의 지위를 사실상 포기했다. 칭기스 칸에서부터 내려온 몽골 황가의 네 가계

10장 대원, 거대한 시작　　147

가운데 셋이 이제 그를 받아들이기를 거부했다. 중앙아시아 가문들이 카이두에게 공식적으로 이 칭호를 주었는지는 분명하지 않지만, 그들이 더이상 쿠빌라이를 대칸으로 인정하지 않은 것은 분명하다.

이 패배가, 쿠빌라이가 몽골제국에 대한 권리 주장을 포기했다는 얘기는 아니다. 그 반대였다. '원'은 몽골제국에 새로운 이름을 붙이려는 시도였다. '원'은 쿠빌라이가 전체 제국에 붙이고자 시도한 이름이었지만, 그는 자신의 새로운 정통성을 중국 황제로서의 역할에 바탕을 두었고 몽골의 정치적 관례가 아니라 중국의 것을 사용해 전체 제국에 대한 지배를 주장했다. 자신의 정통성을 높임으로써 다른 사람들의 정통성을 박탈했다. 이제 다른 가계는 통치할 권리를 물려받은 것이 없고, 쿠빌라이 황제가 부여하게 될 권리만이 있었다.

쿠빌라이는 몽골제국의 모든 지역을 새 원나라 산하에 두려는 자신의 노력을 뒷받침하기 위해 사캬Sakya 교단의 티베트 불교 승려 파스파Phags pa에게 명령을 내려 다른 학자들과 함께 통일된 문자를 만들게 했다. 한자와 몽골 문자를 대체하고 자기 제국의 모든 언어를 위한 문자가 되는 것이었다. 어떤 언어도 48개 문자 모두가 필요한 것은 아니었지만, 그렇게 많은 문자를 포함시킴으로써 이 문자는 중국어뿐만 아니라 몽골어, 위구르어, 티베트어, 산스크리트어와 당시 제국 안에서 사용된 다른 모든 언어를 표기하는 데 적합해졌다. 이 공식 문자는 '인장문자'로 알려졌지만, 그 모양 때문에 이 자모는 흔히 '네모꼴 문자'로 불렸다. 이 새 자모는 몽골제국을 다시 명명하고 그것을 전에 없던 정도로 통합하려는 쿠빌라이의 결의를 보여주었다. 칭기스 칸이 제정한 정통 문자를 고수하는 입장에서 이것은 여전히 그의 통제 밖에 있는 모든 몽골인들에게 준엄한 질책이었고, 중국 왕조의 실질적인 창설과 별개로 쿠빌라이가 다른 몽골 가문을 배제하기 위해 취한 가장 중요한 조치였다.

말의 전쟁에서 이기는 것이 실제 전쟁에서 이기는 것으로 이어지지는 않았다. 명칭과 문자에 집중한 것은 다른 어떤 새로운 현실보다도 쿠빌라이 칸의 꿈에 관해 많은 것을 말해준다. 새로운 제국의 이름과 문자를 뒷받침할 전쟁터에서의 승리와 강력한 군대가 없는 쿠빌라이는 방대한 몽골 황가의 실질적인 동맹과 충성에 영향을 미치는 일을 별로 하지 못했다.

*

이전 금나라 수도 중도의 터에 쿠빌라이도 새로운 제국의 도시를 건설했다. 오늘날 베이징의 베이하이北海('북쪽 바다') 공원 자리다. 1271년에 그는 이 새 도시를 한자어로 대도大都('큰 도시')라고 명명하고 제국의 수도로 삼았다. 그러나 이 도시는 통상적으로 칸발리크Qanbaliq('칸의 도시')로도 불렸다. 수도를 건설하는 공사는 그가 죽을 때까지 계속됐지만, 그는 이제 이전 수도들의 터에 정말로 중국적인 도시들을 갖게 되었다. 쿠빌라이는 상도를 여름용 배도陪都로 삼았고, 대도는 때로 '겨울 수도'로 알려졌지만 쿠빌라이는 이곳을 중국과 전체 몽골제국의 중심 도시로 계획했다.

쿠빌라이는 유병충의 정책 및 행정적 조언에 의존했다. 유병충은 여러 해 전에 유교적 통치 개념을 그에게 알려주었지만, 몽골인 중에 그가 가장 크게 의존했던 사람은 볼라드였다. 이 젊은 법률가에게 쿠빌라이는 반역한 동생 아릭부케의 재판을 맡겼다. 1271년에 쿠빌라이는 여러 가지 혁신적인 정책을 시행했는데, 대개 볼라드가 지휘했다. 두 가지 가장 절박한 문제는 주민들을 먹이는 것과 수로를 개수하고 확장하는 것이었다. 이에 따라 쿠빌라이는 볼라드를 대사농경大司農卿에 임명하고 동시에 도수감都水監을 감독하게 했다. 도수감은 주요 강, 교량, 운하, 도랑, 댐, 선착장, 그리고 이전에 흔히 지방 관리가 통제했던 시설들을 담당하는 곳이었다.[9]

볼라드는 쿠빌라이와 이들 기관 사이의 중개자였지만, 또한 이들을 위한 몽골인 대변자가 되었다. 그는 중국인들의 삶에 대한 지식과 경험을 바탕으로 중국인 동료들의 제안 뒤에 있는 생각과 근거를 설명할 수 있었다. 그는 몽골인이었고 군사 이외의 일에 대해 평생 쿠빌라이의 신임을 받았기 때문에(아마도 쿠빌라이의 아내 차부이를 제외한 그 누구보다도 더 신임을 받았다) 중국을 통치하기 위한 새로운 생각의 이점에 대해 쿠빌라이를 설득할 수 있었다. 볼라드에게는 군사적 업무에서부터 황릉과 궁정 의례에 이르기까지 모든 일을 맡았다. 그는 몽골 역사에 정통하다는 명성이 있어 국가 도서관 문서고를 만들기도 했는데, 이곳은 나중에 《원사》 상당 부분의 기초가 되었다.

볼라드는 군사와 민간 문제에 관한 조사 및 감찰관으로 일하면서 첩보에 깊숙이 관여하게 되었다. 원나라 행정부 내부와 송나라 포로 심문 감독 모두에서였고, 특히 군 장교와 정부 관리들이 대상이었다. 그의 역할은 몽골의 역사를 기록하면서 쿠빌라이가 비밀에 부치고 싶어하는 것을 숨기도록 기록을 검열하는 것 같은 일이었겠지만, 그것은 누구라도 쉽게 할 수 있는 일이었다.

1272년 베이징의 새 수도가 완성되자 쿠빌라이는 유병충과 볼라드의 안내를 통해 이 도시에 먹고살 것을 공급하는 문제와 마주했다. 이 도시에는 관리, 병사, 예술가, 상인 등 많은 주민과 몽골인들이 기르는 막대한 수의 동물들이 있었다. 동물들은 적절한 목초지가 없어 막대한 양의 사료가 필요했다. 임시적인 해법은 유목민들에게 분명했다. 옮겨가는 것이었다. 매년 여름에 쿠빌라이는 궁정, 수만 명의 사람들, 동물들, 많은 양의 정부 문서를 내몽골 평원에 있는 상도로 옮겼다. 그곳에서 그들은 풀을 뜯는 가축 떼에게서 나오는 낙농제품과 고기를 무한정 공급받을 수 있었다. 정부가 북쪽에서 여름을 보내고 있는 동안에 남쪽의 농민들은 이들 높은 분들이 베이징으로 돌아온 이후의 추운 계절 동안 먹고살 수 있도록 농작물을 경작했다. 여름에 쿠빌라이는 스텝의 상도에서 통치했고, 그곳에서 아마도 예케몽골 울루스, 즉 대몽골제국의 대칸으로서 살고 행동했을 것이다.[10] 그러나 한 해의 더 많은 시간을 베이징에서 통치했다. 그곳은 통치의 중심지였고 사원과 궁궐이 있는 중국 한족의 도시였으며, 거기서 그는 중국 황제로서 통치했다.[11]

높은 돌기단 위에 지어진 중국식 목조 궁궐의 분위기는 몽골의 게르 궁정과 상징적인 것을 훨씬 넘어서는 차이가 있다. 게르에서는 소리가 모직 펠트 벽에 흡수돼 약해진다. 공간이 조용하다 보니 궁정의 대화는 사적이고 보다 개인적인 것이 된다. 반면 커다란 목조 궁궐에서 소리는 벽에 부딪혀 되돌아오고 모든 발걸음은 벽돌 타일 바닥에서 울린다. 궁궐은 게르보다 공간이 더 크지만, 궁궐은 소리를 확대하고 대화를 하면 말소리가 울려 퍼지고 당연히 목소리가 높아진다. 공간이 넓으니 많은 사람이 모일 수 있고 의례와 과시의 성격이 강해진다.

게르에서는 양모지羊毛脂, 양의 지방, 시큼한 우유, 달콤하고 순수한 불(풀을 먹는 소와 기타 동물들의 배설물만 연료로 쓴다)의 냄새가 난다. 중국의 궁궐에서는 기름 먹인 나무, 향과 나무에 붙인 불, 때로는 석탄의 매캐한 연기 냄새가 난다. 중국에서 오래 산 뒤에도 몽골인들은 형식적이고 혼잡한 궁궐보다는 게르의 친밀함, 그리고 그들의 칸과 직접 소통하는 느낌을 더 좋아했다. 쿠빌라이는 궁궐을 지었지만 언제나 부근에 게르를 만들어놓고 기분과 상황에 따라 왔다 갔다 했다. 궁궐은 관료, 귀족, 외국인 손님을 만나고 여러 언어가 오가는 공식적인 중국의 세계였다. 게르는 여전히 몽골인의 사적 세계로, 그곳에서는 그들의 언어와 풍습이 지배했다.

*

쿠빌라이가 중국의 황제라는 주장은 더 오래된 송 왕조가 중국에서 가장 중요하고 생산성이 높은 지역을 차지하고 있는 한 공허하게 들렸다. 남송은 여전히 진정한 중국 왕조였고, 몽골이 점령한 고려를 제외하고 주변국들은 쿠빌라이가 아니라 송 황제를 중국의 통치자로 인정했다. 쿠빌라이는 중국 정복을 마무리할 필요가 있었다. 아주는 여전히 한강 가의 쌍둥이 도시 판청과 샹양을 점령하는 일에 집중하고 있었고, 전쟁에서 승리하기 위한 새로운 방법을 끊임없이 찾는 실험을 하고 있었다. 그는 기병처럼 생각하되 말 대신에 배를 이용하는 기발함을 보였다. 몽골의 말들은 몽골 궁수들에게 이동식 사대射臺를 제공했기 때문에 전투에서 효율적이었고, 아주는 이를 자연스럽게, 하지만 훨씬 큰 규모로 차용했다. 선박은 무기를 위한 이동식 사대가 될 수 있었지만, 그저 화살 발사만을 위한 것이 아니었다. 송나라 수군은 적선에 소이탄을 쏘지만 그것은 일종의 경포輕砲였다. 따라서 목선이나 범선을 상대로 싸울 때는 괜찮은 무기였지만, 돌로 쌓은 성에 미치는 영향은 미미했다. 아주는 자기네 배로 적군의 배는 물론이고 도시도 공격할 수 있기를 바랐다. 그러려면 새로운 종류의 중포重砲를 개발할 필요가 있었다.

거대한 성벽이 육지 쪽의 샹양을 보호하고 있었고, 투석기의 투석으로는 한계가 있었다. 재빠른 방어자들은 성벽이 손상되면 곧바로 다시 쌓을 수 있었다. 충성스러운 위구르인인 몽골 지휘관 아릭카야는 강 쪽에서 적을 공격하기 위해 배에 더 강력한 투석기를 탑재해야 한다고 주장했다. 송나라는 강 쪽에서 공격하는 것을 대비하지 않았기 때문에 그쪽의 성벽은 방어가 허술했다. 그러나 이 방법이 성공하려면 몽골에게 중국 기술공들이 만들 수 있는 것보다 더 강력한 투석기가 필요했다. 아릭카야는 아주가 쿠빌라이에게 연락해 일 칸국에서 이슬람교도 기술공들을 불러오도록 청해야 한다고 주장했다. 페르시아에서 훌레구의 아들인 일칸 아바카가 곧바로 삼촌의 요청에 응했다. 그리하여 이스마일과 알라우딘이라는 두 명의 노련한 전쟁 기술공이 6천 킬로미터 떨어진 중국으로 파견되었다.[12]

이슬람교도 기술공들은 금세 도착했고, 1272년이 저물기 전에 80킬로그램 이상의 돌을 발사할 수 있는 거대한 투석기를 만들어 몽골인들의 배에 탑재할 수 있었다. 그런데 이 투석기에서 돌을 발사하려면 물 위에서 안정을 유지할 수 있는 더 크고 더 강력한 배를 만들어야 했다. 중국 기술자들과 이슬람 기술공들이 힘을 모아 배들을 수송선에서 현대 전함의 원형에 해당하는 것으로 개조했다. 이로써 물 위의 목표물과 함께 육상의 목표물도 공격할 수 있게 되었다. 1273년, 아주는 판청의 송나라 보급 기지 성벽을 향해 연습 삼아 거대한 돌로 일제 사격을 가했다. 새로운 초강력 무기로 성벽을 박살낼 능력을 완성한 뒤에 그는 샹양을 공격하기 위해 이동했다.

이 쌍둥이 도시 포위전은 1268년에 시작됐고, 5년 동안 계속되었다. 마침내 식량이 떨어지고 습격과 작은 충돌로 끊임없이 괴롭힘을 당한 끝에, 강의 전함으로부터 뜻밖의 강력하고 어리둥절케 하는 맹공격을 받자 그들의 사기는 확 꺾였다. 불운한 송나라 충신들은 1273년 3월의 어느 봄날에 아주에게 항복했다. 이 쌍둥이 도시를 상대로 한 원정은 몽골의 원정으로서 시작되었지만, 마지막에는 새로운 원 왕조의 결정적인 군사적 승리가 되었다. 몽골 기병과 장교들은 훨씬 큰 중국군의 한 부분일 뿐이었다. 그 중국군에는 많은 한족 병사와 지휘관들, 그리고 다른 여러 민족의 병사와 지휘관들이 포함되어 있었다. 그들이 모여 육군과 수군의 연합체를 형성했다.

아주의 군대는 조직적으로 한강 전체를 장악했다. 그들이 다음 성곽 도시인 잉저우(현재의 중샹鍾祥)에 이르자 그곳에서는 강을 가로질러 거대한 사슬을 쳐놓고 방어하고 있었다. 그들은 긴 포위전으로 시간을 낭비하지 않고 그 주위에 육군을 흩어놓았다. 병사들은 배를 도시 주위의 육상으로 50킬로미터쯤 끌고 가서 당황한 잉저우의 방어자들이 양쪽으로 원나라 땅에 둘러싸이게 만들었다. 잉저우는 고립된 섬이 됐고, 양쪽에 모두 원나라 배가 있었다. 새로이 활기를 찾은 아주의 원나라 군대에 겁을 먹고 자기네 황제 및 수도와의 연결이 끊긴 이 도시는 일주일이 지나기 전에 항복했다.[13] 아주의 육군과 함대는 계속 동진했고, 그다음 달에 남중국 수로의 핵심 연결점인 장강과 한강의 합류점에 도달했다. 이곳에 진출함으로써 원나라 육군과 수군은 이제 유명한 송나라 수도 항저우로 가는 하상 간선로를 직접 통제하게 되었다.

*

샹양에서 거둔 결정적인 승리를 축하하고 송나라에 대한 마지막 공격을 준비하기 위해 쿠빌라이는 제국 조정의 관료들을 재편했다. 이를 위한 움직임의 상당 부분은 차부이 황후와 그 궁정으로부터 왔던 듯하다. 황후의 궁정은 꾸준히 그 영향력을 늘려왔다. 《원사》에는 이렇게 적혀 있다. "쿠빌라이는 차부이를 정의소성순천예문광응황후貞懿昭聖順天睿文光應皇后로 책봉하는 책서冊書와 보새寶璽를 내렸다."14 그는 또한 차부이와의 사이에서는 둘째 아들이자 네 아들 가운데 가장 좋아하는 친킴을 황태자로 공식 책봉했다. 병약했던 맏아들은 이미 죽었기 때문이다.

1243년에 태어난 친킴은 30대로 접어들었고, 차부이는 오랫동안 그의 교육을 상세히 감독했다. 친킴은 전통적인 몽골식 교육을 받아 궁술과 기마술을 익히고 몽골의 이른바 빌리그Bilig(고대 격언)를 암기했다. 그러나 차부이는 친킴이 그의 세대 대부분의 몽골인으로서는 예외적으로 중국의 역사, 유교 철학, 불교 교리에도 깊은 관심을 갖도록 주입시켰다.

차부이는 쿠빌라이의 측근들에게 큰 영향력을 행사했지만, 정치적 정점에 이르자 그 주위에 있던 성공한 남자들의 끈끈한 파벌이 적대적인 두 파로 갈라졌다. 몽골 군인이자 자신의 추종자인 바얀과 재정의 귀재인 대신 아흐마드 파나카티가 각 파벌의 중심이었다. 두 사람은 모두 최근의 군사적 승리에 대해 할 말이 있었다. 바얀은 아주의 도움을 받아 군대를 이끌었고, 아흐마드 파나카티는 그 돈을 댔다. 쿠빌라이가 전쟁에 집중하고 있는 동안 아흐마드는 자신의 방대한 일족의 도움을 받아 효율적인 징세 체계를 구축했다. 마르코 폴로는 그의 아들만도 25명이나 됐다고 주장했다. 실제 숫자가 어떠했든, 그 일족은 방대하고 유능했으며 많은 사업체를 거느리고 경제적 영향력을 발휘했다. 그리고 그 과정에서 아흐마드는 군 상층부, 특히 바얀과 친킴 태자에게 극심한 반감을 샀다.

차부이와 쿠빌라이는 아흐마드의 재정 능력을 인정하고 거기서 이득을 봤겠지만, 라시드웃딘에 따르면 황태자 친킴은 "어느 날 활로 그의 머리를 쳐서 얼굴을 찢어놓을 정도로" 그를 싫어했다. 쿠빌라이가 아흐마드를 보고 물었다. "얼굴이 왜 그 모양인가?" 너무 부끄러웠거나 친킴의 면전에서 진실을 말하기 두려웠던 아흐마드는 말에 차였다고 대답했다. 그러자 충동적이고 버릇없는 친킴 태자는 그에게 소리를 질렀다. "나한테 맞았다고 말하는 것이 부끄러운 게냐?" 그러고는 갑자기 아흐마드에게 달려들어 꽉 쥔 주먹으로 그를 두들겨 패기 시작했다.[15] 쿠빌라이의 반응은 기록되지 않았으나, 아흐마드는 권력을 잃지 않았고 친킴은 황태자 자리를 유지했다. 미묘한 휴전이 그들 사이를 지배했다. 적어도 당분간은 말이다.

당시에 있었고 아마도 아흐마드가 운영하는 소금 전매를 위해 일했을 가능성이 있는 마르코 폴로는 분명한 적의와 당혹스러움을 내비치며 아흐마드에 대해 썼다. 아흐마드를 지원하고 있는 쿠빌라이를 비판하기 싫었던 마르코 폴로는 이 대신이 황제를 홀렸다고 주장했다. "아흐마드는 칸에게 매우 강하게 마법을 걸었기 때문에 칸은 그가 말하는 모든 것을 가장 신뢰하고 의존했다. 이렇게 해서 칸은 아흐마드가 자신에게 원하는 모든 일을 해주었다."[16] 아흐마드의 영향력은 관직 임명, 토지의 처분, 자신에 반대하는 사람들에 대한 형벌(처형도 있었다) 부과로 확대되었다. 마르코 폴로에 따르면 아흐마드가 청하면 쿠빌라이는 으레 이렇게 간단하게 말했다. "네가 좋다고 생각하는 대로 하라." 차부이 황후가 살아 있는 동안에 아흐마드는 안전했다. 쿠빌라이는 황후에게 의문을 제기하거나 반대하는 경우가 거의 없었다.

*

칭기스 칸은 추종자들에게, 확실하게 승리할 수 있을 때만 원정에 나서 전쟁을 벌여야 한다고 가르쳤다. 1274년 봄, 아주는 전선을 떠나 북쪽의 궁정으로 갔다. 거기서 그는 전략상의 쌍둥이 도시를 정복한 뒤이니 남송에 대해 전면전을 선포하고 항저우를 정복하기 위한 마지막 출정을 시작하라고 쿠빌라이에게 권했다.[17] 물론 아주는 그런 공격을 지휘할 준비가 되어 있었다. 송나라를 정복하는 것은 쿠빌라이에게 강박이었고, 진정한 군사적 영광을 위한 마지막 기회였다. 그런 승리가 없다면 그는 북중국의 유목민 통치자의 긴 계보에 나오는 또 한 사람으로서 역사 속으로 사라질 터였다.

아주의 조언이 있고 난 뒤인 1274년 7월 20일, 쿠빌라이는 모든 정부 부서와 나라의 각 부분이 그들의 자원과 정력을 송나라 정벌에 쏟아야 한다는 포고를 내렸다. 그는 이것이 외부의 침략이 아니며 자신은 천명(분명히 원 왕조 편이었다)을 받은 적법한 통치자로서 중국을 통일하고 통치하기 위해 온 것임을 분명히 하려고 애썼다.

쿠빌라이는 몽골의 전통을 자랑하며, 전쟁은 가능한 한 민간인의 인명 피해를 줄이면서 진행돼야 한다고 명령했다. 이것은 실패한 정권을 상대로 한 전쟁이지 남중국 주민들을 상대로 한 전쟁이 아니었다. 육군과 수군에 보내는 메시지에 들어 있는 공식 전쟁 선포를 통해 그는 이렇게 주장했다. "나는 그대들에게 육상과 수상으로 진격해 멀고 가까운 곳에 있는 모든 사람이 알 수 있게 할 것을 명령한다. 적들 가운데 무고한 자는 우리 병사들에 의한 냉혹한 살해나 약탈을 면할 것이다."[18]

몽골인들은 개인의 충성심을 중요시했다. 아마도 그들이 너무도 자주 서로 배신했기 때문일 것이다. 쿠빌라이는 누구도 완전히 믿지 않았다. 그는 한동안 특정 개인을 총애했지만 그들이 너무 강력해지고 너무 많은 것을 이루고 너무 유명해지면 그들에게 제약을 가하는 경향이 있었다. 언제나 그들에게 맞설 만한 경쟁자를 붙이는 방식이었다. 그의 병적인 의심은 흔히 군인들을 목표로 삼았다. 아주의 경우도 그랬던 것 같다.

1274년에 쿠빌라이는 바얀을 10만 명에 달하는 남방 몽골군의 총사령관으로 임명했다. 육군과 수군을 모두 지휘하는 자리였다.《원사》에서는 쿠빌라이가 분명하게 "지휘의 통일성 결여"를 극복하기 위해 그를 임명했다고 설명한다. 그 분열은 육군을 약화시키고 이에 따라 원나라의 통치를 위협할 수 있었다. 바얀은 그의 명령에 복종해야 하는 부하들에 대해 완전한 통제권을 가지고 있었다.[19] 이는 몽골 장교들을 억제하기 위한 우회적인 말이었다. 전쟁영웅 아주는 바얀의 부지휘자가 되었다. 쿠빌라이는 아주의 전투 방침을 받아들였지만, 이 몽골 노병을 덜 신뢰하게 되었다. 칭기스 칸은 성과를 중시하고 그가 가장 신뢰하는 친구들의 씨족, 언어, 종교, 성별은 그다지 고려하지 않았다. 그러나 중국 문화는 전통을 강조했다. 쿠빌라이 칸이 몽골인들을 중국 사회에 문화적으로 통합시키려 노력하면서 갈수록 가문이 한 사람의 미래를 결정했다. 아주의 우량카이 씨족은 몽골 정복의 가장 용감한 전사들을 배출했지만, 세 세대에 걸친 혁혁한 복무 이후에도 그 자손들은 추적의 땀과 삼림 출신의 냄새를 유지했다. 반면에 바얀의 바아린부는 군사적 공적은 덜하지만 보다 순수하고 더 명성이 있는 가문이어서 바얀은 황후의 집안과 혼인했다. 바얀은 새로운 몽골인, 국제적인 몽골인, 중국의 몽골인이었다. 그에게 송과의 전쟁을 이끌게 하는 것은 동요하는 송나라 충신들의 이탈을 촉진하거나, 아니면 적어도 새로운 원 왕조의 통치 가능성에 대해 좀더 수용적이게 할 수 있었다.

바얀은 또한 궁정 안에서 자기들 가운데 누군가가 군대를 지휘하는 것을 보고 싶어하는 고위 관료들에게 지지를 받았다. 그는 몽골인이었지만, 더 폭넓은 세계관을 갖고 있었고 정말로 몽골에서 산 적이 없었다. 전투는 전쟁의 한 부분일 뿐이었고, 그들이 보기에 때로 가장 덜 중요한 부분이었다. 전쟁은 또한 사업이었다. 부패는 평화 시에도 번성했지만, 전쟁 때는 그야말로 꽃을 피웠다. 전쟁에는 방대한 양의 물품 판매와 구매, 살 수 없는 것에 대한 징발, 누가 죽고 누가 살아야 하는지를 결정할 수 있는 권한이 따른다. 그런 방대한 재정 자원과 인적 자원이 움직이면서 궁정의 대신들은 가족과 지지자들을 통해 편익과 이득을 취하고 비용과 짐을 남들에게 전가할 기회를 이용했다. 이것은 한 군인의 손에 맡기기에는 너무도 엄중한 문제였고, 아주는 전쟁터에서 놀라운 성공을 거두었음에도 불구하고 멀리 있는 조정 신하들이 보기에는 일개 군인일 뿐이었다.

*

송나라를 상대로 한 결정적인 마지막 공격의 오랜 준비 기간 중이었던 1270년대 초에 폴로 형제 니콜로Niccolo와 마페오Maffeo는 마침내 육로로 상도의 몽골 궁정에 도착했다. 예루살렘에서 성유聖油를 가져오고 쿠빌라이 칸에게 보내는 교황의 편지도 가져왔다.[20] 10년 전 그들이 처음 중국에 왔을 때 대칸은 그들에게 기독교 서방에서 학식이 있는 사람 100명을 데리고 다시 오라고 요청했다. 그러나 그들이 데리고 온 것은 니콜로의 아들 마르코 한 사람이었다. 그는 3년 전에 출발할 때는 열일곱 살의 젊은이였고 그사이에 많이 변하기는 했지만, 미숙하고 경험이 없었다. 그는 날카로운 관찰자이기는 했지만, 때로 자신이 들은 말이나 그저 믿고 싶은 것에 속기도 했다. 마르코 폴로는 책에서 바얀을 과도하게 찬양했으며, 승리의 공을 그에게 돌리고 아주는 무시했다. 그가 둘 중 누군가를 만났음을 가리키는 증거는 없지만, 그가 제공한 정보와 관점에는 아마도 궁정의 전반적인 정서가 반영되었을 것이다.

아주는 아버지나 할아버지가 이전에 그랬던 것처럼 복종을 하고 자신에게 주어진 책임을 부지런히 이행했다. 거기에 동의하든 동의하지 않든 마찬가지였다. 그의 헌신은 흔들린 적이 없었다. 군 최고위직을 둘러싼 경쟁심을 이겨내고 바얀과 아주는 모두 평생 동안 쿠빌라이 칸에 대한 철저한 충성심을 버리지 않았다. 아마도 더욱 놀라운 일이겠지만, 그들은 함께 일했고 서로를 존중했으며 진정한 우정을 쌓았던 듯하다. 그들은 고결한 남자들이었다.

*

항저우의 송나라 조정은 베이징에서 일어나는 일 또는 서쪽 전초기지에서 일어난 일(아주와 바얀이 그곳을 점령했다)에 관심이 없었던 것 같다. 관리들은 분명히 그 상실을 황제에게 알리지 않았다. 도종 황제는 이 세계에서 자신의 자리를 찾지 못한 사람으로 유명했다. 심지어 그의 어머니조차 그를 원치 않았다고 한다. 그를 임신했을 때 어머니는 낙태시키기 위해 약을 먹었다고 하는데, 성공하지는 못했다.[21] 그는 신체적·정서적 결함으로 고생했다. 손발이 약했고, 이마에 큰 혹이 자랐다. 때로 그는 아랫사람을 자기 뜻대로 하기 위해 울었으며, 대체로 국사를 돌보지 않았다. 도종은 비록 '바보 황제'로 불렸지만 그럼에도 불구하고 남중국의 통치자였으며, 막대한 권력을 행사했다. 다만 그것을 현명하게 사용할 능력은 없는 것으로 드러났다.[22]

1280년대 항저우가 쿠빌라이의 손에 들어온 뒤 그곳을 자주 드나들었던 마르코 폴로는 이렇게 썼다.

그의 나라 사람들은 전사라고 할 수는 없었다. 그들의 모든 즐거움은 여자에게 있었고, 여자 외에는 없었다. 그리고 그것은 누구보다도 왕 자신이 그랬다. 그는 여자 이외에는 아무것도 생각하지 않았기 때문이다.

송나라 궁정을 직접 경험해보지 못했던 마르코 폴로는 원나라 정부에 있는 정보원에게서 이야기를 수집했다. 틀림없이 편견을 가진 사람들이었을 것이다. 그는 이 황제가 동물, 새, 꽃, 아름다운 나무를 갖춘 공원의 서호西湖 주변에서 빈둥거리는 것을 얼마나 좋아했는지를 묘사했다.

여기서 왕은 소녀들과 함께 즐기곤 했다. 일부는 수레를 타고 일부는 말을 탔다. 남자들은 들어올 수 없었다. 때로 왕은 소녀들에게 개와 함께 사냥감을 쫓게 했고, 그들이 지치면 호수에 튀어나온 작은 숲으로 들어가 거기에 옷을 벗어놓고 알몸으로 나와서 물에 들어가 이리저리 헤엄을 쳤다. 그런 모습을 보는 것이 왕의 즐거움이었다. 그런 뒤에 모두가 집으로 돌아갔다. 때로 왕은 키 큰 나무가 빽빽이 들어찬 그 작은 숲에서 식사를 하며, 거기서 그 젊은 여자들의 시중을 받았다. 이렇게 그는 여자들과의 끊임없는 빈둥거림 속에서 나날을 보내느라 무기가 무엇인지는 알 턱이 없다! 그리고 이 모든 비겁함과 나약함의 결과로 자신의 영토를 대칸에게 빼앗겼던 것이다. 알려진 대로 저열하고 수치스러운 방식으로 말이다.

중국 사료들은 서호에서 제공된 즐거움에는 동의했으나 황제에게 좀더 온정적이었고, 허물은 가사도賈似道에게 돌렸다. 송나라 정사에 따르면 가사도의 누이는 그의 백부(나중에 양아버지가 된 이종理宗 황제)가 총애한 후궁이었다. 식자 문인들 사이의 비판자들이 말했듯이 호수 매음굴의 여자들에게 만족하지 못한 도종은 선황제 후궁의 여성들을 범했다.

마르코 폴로는 이렇게 설명했다. "누구든 여자들과 즐기고 싶거나 동성끼리 잔치를 열고 싶으면 이런 거룻배 하나를 빌린다. 그 배에는 언제나 식탁과 의자, 그리고 잔치를 위한 모든 도구가 완벽하게 갖추어져 있다." 마르코 폴로가 이야기한 세부 사항을 보면 그는 이 사랑의 배에 대해 잘 알고 있었던 듯하다.

지붕은 평평한 갑판이 되고 그 위에 승무원들이 서 있으며, 장대로 배를 밀어 어디든 원하는 곳으로 간다. 호수의 깊이가 1.5미터를 넘지 않기 때문이다. 이 지붕 안쪽과 내부의 다른 부분들은 화려한 색깔의 장식 그림으로 뒤덮여 있다. 곳곳에 난 창은 닫거나 열 수 있는데, 탁자에 있는 사람들이 배가 나아가면서 양쪽의 아름답고 다양한 경치를 즐길 수 있게 하기 위한 것이다. 그리고 정말로 이 호수에서의 여행은

육상에서 즐길 수 있는 것에 비해 더 매력적인 오락이다.[23]

10년 동안에 몽골은 더욱 강해지고 그들의 전술은 더욱 정교해졌다. 반면에 도종 황제는 자신의 책임을 방기했다. 그의 대신들은 관직을 유지하기 위해 어리숙한 황제를 협잡과 거짓말로 속였다. 황제는 자기네 군대가 아주에게 어떻게 패했는지 상세히 알지 못했고, 몽골이 자기네 서쪽 변방을 할퀴고 있다는 말을 듣지 못했다. 그런 정보는 여전히 가사도에 의해 차단되고 있었다. 당대의 자료들을 믿을 수 있다면 가사도는 황제보다 더 타락하고 부패한 사람이었다.

도종은 북쪽에서 큰 폭풍우가 다가오고 있는 줄도 모르고 계속해서 인생을 즐기고 있었다.

원 왕조(1279~1368)

11장

일본 앞바다의 혼돈

> 대몽골제국이 온 세상을 뒤덮을 것이오.
> ― 쿠빌라이 칸, 1266

남쪽을 에워싸고 고립시키기 위한 쿠빌라이의 계획은 한 가지 성가신 딜레마에 빠졌다. 송나라와 그 오랜 무역 상대인 일본의 연계를 어떻게 끊을 것인가였다. 배들은 화물을 나르고 상인과 승려 순례자들은 일본과 남중국 사이를 왕래했지만, 공식적으로 고립을 지향하는 일본의 바람에 따라 두 나라는 공식 외교 관계를 맺지 않았다. 송나라는 자기, 비단, 비금속卑金屬, 향신료를 일본에 수출했고, 대신 금, 모피, 수은, 말을 들여왔다.[1] 일본은 예술, 문학, 기술, 종교 분야에서 중국으로부터 자극을 기대했지만, 북쪽에 자기네의 중국 왕국을 수립했다고 주장하는 몽골 유목민은 비슷한 존경을 얻지 못했다.

일본과의 무역이 상당히 중요해지자 송나라 황제는 외국 상품에 대한 세율을 기존의 50퍼센트에서 5퍼센트로 낮췄다.[2] 1258년 닝보 항구에서 근무하던 송나라 관리 오잠吳潛은 가장 수요가 많은 일본 수출품은 유황과 목재라고 보고했다. 유황은 중국 제조업의 여러 공정에서 필요했으며, 가장 대표적인 것이 화약 제조였다. 금나라가 송나라를 몰아냈을 때 달아난 왕조는 카이펑 근처의 소중한 유황 생산 시설을 잃었고, 따라서 그들 군대의 힘은 일본과의 무역에 달려 있었다.[3] 송나라는 화약 사용에 관한 경험이 몽골보다 더 많았지만, 쿠빌라이는 남중국을 일본에서 떼어놓아 유황의 수입을 끊을 수 있다면 그들의 이점을 극복할 수 있다고 결론지었다. 또한 일본이 송 황제의 도시 항저우와 가장 가까운 외국이기 때문에 송 조정과 수군이 일본으로 달아나서 피난처를 찾아 망명 정권을 수립할 위험성도 있었다.

*

쿠빌라이 칸은 일본을 강제로 무력화하는 것이 최선의 행동 방침이라고 생각했다. 최근의 하천 전투에서 보여준 몽골의 진전을 감안하면 일본에 승리를 거두는 데 오래 걸리지 않으리라고 상상할 만했다. 일본은 이전에 함대의 침략을 당한 적이 없었고, 따라서 그 섬들을 방어할 전문적인 수군도 없었다. 성가신 일본 해적 무리가 해안을 오가는 것을 볼 수 있겠지만, 그들은 몽골의 공격을 방해할 힘과 조직을 갖추지 못하고 있었다(또는 그렇게 보였다).

1260년대 말에 잇단 서신과 사절 왕래를 통해 쿠빌라이와 그 동맹국 고려는 일본 침략을 위한 계획을 세웠다. 1266년 쿠빌라이는 일본 군주에게 편지를 썼다. 쿠빌라이는 그를 왕으로 인정했지만 황제로 인정하지는 않았다. 그는 이렇게 주장했다. "우리가 서로 존중하고 우호적인 관계를 맺는 것이 우리의 바람이오. 성인께서는 사해 안의 모두는 한 가족이라고 말씀하셨기 때문이오. 몽골의 권부는 그대에게 호의적인 생각을 갖고 있고, 그대와 우호적인 교류를 시작하기를 원하오. 우리는 그대의 복종을 원하는 것은 아니지만, 그대가 우리의 보호를 받아들인다면 대몽골제국이 온 세상을 뒤덮을 것이오."⁴ 쿠빌라이는 이렇게 정중하게 시작했지만, 조급증을 숨기지 않았다. "서로 존중하지 않는다면 우리가 어떻게 한 가족이 될 수 있겠소? 우리가 무기에 의존한다면 우리가 어떻게 친구가 될 수 있겠소?"⁵

칭기스 칸의 시대 이래 몽골 칸들은 다른 군주들을 '한 가족'으로 통합된 자기네 아들들이라고 불렀다. 그들을 몽골의 가신으로 삼은 것이다. 그는 편지에서 이 종속 관계에 대해 이렇게 강조했다. "우리의 관계는 아버지와 아들처럼 책봉 관계요. 우리는 그대가 이미 이를 알고 있으리라 생각하오." 고려 왕 또한 쿠빌라이의 말과 비슷한 편지를 보내고, 몽골 통치의 이득을 강조했다.⁶

쿠빌라이는 몽골제국에 들어오는 속국의 자발적 복속을 위한 잘 확립된 절차를 따랐다. 속국의 군주는 몽골 궁정에 와서 황제에게 책봉을 받아야 했다. 그는 아들 하나 또는 다른 가까운 남성 친척을 몽골 궁정에 보내 그들 사이의 끈으로 남겨두어 몽골의 법과 절차를 배우게 해야 했다. 속국은 또한 몽골이 임명한 감독관인 다루가치를 받아들여야 했다. 마지막으로 속국은 인구, 동물, 자산에 대한 정기적인 조사를 실시해야 하고, 요구하면 병사를 공급해야 하고, 몽골 역참 제도를 지원하며 세금을 내야 했다.⁷

이 마지막 요구는 쿠빌라이가 몽골의 오르토(잠)라는 통신 및 무역 체계를 육상에서 바다로 확장하려 했음을 보여주는 확실한 첫 증거다. 쿠빌라이는 몽골의 수도를 베이징으로 옮긴 뒤 오르토 역마의 연결망을 중국 서부를 통과해 새 수도에 이르도록 확대했다. 몽골을 가로지르는 것에 비해 보다 직접적인 경로였다.⁸ 그러나 그는 자신이 이 연결망을 바다 건너로 확장한다면 더 나은 경로가 될 수 있음을

11장 일본 앞바다의 혼돈   167

인식했다. 쿠빌라이 칸은 몽골의 말 대신에 중국의 배를 이용해 자기 할아버지의 오르토를 육지에서 바다로 확장해 방대한 통신 및 상업 체계를 만들 계획이었다. 그 비슷한 것은 이제까지 없었다.

일본은 쿠빌라이의 요구 중 어느 것도 받아들일 수 없었다. 그들은 사절 접견을 거부하고 다섯 달 동안이나 박대를 한 끝에 그들을 빈손으로 돌려보냈다. 사절들이 계속해서 고려와 일본을 향해 바다를 건너가 쿠빌라이의 평화에 대한 희망을 강조하고 종교에 호소했다. 다만 후과에 대한 위협도 빼놓지 않았다. 1270년의 서신에서 쿠빌라이는 이렇게 썼다. "이유 없이 군사력을 사용하는 것은 유교와 불교의 가르침에 어긋나오. 일본은 신들의 땅이기 때문이오. 우리는 힘을 동원해 싸울 생각이 없소."9

몽골의 공식 역사는 일본에 대한 이 끈질기고 잦은 사절 파견을 전쟁을 피하고 평화로 가는 길을 찾기 위한 총체적인 노력으로 묘사하지만, 몽골 대표단은 또한 정탐꾼 역할을 해서 가능할 때는 정보를 수집했다. 그들은 평화의 말을 가지고 왔지만 동시에 전쟁을 준비했다. 일본인들은 이를 알았고 그들을 가능한 한 왕궁에서 먼 해안에 잡아두려 했지만, 거기서조차 그들은 중요한 정보를 수집해냈다.10

쿠빌라이는 외교적 협상가도 아니었고, 인내심이 많지도 않았다. 그는 명령을 내리고 상대를 복종시키는 데 익숙했다. 그는 일본과 평화로운 관계를 맺고 무역을 하고자 했지만, 일본은 이를 강력하게 거부했다. 그가 아는 유일한 다른 접근법은 무력 사용이었다.

이제 혼인 관계를 통해 몽골에 밀착한 충성스러운 고려 조정은 침략을 부추겼다. 몽골의 지배가 고려의 영향력을 강화하고 스스로 일본을 식민 지배할 수 있으리라고 예견한 것이다. 1269년(이는 고려 사료의 연도이고, 중국 사료에서는 1271년이다), 배가 난파해 일본으로 갔다가 도망쳐 온 한 고려인이 일본에서 고려 또는 중국을 침략하기 위해 함대를 만들고 있다는 소식을 가지고 왔다. 그것은 근거가 없는 취약한 주장이었지만, 고려는 이를 이용해 쿠빌라이의 의심 많은 성격을 부추겼다. 일본어를 아는 또다른 고려인은 일본을 공격해 빠르게 그들을 제압할 수 있는 비밀 경로를 안다고 주장했다. 쿠빌라이는 자신이 이미 하고자 하는 것을 정당화할 증거가 많이 필요하지 않았다.

새로운 원나라 황제에게 조언하는 신중한 중국인 관리들은 침략에 반대했다. 그들은 공자의 가르침으로 엄격한 훈련을 받은 사람들이었고, 공자의 저작은 중국인의 삶에서 도덕적·정치적 기반을 형성했다. 그리고 유학자들은 사회의 조화를 최고의 목표로 중시하는 엄격한 합리주의자들이었다. 중국인 조언자들은 반란자나 범죄 집단을 억제하기 위한 전쟁의 필요성을 인정하면서도 외국 침략은 대체로 반대했다. 특히 유교 사상이 이미 뿌리를 내린 나라들을 침략하는 것은 더욱 그러했다. 그러나 쿠빌라이는 그의 조언자 누구도 전적으로 신뢰하지는 않았고, 몽골의 통치에 대한 그들의 충성심에 의구심을 품었다. 일본 침공을 줄곧 반대했던 쿠빌라이의 중국인 조언자 중 한 사람은 이렇게 말했다.

지금 우리는 송나라를 상대로 토벌전을 벌이고 있고, 우리의 모든 힘을 거기에 쏟아야 합니다. 우리가 우리 힘을 분산시키면 동이東夷(일본)를 상대로 한 전쟁은 질질 끌게 될 것이고, 결국 승리를 얻기 어려울 것입니다. 우리가 송나라를 쳐부순 뒤에 그들을 쓸어버려도 너무 늦지는 않을 것입니다.[11]

일본에 평화 사절단을 보낸 것은 쿠빌라이가 선박을 건조하고 고려, 여진, 중국인 병사들로 이루어진 특수부대를 소집하는 동안 양동작전 노릇을 했다. 징집병들이 먼 삼림에서 벌목을 하고 조선소까지 보내기 위해 갈수록 먼 거리를 수송했다. 2년 뒤에 쿠빌라이는 3만 500명의 목수와 기타 기술공들을 뽑아 송나라 수군의 가장 강한 배와 맞먹는 배들을 만들게 했다. 쿠빌라이는 일본을 침공하기 위한 준비를 체계적으로 진행했다. 우선 그의 관심을 류큐제도로 돌렸다. 일본의 남쪽 끝에서부터 거의 타이완까지 뻗쳐 있는 작은 섬들의 긴 사슬이다. 그중 가장 큰 섬인 오키나와는 긴 활의 한가운데 있고, 중국 본토에서 약 500킬로미터 떨어져 있다. 오키나와에서 도쿄까지 가는 해로는 약 1600킬로미터로, 이는 상하이까지 가는 거리의 거의 두 배다. 섬사람들은 중국 본토와 상업적으로는 연결되어 있었지만, 중국의 종교·언어·문화는 거부했다. 고려와 일본에서 대부분의 사람들이 한 것보다 더 심했다.[12]

*

몽골인들에게 오키나와의 중요성은 항저우 동남쪽의 전략적 요충지라는 데 있었다. 류큐제도의 작은 왕국들과의 동맹은 남중국과 일본 사이의 무역을 통제하는 잠재적 기반을 제공할 수 있었다. 또한 침략을 위한 기지도 될 수 있었다. 그러나 몽골 수군은 망망대해 건너 그렇게 멀리 남쪽에 있는 곳까지 복속을 강요할 만큼 강하지 않았다.

쿠빌라이는 고려의 마지막 거점이었던 탐라도(또는 탐라 왕국)에서 더 나은 성공을 거두었다. 오늘날 인기 있는 휴양지로 잘 알려진 제주도다. 가장 가까운 육지에서 약 80킬로미터 떨어진 탐라는 몽골의 항해 능력에 도전했지만, 1273년에 몽골에게 정복되었다. 몽골군에 저항했던 고려의 마지막 부분이었다. 탐라는 몽골 원 왕조의 첫 해외 영토였고,[13] 일본으로 가는 그들의 계획 경로에서 중요한 연결점이 되었다.

탐라를 확보하자 쿠빌라이는 이미 괴롭힘을 당하고 지친 고려의 선박 건조자들을 더욱 압박했다.[14] 몇 년 뒤에 이 노력을 되돌아보며 그의 최고위 대신 가운데 한 사람은 쿠빌라이에게 보낸 편지에서 이 상황을 이렇게 묘사했다.

해마다 일본을 정복하기 위한 폐하의 원정군이 늘어나고 있습니다. 심지어 부상자도 명부에 올라야 합니다. 온 세계는 비탄과 불안으로 죽어가고 있습니다. 모든 계층의 사람들이 자기네 일과 직업을 떠나야 합니다. 가난한 사람들이 자기네 아이들을 돌보지 못하고 스스로 알아서 살게 해야 합니다. 부자들은 전쟁에 보태기 위해 전 재산을 처분합니다. 하루하루 슬픔에 슬픔이 더해집니다.[15]

고려에 새 선박을 건조하도록 쾌치는 것은 자기, 비단, 종이 생산을 늘리라고 주문하는 것보다 더 복잡한 일임이 드러났다.[16] 고려의 배 목수들은 전통적으로 연안 교역을 위한 배를 건조해왔기 때문에 병사, 말, 군수품을 공해를 건너 수송하는 배를 만드는 일과는 거리가 멀었다. 더구나 전함으로 쓸 수는 없었다. 몽골인들은 광활한 유라시아 스텝에서 싸우는 데 익숙했다. 그곳에서는 같은 전술과 장비로 헝가리 푸스터, 카자흐 달라시, 우즈베키스탄 미르자콜에서 똑같이 성공을 거두었다. 대양은 커다란 물의 스텝처럼 보였기 때문에 다른 목적을 위해서는 다른 종류의 배를 설계해야 한다는 생각을 하지 못했다.

아주는 거대한 장강을 운항할 수 있는 강배 건조를 감독했지만, 바얀이나 아주 모두 해상 전투에 대해서는 잘 알지 못했다. 아주는 사람과 기술을 통합하는 데 노련했다. 중국의 포위전 장비, 이슬람 세계의 투석기, 동로마의 휘발유, 유럽의 금속 주조 같은 것들이었다. 쿠빌라이 역시 제국 전역의 기술과 물자에 의존하고 이미 존재하는 가장 좋은 것들을 조합해 새롭고 우수한 무언가를 만들어내기를 좋아했다. 그러나 때로 이런 융합은 해법이 되기보다는 문제를 만들어내기도 했다. 어제의 혁신 전략이 오늘의 함정이 되었다.

쿠빌라이가 어떻게 할 것인지에 대한 분명한 계획 없이 빨리 나아가라고 휘하를 재촉한 결과는 형편없는 결정들의 뒤범벅이었다. 쿠빌라이는 원양 선박을 위한 최선의 모형은 송나라의 선박이라는 결론을 내렸지만, 고려의 선박 기술자들은 자기네의 들쭉날쭉한 해안선과 방심할 수 없는 바다에 적합한 배를 만드는 데 익숙했다. 비슷한 문제는 선원을 구하는 데서도 나타났다. 강배 사공은 바다에서 배를 몰 수 없었고, 언어 장벽은 압박을 덜 받는 상황에서는 통역으로 쉽게 해소되었지만 위기가 닥쳐 소란스러운 때는 극복하기가 어려웠다. 당연한 일이지만 혼란이 계속 이어졌다.

*

쿠빌라이는 몽골 수군의 강력함에 송 제국 관리들이 감명을 받거나 겁을 먹기를 바랐는지 모르지만, 모든 사람이 그것을 주시하고 있었는지는 분명하지 않다. 송나라 조정은 또다른 내부의 문제에 붙잡혀 있었다. 도종 황제는 10년 동안 재위했고 서른네 살이었다. 그러나 이제 죽음을 앞두고 그를 둘러싼 음모가 격화되고 있었다. 송나라 조정은 몽골과 일본의 전쟁에서 누가 이길 것이냐보다는 누가 새 황제가 될 것이냐에 더 관심이 있었다. 구태여 몽골의 위협을 조금이라도 생각했다면 그들은 아마도 이미 사라졌다고 생각하고 안도했을 것이다. 쿠빌라이의 관심이 일본으로 옮겨갔기 때문이다.

1274년 8월, 쿠빌라이가 일본 공격을 위해 몽골 함대를 출발시키던 그때에 도종 황제가 죽었다. 도종의 네 살짜리 아들 공제恭帝가 즉위하자 인기 없는 평장군국중사平章軍國重事 가사도는 자신의 입지가 허약함을 깨달았다. 송나라 역사의 가장 결정적인 순간에 황제가 방탕한 바보에서 어린아이로 바뀌었다.

도종 황제가 죽은 뒤 내부 투쟁이 일어나고 송 조정의 복잡한 구조가 더욱 복잡해졌다. 태황태후 사씨謝氏가 떠올라 가사도를 제압하고 네 살짜리 황제 공제의 섭정이 되었다. 사 태후는 송나라 열한 번째 황제 효종孝宗의 황후였던 사 태후와는 다른 인물로, 이름이 도청道淸이고 열네 번째 황제 이종의 부인이었다. 사 태후가 공식 섭정이자 국가의 보호자로 떠오르면서 아이 황제의 어머니인 전소 황후는 그의 개인적 보호자 역할을 계속했다. 두 황태후는 관계가 애매했지만 모두 왕조와 그들이 통제하고 있는 아이에게 확고한 충성심을 유지했다.

이것은 놀라운 권력 복귀였다. 사 태후는 아이 황제의 할아버지 이종(1224년부터 1264년까지 40년 동안 길지만 무익한 재위를 했다)과 혼인했다. 피부가 검고 한쪽 눈이 멀었다는 사 태후는 '사추謝醜'라는 별명으로 놀림을 당했다. 여성이 아름다움, 음악적 재능, 아들을 낳는 능력으로 평가받는 궁궐에서 사씨는 학식은 있지만 저 세 가지 특성 모두를 갖추지 못했다. 그러나 세련된 감각은 그런 편견을 넘어 떠오를 수 있게 해주었다. 이종이 죽기 전의 사 황후는 남편의 방종한 행실을 괘념치 않고 드문 정신적 아량을 발휘해 그의 후궁 및 연인들과 교류하며 아낌없는 친절을 베풀고 그들의 신뢰를 얻었다. 사씨는 궁궐의 여러 영향력 있는 남녀들에게 존중을 받았다. 이종 황제의 양모인 양楊 태후도 그중 한 명이었다.

이 약한 남성들의 시대에 몇몇 강력하고 단호한 여성들이 정권을 안정시키는 데 도움이 되었다. 사 태후의 권위 아래 이전에 황제 배후의 기획자였던 가사도(그는 원나라의 승리를 비밀에 부치기 위해 조정에 거짓말을 했다)는 기만적인 무능을 이유로 체포되고 유배 중에 알 수 없는 이유로 죽었다. 사 태후는 몽골을 물리치지 못한 몇몇 관리를 참수하면서 썩어가는 송나라 조정에서 자신의 지배권을 강화했고, 송나라에 다시 활력을 불어넣어 그들을 승리로 이끌 여성으로서 단호한 태도를 보여주었다. 그러나 영웅적인 행동의 시대는 지나갔다.

한편 다른 송나라 장수들은 수군을 개선하기 위해 애썼다. 현대의 관찰자에게 선원과 장교를 훈련시키는 것은 당연한 상식처럼 보이지만, 당시 수군을 충원하기 위한 전통적인 접근법은 달랐다. 송나라 관리들은 아무런 추가적인 훈련 없이 선원들을 병역에 징집했다. 더욱 좋지 않은 것은 전통적인 고위 관료를 군 사령관과 고위 장교로 임명하는 관행이었다. 철학, 시, 서예를 훈련받은 학자를 선발하는 것이다.[17] 송나라 지휘관들은 학교와 시험에서 자기 능력을 입증했지만, 원나라 장교들은 전투(육상과 수상 양쪽의)에서 자기 능력을 입증했다. 그 차이는 엄중한 결과로 이어진다.

*

오늘날 쿠빌라이 칸의 일본 침공에 관해 알려진 이야기는 주로 한 세기 뒤인 1370년의 기록에서 나온 것이다. 명 왕조가 원나라를 무너뜨린 이후다. 명나라 학자들은 흔히 몽골의 승리를 축소하고 그들의 손실을 과장했다. 따라서 침공에 대한 그들의 평가에서 수치와 세부 사항의 정확성에 대해서는 판단하기 어렵다. 이들 기록에 따르면 900척의 배가 2만 5천에서 3만 명 사이의 중국인 및 고려인 병사들을 싣고 몽골 장교들의 지휘 아래 일본을 향해 출발했다.

일본 자료들은 좀더 의존할 만하다. 생존자들이 자기네가 겪었던 일에 관한 긴 보고를(때로 그림을 곁들여) 정리했기 때문이다.[18] 이들과 사건 조금 후에 쓰인 다른 일본 문서들은 훨씬 작은 수치를 제시한다.[19] 그 추정에 따르면 몽골 원정군이 3천 명이었고, 일본의 병력은 그보다 조금 많았다. 현대의 고고학 발굴에서 확인되는 수치다. 원나라 군대는 일본의 강력한 저항을 예상하지 못했던 듯하며, 이 분열되고 조직화되지 않은 섬 공동체들이 어느 정도나 싸움에 나설지에 관해 오판을 했다. 그들은 일본이 겁을 먹어 이전 사절단의 요구에 동의하고 쿠빌라이에게 조공을 바치는 속국으로 복속할 것이라고 생각해 섬을 정복하기에 충분한 병력을 데려오지 않았다. 극적인 무력시위는 일본을 정복하기에 충분하지 않았고, 이제 원나라는 장기전을 벌일 준비가 되어 있지 않았다.

고려의 배들은 190킬로미터를 항해했고, 중국의 배들은 770킬로미터를 갔다. 이 군대는 상륙한 뒤에 전투에서 활기를 보여주지 못했던 듯하다. 일본 기록에 따르면 그들은 작은 충돌에서 승리한 뒤 통상적인 몽골의 방식대로 추격을 하지 않았다. 심지어 때로는 공격을 중지하고 철수해 몇 주씩 휴식했다. 그런 철수에 일본의 방어군은 당혹했고, 작전의 다른 이상하고 부적절해 보이는 구석들도 마찬가지였다.

처음에 일본의 작은 섬들을 점령하고 군대를 제압하는 데 성공했음에도 불구하고 상륙 작전은 쉽지 않음이 드러났다. 몽골 침략군은 전투를 해상에서 육상으로 옮기는 데 애를 먹었다. 외국 장교들에 대한 충성심에 한계가 있는 고려 전사들은 고국을 지키려는 일본의 결연한 저항을 뚫지 못했다. 마르코 폴로는 이렇게 말했다. "(몽골군은) 상륙해서 툭 트인 시골과 마을들을 점령했지만, 어떤 도시 또는 성곽도 차지하는 데 실패했다."[20] 그들은 해안에 닿았을 때 다음으로 무엇을 해야 할지를 도무지 몰랐다. 그렇게 분열되고 생각이 없는 침략군이 일본을 격파할 수는 없었다.

아주가 남중국과의 하천 전투를 위해 개발한 정교한 전술은 공해에서의 싸움에는 잘 응용되지 않았다. 폭약은 엄중한 방어막이 쳐진 중국 강변 도시들의 방어 구조물을 파괴하는 데는 매우 효과적이었지만, 수류탄, 폭탄, 소이전燒夷箭이 해변을 향해 발사됐을 때 전술적 가치는 그다지 없었다. 일본 전사들과 그 말들에게 신기하고 두렵기는 했겠지만 말이다.

일본인들이 중국인 지휘관 유복형劉復亨에게 심각한 부상을 입히자 몽골군은 자기네 배로 철수했다. 1274년 11월 6일의 날씨 기록을 보면 계절에 맞지 않는 '역풍'이 동북쪽에서 불어왔다. 통상적으로 태풍이 불어오는 것과 반대 방향이었다. 몽골인들은 이 하늘이 준 기회를 붙잡아 다친 지휘관을 급히 실은 뒤 배를 타고 떠났다. 바람이 등 뒤에서 불고 있었다.

나중에 일본으로 망명하는 중국인 승려 무학조원無學祖元은 이 전투 얼마 뒤 남송에 쳐들어온 몽골인들과 마주쳤을 때 시를 한 수 지었다. 그들을 필요한 영적 훈련을 받지 못한, 사납고 위험한 적으로 묘사하는 시였다.

> 진중하라, 대원大元의 삼척검三尺劍이여
> 빛의 그늘에서 봄바람을 자르는구나.[21]

그러나 그들의 군사력에도 불구하고 그들은 '다르마(법法)가 없는' 민족이었다.

닭을 죽여 원숭이를 경계하는 살계경후殺鷄儆猴의 옛 전술은 닭이 죽지 않으면 실패한다. 일본은 정복되지 않았고, 송나라는 겁을 먹지 않았다. 나중에 명나라 학자들은 이 패배에 대해 몽골을 비난했다. 고려인들은 중국인들을 비난했다. 몽골인들은 날씨를 탓했다. 《원사》는 이렇게 썼다. "거대한 폭풍우가 일어 많은 전함이 바위에 동댕이쳐져 부서졌다."[22] 바다에서 몽골이 거둔 승리는 모두 그대로 기록됐지만, 패배는 모두 날씨 탓으로 돌린 듯하다. '하늘'을 뜻하는 몽골어의 텡게르Tenger는 '날씨'와 동의어였다. 패배에 대해 날씨 탓을 하는 것은 불운을 하늘의 뜻으로 돌리는 전통적인 방식이었다.

일본이 승리한 뒤에 그 승려와 전사들은 당국에 자신들의 노력에 대한 보상을 요청했다. 몽골인과 싸우거나 그들을 몰아내도록 기원해 도왔다는 것이었다. 이에 따라 서면 청원을 받았으며, 목격자나 지휘관의 진술서 및 증거(죽이거나 사로잡은 적의 수, 수집한 수급首級[적군의 머리] 같은)들이 수집되었다. 몽골의 침략을 격퇴했지만 일본 당국은 일반 병사들의 희생에 대해 보상해주기를 꺼렸던 듯하다. 그러나 끈덕지기로 유명했던 한 청원자는 물리칠 수가 없었다.

일본 전사 다케자키 스에나가(竹崎季長)는 전투에서 중상을 입었고, 보상을 신청한 사람 중 한 명이었다. 가난했던 그는 종자 한 명만 데리고 전쟁에 나갔다. 보상을 호소하러 나갈 때에도 자신의 말을 팔지 않을 수 없었고, 1275년 6월에 걸어서 갔다. 다케자키는 두 달 동안 걸어가서 청원을 제출했고, 청원서에서 지휘관이 죽이고 사로잡은 숫자를 강조하면서 부상당한 일본인 투사들을 부당하게 방치했다는 이유로 용감하게 보상을 신청했다.

공식 면담을 잡는 것은 쉽지 않았다. 그는 이렇게 썼다. "나는 수많은 관리들을 찾아갔지만, 그들은 나를 무시했다. 내가 하급 종자 하나만 거느린 시시한 전사로 보였기 때문이다."[23] 신들에게 호소한 뒤에야 그는 마침내 관리 아다치 야스모리(安達泰盛)와의 면담 약속을 잡을 수 있었다.

"적의 수급을 갖고 있는가?" 아다치는 처음 만나서 이렇게 물었다. "그대의 부하 중 살해된 자가 있는가?"

다케자키는 대답했다. "수급은 없습니다. 죽은 사람도 없습니다."

"그렇다면 그대는 전투에서 제대로 싸우지 않은 것이야. 다친 것 외에 아무것도 한 일이 없군."

아다치의 독선을 무시하며 다케자키는 고집을 피웠고, 이 관리는 어쩔 수 없이 누그러졌다. "좋아. 그대의 전투 공적을 인정해주겠네." 그리고 아다치는 자기 상급자에게 더 높은 등급의 보상을 추천하겠다는 데 동의했다. 그는 다케자키에게 집으로 돌아가 다시 전쟁을 준비하라고 일렀다.

전투 참여의 대가로 다케자키는 밤색 털의 말과 장식된 안장, 그리고 마구 일습을 받았다.[24] 상처 난 명예를 옹호하기 위해 다케자키는 몽골의 침공 거의 10년 만에 독자적인 전투 보고서를 준비해 그림을 곁들인 두 권짜리 책을 의뢰했다. 자신의 참여를 입증하고 전쟁 동안, 그리고 인정을 받기 위한 오랜 투쟁 동안에 그에게 무슨 일이 있었는지를 묘사하기 위한 것이었다. 그의 두루마리는 〈몽고습래회사蒙古襲來繪詞〉로 알려졌고, 이는 문서 기록에 빠진 세부 사항들을 보여준다. 오늘날 우리는 이 사건을 몽골의 침공 또는 원나라의 침공으로 부르지만, 다케자키는 공격자들을 '외구外寇' 또는 그저 '적賊'으로 이름 붙였다.[25] 그의 기록은 침략군의 옷, 얼굴 생김새, 머리 모양을 보여주는 그림이 매우 상세해 고려인과 몽골인을 쉽게 구분할 수 있으며, 그의 두루마리에는 폭발하는 수류탄의 모습이 최초로 묘사되어 있어 이 혁명적 무기가 사용됐음을 확인해주고 사람과 동물의 당황한 반응도 보여준다.

그의 보고서와 두루마리 외에 다케자키의 생애에 대해서는 알려진 것이 많지 않다. 그렇지만 수백 년에 걸쳐 그의 이야기는 수많은 두루마리, 장지, 목판의 그림들에 영향을 주었다.[26]

*

몽골은 일본을 점령하거나 병합하려는 노력에서 실패했지만, 송나라를 원조하러 오는 위협을 제거하는 데는 성공했다. 일본은 베트남에 가해진 손실을 입지는 않았지만, 이 침공으로 그들은 더욱 고립되었다. 쿠빌라이는 침공에 실패해 함대를 잃었음에도 불구하고 여전히 해적을 진압하고 일본과 송나라 사이의 무역을 방해하기에 충분한 수군을 보유했다. 이 중요한 무역의 동맥을 일부만 통제하더라도 송나라 조정이 북쪽 일본으로 달아나 망명 정권을 꾸리지 못하게 막을 수 있었다. 쿠빌라이는 사실상 그들을 봉쇄했다.

12장
범람 전의 타락

> 군대는 밥심으로 행군한다.
> ─ 나폴레옹

몽골 수군이 야만에 가까운 일본의 섬들을 정복하지 못한다면 그들은 남송에도 큰 위협을 제기하지 못할 터였다. 남송이 장강과 바다라는 강해장성 사이에 안전하게 들어앉아 있으면 되니까 말이다. 항저우의 주민들에게 삶은 언제나처럼 이어졌고, 안일에 빠진 그들은 그 사이에 자기네 돈을 북쪽의 야만인으로부터 자기네를 지키는 일보다는 더 즐길 수 있는 용도에 사용했다. 그 주민들은 예술과 문학에 몰두했을 뿐만 아니라 대중적인 소일거리도 새로 만들어냈다.

식당은 중국에서 이미 오랜 역사를 가지고 있지만, 항저우에서 더욱 많아지고 매우 이상한 곳에도 생겨났다. 당국은 다리 위에서 식당을 여는 것을 금지해야 했다. 통행을 방해하기 때문이다.[1] 고객들은 까탈스럽거나 요구하는 게 많을 수 있었다. 금나라가 그들을 남쪽으로 밀어내기 전 그 권력의 정점에 있을 때의, 잃어버린 송 왕조의 위엄을 되찾기를 간절히 바랐다.

그들은 탁 트인 누각에서 쌀로 빚은 술을 마시고 여러 코스의 고급 식사를 즐겼으며, 땀에 젖은 하인들이 메고 다니는 가마를 타고 거리를 누볐다. 더 가볍고 시원한 비단과 무명이 추운 북쪽에서 필수적이었던 모피와 무거운 모직·펠트 옷을 대신했고, 꽃과 연못이 가득한 안뜰이 궁궐 식사의 숨 막힐 듯한 격식을 대체했다. 심지어 보통 노동자도 노점과 작은 식당을 애용했으며, 이런 곳에서는 서둘러 식사를 하는 동안에 덧없는 사치의 환상을 위해 은잔이나 은수저를 제공했다.[2]

손님들은 "기름에 튀긴 메추라기 알, (…) 구운 눈배[雪梨]"와 "수백 가지 맛"이 나는 국, "우유에 졸인 양고기, 닭 통구이, 부추 무침" 또는 "토끼 고기 양파 무침" 같은 수많은 메뉴 중에 먹고 싶은 것을 고를 수 있다. 구운 대합조개나 게 같은 해산물 요리와 "잘 구운 뿔소라"가 각종 경단 및 과자와 함께 메뉴에 올랐다. 송나라의 한 작가는 항저우 사람들이 식사를 얼마나 중요하게 여겼는지를 이렇게 묘사했다. "수도에 사는 사람들은 낭비적이고 무절제하며, 오만가지 것을 요구한다. 어떤 것은 뜨겁고, 어떤 것은 차고, 어떤 것은 따뜻하고, 어떤 것은 보통 온도이고, 어떤 것은 얼음처럼 차다. 그리고 얹어주는 고기도 기름기가 적은 것과 많은 것이 있다. 사람마다 조금씩 다른 것을 요구한다."[3]

다채롭고 활기 넘치는 식당들이 강에 떠 있거나 정원에 자리잡았다. 초목, 태피스트리, 그림으로 장식되었다. 손님들에게는 손을 씻기 위해 꽃잎으로 향을 더한 따뜻한 물이 제공되거나 머리칼을 정리하기 위해 빗이 제공되었다. 빗은 버드나무, 백단향, 거북 껍데기, 뿔로 만든 것이 좋았다. 손님들은 저녁 식사를 위해 상황과 기분에 따라

옷도 빌릴 수 있었다. 음식, 술, 음악, 알랑거리는 하인(그들의 말은 꿀을 바른 과자처럼 달콤하다), 그리고 말할 것도 없이 연지 칠한 소녀와 분 바른 소년(밀폐된 칸막이 뒤의 비단으로 된 긴 의자로 데리고 갈 수 있다)까지 갖춘 식당은 송 왕조의 한 무명 시인의 말에 따르면 "바람과 비, 추위와 더위가 생기지 않고 낮이 밤과 뒤섞이는" 곳이었다.[4]

어떤 손님들은 밤이고 낮이고 식당에서 죽쳤다. 어슬렁거리고, 술을 마시고, 간식을 먹고, 사업상의 일을 했다. 잔심부름꾼은 주문을 크게 복창하고, 노련한 곡예사의 침착함으로 미묘하게 균형을 잡은 쟁반과 접시를 가지고 미끄러지듯 나아갔다. 요리사는 연예인이 되었다. 손님들이 훤히 보고 있는 가운데 전문적인 칼잡이의 솜씨로 칼을 휘두르고 음식을 잘랐으며, 반죽을 공중에 던져 국수를 만들고, 거리의 곡예사보다 더 손에 땀을 쥐게 할 정도로 위험하게 칼과 불을 가지고 재주를 부렸다. 심지어 식당 종업원들은 무대 위의 배우처럼 독특한 모자, 소맷부리, 띠가 있는 자기네 특유의 복장을 했다.

보통 사람들과 상인들은 최근에 풍성해진 기름, 설탕, 향신료 등 다양한 것들에 이끌렸다. 천연의 음식임을 강조하기 위해 새로운 이름들이 만들어졌다. '추진귀정抽眞龜精'이니 '진계정眞鷄精'이니 하는 것들이었다. 이와 동시에 가짜 음식에 관한 유행도 생겨났다. 오리와 닭은 많았지만, 손님들은 가짜 오리고기, 가짜 간肝, 가짜 대합조개, 가짜 당나귀 고기, 가짜 순대, 가짜 우유를 만드는 솜씨에 즐거워했던 듯하다. 요리는 더욱 이국적이 되고, 화려한 이름은 내용물을 감추었다. 메뉴판이 정보 안내라기보다는 서사시 작품을 닮을 정도였다.

미각의 즐거움 외에 성분에 대해 듣는 것과 한 가지 요리를 준비하는 복잡한 절차도 식당 경험의 필수적인 부분을 이루어 정말로 식사라는 드라마를 풍성하게 만들었다. 연료의 유형과 요리용 냄비에서부터(연료는 뽕나무가 가장 좋고, 냄비는 구리로 만든 것이 가장 좋았다) 접시의 디자인과 식탁 위 요리의 예술적 배치까지 말이다. 음용수의 품질은 최고로 중요한 일이 되었다. 봄철에는 막 받은 보슬비로 만든 물이 가장 인기 있는 음료였다. 가장 확실한 것은 폭풍우나 험한 날씨 때의 것은 곤란했다. 겨울에는 이른 아침 서리에서 얻은 물이가장 좋았다. 아마도 닭의 깃털로 쓸어서 병에 담았을 것이다. 산에서 가져온 물 역시 좋아했다. 의료 목적이었다. 가장 귀한 것은 약간 짠맛이 나는 광천수였다. 산악 동굴의 종유석에서 떨어지거나 옥의 노두를 뚫고 흘러나오는 물이었다.[5]

항저우 같은 남부의 항구들에서는 예술과 고급 요리가 번성했지만, 대부분의 몽골인은 식당보다는 잔치를, 차보다는 말 젖을 좋아했다. 쿠빌라이는 많은 양의 낙농 제품과 고기, 특히 발효시킨 말 젖과 비계를 선호하는 조상들의 식성을 그대로 물려받았다. 우리는 궁궐의 음식에 관해 많은 것을 알고 있는데, 그것은 영양과 음식에 관한 책들이 쿠빌라이 치세 이후까지 전해졌기 때문이다. 중국 의학의 최고의 분야 가운데 하나는 영양학이었다. 건강과 대부분의 병은 음식 탓이라고 여겼기 때문이다. 쿠빌라이는 궁궐 영양학자로 네 명의 어의를 두었다. 그의 수의首醫 허국정許國禎(그 어머니가 황제가 되기 전의 쿠빌라이를 치료한 적이 있었다)은 1267년에 나천익羅天益과 함께 의학 백과사전을 편찬했다.[6]

그들의 개론서에 수집된 정보는 이후 어의 홀사혜忽思慧에 의해 일련의 식이食餌 원리로서 출간되었다. 《음선정요飮膳正要》라는 책이다. 홀사혜는 어떤 음식을 어떤 조합으로 먹어야 할지, 그리고 어떤 조합을 피해야 할지를 설명했으며, 그 조리법을 소개했다. 그의 책은 단맛, 신맛, 쓴맛, 매운맛, 짠맛의 오미五味 분류에 따라 242개 유형의 먹을 수 있는 동·식물을 묘사했다.[7] 이 책은 적절함을 강조했지만, 몽골인의 입맛에 맞춘 것이어서 95가지 잔치 음식 요리법 가운데 72가지가 양고기를 주 재료로 한 것이고, 주로 삶는 방식이었다. 그러나 그것은 때로 좀더 이상한 곳으로 새어나갔다. 늑대, 곰, 오소리, 두루미, 여우, 토끼, 사슴, 수달, 꿩, 철갑상어, 백조, 호랑이, 낙타, 표범, 거위, 말, 염소, 영양, 마멋을 요리하는 방법까지 다뤘다.[8]

《음선정요》에는 주식인 쌀, 국수, 기장 외에 페르시아 빵을 만드는 방법에 대한 정보도 들어 있다. 몽골인들은 과일을 즐겼지만 채소는 대체로 피했다. 중국 음식에는 당근, 시금치, 무, 완두콩이 들어가는데 말이다. 양념은 약간만 쳤다. 대개 의료 목적이었지 맛을 위해서가 아니었다. 서아시아의 영향과 풍취 가운데서 설탕과 꿀은 선호되지 않는 음식의 강한 맛을 숨기기 위해 흔히 사용되는 가장 대중적인 양념이 되었다. 요리법에는 양배추와 두구豆蔻를 더한 말린 양고기 가슴살, 버섯을 넣은 양의 내장과 허파, 후추를 친 국수, 부추와 생강과 말린 오렌지 껍질을 넣고 양의 발굽이나 꼬리 비계를 끓인 국, 사프란에 굴리고 고수를 뿌린 고환(어느 동물이든) 튀김 같은 것들이 있었다.[9] 이 값비싼 진미들은 상류층의 전유물이었고, 거리의 기술공, 행상, 노동자가 즐길 수 있는 음식이 아니었다.

남부의 농민과 노동자들에게 항저우와 남송 황궁은 이전 왕조의 수도들보다 지리적으로 가깝기는 했겠지만, 사회적·문화적으로는 베이징만큼이나 멀었다. 그들은 언어와 풍습에서 몽골인들만큼이나 이질적인 이 왕조를 지킬 이유가 별로 없었다. 몽골인들은 이제 숙련 노동자, 선원, 병사들에게 자기네 편으로 넘어오라면서 재정적·사회적 유인책을 제공했다. 쿠빌라이는 남부의 상인들에게 호의를 과시하기 위해 1261년 이래 원군과 송군 사이의 작은 충돌에서 포로로 잡힌 사람들을 풀어주었다.[10] 한편 송나라에는 견딜 수 없이 조잡한 원 왕조를 피해서 온 고관, 예술가, 유학자가 줄을 이었다. 지식, 예술, 문학의 자본은 남쪽으로 흘러갔고, 반면에 기술과 상업의 자본은 북쪽으로 흘러갔다. 송나라는 예술가, 시인, 철학자를 얻었고, 몽골은 선박 기술자, 무기 제작자, 훈련받은 선원, 상인, 금속 가공업자를 끌어들였다. 몽골족 원나라와 한족 송나라 사이의 계속되는 싸움 속에서 지식인들은 심하게 송나라 편을 들었다.

마침내 쿠빌라이는 자신의 노력을, 육상과 해상을 통해 중국을 통일하는 데 집중할 준비가 되었다. 당시의 가장 강력한 두 제국은 마지막 대결에서 만날 찰나에 있었고, 여기서 오직 한 나라만이 유일 지배자로 떠오를 터였다. 쿠빌라이는 60대에 접어들었지만, 그의 상대인 사 태후는 분명히 자신 또는 그의 어느 대신만큼이나 노련하고 영리했다. 둘 다 전사가 아니었지만, 그들은 이제 임박한 전쟁을 앞두고 있었다.

13장

대송의 대단원

언젠가 몽골제국에도 이런 일이 생길 것입니다.
— 차부이 황후

용감한 공격과 학살 사흘 뒤에 바얀의 중국인 보병대는 양뤄(陽邏) 성의 난공불락 성벽을 전혀 뚫지 못하고 있었다. 한강을 따라 전투를 하며 내려온 원나라 군대는 1275년 1월 이 강과 거대한 장강의 합류 지점에 도달했다. 여기서 더 나아가려면 강을 건너 남안을 점령할 필요가 있었고, 양뤄(현대 우한 항구의 일부다)가 길을 막고 있었다.

보름달이 떴다. 정복이 답보 상태에 빠져 좀 의기소침해진 바얀은 점성가에게 사적으로 조언을 청했다. 점성가는 하늘이 변하고 있으며 별들이 추위(몽골인들이 좋아하는 것이다)를 가져오는 형태로 배열되려 한다고 말했다. 날씨는 지금 그들이 포위하고 있는 성을 정복할 필요 없이 장강을 성공적으로 건널 수 있게 할 터였다. 바얀은 점성가에게 그의 예언을 부지휘관인 아주를 제외한 누구에게도 알리지 말라고 지시했다.

기질과 외모가 뚜렷이 다른 두 지휘관은 긴밀하고도 원만하게 협력하며 한때 가졌던 모든 경쟁심을 억누르고 있었다. 그들의 임무는 개성이나 개인적 야심보다 더 중요했다. 바얀과 아주는 전략을 짜기 위해 한자리에 모였다. 성을 지키고 있는 적은 "우리가 먼저 이 성을 점령하고 그뒤에 장강을 건널 것으로 생각"하고 있다고 바얀은 설명했다. "그러나 이 성은 견고합니다. 그곳을 공격하다가는 시간만 낭비할 것입니다."[1] 그들은 바얀이 자신의 부대를 이끌고 성을 공격해 적의 관심을 끄는 동안 아주와 그의 부하들은 위험한 장강을 건너기로 합의했다. 아주는 그런 대담한 계획을 실행할 능력이 있었다. 그는 더이상 물을 두려워하지 않았고 강을 자기에게 유리하게 이용하는 방법을 배웠으며, 온갖 종류의 하천 전투를 위해 부하들을 훈련시켰다. 그들은 육지에서와 마찬가지로 물에서도 조직적이고 유능하고 자신감이 있었다.

  1275년 1월 11일 밤, 아주는 자신의 병력을 물줄기를 거슬러 상류로 이동시키고 어둠 속에서 장강을 건너기 시작했다.[2] 점성가가 예언했던 대로 날씨는 엄청나게 추워졌고, 강한 눈보라가 북쪽에서부터 불어왔다. 강폭이 2킬로미터에 가깝고 건너편 하안에는 송나라 수군이 모여 있었다. 추운 밤에 야간 도하를 시도하는 것은 한심할 정도로 어리석어 보였고, 아무리 유능한 지휘관이라도 버거운 임무였을 것이다. 그러나 눈이 몽골군에게 행운을 가져왔다.

  송나라 병사들은 드넓은 장강이 자신들을 잘 보호해주고 있다고 믿어 의심치 않은 채 불 곁의 피난처에 옹기종기 모여 있었다. 눈은 떨고 있는 그들 초병이 다가오는 위험을 보지 못하게 방해했다. 그러나 아주는 눈 속에서 보는 법을 알았고, 어둠을 파악하는 방법을 알았다. 남들은 간과했을 작은 빛의 깜박임도 그에게는 분명한 메시지를 전해주었다. 그는 전방 수면의 어떤 반짝임을 감지했고, 남들은 알 수 없는 남안 부근의 모래톱을 발견했다. 그 위에는 얼음과 눈의 얇은 층이 덮여 있었고, 이제 그 주변의 검은 물을 배경으로 분명하게 드러나 밝게 빛나고 있었다. 바로 그에게 필요한 곳이었다. 그는 조용히 말과 부하들을 그 모래톱에 상륙시켰다.

몽골 전사들은 전투를 위해 모래톱 위에 집합한 뒤, 마음을 놓고 있는 송나라 수비병들을 기습했다. 자기네 본거지에 있는 군대를 함정에 빠뜨린 것이다. 아주의 부하들은 계속해서 그들을 몰아붙여 끔찍한 인명 손실이 났으며, 그는 또다른 분견대를 이끌고 소이탄으로 송나라 배들을 공격했다. 배들은 다닥다닥 붙어 있었고 따라서 위험하게 노출되어 있었다. 그는 거의 20년 전 베트남 홍강의 찌는 듯한 열기 가운데 그의 아버지와 함께했던 원정에서 배운 교훈을 응용하고 있었다. 무슨 수를 써서라도 적을 그들의 배로부터 분리시켜야 한다는 것이었다.

파열하는 폭탄이 밤하늘을 밝혔다. 송나라 배들은 불에 탔고, 물 위의 화톳불처럼 무력하게 표류했다. 눈은 계속해서 검은 하늘에서 조용히 내려와 연기 속에서 녹을 뿐이었다. 아주는 탈출자가 없어야 한다고 결의를 굳혔다. 《원사》에 기록된 바와 같이 그날 밤에 "참수된 사람과 물에 빠져 죽은 사람은 헤아릴 수 없었다."[3] 다시 한번 겨울이 몽골군을 구했고, 그들을 승리로 이끌었다.

이튿날 아주는 연락병을 강 건너 바얀에게 보내 자신이 장강 남안을 점령했다고 알렸다. 한편 양뤄 성에서는 바얀의 포 기술자들이 전쟁 도구들을 벌여놓고 요새를 향해 소이탄을 쏘아대기 시작했으며, 일꾼 무리가 해자와 둑을 허물어버렸다. 그들의 거리에는 차가운 물이 흘러넘쳤고, 그 주위에서는 건물들이 불타고 있었다. 강 건너에서는 증원군이 오지 않았고, 송나라 방어군은 벗어날 길이 없었다. 양뤄의 방어벽은 무너졌고, 그 군대는 패주했으며, 그들의 배는 불타거나 나포되었다. 그리고 수만 구의 시신이 피범벅이 된 채 눈 위에 널리고 차가운 물 위를 떠다녔다. 두 세대 전에 수베데이가 토성을 올라갔듯이, 그 손자 아주도 이제 물의 성벽을 뚫었다. 송나라의 자신감은 두려움으로 바뀌었고, 만족은 무서움으로 변했다.

*

지난 황제의 아내이자 새 황제의 어머니로서 전 태후(섭정인 사 태후와 같은 기지와 무자비함이 없었다)는 몽골에 저항하는 정서를 결집하기 위한 호소를 발표했다. 태후의 측은한 포고는 유치한 냉소로 시작되었다. "이 추한 야만인들이 장강을 건넜다니 얼마나 화나는 일인가? 저들은 우리의 방어벽을 뚫고 우리의 산꼭대기에 올라 우리의 충성스러운 신민들을 공격했다. 고대 이래로 야만인이 (중국을) 완전히 정복한 시대는 없었다. 천지의 의사에 반하는 이런 사태가 어떻게 일어났단 말인가?"

그런 표현은 감상적인 분노와 적의를 보여주었지만, 송나라가 300년 동안 통치했다는 사실 외에 왜 신민들이 그들의 재산과 생명을 희생해 어린 통치자와 그 왕조를 보호해야 하는지에 관한 강력한 논거는 제시하지 못했다. "수많은 생령들이 하늘의 가호를 빌고 있다"고 태후는 결론지었다. 군대에 대한 태후의 조심스러운 칭찬은 그 자체로 바탕에 깔린 의구심을 드러낸다. "나는 선황제들의 도움과 은혜를 받은 그대들 민간 관료와 군 장교들을 존경하며 그대들에게 의지한다. 그대들이 이 순간에 우리의 곤경에서 벗어나기 위해 움츠

러드는 선택을 하지 않을 것으로 믿는다." 태후는 버림받을 것이라는 두려움에도 불구하고 단합을 호소했다. "나라가 있어야 가족이 존재할 수 있다. 서로를 보호하면 그로 인해 결국 모두가 보호를 받을 것이다."[4]

공포가 바람보다 더 빠르게 강을 휩쓸어, 남아 있는 송나라 병사들을 두려움에 떨게 했다. 그들은 몽골인들이 오기 훨씬 전에 정신적으로 패배했다. 한 도시 한 도시, 한 함대 한 함대, 한 항구 한 항구가, 원나라 군대가 항저우를 향해 진격하면서 차례차례 점령되었다. 그들이 나아가면서 마주친 모든 전투는 각기 놀라움, 비겁함, 배반, 장렬함이 있었지만, 그 결과는 언제나 똑같았다. 곧 바얀과 아주는 남중국 상업의 주요 동맥인 장강 전역을 장악했으며, 송나라 몇몇 도시의 방어군을 학살한 뒤 원나라 육군과 수군은 그 수도에 다가서기 시작했다.

몽골의 남방 정복이 목전에 이르자 송나라 시인들은 갑자기 잡고 있던 붓을 던지고 전사가 되었다. 어떤 사람들은 전쟁터로 갔지만, 어떤 사람들은 시적 감흥을 펼칠 억누를 수 없는 욕구를 해소하기 위해 산으로 달아났다. 그들은 대체로 상징적 몸짓에 의존했다. 시간 맞춰 시를 암송하고, 대중의 슬픔에 관한 새로운 의례를 만들며, 죽은 자를 애도했다. 사고謝翱의 말마따나 이 시기는 "피와 눈물로 쓰는" 시대의 시작이었다. 최종적으로 항복하기 전부터 이미 지식인들은 모호한 상징을 통해 표현함으로써 고난의 문학과 순교에 대한 숭배를 되살렸다. 몽골인들은 시를 짓기 위해 멈출 시간이 없었다. 그들은 전쟁을 하느라 바빴다.

*

사람들과 군대는 사 태후를 존경하고 지지했음에도 불구하고 그나마 남아 있던 송나라 조정에 대한 신뢰가 모두 사라졌다. 원나라 군대에 대한 공포가 자기네 황제에 대한 사랑을 능가했다. 사 태후의 장수와 대신들은 하나씩 하나씩 달아났다. 태후는 호소문을 발표했지만 그들은 외면했다. 그들은 이 "장한 귀부인"을 버렸으며 "1천 척의 배를 타고 대양의 섬들로 달아났다"고 마르코 폴로는 나중에 썼다.[5] 빛 속에서 뛰쳐나오는 바퀴벌레처럼 그들은 밤중에 허둥지둥 문을 나와 아내와 자식을 버리고 알아서 살아가게 했다. 자기네 가족, 황제, 나라를 배신함으로써 정복자인 몽골인들에게 빌붙거나 외국 항구에서 피난처를 찾을 것이라는 이기적인 희망에서였다. 그들은 자기네가 완전히 망쳐놓고 이어 속임수를 써서 배신한 왕조의 멸망 책임을 사 태후에게 뒤집어씌우고 싶은 생각이 굴뚝같았다.

기민한 실용주의자이자 노련한 정치적 생존자였던 사 태후는 자기네 왕조와 국가의 파멸이 눈앞에 있으며, 운명은 자신이 그 마감을 주재하도록 선택했음을 인식했다. 어떻게 해야 할까? 다른 탈주자들과 함께 달아날까? 조정을 더 남쪽으로 옮겨야 할까? 이곳에 머무른 채 마지막 병사가 탈주하거나 살해될 때까지 싸워야 할까? 주변의 조언자들이 해법을 모색하는 동안 태후는 바얀과의 협상을 시도해 몽골군을 지체시키고자 했다. 태후는 최대한 품위 있는 태도를 보이려 했다. 자기 신민들이, 자비가 없기로 악명이 높은 적에게서 자비를 얻기를 바랐기 때문이다. 송 제국의 흔적을 보존하기 위해 필사적이었던 태후는 쿠빌라이에게 전례 없이 많은 공물을 바치겠다고 제안했다. 은, 금, 보석, 후궁, 노예 등 몽골이 원하는 것은 무엇이든지다. 태후는 심지어 송나라의 어린 황제 공제가 목숨을 보전해 계속 통치할 수 있게 허락된다면(심지어 꼭두각시 왕에 지나지 않을지라도) 쿠빌라이 칸에게 충성 맹세를 하겠다고 약속했다. 자신감에 찬 바얀은 모든 제안을 거부하고 모든 청원을 거절했다. 그는 눈곱만큼도 양보하지 않고 아무런 거래도 제안하지 않았다. 그는 완전하고 무조건적인 항복 이외에는 아무것도 받아들이지 않을 심산이었다. 송 왕조는 벌써 망했어야 했다. 천명은 쿠빌라이 칸과 활기찬 원 왕조(비록 외세이지만)로 옮겨갔다.

사 태후는 싸울 군대가 없었고, 항저우를 지키려는 시늉이라도 했다가는 도시가 약탈당하고 충성스러운 신민들이 모조리 학살당할 것임을 알았다. 그들은 자기네 주인의 실패 때문에 벌을 받아야 할 이유가 없었다. 태후는 신민의 안전을 왕조의 이익과 심지어 자신의 생명보다도 위에 놓았다. 그들이 아무 보람도 없는 무모한 싸움에 뛰어들어 죽기보다는 살아남아서 원나라 지배자를 섬기는 편이 나았다. 태후는 항복하라는 자신의 명령을 거부한 한 장수에게 이렇게 비통하게 썼다. "제국은 이미 뿌리가 뽑혔다. 그대가 무모하게 주장할 정도의 무슨 죄가 신민들에게 있단 말인가?"[6]

사 태후도 비겁한 대신들처럼 보물 몇 상자를 챙겨 들고 바다로 달아나, 베트남이나 먼 중국의 섬에서 아마도 편안한 망명 생활을 할 수 있었을 것이다. 그러나 태후는 남았다. 죽게 될 것임을 알면서도 그랬다. 1126년 금나라에 항복할 때 북송 황궁의 많은 여성들이 강간과 폭력, 예속의 시련을 당했던 일을 떠올린 송나라 궁정의 많은 여성들이 스스로 목숨을 끊었다. 그러나 자살의 유혹이 있기는 했지만 사 태후는 자기네 신민과 어린 황제에 대한 더 큰 의무를 생각했다. 그것은 자기 자신의 운명에 대한 고려보다 앞서는 것이었다.

1276년 초, 사 태후는 송 왕조 역사에서 가장 어려운 결정 가운데 하나를 내렸다. 태후는 줄어든 자기 영토 전역의 병사들에게 전투를 중지하라고 명령을 내렸다. 겁에 질린 수도와 궁궐의 근위병들은 무기를 내려놓고, 어떻게 해야 할지도 전혀 모른 채 몽골인들에게 엄숙하게 문을 열어주었다. 바얀은 전사 무리를 문 안으로 쏟아져 들어가게 하지 않았다. 원나라 군 장교 가운데 대표를 뽑아 수도로 들여보내 상황을 판단하고 항복을 조율하게 했다. 사 태후와 바얀 양쪽 모두 분별력이 있고 서로 더이상의 고통을 피하고자 했기 때문에 항복은 질서정연한(물론 긴장됐지만) 방식으로 진행되었다.

분위기가 조금 진정된 뒤에 바얀은 "전군의 선두에서 총사령관 깃발을 앞세운 채 말을 타고 아무런 저항 없이 도시로 들어갔다"고 페르시아 시라즈 출신의 역사가 와사프 하즈랏Waṣṣāf-i Ḥazrat은 일 칸국 궁정의 보고를 바탕으로 썼다. 와사프는 그의 습관적인 기민함과 빈틈없는 겸손을 발휘해 바얀이 "섭정과 그 손자"를 만나기를 거절했다고 말하고, "그저 군인으로서 그는 그런 면담에 적절한 예법에 무지"했기 때문이라고 감쌌다.7 지방에서 온 관광객이라도 되는 듯이 "그는 강으로 가서 물결을 바라보았다." 이 강은 도시를 지켜주는 것으로 유명했는데, 그에게는 맞서지 못했다.

바얀은 패배한 태후와 황제를 체포하거나 그들 조정과 아이 황제의 항복을 받으러 가지 않았다. 그는 비통해하는 신민들이 보고 있는 가운데, 그리고 그들의 과거 영광에 둘러싸여 화려한 궁궐에서 명예로운 항복 의례를 치르게 하지 않았다. 대신에 권력 이전은 야외에서, 승리한 원나라 군대 앞에서 이루어져야 했다. 도시 바깥의 간소한 몽골군 숙영지였다. 오랜 희생 끝에 승리한 전사들은 송 왕조의 마지막 행동을 지켜볼 자격이 있었다. 영예는 이 승리를 이루기 위해 열심히 싸우고 고생한 바얀의 병사들이 차지해야 했다.

예순다섯 살의 태황태후와 다섯 살의 황제인 공제를 데리고 도시 밖으로 가기 위해 몽골 호위병들이 궁궐에 도착했다. 나라를 위한 사 태후의 마지막 희생은 거꾸러진 군주의 역할을 최대한 잘 해내서 정복자들의 화를 누그러뜨리고 자기 신민들에게 떨어질 복수를 최소화하는 것이었다. 사 태후는 50년 가까이 자기 백성들을 보살폈다. 자신은 이제 그들을 버리지 않을 터였다.

사 태후는 용감하게 장군 앞에 섰다. '부자'를 의미하는 그 이름을 마르코 폴로는 '백 개의 눈을 가진 사람'으로 잘못 번역했다(바얀의 한자 표기인 '伯顔'을 발음이 같은 '百眼'으로 오해한 것이다). 태후는 자신이나 어린 황제에게 어떤 운명이 기다리고 있는지 알 수 없었다. 태후와 황제는 쿠빌라이 칸과 몽골의 그 고향에 대한 복종 의례로서 북쪽을 향해 경건하게 절을 했다.

태후는 약삭빠르고 지혜가 있었지만, 패배하고 굴욕을 당하고 황실의 모든 차림과 지위를 박탈당했다. 남은 것은 태후 자신의 존엄성뿐이었다. 이제 태후는 의례로서 송 황실의 직인을 바얀에게 넘겨주고, 자신과 황제, 그리고 피폐한 송 제국을 몽골인의 처분에 맡겼다.

*

사 태후가 도시 성문을 빠져나가자마자 원나라 관리들이 궁궐에 들어왔다. 마르코 폴로에 따르면 그들은 "모든 공식 문서, 지도, 그림, 궁정의 기록, 모든 관직의 인장을 확보"했다. 베이징으로 실어가기 위해서였다. 약탈을 피하기 위해 그들은 궁궐 주위와 도시 일대의 "필요한 지점에 보초를 배치했다." 한 겹 한 겹, 그들은 316년 묵은 송 왕조의 꺼풀을 벗겨냈다.

항복한 뒤 사 태후는 너무 아파 북쪽의 몽골 수도로 가는 굴욕의 행진을 따라갈 수 없었다. 태후는 몇 달 뒤에 합류해 원나라 조정의 고관들이 모여 있는 가운데 통합된 중국의 새 황제 쿠빌라이에게 마지막 항복 의식을 치렀다. 몽골인들이 공제와 사 태후를 죽일 것이라는 두려움이 있었지만, 쿠빌라이 칸은 더 나은 계획을 가지고 있었다. 마르코 폴로는 이렇게 썼다. "태후는 대칸에게 안내되었고, 대칸은 태후를 명예롭게 응대하며 깍듯이 모시게 했다. 과거처럼 귀부인으로 말이다." 송나라 충신들이 애절한 자기네 시에서 칭송할 또 한 명의 순교자를 만들어내기보다는, 자신의 아량의 증거로서 태후를 살려두는 것이 그에게는 더 가치가 있었다.

페르시아 역사가 와사프는 쿠빌라이가 사 태후의 목숨을 살려주고 친절하게 대해주기로 결정한 것이 차부이 황후의 고집 때문이었다고 주장했다. 차부이는 폐위된 황제와 비극의 주인공이 된 태후를 보고, 자기 자손들 역시 당하게 될 일임을 알고 울면서 소리쳤다고 한다. "언젠가 몽골제국에도 이런 일이 생길 것입니다!" 이 이야기가 사실이라면 이는 궁정 아첨꾼이 말했듯이 차부이가 현명하고 선견지명이 있었음을 보여준다.

이제 통일된 중국의 유일 황제가 된 쿠빌라이 칸은 그의 신민들에게 더 친절하고 더 점잖은 몽골 왕조를 보여주기 위해 노력했다. 세계는 이미 몽골이 얼마나 사나운지를 알았고, 따라서 쿠빌라이는 자기네가 얼마나 온정적으로 바뀌었는지를 보여주고 싶었다. 원나라는 더이상 패배한 통치자를 양탄자에 둘둘 말아 말들이 밟아 죽이게 하거나 소가죽 장화를 신은 몽골인들이 발로 차 죽이는 나라가 아니었다. 그들은 더이상 장래의 위협이 될까 싶어 패배한 왕실 전체를 살육하지 않았다. 그들은 예의 바르게 아이 황제에게 영국공瀛國公이라는 고귀한 칭호를 주고, 폐위된 통치자에게 존경을 듬뿍 표했다. 그가 전쟁에 지거나 폐위된 것이 아닌 듯했다. 쿠빌라이는 이 아이에게 개인 궁궐을 만들어주고, 몽골 보르지긴 씨족의 공주를 아내로 삼게 했다. 황금 새장에 갇힌 새나 황금 사슬에 묶여 춤추는 원숭이처럼, 폐위된 황제와 패배한 태후는 소중한 전시물로 살아남았다. 원나라의 권력과 아량과 세련된 문화의 상징으로서 사절, 상인, 외국 고관들에게 전시되는 것이었다.

사 태후는 6년을 더 살고 1280년대 초에 죽었다. 태후는 비방받은 여걸이었다. 외모 때문에 자신을 조롱했던 궁정을 지켰고, 장수와 관리들이 국가를 버렸을 때 그것을 위해 싸운 여성이었다. 역사는 패배해 항복한 군주를 좋게 보는 경우가 드물다. 특히 여성인 경우에 그렇다. 송 왕조의 역사를 쓰게 되는 학자들은 남자들이 유지할 수 없었던 영광과 명예를 지키기 위해 태후가 싸우다 죽었거나 자살한 편을 선호했을 것이다. 중요한 인물들의 긴 역사에서 사 태후는 언급할 가치가 있는 마지막 여성이었다.

*

몽골인들은 이제 자기네가 세계에서 가장 국제적인 도시 가운데 하나를 점령했음을 깨달았다. 자기네가 북쪽에 가지고 있는 어떤 도시도 이에 훨씬 못 미쳤다. 송나라가 항복한 뒤 몇 달 동안 기록 문서와 책, 가구와 비품, 무기와 미술품, 황실의 옷과 수놓은 직물, 은제품과 식기, 그저 진기한 것들이 수레와 배에 실려 베이징의 몽골 수도로 옮겨졌다. 칭기스 칸의 시대 이래 약탈은 체계적이고 규율 잡힌 일이어서, 각 물품에 대한 꼼꼼한 설명이 기록되고 복잡한 재분배 체계가 모든 사람(심지어 죽은 병사의 아내와 아이까지도)이 합당한 자기 몫을 받도록 보장했다. 원나라의 공식 기록에 따르면 이제 대규모 함대를 보유하게 된 바얀은 "송나라에서 약탈한 그림, 책, 기타 전리품을 바다를 통해 수도로 수송했다."[8]

이 결정은 국내 상업과 상품 이동을 둘러싼 황궁 내부의 경쟁이 격해질 것을 암시했다. 전쟁 동안에 아흐마드 파나카티가 이들에 대해 거의 전적으로 통제를 했지만, 바다에서 먼 중앙아시아 출신인 그는 육상 수송에 의존했다. 그는 수익성 있는 남중국의 해상무역에 대해서는 잘 알지 못했다. 바얀은 이제 분명히 그의 권력을 위협하고 있었다. 바얀은 전쟁에서 이겼으며 전리품을 재정 서기에게 넘길 생각이 없었다. 그는 전쟁 약탈물을 황제에게 직접 전하고자 했다.

상품과 함께 이 귀한 물건들을 만든 공예가와 기술공도 따라왔다. 천을 만든 직조공, 거기에 물을 들인 염색공, 옷을 꿰맨 재봉사, 미래를 예언한 점성가, 약물을 조제한 약사, 그들을 위해 병을 진단한 의사, 식사를 준비한 요리사, 도자기를 만든 도공, 책을 쓴 학자, 조각을 하고 그림을 그린 미술가 등이었다. 이것은 대체로 잊히긴 했지만 역사상 가장 큰 기술, 지식, 부의 이동 가운데 하나였다.

몽골 풍습에 따르면 전쟁 시기에 약탈되거나 몰수된 물건의 분배를 감독하는 것은 황후 또는 다른 일부 고위층 여성이었다. 차부이 황후는 약탈품에 대한 특별한 안목을 타고났고, 자신이 좋아하는 것을 남들에게 가지라고 권했다. 자신을 위해 무언가를 챙기는 법이 없었다.[9]

쿠빌라이 칸은 막대한 재산인 약탈한 송나라 보물을 대도(베이징)

에 투입하고자 했다. 통일 중국의 몽골 수도를 최고의 중국 미술품으로 장식하고, 새로운 학술 및 교육 전통의 토대로서 가장 좋은 서적 및 필사본 모음을 비치하는 것이다. 그의 새 수도는 수천 년 중국 역사와 문화의 보고가 될 터였다. 전쟁의 안개가 걷히고 새로운 시대가 시작되었다.

*

몽골 관리들에 의한 송나라 궁궐과 수도의 질서 있고 세심한 약탈과 대조적으로, 송나라 무덤의 약탈은 1284년 불교 승려 양연진가楊璉眞加의 부도덕한 감독 아래 이루어졌다. 중국 역사에서 흔히 공포스럽게 묘사되는 행위였다. 그는 쿠빌라이 칸의 허락을 얻었고 수익은 불교 사찰 재건과 신축에 들어간다고 주장했지만, 그것을 입증할 만한 증거는 없다. 보물을 찾기 위해 무덤을 파헤치면서 그는 여러 사람을 죽이고 이전 황제, 황후, 후궁, 조정 관리의 시신을 훼손했다. 《원사》는 그가 무덤에서 파낸 금, 은, 진주 목걸이, 옥, 필사본, 지폐의 양에 관한 놀랄 만큼 정확한 기록을 제공한다. 또한 그가 파낸 것의 상당 부분은 관리들을 피해 숨긴 사실도 기록하고 있다. 그가 저지른 범죄가 포악했음에도 불구하고 양연진가는 약속한 대로 물건과 보물을 다시 유통시켰고, 그 돈을 불교 미술품을 주문하는 데 사용했다. 그중 일부는 훌륭했지만 어떤 것들은 소름이 끼쳤다. 그는 사 태후의 죽은 남편 이종 황제의 두개골로 술잔을 만들었다. 그의 과도함을 불쾌하게 여긴 몽골 조정은 그의 재산을 몰수하고 두개골을 다시 묻게 했지만, 쿠빌라이 칸은 그 범죄로 승려가 처형받기 직전에 그를 살려주었다.[10]

칭기스 칸의 시대(또는 아마도 그 이전) 이래 몽골인들은 잔치, 개별 전사들이 한 용감한 행위에 대한 긴 찬사, 새로운 관작과 포상 제공 등으로 승리를 축하했다. 바얀은 공식적으로 송나라를 격파한 공을 인정받았으며, 마르코 폴로 같은 외국인 작가들은 이를 따라 그에게 칭찬을 퍼부었다. 1701년 사절로 처음 중국에 가서 중국 언어와 역사 연구에 몰두했던 프랑스의 예수회 사제 조제프-안-마리 드무아리악 드 마이야Joseph-Anne-Marie de Moyriac de Mailla는 이렇게 말했다. "그는 모든 영예를 그 장교들의 행위 덕으로 돌리려 했고, 그들의 가장 작은 공적이라도 곧바로 칭찬했다. 바얀은 몽골인은 물론 중국인에게도 칭찬을 받을 만했으며, 두 민족은 모두 오랫동안 이 위인이 죽은 것을 아쉬워했다." 이것은 베이징의 청나라 궁정 주변의 중국 역사가들의 견해였다고 그는 단언했다. 마르코 폴로가 거의 500년 전 묘사한 원나라 궁정에서의 바얀에 대한 대체적인 견해와 놀랍도록 비슷한 판단이었다. 와사프는 바얀이 "운명의 온갖 달고 쓴 열매를 맛보고 낮의 열기와 밤의 추위를 견뎌낸 경험 많은 노병"이라고 좀더 시적으로 묘사하고, 약간 알쏭달쏭하게 바얀이 "전 세계 암소의 젖을 다 짜냈다"고 덧붙였다. 아마도 그의 함대가 중국의 많은 부를 북쪽으로 실어갔음을 이야기하는 듯하다.[11]

기품 있는 바얀은 군사 영웅으로 칭찬을 받았지만, 송나라의 방어벽을 깬 상륙 공격을 지휘했던 아주는 뒷전에서 머뭇거리며 자기 상급자에 대한 지나친 칭찬을 지켜보고 있었다. 그러나 바얀은 진실을 알고 있었고, 아주에 대한 성심의 징표로서 아주가 해낸 보다 중요한 역할을 인정받게 하고자 했다. 쿠빌라이가 바얀에게 군 최고 위직을 주려 하자 그는 이를 사양하고 그 자리가 원나라 수군의 아버지인 아주에게 돌아가야 한다고 정중하게 제안했다. 그의 말이 겸손을 가장한 것인지 진심이었는지는 알 수 없지만, 그는 옳았다. 황제는 바얀에게 그 상을 주었고, 아주에게는 약간 낮은 또다른 자리를 주었다.[12]

14장

나라 없는 수군

군대를 논하기는 쉽지만 지휘하기는 어렵다.
— 왕월王越, 1473[1]

항복한 송 황실 사람들은 원나라 치하에서 안전하게 있었지만, 달아나서 아직도 쫓겨난 송나라에 대해 충성을 바치고 있는 사람들은 추적을 당했다. '단 한 명도 남지 않을 때까지 쳐부수고 파괴하라'는 칭기스 칸의 교훈에 따른 것이었다. 달아난 사람들은 송나라 지지자들에게 충신이었으나, 쿠빌라이에게는 반역자였다. 정말로 위험한 순간에 자기네의 생명을 걸고 맹세한 상대인 황제를 버린 사람들이었다.

송나라 조정의 일부 인사들은 사 태후가 항복하기 전에 수도에서 달아났다. 그들은 자기네가 찾을 수 있는 배들을 징발해 집어타고 남쪽으로 향했다. 그들은 일곱 살인 공제의 형을 데리고 가서 새 황제라고 선포했다(나중에 단종端宗이라는 묘호로 불린다). 언젠가 잃어버린 제국을 회복할 것이라는 희망에서였다. 중국 남부의 도시들은 흔들거렸다. 쿠빌라이에게 항복하기는 망설여졌지만, 송나라 반란자들과 손을 잡기는 두려웠다. 그들이 몽골을 몰아낼 전망이 갈수록 어두워졌기 때문이다.

사령관 바얀은 수군에 명령을 내려 남중국해 일대에서 이 고집 센 반란자들을 추적하게 했다. 이 원정은 원나라 수군 역사상 가장 멀리 나가는 것이었다. 그들이 강과 해안 지역에서 승리를 거두기는 했지만, 먼 바다에서 송나라 반란자들과 맞서는 것은 고사하고 그들을 발견하는 것조차도 장담할 수 없었다. 일본 침공 실패를 보더라도 확신하기는 어려웠다. 그러나 바다가 스텝 고원의 몽골 세계와는 아주 달랐지만, 그것은 또한 아주 익숙하기도 했다. 스텝에서 말을 타거나 바다에서 배를 타면 몽골인들은 사방으로 지평선 또는 수평선을 볼 수 있었다. 도시나 촌락에 사는 사람들에게는 매우 당황스러운 느낌이겠지만, 그곳은 풀의 바다에 있는 유목민에게 익숙하듯이 물의 바다에 있는 유목민에게도 익숙했다.

*

뜻밖에도 구조자가 몽골을 도우러 왔다. 원나라 수군에 부족한 바로 그 바다의 경험을 가지고 있는 사람이었다. 포수경蒲壽庚은 남중국에서 가장 부유한 상인이었고, 송나라의 해운과 연안 방어를 담당한 관원이었다. 그와 그의 형제들, 그 일가친척들은 취안저우에서 큰 사업체를 운영했다. 인구 50만 명의 취안저우는 남중국의 최대 항구이자 두 번째로 큰 도시였다. 그의 가족은 이슬람교도였고, 중국에 정착해 여러 대째 살고 있었다. 포수경은 송나라 행정 당국과 충분한 신뢰를 쌓아 취안저우의 행정에 관한 전반적인 책임을 맡았고, 자기 가족이 소유한 기업을 비롯해 사기업들이 장거리 운송 및 상업을 취급하도록 지정되었다. 포수경의 대형 화물선 선단의 규모는 송나라 수군 자체와 맞먹었고, 그의 선원들은 해로에 관한 지식에서 수군을

능가했다.[2]

그러나 포수경은 송나라 치하에서 번성을 누렸음에도 불구하고 끊임없는 전쟁이 사업에 지장을 주어 화가 났다. 송나라가 점점 더 많은 자원을 원나라와 싸우는 데 투입하고 신민들의 세금 부담을 늘리면서 그의 사업체가 수입하는 물건들을 살 돈을 가진 사람이 갈수록 줄었다. 심지어 상류층도 영향을 받았다. 게다가 송나라는 흔히 상인들, 특히 외국 출신 상인들을 수입원으로만 보았고, 포수경은 그들의 지배 아래서 돈을 벌었지만 고통도 겪었다.

우군이 없는 송나라 반란자들은 일곱 살짜리 황제를 데리고 취안저우 항구로 갔지만, 포수경은 그들을 두 팔 벌려 환영하지 않았다. 그는 몽골 지도자들과 자기네가 존경스럽게 대하는 이슬람 상인들 사이의 협력 관계에 대해 알고 있었고, 송나라 관리들의 속물근성이 망해가는 제국의 경제를 망치는 것을 보았다. 포수경은 송나라 충성파들을 돕다가는 곧 원나라 수군이 들이닥쳐 자기 사업체를 완전히 파괴할 것을 우려해 그들과 손잡기를 일체 거부했다. 송나라 반란자들은 포수경이 더는 고분고분한 신하가 아니라는 것을 알고, 그가 자기네를 떠나지 못하게 붙잡아두고 황제를 몽골인들에게 넘기기 전에 다시 바다로 달아났다.

포수경은 비밀리에 원나라 군대에 사람을 보내 반란자들에 대해 알리고, 원나라 편에 가담해 충성을 바치겠다고 청했다. 자신의 도시 취안저우뿐만이 아니라 그 휘하에 있는 여러 도시들을 포함해서였다. 몽골인들은 그를 환영했다. 그가 돈이 들고 인명 피해를 입히는 군사 원정을 아끼게 해주었기 때문만이 아니라, 그가 엄청난 부, 대양을 다니는 대규모 선단, 해로에 대한 정통한 지식을 가졌기 때문이기도 했다.

포수경의 취안저우 인도는 당초 생각했던 것보다 더 어려운 일임이 드러났다. 원나라 수군과 마찬가지로 그 육군도 이 영토를 점령하기에는 너무 멀리 있었기 때문이다. 취안저우에는 또한 항저우에서 온 난민들도 있었는데, 그들은 송 왕조에 대한 충성을 공언하고 이 도시가 새로이 원나라 중국에 충성을 바치는 것을 격렬하게 반대했다. 그들은 바다에 있는 송나라 반란자들과 접촉했고, 그러자 반란자들은 진로를 바꾸었다. 취안저우의 송나라 동조자들과 손잡고 포수경을 뒤엎겠다는 생각이었다. 원나라 수군이 근처에 없는 상황에서 송나라 잔여 함대가 항구를 공격하기 위해 돌아왔다.

기략이 뛰어난 포수경은 가장 가까이에 있는 몽골 장수 수게투 Sügetü(잘라이르부 출신으로, 중국과 베트남 사료에는 사도唆都로 나온다)에게 사람을 보내 편지를 전하게 했다.[3] 포수경은 이 편지를 수영을 아주 잘하는 사람의 귀에 넣고 밀랍으로 봉한 뒤 송나라 반란자 함대를 뚫고 나가게 했다고 한다.[4] 수게투는 늦지 않게 취안저우에 도착해 반란자들의 포위를 깨고 포수경을 구출했다. 이후 평생 동안 그들은 동맹자이자 가까운 협력 상대라는 관계를 유지했다. 이 도시는 이제 확실하게 원나라의 통제 아래 들어왔다.

해안 일대의 송 제국 장수들은 이제 힘이 빠져가는 송나라 반란자들과 계속 함께할 것인지 아니면 침략한 원나라에 충성을 맹세할 것인지를 숙고하고 있었지만, 취안저우에서 일어난 일의 중요성을 점차 알게 되었다. 그들은 하나씩 하나씩 포수경과 보조를 맞추어 쿠빌라이 칸에게 충성을 맹세했다. 포수경은 남중국 해안 대부분의 통제권을 장악했고, 남중국해 일대와 멀리 일 칸국에 이르는 인도양의 협력자 연결망도 장악했다. 그는 송나라 수군이 항저우를 지키기 위해 북쪽으로 옮겨가자 그들에게 버려져 10년 동안 사실상 혼자 힘으로 바다의 군벌이 돼서 해적과 싸우며 여러 해를 보낸 바 있었다. 이제 그는 바로 그 기술을 송나라의 이전 주인을 상대로 사용했다.

그의 해상 경험보다 더 탐나는 것은 그의 화물선 대선단이었다. 그는 이를 쿠빌라이 칸에게 제공했다. 이때 중국에서는 보통 길이 25미터 이상의 배를 만들었지만, 원나라와 송나라의 전함과 상선은 연해와 강을 운항하기 위한 것이지 대양을 오가기 위한 것은 아니었다.[5] 포수경의 배들은 취안저우에서 페르시아까지 항해(2년이 걸렸다)할 수 있게 튼튼하고 준비가 잘되어 있었다. 포수경은 선단을 쿠빌라이에게 기증했지만 아무것도 잃지 않았다. 다른 어떤 상인, 관리, 선원도 배를 조작할 능력이 없었고, 남방의 무역로를 알지도 못했다. 쿠빌라이는 기증받은 배들을 다시 포수경의 통제 아래 두었지만, 그는 이제 정부 관료로서 훨씬 더 힘이 세졌다. 포수경은 송나라 수군의 잔여 세력에게서 빼앗은 배들을 추가해 개인 선단을 더욱 늘렸다. 포수경은 몽골 황제 편에 가담함으로써 원정의 마지막 몇 달 동안 원나라에 결정적인 이점을 안겼다. 원나라 군대가 아마도 결국에는 이겼겠지만, 포수경은 그 승리를 더 빠르고 더 극적으로 만드는 데 도움을 주었다.

*

살아남은 송나라 반란자들은 사실상 자기네 배에 갇힌 꼴이 되었다. 강력했던 왕조의 잔여 세력은 나라와 수도를 잃고 우연히 마주치는 동조자들의 배려에 의존해 남중국해 일대를 떠돌아다녔다. 그러나 아직 그들은 이곳저곳의 섬과 암석 노두를 떠돌아다니며 제국 궁정이라는 허세에 귀한 자원을 낭비했다. 이 초라한 함대가 아무리 멀리 달아나더라도 원나라 군대는 집요하게 그들을 따라갔다. 어린 단종 황제가 더 큰 반란의 구심점이 되는 것을 차단하려는 것이었다.

버려진 조정의 패잔병들은 더 남쪽으로 항해해 갔다. 베트남에서 피난처를 찾기 위해서였다. 베트남은 몽골의 침략에 맞서 스스로를 지키는 데 성공했고, 이전에도 달아난 송나라 사람들에게 피난처를 제공했다. 베트남 연대기들은 첫 난민 상인들의 도착을 차분한 말로 전했다. "그들은 보물과 가족들을 실은 30척의 배로 도착했고, 12월에 수도로 안내되고 거기서 정착했다. (…) 그 이후 그들은 시장을 열고 약품과 비단을 팔아 살아갔다."[6] 상인들이 베트남에 약간의 편익을 제공했지만, 이전 몽골 침입 때 황제의 손자인 쩐 황제 인종仁宗은 필사적인 송나라 조정에 호의를 베푸는 일을 서두르지 않았다. 그랬다간 이미 불편한 관계로 마주쳤던 몽골인들을 더욱 화나게 할 수 있었다.

베트남 관리들은 어린 황제를 어떻게 해야 할지 결정하는 일에서 해방되었다. 제국 함대가 베트남에 도착하지 않았기 때문이다. 태풍이 바다 쪽에서 불어와 역사의 진로를 바꿔놓았다. 관리가 허술하게 된 송나라 배들은 강한 바람과 높은 파도에 심하게 손상됐고, 단종 황제가 탔던 배도 마찬가지였다. 단종은 배에서 튕겨져 나갔다. 아마도 폭풍우 때문일 수도 있고, 그 궁정의 누군가가 한 일일 수도 있었다. 아이 황제가 허우적거리고 헤엄도 칠 줄 몰라 시종들은 황제를 구하기 위해 사투를 벌였다. 결국 황제를 물에서 끌어올렸지만, 그는 저체온증과 정신적 외상으로 얼마 후 곧 죽었다.

*

폭풍우에 파손된 배들로 이루어진 피폐한 소함대는 1278년 5월 10일 란터우섬(다위산大嶼山섬)에 상륙했다. 여기에는 열기에 그을린 텁수룩한 선원들과 조정을 예전 상태로 되돌리는 일에 여전히 매달리고 있는 몇몇 완고한 몽상가들이 타고 있었다. 송 왕조는 그 마지막 해에 접어들고 있었다. 단종 황제는 죽었으나 이제 일곱 살이 된 이복동생 조병趙昺이 여전히 함대의 보호를 받고 있었다. 그들의 절박한 상황을 감안하면 과장된 격식으로 그들은 조병을 송나라의 열여덟 번째 황제 자리에 올렸다. 그러나 황제 지망자인 유순한 아이에 대한 바라지는 급속하게 빈약해졌다. 그것은 위험한 일이었다. 이름은 영광스럽고 옷은 비쌌지만, 바닷바람에 무늬비단 옷을 펄럭거리고 있는 그는 주위의 권력에 굶주린 사람들을 위한 편리한 휘장에 지나지 않았다. 하늘이 기적적으로 자기네 조정을 회복시켜줄 것을 기도하는 사람들이었다. 그들 가운데 한 사람은 사그라지는 사기를 끌어올리고자 하면서 이렇게 말했다. "옛사람은 부대 하나로, 심지어 작은 병력의 부대로 왕조를 재건하는 데 성공했다. 우리는 아직 우리 정부와 우리 군대를 갖고 있고, 하늘이 우리를 저버리지 않는다면 우리는 여전히 나라를 갖고 있을 것이다."[7] 그들은 깨닫지 못하고 있었지만, 하늘은 그들을 버린 지 오래였다.

떠도는 송나라 조정은 이동을 계속해 산으로 어느 정도 가려진 큰 만灣에 피난처를 잡았다. 마카오 남쪽 약 20킬로미터에 있는 야산섬 厓山島이었다. 320킬로미터 더 남쪽에 있는 하이난섬의 송나라 충신들이 물자를 보내주었다. 반란자들은 관례적으로(그러나 우선순위를 잘못 잡은 것이었다) 섬의 나무를 베어 어린 황제와 조정 관리들을 위한 궁궐을 짓고 그런 뒤에 함대를 수리하고 보강하고자 했다. 원나라 수군의 척후는 곧바로 이 거의 버려진 섬에 있는 반란자들의 임시 수도를 발견했고, 1279년 초에 몽골의 배들이 사방에서 도착하기 시작했다. 그들은 먹잇감을 노리는 상어처럼 섬을 에워쌌다.

송나라 장수는 더는 부하들을 믿을 수 없었다. 그는 남아 있는 배들을 정박시키라고 명령하고 총 1천 척이 넘는 배들을 항구 입구를 가로질러 사슬로 연결하게 했다. 최후의 순간을 위해 송 왕조는 그 배들을 움직이지 않는 방어 함대로 사용했다. 거기에 몽골의 불을 막기 위한 단열재로서 진흙과 침니沈泥를 발랐다. 침입을 막기 위한 성벽이었다.

〈송계삼조정요宋季三朝政要〉를 위해 수집된 송나라 공식 문서들은 생생하지만 고통스러운 종말의 기록을 제공한다.[8] 가장 상세하고 열정적인 것은 신국공信國公 문천상文天祥의 것이다. 그는 마지막 아이 황제들의 조정에서 일했고, 이 역사적인 왕조의 붕괴를 자세히 묘사한 글을 썼다.

배들로 만든 장성 한가운데에 황제의 '용주龍舟'가 있었다. 황제의 존재가 부하들의 떨어진 사기를 북돋울 것이라는 희망에서 눈에 띄게 자리잡았다. 진흙을 바르고 갑판에 무기를 도열시킨 것 외에, 용주는 마치 유람선처럼 꾸며졌다. 황제는 황색 황제복을 입고 직인을 지녔다. 그에게는 애완동물이 있었다. 귀여운 흰 앵무새였다. 다가오는 격렬한 전투에서 황제를 달래주고 그의 관심을 돌리게 하려고 가져온 것이었다. 송나라 장수는 자기네가 버릴 육지에 병사가 남아 있을까 우려해 가옥들을 불태우라고 명령하고, 모든 병사에게 배에 타라고 지시했다. 이로 인해 육상 기지는 허약해졌다. 그것은 거의 이 장수가 장렬한 순국을 위한 어떤 자살 충동에 따라 행동해 수천 명을 함께 데리고 가겠다는 결의처럼 보였다.

반면에 원나라 장수는 이 운명의 반전을 이용해 버려진 섬의 통제권을 장악했다. 그곳에서 그들은 송나라 배들에 물과 밥을 짓기 위한 땔나무의 공급을 차단했다. 사슬로 묶은 임시 성벽에 갇힌 절망적인 병사와 선원들은 곧 생쌀을 먹고 바닷물을 마시지 않을 수 없게 되었다.

몽골 장수는 대학살을 막기 위해 송나라 장수에게 사람을 보내 개인적인 편지를 전하게 했다. "당신네 재상은 달아났고, 당신네 대신 문천상은 포로가 됐소. 더 싸울 이유가 무엇이오?" 전쟁은 끝났고 결과는 뻔했다. 더 고통을 겪을 필요가 없었다. 선택지는 단순했다. 항복이냐 순국이냐. 송나라 장수는 여전히 오만하고 완고했다. 그는 이렇게 답했다. "항복한다면 내 목숨을 구할 수 있고 부귀영화를 누릴 수 있다는 것을 알고 있소. 그러나 우리 주군이 살아 계시는 한 나는 그분을 버릴 수 없소. 내가 항복하기를 바란다면 봉쇄를 풀고 우리가 바다로 나가게 해주시오."

*

야먼崖門 전투는 1279년 3월 19일 아침 가는 비가 뿌리는 가운데 시작되었다.[9] 양쪽이 모두 폭탄과 불화살을 쏘았지만, 원나라 군대에는 벼랑 위에서 송나라 배들을 향해 발사하는 병사들이 있었다. 새장에 갇힌 새를 쏘는 것 같았다. 전투는 일방적인 학살이었다. 죽어가는 사람들의 비명이 들리지 않게 하고 자기네 병사들의 사기를 유지하기 위해 원나라는 배에 악사를 승선시키고 차폐물로 가렸다. 송나라 투사들이 이 갑작스러운 음악을 듣고는 "식사 시간이라고 생각해 느슨해졌다."[10] 그러나 질서가 흐트러지고 당황한 송나라에 대한 공격은 느슨해지지 않았다.

두렵고 배고프고 목마르고 바닷물을 마셔 설사병으로 고통받고 있던 송나라 병사와 선원들은 물론 수영을 하지 못하는 사람도 물로 뛰어들기 시작했다. 불에 타 죽기보다는 물에 빠져 죽는 것을 선택한 것이다. 수천 명이 죽었다. 적의 불에 의해서가 아니라 자살에 의해서였다.[11]

제정신이 아니었던 송나라 대신 육수부陸秀夫는 종말을 받아들였지만 중요한 정보가 승자의 손에 들어가지 않기를 바랐다. 그는 편지와 국가 공식 문서들을 배 밖으로 내던졌다. 죽어가는 송나라의 붉은 관인이 찍힌 문서 조각들이 바다 속으로 사라지면서 바닷물이 먹으로 인해 시커메졌다. 육수부는 검을 휘두르며 자기 자식들을 바다로 던졌고, 겁먹은 아내를 소용돌이치는 바다로 뛰어들라고 윽박질렀다. 살려달라는 비명 속에서 비단옷을 입은 아내는 서서히 아래로 빨려 들어가고 있었다.

충직한 병사 한 무리가 제국 조정을 구하고 황제를 구하기 위한 마지막 노력을 했지만, 거대한 용주를 배들의 성벽(거기에 밧줄과 사슬로 묶여 있었다)에서 풀어낼 수 없었다. 저녁 무렵에 이슬비가 짙은 안개(불타는 배에서 뿜어져 나온 연기와 섞였다)로 바뀌면서 그들은 빛이 사라져가는 것을 이용해 혼란 속에서 작은 배로 용주에 다가갔다. 당황하고 혼란스러워진 육수부는 교활한 음모를 꾸민 부하들이 황제를 납치해 몽골에 넘기려는 것이 아닌가 의심했다. 그는 아이 황제를 내주지 않고 구조하러 온 자들을 몰아냈다.

일곱 살짜리 황제를 향해 그는 이렇게 말했다고 한다. "폐하께서는 나라를 욕되게 해서는 안 됩니다." 조병이 짊어지기에는 너무 무거운 말이었다. 결연한 육수부는 마지막 평결을 내렸다. "폐하께서는 나라를 위해 죽으셔야 합니다!" 어린 소년은 황제가 되겠다고 선택하지 않았다. 마찬가지로 그는 자신이 언제 어떻게 죽을지도 선택하지 못했다. 그는 천진난만한 아이였지만, 순국은 선고처럼 그에게 부과되었다.

방봉方鳳은 송나라에서 관직을 갖지 않았지만 왕조의 열렬한 충신으로 남았다. 그는 전투 당시 30대 후반이었다.[12] 그는 5년 전에 이렇게 경고했다. "우리에 갇힌 동물도 발버둥을 치는데, 멸망 직전의 나라는 어떨 것 같소?"[13] 이 경고는 아무런 소용이 없었다. 그는 자신의 시 〈육수부 승상을 애도함哭陸丞相秀夫〉에서 이 장면을 묘사했다.

> 제위가 미약해 이제 아이를 끼고 있고
> 형세가 극에 달하나 아직 떠받치고 있다.
> 바다거북의 등에 중국을 태우고
> 용이 수염을 드리우고 바다 밑바닥에서 하늘로 오른다.[14]

육수부는 아이 황제를 부둥켜안고 바다로 뛰어들었다.[15] 혼란 속에서 꽥꽥거리는 황제의 애완동물 앵무새가 방봉의 경고를 실현하려는 듯했다. 새는 "날개를 치며 소리를 지르다가 그 바람에 새장이 풀려 물속으로 떨어졌다."[16] 313일 동안 황제 자리에 있던 황색 옷을 입은 아이는 운명의 버림을 받고 수호자들에게도 버림을 받아 흰 앵무새와 함께 파도 속으로 가라앉았다. 송 왕조의 마지막 사람이 마침내 꺾였다.

*

300년 전 무적의 황제 태조太祖의 목이 터질 듯한 함성 속에서 시작됐던 예술, 상업, 문학, 철학의 장려한 왕조가 물에 빠진 아이의 당혹스러운 눈과 잦아든 외침 속에서 사라져갔다. 그 이름을 아는 이가 거의 없는 무명의 황제였다. 전투가 잦아들고 며칠 뒤 송나라 배들이 항구에서 연기를 피우고 있는 가운데 청소를 하던 원나라 병사 하나가 황제의 황색 옷을 주웠다. 직인은 아직 붙어 있었으나, 아이 황제의 시신과 그의 흰 앵무새는 영원히 사라졌다. 그들에 대한 전설은 과거를 그리워하는 송나라 지지자들 사이에서 살아남았다. 그들은 이제 여러 세대에 걸쳐 북쪽 사람들의 가혹한 지배를 견뎌야 했다. 아이 조병은 외세의 손에 시달리는 중국의 영원한 상징이 되었다. 생존한 한 목격자는 이 장면을 압축적으로 요약했다. "어제 아침까지만 해도 송나라 배들이 야산 바다에 정박해 있었다. 그런데 오늘은 몽골 배만이 남아 있다."[17]

북송 왕조는 황실 여성들의 포박과 순국으로 점령자인 금나라에 의해 종말을 고했다. 남송 왕조는 무익한 해전으로 끝이 났다. 역사는 사 태후가 몽골에 항복했다고 해서 비난하고 살해된 조병을 순국 영웅으로 취급하지만, 태후는 아이인 공제의 생명을 책임지고 있었고 그 희생 덕분에 황제는 50년 가까이 더 살았다. 남자들이 전쟁에 졌지만, 그들은 한 여성을 비난했다.

전사에게 가장 진실한 찬사는 적이 해주는 찬사다. 바얀 장군은 자기네 황제를 버리지 않고 성실하게 보호하다가 죽은 병사와 선원들의 영혼에 경의를 표하기 위해 경건한 유교식 제사를 지내주었고, 아주 역시 죽은 그들의 적에게 찬사와 존경을 표했다. 그들은 황제였던 아이 조병에 대한 기억을 성스럽게 만들었다.

*

그로부터 100년 뒤에 《원사》의 편찬자 송염은 중국의 완전한 통일로 이어지는 몽골 정복의 첫 100년을 요약하면서 이렇게 썼다. "우리 대원은 중국 세계를 평화롭게 하라는 하늘의 밝은 명을 받았다. 하늘의 창槍이 가리키는 곳, 그 수많은 방향을 모두 따랐다." 그 역사에서 그는 북의 비유를 발견했다.

첫 번째 북소리에 많은 몽골 부족들이 통합되었다. (1227년의) 두 번째 북소리에 하夏(서하) 사람들이 평화를 청했다. (1234년의) 세 번째 북소리에 금나라가 복종했다. (1279년의) 네 번째 북소리에 송나라가 평정되었다. 광대한 왕국은 하나의 가르침 아래 통합되었다. 모든 사람은 황제의 하인이었다. 계획과 판단이 훌륭했기 때문에 그의 모든 행동은 승리로 귀결되었다. 이와 함께 그는 능력 있는 사람과 흔들림 없이 충성스러운 관료들에게 의존했다. 이들이 그로 하여금 하늘의 은혜를 재촉하게 했고, 업적이 이루어지고 통치가 확립되는 속도가 엄청나게 빨랐다.[18]

150여 년 만에 처음으로 북중국과 남중국이 단일한 통치자 아래 합쳐졌다. 게다가 새로운 중국은 이전에 비해 아주 많은 영토를 포괄했다. 몽골뿐만 아니라 티베트, 윈난, 멀리 톈산산맥까지의 실크로드, 만주 같은 곳들이었다. 이해는 토끼해였다. 희망과 장수를 상징하는 연약하고 유순한 동물이며, 중국 12지支의 열두 동물 가운데 가장 운 좋은 동물이었다.

이해는 예순네 살의 쿠빌라이에게 좋은 해였다. 중국 통일은 그의 인생 최고의 업적이었다. 그는 자신의 아버지와 황실 가문의 다른 모든 남자들을 능가했다. 마침내 그는 자신의 할아버지 칭기스 칸 이래 가장 위대한 정복자가 되었다.

그는 이 지점에서 멈췄어야 했다.

3부

바다의 실크로드

중국의 바다에서 여행은 오직 중국 배로만 이루어진다.
—이븐바투타

15장

일본 상공의 검은 바람

그리고 모두가 외쳐야 한다. 조심해! 조심해!
— 새뮤얼 테일러 콜리지, 〈쿠블라 칸: 꿈에서 본 것〉, 1797

아주가 장강을 건넌 이후지만 남송 세력을 최종적으로 격파하기 전의 어느 시기에 니콜로, 마페오, 마르코 폴로는 예루살렘에서 구한 성유와 교황의 편지를 가지고 쿠빌라이 칸의 궁정에 도착했다. 학자들은 그 시기에 대해 논쟁하고 있지만, 쿠빌라이가 여름 수도 상도의 행궁에 있던 1275년 여름에 가까웠던 듯하다. 서방 세계에서 쿠빌라이 궁정의 불가사의한 독특성을 처음 알게 되고 거기에 매혹된 것은 20년 후 마르코 폴로가 한 이야기를 적은 글을 통해서였다. 이 미지의 순간에 쿠빌라이는 세계에 알려지기 시작하고 결국 중국의 모든 황제 가운데 가장 유명해지게 된다.

쿠빌라이 칸의 여름 수도는 그의 중국인 신민에게도 이례적인 곳이었다. 이 행궁을 방문했던 왕운王惲은 쿠빌라이 치세 동안의 가장 이른 묘사 가운데 하나를 남겼다.

이곳은 사방이 산으로 둘러싸였으며, 무성하고 아름다운 시골에서 좋은 곳에 자리를 잡았다. 도시 동북쪽으로 10리를 못 가서 큰 소나무 숲이 있는데, 여러 종류의 새들이 드나든다. (…) 산에는 좋은 나무들이 들어차 있다. 물고기와 소금, 그리고 수백 가지의 귀한 자연 산물이 풍부하다. 양과 소가 잘 자라고 번식해 주민들은 가까이서 풍부한 식품을 공급받을 수 있다. 강은 얕지만 넓다. 물은 추운 계절에 강바닥까지 얼어붙는다. 날씨는 여름에 서늘하고 겨울에는 매우 춥다. 요컨대 제국의 동북 지역 전체에서 가장 추운 곳이다.[1]

마르코 폴로는 자신의 책 제61장에서 사치스러운 실내에 더 관심을 기울였다. "모두 사람과 짐승과 새의 모습, 다양한 나무와 꽃으로 꾸미고 그렸으며, 아주 절묘한 기술로 만들어 보는 이들이 놀라움과 환희를 느끼게 될" 것이었다. 그는 또한 몽골의 이동식 게르에 대해서도 묘사했다.

좋은 나무가 있는 공원에 그는 또 하나의 등나무로 만든 궁궐을 갖고 있었다. (…) 기둥은 모두 도금한 용이었는데, 용의 꼬리가 기둥에 붙어 있었다. (…) 궁궐 건물은 매우 잘 고안돼서 헐었다가 금세 다시 지을 수 있었다. 그리고 그것은 모두 분해돼 어디든 황제가 명령하는 곳으로 옮길 수 있었다.

마르코 폴로는 예리한 관찰자였지만, 때로 자신이 들은 얘기나 그저 믿고 싶은 것에 기만당하기도 했다. 이후 수백 년 동안에 마르코 폴로의 책에서 묘사된 쿠빌라이 칸의 엄청난 부는 왕들과 상인 탐험가들의 관심을 사로잡았다. 그러나 서방 문인들의 상상력을 사로잡은 것은 쿠빌라이와 그 궁정(특히 상도)의 매혹적인 색다름이었다.

마르코 폴로는 이곳을 여러 가지로 표기했으며 가장 많은 것이 카이펑푸開平府를 페르시아어로 적은 카이민푸Kaiminfu의 변형을 사용하는 것이었다. 그러나 이 여름 수도는 사나두Xanadu로 가장 잘 알려지게 된다. 그의 묘사는 잉글랜드 작가 새뮤얼 퍼처스Samuel Purchas가 1614년 세계에 관한 그의 책을 쓸 때 인용되었다. 1797년 어느 여름날 밤에 아편을 흡입한 영국의 시인 새뮤얼 테일러 콜리지는 졸면서 쿠빌라이의 사나두에 관한 퍼처스의 글을 읽고 있었다. 그는 잠이 들어 꿈을 꾸었고, 그것이 영어권 세계에서 유명해지는 파편적인 시 〈쿠블라 칸Kubla Khan: or A Vision in a Dream〉이 되었다.

아편으로 인한 쿠빌라이 칸에 대한 이 영묘한 환상은 그와 중국을 더욱 호소력 있게(특별히 사실적이지는 않지만) 조명하는 서방 신비주의 전승의 하나로서 낭만화되었다. 마르코 폴로의 말에 분명하게 나타난 매혹적인 이미지와 젊은이의 우상화는 이 경외심을 품은 유럽인들이 중국 궁정에 도착한 직후 쿠빌라이 칸이 시도하려 했던 현실과 충돌했다.

*

정복자는 물러나지 않는다. 쿠빌라이는 한때 세계에서 가장 강한 제국이었던 송 왕조의 잔여 세력을 쳐부쉈지만, 아직 자신의 사촌들은 꺾을 수 없었다. 그들은 중앙아시아를 지배하며, 오직 자기네 구미에 맞을 때만 일시적으로 상품과 사절의 통과를 허락했다. 그들은 무역의 규모를 통제했고, 그 물량을 적게 유지했다. 그러나 쿠빌라이는 일 칸국의 조카들과 더 많은 양의 무역을 해야 할 필요가 절실했고, 그들이 일 칸국에 갈 수 있는 유일한 방법은 바다를 통하는 것이었다.

송나라의 항복 이후 원나라 조정은 활동이 부산해졌다. 쿠빌라이는 자신이 중국을 통일했으며 자신의 몽골 원 왕조가 송 왕조를 대신했음을 세계에 알리고 싶었다. 이전 왕조와의 사이에서 형성됐던 모든 조공 및 무역 사절이 이제 원나라 조정을 향해 방향을 재정립해야 했다. 그는 한족 장수 양정벽楊庭璧을 사절로 선택했지만, 두 명의 유능한 위구르 관리 카사르 카야Khasar Kaya와 이그미시Yighmish도 함께 보냈다.² 양정벽은 취안저우의 포위를 풀어 포수경을 돕기 위해 온 장수 수게투와 함께 일한 뒤 1279~1280년에 바다로 나가 베트남의 참파를 거쳐 남인도의 말라바르 해안에 갔다. 여러 왕국들에 중국이 사업을 위해 개방됐으며 그들과 무역 협정을 맺기를 열망한다고 알리는 편지를 들고서였다.

이 사절들은 취안저우와 광저우 항구에서 건조된, 이전의 어느 것에 비해서도 성능이 좋고 선진적인 원나라 배를 타고 갔다. 그들은 중국에서 인도까지 "배 한 척에 최대 열두 개의 돛을 달고" 바다를 건넜다. 승객은 최대 1천 명에 달했는데, 그들은 네 개의 갑판에 있는 각자의 선실을 가지고 있었고 각 선실 문에는 자물쇠와 열쇠가 있었다. 승객의 개인 소지품과 가장 중요한 그들의 상품을 인도로 가고 다시 중국으로 돌아오는 긴 항해 동안 보호하기 위해서였다.³ 공식적으로 이 원정은 쿠빌라이 칸과 여러 남아시아 통치자들 사이의 외교적 거래였지만, 이는 대체로 무역 원정이었다. 중국에서 출발하는 선단은 자기와 공단, 그리고 철과 은을 싣고 갔다. 인도에서 중국으로 돌아올 때는 의약품, 향신료, 의류를 실었다.

번역자들은 몽골어 편지와 포고를 유라시아 대륙의 여러 언어로 번역했지만, 한반도에서부터 소아시아까지의 공식 생활을 지배한 것은 의문의 여지 없이 몽골어였다. 물론 지배층에만 국한됐고 일반인이 접근할 수는 없었지만 몽골어는 첫 세계 공통어였고, 중국, 이란, 이라크, 러시아가 하나의 공식 언어 아래 통합되는 일은 이후 다시 일어나지 않았다.[4] 중국의 책력 또한 몽골인들이 어디를 가든 따라갔다. 이슬람교도, 기독교도, 불교도들의 지역 책력은 일상생활과 종교적 용도로 계속 사용됐지만, 공식 문서에서는 중국식 책력의 몽골판을 따랐다.

쿠빌라이는 자신의 권력 강화와 서방으로 가는 새로운 무역로 탐색의 일환으로 황하, 장강, 메콩강 상류의 지류들에 탐험대를 보냈다. 이미 아무르강을 사할린섬 부근의 입구까지 훑은 그는 칭하이 티베트고원의 장강 발원지를 탐험하는 원정을 명령했다. 1277년 무렵의 탐험에서 강의 발원지로 밝혀진 곳이었다.[5] 1281년, 그는 황하의 발원지를 찾고 지도를 그리기 위한 또다른 탐험대를 보냈다. 그의 탐험대와 정찰대는 내륙으로 가서 북쪽의 얼어붙은 동토대와 서쪽의 광활한 사막이나 높은 산과 마주쳤다. 그 너머에 카이두 칸과 자주 적대감을 보이는 그의 친척들이 중앙아시아를 통치하고 있었다.

그러나 쿠빌라이는 그저 무역로를 찾는 것이 아니었다. 그는 패배한 송나라 군대의 불만을 품은 병사들과 외국의 지배에 분노하는 수천 명의 중국인 충신들을 안전하게 추방할 수 있는 어딘가를 원했다. 그는 그들 모두를 죽일 수도 없었지만, 그들을 평화적으로 자신의 제국에 흡수할 수도 없었다. 그래서 처음에는 송나라 병사들과 충성파들을 고려에 정착시켰지만, 그곳에서 그들의 반몽골 정서가 외세 점령에 대한 고려인들의 분노를 악화시켰다. 패배한 송나라 병사들과 불만을 품은 고려인들이 합쳐져 베이징의 문 앞에서 예측할 수 없는 위협을 제기했다. 그들을 가장 먼 곳으로 보내 위험이 통제할 수 없는 수준으로 타오르기 전에 제거하는 것이 나았다.

*

일본의 섬들은 가깝지만 충분히 고립되어 있어 패배한 송나라 병사들과 반항적인 신민들을 이주시킬 후보지로 적합했다. 그리고 일본에 승리하는 것은 쿠빌라이가 이전의 실패한 침공에서 잃었던 명예를 되찾는 일이기도 했다. 그의 중국인 참모들은 첫 번째 시도 때와 마찬가지로 반대했다. 그중 한 사람이 간결하게 말했듯이 "일본에 승리한다고 우리의 명예가 높아지지 않는다"는 것이었다. 가장 유능한 대신들은 수십 년에 걸친 전쟁으로 군대는 원정에 나설 의욕이 없고 휴식이 필요하다고 주장했다. 그중 가장 대표적인 사람이 칭기스 칸이 존중했던 거란인 참모 야율초재耶律楚材의 손자 야율희량耶律希亮이었다. 그는 다툼을 벌인 중국의 왕조들은 300년 동안 전쟁을 했고 나라와 군대와 심지어 농민들도 휴식이 필요하다고 쿠빌라이 칸에게 경고했다. 이제 송나라가 멸망했다며 그는 평화를 권했다. 일본은 몽골에 아무런 위협도 가하지 않았고, 중국의 사회와 경제를 회복하고 나서 침공해도 늦지 않았다.

쿠빌라이는 흔히 그랬듯이 자신과 의견이 다른 참모들을 무시했다. 1281년, 일본을 상대로 한 새로운 해상 원정을 준비하기 위해 쿠빌라이는 선원과 병사들에게 한 달 동안 휴가를 주었다. 그들이 가족을 찾아가거나 아마도 작별 인사를 할 시간을 준 것이다. 그 한 달의 끄트머리에 그는 장교들에게 동기 부여를 하기 위해 큰 잔치를 베풀

었고, 그런 뒤에 대규모 함대를 출발시켰다.[6]

하지만 쿠빌라이의 일본 침략은 그에게 비극의 시작이었고, 섬뜩한 징조를 드러냈다. 1281년 3월 20일, 쿠빌라이의 아내 가운데 가장 평판이 좋고 검소한 차부이 황후가 죽었다. 그의 통치에 협력자였고, 아마도 40년 전 혼인한 이래 그가 인생에서 진정으로 사랑한 사람이었을 것이다.[7] 쿠빌라이는 그 상실에서 완전히 회복하지 못했던 듯하다. 아무도 차부이를 대신할 수 없었다. 황후의 죽음은 앞으로의 일에 대해 어두운 그림자를 드리웠고, 조정으로 하여금 쿠빌라이의 침공이 잘못되지 않나 하는 의구심을 갖게 했던 듯하다. 그런 두려움은 이유가 있는 것으로 드러났다.

그는 차부이의 바람에 따라 다시 혼인을 했다. 그의 마지막 아내는 차부이의 오라비의 딸이었다. 분명히 차부이가 선택한 여성이었고, 새 아내는 자기네 콩기라트 가문의 영향력과 행복을 증진시키기 위해 지칠 줄 모르고 노력했다. 이 혼인은 심지어 차부이가 죽기 전에 치러졌는지도 모르지만(정확한 시기는 알 수 없다), 2년의 거상 기간이 지난 1283년에 예순아홉 살의 황제는 남부이Nambui를 제1황후로 선언했다. 중국의 황후이자 몽골제국의 카툰이었다. 남부이는 쿠빌라이의 막내아들을 낳았다. 그의 존재에 대해서는 《원사》에 간단하게 언급될 뿐인데, 이름이 테메치Temechi였다.[8] 그가 언제 태어났고 언제 죽었는지는 알 수 없고, 일찍 죽었다는 사실만이 전한다.

남부이는 차부이의 오르도를 물려받았다. 차부이의 궁정, 게르, 하인을 받았다. 이는 남부이 역시 죽은 황후 차부이가 받았던 장식품과 존경을 받았다는 얘기다. 쿠빌라이는 몽골 풍습에 따라 나머지 생을 남부이의 오르도에서 보냈다.[9] 몽골인의 아내는 언제나 자신의 오르도에 누구를 들이거나 배제할 수 있는 독점적 권리를 행사했다. 이에 따라 남부이는 쿠빌라이의 중개인 역할을 하고, 그의 이름으로 명령을 내리고 계획을 승인했으며, 그가 원하는 것을 다른 사람들에게 알리고, 어떤 사람이나 어떤 일에 그가 관심을 가질 수 있는지를 결정했다. 남부이는 믿을 수 있는 소수의 측근들만 쿠빌라이가 있는 곳에 받아들였다. 나머지는 자신의 이야기와 보고를 쿠빌라이에게 전하고 전하지 못하는 것을 남부이에게 의존해야 했다. 쿠빌라이가 원하는 것을 전달하는 일도 마찬가지였다. 《원사》는 쿠빌라이가 생애 마지막 8년 동안 감정적으로 가까이하기 어렵고 화를 잘 냈으며, 황제로서의 지위에 매우 집착했지만 자신의 공식 업무 상당 부분을 남부이에게 맡겼다고 전한다. 이런 기록이 있다. "황후는 점차 정치에 개입했다. 승상과 대신들은 황제를 자주 볼 수 없었고, 그런 일들을 황후를 통해 보고해야 했다." 쿠빌라이의 생애 마지막 10년 동안 남부이가 궁정에 큰 영향을 미쳤음에도 불구하고 《원사》에 있는 간략한 남부이의 전기에는 황후가 지녔던 견해나 지지한 정책에 대해서는 아무런 단서도 보이지 않는다.

*

일본인들은 몽골의 제1차 침략의 교훈을 잊지 않았다. 그리하여 쿠빌라이가 송나라 정벌에 매달리고 있는 동안 해안선 방어를 강화하고 다가오는 침공에 맞설 준비를 했다. 그들은 해안가와 도시 주위에 방어벽을 건설했으며, 땅에 박을 쇠못을 만들고 병사들을 훈련시켰다.[10] 일본 관리들은 이번에도 절의 승려들에게 하늘에 보호를 빌고 적의 파멸을 간청하는 의식을 처러줄 것을 요구했다.[11]

《원사》에 따르면 서른네 살의 몽골 관리인 예부시랑 두세충杜世忠

은 해외로 가는 쿠빌라이의 사절단을 이끌었다. 다른 네 명의 대표가 함께 갔다. 중국인 관리인 병부시랑 하문저何文著는 서른여덟 살로 나이가 가장 많았다. 아마도 일본을 공식 방문한 첫 이슬람교도였을 사드르 앗딘Sadr al-Din은 서른두 살쯤으로 계획 책임자이자 장비 관리자였다. 고려인 통역 한 명과 중국인 서기 한 명이 그들과 함께 갔다. 일본 조정은 약간의 논의 끝에 그들 모두를 체포해 참수했다.[12] 이 처형은 쿠빌라이에게 강력한 메시지를 주었다. 이에 대응해 쿠빌라이는 고려에 기반을 두는 정동행성征東行省을 설치했다.[13]

쿠빌라이는 1279년에 이미 남중국에 새 선박 600척을, 고려에는 900척을 건조하라고 명령했다. 그러나 수십 년에 걸친 전쟁과 빈곤 심화로 남중국이 해내기 어려운 요구로 드러났다. 쿠빌라이의 북쪽 조정보다 남부 지역의 사정을 더 잘 알았던 포수경은 푸젠성에서 명령받은 200척 가운데 50척만 만들 수 있다고 보고했다. 도시들은 줄줄이 할당량을 채우지 못했다.

범문호范文虎는 서둘러 건조된 이 선박들의 동원을 감독했다. 새 선박의 물량 부족과 열악한 품질을 발견한 그는 전쟁 동안 나포한, 더 잘 만들어진 송나라 전함을 원나라 수군 함대에 편입시킬 것을 허락받았다. 이에 따라 옛 선박 3500척이 추가되었다. 나중의 고고학 발굴에서는 함대가 남중국의 물자로 만든 무기로 무장했음을 보여주었다. 망한 송나라 금군禁軍의 소유물이라고 새겨진 것도 있었다.[14]

해적, 죄수, 탈주자, 이전 송나라 지지자 등 잡다한 사람들이 포함된 선원 역시 마찬가지로 숙련도와 상관없이 몹시 서둘러 소집되었다. 쿠빌라이는 그렇게 불안정하고 신뢰할 수 없는 승무원은 실제 전투에 맞닥뜨리면 쉽게 허물어질 수 있음을 알고, 북쪽 출신의 믿을 만한 몽골 전사 3천 명을 배정해 함대에 승선시켜 규율을 강제하고 탈주를 막게 했다.[15] 쿠빌라이의 거대한 함대의 남쪽 부분은 동중국해로 출항한 허약한 배들의 해상 감옥으로 변했다.

*

이 배들은 그 신출내기 승무원들과 함께 항해에 나섰다. 하늘에서는 비가 올 듯했다. 중국과 몽골의 자료들은 그 준비와 결과는 기록했지만, 정확히 무슨 일이 일어났는지에 대해서는 별 말이 없다. 몽골의 실패에 대해서라면 언제나 얼버무리고 싶어하는 마르코 폴로 역시 세부 내용과 분석이 부족하다. 이 침공에 관한 가장 좋은 자료는 그 일을 당한 일본의 것이다.

일본 자료들은 서투르고 조잡하게 건조된 몽골 함대를 다른 말을 사용해 언급하고 있다. '겐코元弘의 난'(겐코는 당시 일본의 연호다)은 무쿠리고쿠리노오니蒙古高句麗の鬼(몽골과 고려에서 온 귀신)의 침공을 의미한다.[16] 일본인의 몽골사 연구 가운데 가장 흥미로운 몇몇은 훨씬 뒤의 젊은 학자들에 의해 이루어졌다. 남아 있는 가장 오래된 것은 《참고몽고입구기參考蒙古入寇記》다. 1758년에 하카타(후쿠오카, 실패한 제1차 및 제2차 침공의 장소다)의 스물두 살의 의사 쓰다 겐칸津田元貫이 썼다.

19세기 말에 일본이 바깥 세계에 문호를 개방하면서 학자와 예술가들은 자기네의 바다 및 외국인과의 관계에 새로이 관심을 갖게 되었다. 그중 가장 두드러진 것이 몽골이었고, 그들은 이전 기록들을 종합해 몽골과 일본의 관계에 대한 좀더 완전한 그림을 그려냈다.[17] 커다란 영향은 이상한 곳의 흥미로운 근원에서 나왔다. 바로 영국 케임브리지대학의 최초 일본인 유학생이었다. 한문에 능통했던 스에마쓰 겐초未松謙澄는 일본을 유럽인들에게 소개하는 독창적인 방법을 발건했는데, 일본사를 훨씬 더 유명한 몽골의 역사와 연결시키는 것이었다. 그는 이를 영어로 쓴 역사 논문에서 있을 법하지 않은 방식으로 시도했다. 그는 칭기스 칸이 12세기 일본의 패배한 사무라이 미나모토노 요시쓰네源義經라고 주장했다. 그는 죽은 것처럼 속이고 홋카이도로 달아났다가 어찌어찌 몽골로 갔고, 거기서 군대를 길러 세계를 정복했다는 것이다.[18]

칭기스 칸이 일본인이었다는 이상한 주장은 일본에서 민족적 자각이 새로이 활발해지는 시기와 동시에 일어났다. 그 역사의 상당 기간 동안 세계에 대해 닫혀 있던 이 나라는 떠오르는 민족으로서 자신의 자리를 주장할 준비가 되어 있었다. 칭기스 칸이 일본인이었다는 주장은 유럽 독자들이 인정할 수 있는 방식으로 세계 역사 속에서 일본의 역할을 증대시켰다. 다른 작가들은 일본을 몽골과 연결시킴으로써 서방 사람들의 관심을 끄는 이 방식을 확대해, 칭기스 칸과의 연결 속에서 새로운 아시아 제국을 위한 역사적 선례를 발견했다. 1920년대가 되면 이 문제는 청나라 황제들이 칭기스 칸의 후예이고 따라서 역시 일본인이라고 주장하는 데까지 나아갔다.[19]

단연 가장 대중적인 일본인의 작품이자 아마도 몽골의 침략에 관한 현대의 서사를 형성하는 데 가장 중요했을 작품이 1915년 런던에서 나왔다. 유럽 일대에서 제1차 세계대전이 벌어지고 있던 시기에 사무라이 가문 출신의 또다른 일본인 유학생 야마다 나카바가 케임브리지대학에서 공부하고 있었다. 그는 몽골의 일본 침략에 관한 소설을 쓰고자 하는 욕망에 사로잡혀 있었다. 하지만 아시아의 역사가 잘 알려지지 않았고 이 사건이 일본 바깥에서 잊혔음을 깨닫고서는 곧 소설을 쓰려던 계획을 버리고 역사 기록 쪽에 매달렸다. 일본이 쿠빌라이 칸의 몽골 함대를 격퇴한 것을, 1588년 엘리자베스 여왕의 해군이 펠리페 2세의 에스파냐 함대를 꺾은 것과 연결하고자 했다. 이듬해 그는 《겐코: 몽골의 일본 침략 Ghenkō: The Mongol Invasion of Japan》이라는 책을 영어로 출간했다.

야마다는 생동감 넘치는 책을 만들기 위해 아시아에 관한 자신의 역사 지식을 마르코 폴로의 책 같은 유럽의 자료와 결합시켰다. 이 책은 또한 몽골 침략이 대중문화에 미친 영향을 보여주기 위해 일본의 신화와 민간 설화, 심지어 노래까지 동원했다. 역사 연대기, 특히 공식적인 것은 통치자, 그의 가족, 군대의 선전으로 표현된 유명한 사실들을 건조하게 제시하는 경향이 있다. 신화와 이야기는 공식 학자들이 인정한 사실을 왜곡하고 훼손하겠지만, 그것들은 공통의 감정적 반응을 반영한다. 통상 자기네 조상들이 생존하기 위해 분투하는 과정에서 성취하거나 고난을 겪은 것에 대한 회고적인 틀 안에서다.

야마다는 대학 교육만 받은 젊은이였고 때로 당혹스러움을 느끼는 영어로 작업했지만, 그의 책은 100여 년 동안 학술 분야에서뿐만 아니라 소설, 영화, 박물관 전시, 그리고 마침내 비디오게임에서까지 영감을 주고 자료로 이용되었다. 여러 가지 측면에서 그는 오랫동안 받아들여진 몽골 침공의 이미지를 만들어냈다. 그는 몽골인들이 "해일처럼 밀어닥치는" 것으로 묘사했다. 그 해일은 "대기 중에 확산되는 구름처럼" 해안을 뒤덮었다. 그런 뒤에,

마치 폭풍우처럼 적은 상륙을 시작했다. 일부는 멀리 정박한 배들에서 거룻배를 타고 수천 명의 무리로 왔다. 또 일부는 말을 타거나 걸어서

왔고, 물굽이를 따라 부서지는 파도를 너머 멀리 시야가 미치는 곳까지 병력을 뻗쳐놓은 대군이 떼를 지어 줄줄이 해안으로 진격했다. 그들의 무시무시한 함성이 바다와 육지에 울려 퍼졌고, 그들의 성난 화살 발사는 빗발처럼 거셌다.[20]

쿠빌라이의 수군은 10만에서 12만 5천의 병력과 총 8만 2천 명의 승무원을 실은 4400척의 배를 발진시켰다.[21] 반면에 1588년 에스파냐의 펠리페 2세가 잉글랜드의 엘리자베스 여왕을 상대로 보낸 함대는 아마도 병사 1만 8천 명을 실은 150척의 배로 이루어졌다. 인상적인 머릿수에도 불구하고 쿠빌라이 함대의 실제 전투 병력은 당혹스러울 정도로 적었던 듯하다. 이른바 10만에서 12만 5천의 병력 가운데 고작 1만 명(몽골의 1개 투먼Tümen) 정도만이 전투 장비를 갖춘 병사였다.[22]

쿠빌라이는 두 개의 함대를 보냈다. 하나는 중국에서, 또 하나는 고려에서였다. 그러나 이러한 수군 전개는 치명적인 결함이 있었다. 그는 수군을 몽골 기병대처럼 배치했다. 병력을 두 부분으로 나누었는데 좌익은 고려의 선박과 승무원이었고, 우익은 일본인들이 송나라 전함대라 부른 것이었다. 이것은 육상에서는 잘 작동된 체제였다. 작은 중앙 지휘부가 양익의 조화로운 작동을 유지할 수 있고, 같은 목표물에 초점을 맞추었다. 그러나 일본에서는 심지어 적과 교전하기도 전에 함대가 거의 스스로와 싸움을 벌여야 했다. 중앙으로부터 조정을 받지 못했고, 바다에서 양익이 스스로를 가누지 못했기 때문이다. 마르코 폴로는 일본 원정에서 가장 큰 문제는 양익의 지휘관들이 통제권을 다투고 서로를 불신했으며,[23] 일본을 무찌르기에 충분할 정도로 자기네의 경쟁심을 극복하지 못한 것이라고 주장했다.

각 선박에는 석 달을 버틸 요량으로 식량을 쌓아놓았지만, 식수는 곧 악취를 뿜고 식량은 여름의 열기에 상하기 시작했다. 음식과 물로 인한 질병으로 약해진 병사와 선원들이 일본에 닿기 전에도 죽는 일이 속출했다. 의사소통은 원활하지 않았고, 원정 초기에 배 한 척과 그 승무원들이 알 수 없는 이유로 바다에서 실종되었다.

배에 탄 송나라 출신 병사 상당수는 전투를 위해 보내진 것이 아니었다. 그들은 기와, 벽돌, 기타 건설 자재를 가지고 왔고, 여러 가지 농사 도구와 기술공들의 연장을 가지고 있었다. 그들은 훈련받은 전투 병력이라기보다는 유배에 직면한 범죄자나 전쟁 포로에 가까운 모습으로 도착했다.

쿠빌라이는 한때 이렇게 결론지었다. "다른 나라를 점령하는 목적은 땅과 농부들을 얻는 것이다. 농부들을 다 죽인다면 그 땅은 우리에게 아무 소용이 없을 것이다."[24] 그러나 그는 위험스럽게도 일이 없는 송나라 병사들과 기타 반항자들의 유배지로 일본을 바꾸어놓을 심산이었던 듯하다.

*

일부 분석가들은 화약 같은 공격 무기의 기술 고도화를 강조하지만, 야마다는 중국의 방어 기술에 똑같은 무게를 두었다. 금속 방패가 그중 하나인데, 일본인이 보았던 어떤 것보다도 강하고 일본의 뛰어난 궁수와 검술가도 뚫어내지 못했다. 마찬가지로 그는 "몽골 전고戰鼓의 놀라운 소리"를 지적했다. "그 소리에 일본의 말들이 미쳐 날뛰었다. 소음은 특히 동물들을 놀라게 하고 이에 따라 일본군의 측면을 허물어뜨릴 목적으로 만들어졌다."

야마다는 또 끊임없이 고려인이 최악의 잔학 행위를 저질렀다고 비난했는데, 이는 그의 편견에서 비롯했다. 그들이 남자와 여자들을 사로잡아 발가벗기고 뱃머리에 전리품으로 못 박아놓았다고 하는 식인데, 이는 허구로 보인다. 그런 세부적인 일은 다른 자료에서 발견할 수 없고 야마다의 이야기가 믿을 만하다고 할 역사가도 거의 없겠지만, 이 이야기는 침공에 관한 기록에서 자주 반복되었다.

일본인의 대응은 폭력보다는 지능적인 전략에 더 의존했다. 그들은 어둠 속에서 건초를 실은 작은 배 50척에 불을 붙여 몽골 함대 쪽으로 보내 그 사이에서 떠돌아다니게 했다. 야마다 나카바는 이 장면을 생생하게 묘사했다.

바닷바람을 받은 이 무서운 불덩이 배들은 적의 혼잡한 배들 사이로 돌진했다. 불덩이 배가 몽골 함대를 향해 곳곳에서 전진하면서 겐카이 나다玄界灘 상공의 어둠이 일시에 걷혔다. 배들은 타오르는 불빛에 반사되어 매우 환하게 노출됨에 따라 일본 궁수들에게 쉬운 목표물이 됐고, 반면 파도 위에서 오르락내리락하는 적선에서는 그들을 제대로 공격하지 못했다.

일본 궁수들이 환한 조명을 받고 있는 적에게 잘 조준된 화살을 발사하는 동안, 몽골군은 자기네 주위의 불로 인해 제대로 앞을 볼 수가 없어 어둠 속을 향해 마구 화살을 날릴 수밖에 없었다.

역사는 돌발 사태에 의해 결정된다. 하늘은 억수같이 비를 퍼부었고, 계절에 맞지 않는 태풍(몽골인들에게 '검은 바람'으로 알려져 있다)이 거세게 몰아쳤다. "자연이 일본의 우군이 됐다"라고 야마다 나카바는 썼다.²⁵ 파도는 불타는 배들을 튕겨 올렸고, 일본인들은 이번에는 몽골인과 어떻게 싸워야 하는지에 대해 잘 훈련되어 있었다. 사무라이 전사들은 명예와 위신을 위한 싸움에서 더는 선조 전사들의 계보를 외운 뒤 상대의 이름을 외치며 일대일로 싸우지 않았다. 그들은 자기네 고국을 지키는 군대로서 싸웠다. 그들은 몽골군을 박살냈다.²⁶

살아남은 원나라 배들은 해안에서 물러났다. 해안에 부딪치지 않기 위해서였다. 그러나 6킬로미터쯤 나가자 바람이 그들을 작고 메마른 무인도의 바위들을 향해 밀었다. 일부 자포자기한 병사들은 그곳을 피난처로 삼았지만 알고 보니 그곳에는 먹을 것이 없었다. 다른 쪽 날개의 지휘관은 그들을 구조하지 않고 버려두었다.²⁷ 쿠빌라이 칸이 요구한 생산 할당량과 촉박한 일정 탓에 조악하게 건조된 배들은 이 새로운 날씨의 공격에 속수무책이었다. 밧줄이 닳기 시작하고, 판자가 부러졌으며, 바람은 배들을 옆으로 뒤집고 파도는 그들을 서로에게 집어 던졌다. 일부는 곧바로 가라앉았고, 파도는 또다른 배들을 보다 천천히 찢었다. 바람은 커다란 대나무 돛대를 갈가리 찢어 날카로운 나무 파편을 공중으로 내동댕이쳤다. 전투에서 쏘는 화살보다 더 치명적이었다. 어떤 배들은 불길에 휩싸였다. 생목이 부러지고 열기에 흘러나온 수액이 수류탄보다 더 큰 소리를 내며 폭발했다. 남은 불에서 나오는 뜨거운 연기가 하늘에 가득했고, 물에서 허우적거리는 생존자들에게 검은 재를 뿌렸다.²⁸ 반면에 북쪽 바다를 위해 만들어지고 항해자들이 그 배들을 조종해본 경험이 있던 고려의 함대는 좀더 나았다. 대략 70퍼센트가 살아서 고국으로 돌아왔다.²⁹ 무더운 남부의 물에서 강과 연안을 운항하는 데 익숙했던 남중국 함대는 혹독한 고난을 겪었다.

배들이 험한 바다에서 갈가리 찢기면서 사람, 말, 소, 돼지가 바다로 튕겨져 나가고 기름과 김치 통, 곡물 자루, 한때 무시무시했던 몽골인의 많은 활과 화살도 마찬가지였다. 병사들을 전투에 불러내고 그들의 투지를 자극했던 종과 북은 그 소리를 잃고, 한때 자랑스러웠던 군기軍旗와 함께 조용히 떠다녔다. 잔해 가운데 화약을 담은 커다란 도자기 공이 부서지는 배의 선체에서 나와 이제 쓸모없어진 채 깊은 바다 속으로 가라앉았다.

약 200척의 배가 폭풍우 속에서 침몰했고, 다른 배들은 심한 타격을 입었다. 이 무서운 혼돈 속에서 까딱거리며 파편 조각을 붙잡고 있는 불운한 병사들(그중 일부는 수영을 할 줄 몰랐다)은 무거운 가죽 갑주의 무게에 짓눌린 채 형제, 친척, 전우의 이름을 부르거나 자신의 이름을 외쳤다. 신들이 듣고 가엾게 여겨 구해주지 않을까 하는 헛된 바람에서였다. 죽음이 확실해진 시점에 몽골인 장교들은 전통에 따라 '영원한 쿠크 텡그리Khukh Tengri'(청천靑天)를 부르거나 그 하늘의 마지막 축복을 청하기 위해 조용히 웅얼거렸다. 다른 사람들, 처음으로 고향을 떠나온 중국인과 고려인 소년들은 어머니를 부르거나, 꼼짝 못할 공포 속에서 몸부림치거나 말을 할 수 없어 울먹였을 것이다. 세계에서 가장 무서운 전사들이 차갑고 어두운 심해로 빠져들어가 결국 바다 밑바닥에서 전우들과 함께 안식하게 되었다.

*

야마다는 전투 이후의 장면을 이렇게 묘사했다. "시신은 해안에 쌓이거나 바다에 매우 가득해서 그것을 밟고 걸어갈 수 있을 듯했다. (…) 그리고 이 모든 것은 한 조각 구름에서 왔다. 그 구름 속에서 신비로운 우주가 일본제국에 퍼진 정의의 본질을 구현했다."

참화와 공포에도 불구하고 이 침공은 몽골의 배에 탔던 패배한 송나라 병사들을 어떻게 처리해야 하는지의 문제를 해결하는 데 성공했다. 그들은 수장되었다. 따라서 약간 섬뜩한 방식으로 일본 침공이라는 몽골의 대실패는 쿠빌라이의 목표 중 하나를 달성했다. 수만 명의 옛 송나라 병사들을 그에게서 벗겨냈다. 그들은 이제 영원히 유배되었다. 일본이 아니라 바다 밑바닥이었다. 아마도 우연이겠지만 콜리지는 〈쿠블라 칸〉에서 이 시기의 소란을 이렇게 포착했다.

숲과 골짜기 사이로 성스러운 강이 흐르고
그런 뒤에 인간이 헤아릴 수 없는 동굴들에 이르렀네.
그리고 소란 속으로 가라앉아 생명 없는 대양으로 갔네.
그리고 이 소란 속에서 쿠블라는 먼 곳의 소리를 들었네.
전쟁을 예언하는 조상님의 목소리를!

일본은 침략자 수천 명을 사로잡았다. 그들은 몽골인과 기타 장교들을 처형하고 중국인과 고려인은 노예로 삼았다. 그들 중 일부는 나중에 일본 주민으로 편입되었다. 쿠빌라이의 두 번째 원정은 첫 번째보다 더 심한 낭패로 끝났다.[30]

한편으로 세계 최강의 수군을 격파한 일은 일본 수병들에게 자신감을 주었다. 그들은 고려와 중국 상선을 나포하고 해안 정착지들을 습격하기 시작했으며, 몽골제국의 마지막 시기 동안에 왜구倭寇(이 해적들을 부르는 이름이었다)가 점점 더 큰 위협이 되어갔다.[31]

패배에 책임이 있는 두 장수(한 사람은 자기 부하를 버렸고, 다른 한 사람은 그들을 구하지 않았다)를 처벌하기 위해 쿠빌라이는 고통스럽고도 굴욕적인 최후를 고안했다. 표면적으로 그들은 무인도에 유배한다는 처분이 내려졌고, 그들은 아마도 갓 잡은 소의 생가죽으로 뒷결박을 당했을 것이다. 생가죽이 마르면서 수축되어 영구히 팔을 함께 묶고 피의 흐름을 차단해 엄청난 고통을 주며, 스스로 음식을 먹는 일 등 손을 사용해야 하는 일은 아무것도 하지 못한다. 이렇게 그들은 동물들처럼 풀이나 눈에 띄는 무엇이든 뜯어 먹어야 했고, 그러다 굶주려 죽어갔다.[32] 사실이든 아니든 그것이 정당한 운명인 듯했다.

*

인류의 역사는 육상에 가장 잘 보존되어 있다. 그곳에서 수천 년 전으로 거슬러 올라가는 고대 문명의 흔적을 찾아볼 수 있다. 땅은 그 보물을 학자와 약탈자 모두에게 내놓지만, 바다는 그 비밀에 대해 훨씬 과묵하다. 짠물은 지구 표면의 71퍼센트를 덮고 있지만 그 위에는 발자국이 남지 않는다. 항해 중인 배가 그 표면을 지나가자마자 물결이 그 지나가는 존재의 모든 흔적을 지운다. 그러나 그 가장 어두운 심해에 숨겨진 것은 책들이 할 수 있는 것처럼 거짓말을 할 수 없는 문서고다. 고대 선박의 잔해, 화물로 실린 자기, 항해를 위한 도구 같은 것들이다. 심지어 단순한 못 하나도 분명한 진실을 말할 수 있다.

전투 장소 부근에 대한 수중고고학 발굴은 쿠빌라이가 책임의 일부를 져야 함을 말해준다. 극심한 정치적 압박 속에서 건조된 가라앉은 배들은 이 불운한 함대의 품질이 낮다는 사실을 드러냈다. 무거운 화물을 싣는 강배나 상선에 적합한 방식을 적용한 결과였다. 전투 시 충돌의 엄청난 충격, 혼란에 빠진 병사들의 질주, 북쪽 바다의 거친 바람과 바다를 견뎌내야 하는 전함에 적합한 방식이 아니었다. 원자재 공급 장애 또한 배 목수들이 때로 구멍이 난 옛 부품을 재활용하거나 빨리 부식되는 서둘러 만든 쇠못을 사용하지 않을 수 없게 했다.[33] 물론 가라앉은 것은 현대 고고학자들이 발견한 표준 이하의 배들이다. 전투 이후 살아남은 배들은 아마도 더 낫게 만들어졌을 테지만 그곳에 있지 않아 발견되지 않았다.

*

"이듬해인 1283년에 황제의 목표가 바뀌었다." 언제나 쿠빌라이를 옹호하는 마르코 폴로는 이렇게 설명했다.

그는 지난번 침공에서 자기 군대가 겪은 고통에 대한 전모를 들을 시간이 있었다. 고려에서 더 짜내는 것이 불가능한 데다 국내 정세의 미묘한 상황이 겹쳐 그는 일본 정복 계획을 포기하지 않을 수 없었다. 그는 선박을 건조하고 식량을 비축하라는 명령을 철회했다.[34]

그러나 현실은 마르코 폴로의 긍정적인 왜곡과는 거리가 멀었다. 쿠빌라이는 곧바로 세 번째 일본 침공을 계획하기 시작했다. 이번에는 북쪽에서 이 나라로 들어갈 계획을 세웠다. 사할린섬의 아이누족 정복이 먼저였다. 아마도 일본 남부에서 몽골을 물리쳤다는 소식이 이곳에 전해졌던 듯하다. 1284년에 아이누가 다시 몽골에 저항을 시작했기 때문이다. 1285~1286년에 두 몽골 장수가 한 투멘의 1만 명 병력을 휘하에 거느리고 배를 동원해 사할린섬을 공격했다. 연대기는 진주가 두 개 있는 호랑이 패자牌子(몽골어로는 게레게gerege)의 고위급 몽골 장수가 이곳을 정복한 이후 진주가 세 개 있는 신분으로 승격했다고 주장한다. 그렇게 멀리 떨어져 있고 중요해 보이지 않는 곳에서 벌어진 사소한 국경 충돌의 결과치고는 과한 승격이었지만, 쿠빌라이의 점령 뒤에는 물론 더욱 광범위한 의제가 있었다.

러시아와 일본의 고고학 발굴에 따르면 몽골인들은 오늘날 크리용곶으로 불리는 사할린섬 남쪽 끝에 토성으로 중국식 요새를 건설했다. 《원사》는 사할린섬의 한 요새를 궈훼果夥로 불렀지만, 일본에서 오는 아이누족의 침입을 방어하기 위한 군사적 기능을 강조했다. 공식 기록에는 언급되지 않았지만 그곳은 또한 일본과의 주요 무역 장소 역할을 했다. 이 지역은 많은 양의 모피(특히 흰 담비)와 매의 깃털 무역을 취급했다. 이를 직물, 어망, 식품, 유리구슬, 주화, 부채(모기와 파리를 쫓는 데 사용하고 아울러 장신구로도 쓰여 수요가 매우 많았다) 등 중국의 제조품과 교환했다.[35]

해가 쨍쨍한 날이면 크리용곶에 주둔한 몽골군은 43킬로미터 폭의 라페루즈 해협(소야 해협) 건너의 일본을 볼 수 있었겠지만, 강한 해류가 그 사이를 갈라놓고 1월부터 4월까지는 예측할 수 없는 해빙海氷이 바다를 덮는다. 조류는 매우 변덕스럽지만 대체로 남쪽으로 일본을 향해 흐른다. 그리고 자주 얼음을 뚫고 남쪽의 따뜻한 물을 가져온다.[36] 노련한 현지 사공을 고용해 이곳을 통행함으로써 몽골인과 아이누인 사이에 많은 무역이 이루어졌지만, 그것은 또한 몽골이 북쪽에서부터 바다를 통해 일본을 침공하는 것을 방해했다.

아이누는 일본 북부의 홋카이도 일대에서 가공할 위협을 가했고, 그곳에 사는 농민들을 자주 공격했다.[37] 몽골-아이누 동맹은 일본에 위협이 되었을 테지만, 그런 시도가 있었다고 해도 중국 연대기에는 언급이 없고 아이누인들은 문서 기록이 없다. 사할린섬에서 아이누인들이 저항하면서 그곳을 유배지로 만들려는 노력이 좌절되었고, 쿠빌라이가 그곳을 일본 공격을 위한 기지로 사용하는 것을 막았던 듯하다.

아이누인들은 몽골인들이 베트남 밀림에서 극복할 수 없었던 방식으로 유격전을 전개했고, 노련한 사냥꾼인 아이누인들은 쿠빌라이의 군대에 많은 사상자를 안겼다. 몽골군은 여러 층의 뿔을 한데 붙여 만든 좋은 활을 갖고 있었지만, 기마병의 필요에 맞춘 것이었고 크기도 작았다. 아이누 전사들은 거의 두 배나 큰 활을 가지고 싸웠다. 유연한 주목朱木으로 만들었으며 아교를 사용하지 않았다. 그 남녀들(아이누 여성들은 기술과 용맹성으로 유명했다)은 힘을 더욱 가하기 위해 멈춘 자세에서 활을 쐈다. 아이누는 1308년까지 완전히 항복하지 않았으며, 그들이 항복한 뒤에도 원나라는 겨우 사할린섬을 통제할 수 있었다.

*

결국 송나라 포로와 반항자들을 어디에 정착시킬 것이냐의 문제는 일칸 아바카가 해결해주었다. 그는 티베트 서부의 15개 지역을 쿠빌라이에게 기꺼이 넘겨주었다. 오늘날 인도-파키스탄 경계 지역인 라다크와 카슈미르 같은 곳들이었다. 일칸은 이전의 자기 땅에서 나오는 수입은 가져갔지만 감독은 대칸의 몫이었다. 몽골은 당시 티베트를 30년 이상 지배하고 있었고(1240년 우구데이 칸의 아들 쿠덴에게 항복한 이후다), 몽골은 전통적인 티베트 왕국을 부활시키거나 지역 귀족에게 관리를 맡기는 대신 충성스러운 불교 라마를 대리인으로 지정했다. 그들은 독신을 맹세했기 때문에 새로운 세습 지배층을 형성할 수 없다는 생각에서였다.

티베트는 매우 가난한 곳으로 드러났다. 그 황량하고 건조한 산악 풍광은 서방이나 인도로 가는 쉬운 무역로를 제공하지 않았지만, 포로들을 일본에 정착시키는 데 실패한 후 쿠빌라이는 원나라 영토에서 티베트고원이 가장 좋은 선택지가 될 수 있음을 깨달았다.

폐위된 송나라 공제는 송나라 궁정에서 자랐다. 주위의 관리와 환관들의 보살핌을 받았다. 그는 부드러운 비단, 보석, 달콤한 냄새가 나는 향수에 싸여 어른이 됐고, 아름다운 여성과 혼인을 했다. 심지어 다섯 살 때부터 살았던 몽골 수도에서도 처음에는 사람들과 사귀고 좋은 옷을 입고 궁궐 잔치를 즐기는 것이 허용되었다. 유년 시절의 그는 궁궐의 응석받이 애완동물이었다. 쿠빌라이의 코끼리와 이국적인 치타 비슷한 존재였으나 그들보다 더 중요하지는 않았다. 그러나 1288년, 이제 더는 귀엽고 순진한 아이가 아니라 열일곱 살의 젊은이로 성장한 폐제 공제는 몽골 궁정에서 자신의 목적에 이바지했고, 그의 존재는 송나라 충신들이 새로운 원 왕조를 상대로 반란을 일으키는 기폭제가 되기 십상이었다. 쿠빌라이는 더이상 그의 예전 적에 대한 아량을 입증할 필요가 없었다. 이에 따라 그는 공제를 티베트 산악의 적모赤帽 사캬파 불교 사원으로 보냈다. 중국에서 가장 멀고 가기 어려운 구석이었다.[38]

공식 역사는 이후 그의 생애에 관해 아무런 정보도 제공하지 않는다. 그렇지만 이례적인 자료가 한 헌신적인 궁정 음악가의 시에 남아 있다. 그 음악가는 공제의 금사琴師인 왕원량汪元量으로, 이전 황제 및 그 어머니와 함께 몽골 유배를 견뎌냈다. 그는 고비사막을 건너는 여행에서 겪은 고생에 대해 기록했다.

더럽고 또 더럽다고 들었지만
마침내 오늘 이를 겪는구나.
한 달 동안 머리칼도 매만지지 못하고
한 달 동안 얼굴도 씻지 못했다.
배고프면 건량을 먹고
목마르면 얼음 한 조각 입에 넣는다.

다른 시에서 그는 6월에 내린 폭설에 대해 이렇게 묘사했다. "고아와 비참한 사람들이 슬피 울고 피를 흘린다." 몽골에서 돌아온 뒤에 이 시인 금사는 고향 항저우로 돌아가게 해달라고 청했고, 쿠빌라이는 허락했다. 그는 마지막 시에서 그들의 이별을 기록했다.

금생에서는 이것이 마지막인가, 이별 이후 소식이 없네.
북쪽의 기러기에게 소식 들을 수 있을까.
슬피 서쪽 땅 구름을 보네.
언제나 가슴 채워지지 않음 기억해주오.[39]

티베트에서는 이전 아이 황제이자 남송의 자손에게 달콤한 과일 음료 대신 야크 버터를 섞은 소금기 있는 차를 주었다. 꿩과 백조는 염소와 양으로 바뀌었다. 티베트 자료에는 공제에 대한 언급이 거의 없지만, 그는 수도원 담에 가까운 초가지붕의 수행자 오두막에서 살았던 것으로 묘사되고 있다. 그는 새로운 삶에 잘 적응한 듯, 한문으로 된 고전적인 불교 저작을 티베트어로 번역했다. 아마도 티베트의 철학과 불교 이론의 질을 높이려는 희망에서였던 듯하다. 덧없는 아이 황제는 납존법보拉尊法寶라는 칭호를 가졌으며, 이후 35년을 독신 승려로 보냈다. 거친 모직 옷을 입고 뻣뻣한 장화를 신고, 추운 수도원에서 깜빡이는 버터기름 등잔에 의지해 암송과 명상을 했다. 그의 생각은 땡그랑 울리는 징 소리와 함께 사라졌다.

16장

시장, 돈, 살인

행운은 용감한 자의 편이다.
— 로마 속담

이전 중국 왕조들은 하늘 아래의 모든 것을 '천하天下'라는 단일체로 보았고, 모든 주변 민족을 '중국中國'의 정신적인 속국으로 보았다. 천하는 지리적 개념이라기보다는 모든 인류를 하나의 도덕적 세계에 통합하는 문화적 세력이었고, 그들에게 문명과 매혹적인 선물을 주는 것은 중국의 책무였다. 이전 왕조들은 이들 먼 지역에 대한 통제를 대체로 삼갔다. 중국이 보기에 이 지역들은 야만인들(그들은 중국 문명으로부터 이득을 얻을 수 있었다)에게서 오는 사치품과 공물의 원천이었지만, 그들이 그런 것을 얻을 능력이 있음을 입증하는 경우는 많지 않았다. 다른 한편으로 쿠빌라이 칸과 몽골인들은 분명히 새로운 상업적 현실을 만들어내려 하고 있었다. 천하는 이데올로기적 관념을 넘어서는 것이었다. 그것은 실제의 목표였다.

쿠빌라이의 통제 아래 들어온 세계의 대양에 대한 새로운 사고방식 또한 중국이 이 모든 것 속에서 어디에 위치하는지를 재평가하는 계기가 되었다. 이전 왕조들이 선호했던 문명화 책무는 몽골 치하에서 사실상 사라졌다. 그들은 무역을 통해 모든 민족을 연결하는 데 역점을 두었다. 문명화된 민족이라고 일컬을 수 있든 없든 상관없었다. 원 왕조 말년인 1349년에 《도이지島夷誌》를 쓴 왕대연汪大淵은 몽골 치하에서 일어난 변화의 성격을 강조했다. "원제국은 문명 전파에서 혼합된 통일성을 추구하고, 그 영토의 모든 오지를 포괄하며, 이전에 이룬 적이 없던 광대한 세계적 영토를 개척한다."[1] 다른 땅에서 아무리 우스꽝스럽고 놀랍고 재미있고 심지어 부끄러운 삶이 펼쳐지더라도 그곳은 여전히 세계를 통일한다는 원나라의 야망 속에 포함되었다.

남중국 정복으로 쿠빌라이는 자신의 영토를 크게 확장했고, 이제 재빨리 이 지역의 방대한 자원을 돌려 북쪽에 공급하고 대군을 유지하는 일에 나섰다. 이를 위해 그는 남과 북의 경제적 협력을 위한 계획을 세웠다. 이를 통해 그의 치세에 미증유의 기술, 문화, 상업, 사람의 교환이 이루어졌다. 그들은 남부를 약탈하려는 것은 아니었지만, 그곳을 북부와 해외 수출을 위한 영구적인 식량 생산 기지로 만들고자 했다. 이것은 원 왕조의 새로운 부가 될 터였고, 바얀은 그것을 성취하는 방법을 제공했다. 그는 중국에 근본적으로 다른 수송 체계가 필요함을 인식했다. 전통적으로 의존해왔던 내부 운하로는 더이상 곡물과 기타 식품의 상시적인 흐름을 유지할 수 없었기 때문이다.

바얀은 이미 항저우 함락 이후 송나라 궁궐의 문서와 약탈물을 옮기기 위해 자신이 개발한 체계에서 해법을 발견했다. 이전에 몽골인들은 자기네 수군을 위해 송나라 기술을 변형시켰지만, 그의 상선단이 될 곡물 수송선을 위해서는 송나라 배들의 특징이었던 크기, 높이, 적재량의 한계를 뛰어넘을 필요가 있었다. 초기에는 사고로 고생을 했다. 배들을 바다에서 잃고, 건조에서 문제가 생기고, 도난을 당했다. 그러나 바얀의 지휘 아래 점차 배의 크기가 커지고, 선단의 효율성이 개선됐으며, 식량이 북쪽으로 흘러가기 시작했다. 결국 원나라 배들은 이전 시기에 비해 여덟 배 많은 산물을 수송하게 되었다.[2]

처음에 바얀은 상품의 내륙 운송을 담당한 아흐마드를 상대로 그럭저럭 경쟁을 하고 있었지만, 곧 온갖 새로운 경쟁자들이 상인의 탈을 쓰고 나타나 시장과 거기서 나오는 이익을 차지하려고 달려들었다. 바얀의 수군 함대 부속으로 만들어진 상선단은 점차 그의 휘하에서 분리되었다. 상인들은 쿠빌라이에게 자기네가 배들을 관리하게 되면 더 많은 수익을 주겠다고 약속해 바얀의 상선단을 약화시키고자 했고, 쿠빌라이는 바얀이 군대에 집중할 수 있어 좋았다.

*

쿠빌라이가 도입한 재정과 해운 개혁은 무역이 흥성할 수 있게 했다. 상품들은 해로와 여러 육로를 통해 남부의 몇몇 선택된 항구들로 운송돼 세계의 상인들에게 팔리고 외국의 도시들로 수출되었다. 이로 인해 중국의 항구들은 세계적 상업 중심지로 변모했고, 문화와 부가 해안으로 퍼져나갔다. 무역망이 지리적으로 급속하게 확장되고 배의 크기와 투자 규모가 커지면서 제공되는 산품의 다양성이 급격하게 증가했다. 유리와 산호 목걸이, 매우 다양한 직물, 향신료, 보석, 산업 원료(거북딱지에서부터 밀랍까지에 이르는) 같은 것들이었다. 원왕조 시기에 중국은 인도 말라바르 해안에서 검은 후추를 수입해 가장 많이 소비하는 나라가 되었다.[3] 기독교 서방에서 동방으로 간 모든 배들은 후추를 실었고, 100여 척은 취안저우로 갔다고 마르코 폴로는 말했다. 취안저우는 "세계 상업의 가장 큰 항구들" 가운데 하나였다.[4]

몽골인들은 중국의 고급 상품들을 대중 소비품으로 바꾸었다. 책이든 미술품이든 비단이든 차든 도자기든, 그들은 공장식 생산 체제를 조직하고 전문화를 장려했다. 각 공동체가 각기 여러 가지 제품을 생산해 이웃 공동체와 겹치게 하는 대신에, 마을들은 단일한 전문 상품으로 범위를 좁히기 시작했다. 중국의 공동체들에서 만든 상품들은 해로를 통해 수천 킬로미터 떨어진 곳으로 운송돼 남아시아 일대의 항구들과 페르시아, 아랍, 북아프리카, 동아프리카로 갔다. 상품은 그 항구들에서 육로로 운송되어 더 먼 곳으로 갔다. 당시 세계의 가장 끄트머리라고 생각됐던 서아프리카와 서유럽 같은 곳이었다.

세계 시장의 기호에 맞추기 위해, 중국의 고전적인 모티프를 별로 존중하지 않았던 몽골인들은 다양한 혁신적 양식을 수용하도록 기술공들에게 요구했다. 몽골제국은 세계 각지에 손을 뻗치고 있어 이미 방대한 범위의 새로운 물자와 노동력이 중국에 들어와 있었다. 1240년대에 몽골인들은 포로로 잡힌 수천 명의 작센(그곳 산에는 코발트 광상鑛床이 있었다) 출신 독일 광부들을 데려왔다. 그들은 곧바로 내지로 투입되지는 않았지만, 도자기에 사용할 염료를 만드는 새로운 광물을 채굴하는 데 영향을 미쳤던 듯하다. 장시江西에서 사용된 코발트의 화학 성분이 작센 지방과 이란에서 나는 것과 거의 비슷했기 때문이다.[5]

새로운 색깔과 재료의 조합은 굽기 전에 선을 그리고 붓질을 더하는 능력과 어우러져 두 계열의 도자기를 대량생산할 수 있게 했다.

붉은색을 내기 위해서는 산화구리 안료가 사용됐고, 코발트로는 생생한 청색을 표현할 수 있었다. 서아시아에서는 도자기에 청색을 넣기 위해 도공들이 수백 년 전부터 코발트를 사용했지만, 그들의 도자기는 품질이 낮았다. 중국의 순수한 백색 자기에 갑자기 강렬한 청색을 더함으로써 독보적인 새 제품이 만들어졌다. 몽골인들은 청색에 대한 강한 문화적 기호가 있었다. 아마도 하늘과의 관련성 때문이겠지만, 어떤 이유에서든 청색은 몽골 역사를 통해 줄곧 인기가 있었다. 곧 남중국의 예술가들은 꾸준히 청자와 백자를 생산해냈다. 장시에서 원나라 초기의 자기를 발굴한 고고학자들은 작은 받침 그릇 테두리에 페르시아 문자가 새겨져 있는 것을 발견했다. 원나라 시기 자기 생산의 국제적 성격을 보여주는 분명한 사례였다.[6]

서아시아의 이슬람교도 고객들은 백색 바탕에 청색의 인상적인 디자인에 열렬하게 반응했지만, 그들의 종교는 사람 또는 동물의 모습을 소유하는 것을 금지했다. 그들은 청색과 백색이 흐르는 초목이 들어 있는 장면을 선호했다. 대나무, 과일, 채소, 그리고 가장 일반적으로 꽃이 들어 있는 것들이었다. 새로이 생생한 청색으로 피어나는 모란, 매화꽃, 국화는 순수한 백색의 배경에서 거의 튀어나오는 듯했다. 이런 새로운 고객의 기호는 전문화를 자극했고, 곧 중국의 여러 지역에서는 서로 다른 지역 시장을 겨냥한 상품을 만들어냈다.

남중국의 공방들은 전통적인 접시, 찻잔, 그릇 외에 과거의 청동 및 구리 제품의 디자인을 바탕으로 한 자기를 만들기 시작했다. 술동이, 팔릉병八稜瓶, 물주전자, 향로, 숟가락, 꽃병, 양손잡이 병, 삼각좌대에 올린 그릇, 소조각상 같은 것들이 일 칸국을 목적지로 해서 만들어졌고 그곳에서 서아시아 일대로 팔려나갔다.[7] 바다를 통해 상품을 운송하는 것이 더 쉬워지고 더 안전해지면서 상품의 물량도 늘어났다. 페르시아와 중국의 기술, 솜씨, 마케팅이 결합되면서 '차이나China'라는 이름은 고급 자기와 동의어가 되었다.

1278년, 쿠빌라이는 수익성 높은 자기를 생산하는 도시 징더전을 어요御窯로 지정하고, 그 관리를 추밀원에서 자국瓷局으로 이관했다. 자국은 정부에서 운영했지만 상업적 지향을 갖고 있었다.[8] 새 기구는 자기 생산을 감독하고 기술을 개선하며 신제품을 만들 책임이 있었다. 또한 중국과 해외의 다양한 시장에 먹힐 수 있는 배색配色을 개발하는 일도 했다.[9] 쿠빌라이는 현명한 선택을 했다. 징더전은 고급 점토로 유명했지만, 그 위치 또한 항저우에서 광저우에 이르는 남부 항구들에 쉽게 도달할 수 있는 곳이었다.

중국의 자기는 세계적인 규모로 대량생산된 초기 상품 중 하나였다. 자기 생산에 관한 정확한 정보는 많지 않지만, 깨지기 쉬운 자기들이 보존돼 전 세계의 박물관에서 볼 수 있다. 이 수집품들은 일본과 한국 시장 사이의 현격한 기호 차이를 보여주며, 남아시아와 서아시아 사이 역시 마찬가지다. 이스탄불의 톱카프궁전 박물관에만도 1만여 점의 중국산 자기가 수장되어 있다. 원나라 이전 왕조 때의 수집품들은 중국 소비자들을 위해 만든 제품과 수출용으로 만든 제품들 사이에 차이가 거의 없다.[10] 타이베이 국립고궁박물원에서 볼 수 있는, 원 왕조 시기에 중국 소비자들을 위해 만든 것과 이스탄불 수집품에 들어 있는 수출품 사이에는 공통점이 거의 없다. 이 불일치는 중국 내부의 자기 시장이 수출 시장과 얼마나 달랐는지를 잘 보여준다.

*

수중고고학 발굴은 항구 기록에서 빠진 것들을 보여주었다. 한국 신안 앞바다에서 발견된 1323년 신안 난파선에는 2만여 점의 자기가 들어 있었다. 대개 단색의 청자로, 탁송 상자에 깔끔하게 포장되고 나무패가 붙어 있었다.[11] 항해에 덜 적합했던 이전 난파선들에도 많은 물건이 숨겨져 있었다. 자바섬 서해안 앞바다에서 발견된 치르본 난파선에서는 약 40만 점의 자기가 나왔다. 배에 실린 전체 물건 50만 점의 거의 대부분이었다. 역시 인도네시아의 블리퉁 유적지에서는 6만 점이 나왔는데, 그중 98퍼센트가 광택 자기였다.[12] 각각의 제품은 손으로 만들고 장식했지만, 발굴품들은 상품의 표준화와 대량생산이 산업화 훨씬 전에 이루어졌음을 보여준다.[13]

무역의 성격과 물량에서의 이런 변화는 항저우의 원나라 관리 홍염조洪焱祖로 하여금 돌아보도록 자극했다.

금세 이전의 모습보다 나아지고 새로워지고
시작부터 끝까지 백공百工이 참여해
사방에서 사람들에게 즐거움을 주네.

그러나 평가는 터무니없는 최신 디자인에 대한 반감 때문에 달라졌다. 대량생산이 환경에 미치는 영향도 마찬가지였다. "산의 뼈가 결국 먼지로 변했다"고 그는 썼다. 자기를 만들기 위한 점토, 코발트, 석탄 같은 물자의 채굴을 이야기한 것이었다. 그가 생각하기에 악화된 것은 자연만이 아니었다. 전체 공동체가 이제 전적으로 자기 생산에 매달렸고, 노동의 전문화는 징더전의 제조 중심지에 심각한 영향을 미쳤다.

교외에서는 수많은 공이가 흙을 다지고
강에서는 배의 절반이 흙을 나르네.
(…)
길에는 도기 파편이 수북하다네.¹⁴

취안저우 항구에는 "인도의 모든 배들이 들락거리며 그 나라의 향신료와 기타 온갖 비싼 상품들을 가져왔다"고 마르코 폴로는 설명했다. "여기서는 가장 놀라운 양의 상품과 보석·진주가 수입되고, 그것들은 이곳에서 각지로 팔려나간다."¹⁵ 취안저우에서는 자기 외에 고급 직물도 수출했고, 이 새 직물은 이전에 수출됐던 것에 비해 너무도 달라서 유럽인들은 그것을 표현할 말을 찾을 수 없을 정도였다. 이슬람 상인들은 취안저우를 자이톤Zayton(아랍어로 '올리브'를 의미한다)이라고 불렀고, 그 인기 있는 자기의 녹색 색조도 그렇게 불렀다. 이슬람 세계에서 자이톤으로 알려진 광택이 있고 부드러운 비단은 마르코 폴로와 다른 유럽 상인들에게 사틴satyn, 사텐saten으로 불리다가 결국 영어의 새틴satin(다른 많은 유럽의 언어에서도 철자는 같고 발음만 다르다)이 되었다. 한 시인은 14세기 초 이 수송 혁명의 반대 측면에 관해 이렇게 썼다.

외국 배들이 정박지에서 떠나가네.
바다가 언제나 평온하다는 듯이 그들은 해마다 오네.
남풍이 부는 6월에 그들은 오고
우리는 술과 음악으로 그들을 맞으니
즐거운 일 아니겠는가?¹⁶

해로는 다양한 지역으로 나뉘어 있었다. 중국의 정크선들은 동중국해와 남중국해에서 항해했다. 인도와 말레이의 배들은 인도양 동부 벵골만 일대에서 운항했고, 소박한 다우선은 아라비아해의 바다를 누볐다. 망망대해의 광활한 거리를 건널 수 없는 다우선은 싣고 온 화물을 인도에 부려놓고 새로운 상품을 실은 뒤 고향으로 돌아갔다. 그들이 인도에 부려놓은 상품은 중국 정크선이나 현지의 배들에 실렸다. 그 속도와 거리는 항해 기술의 제약을 받고 날씨와 바람으로 인해 더뎌졌다.[17]

중국은 공예품 외에 지식도 수출했다. 중국은 유럽인에게 세계로 향하는 새로운 창이 되었다. 유럽인들은 그저 아시아에 관해서만이 아니라 심지어 세계의 가장 먼 지역에 관해서도 배웠다. 기독교 선교사들은 중국 항구들과 수도에 있는 자기네 기지에서 로마로 자주 보고서를 썼다. 거기에는 당시 세계에서 가장 국제적인 나라였던 중국의 다양한 주민들에 관한 정보가 담겨 있었다. 쿠빌라이의 후계자 테무르의 치세가 시작될 때, 이탈리아의 프란체스코 성인 추종자인 조반니 다 몬테코르비노Giovanni da Montecorvino는 선교사로서 일 칸국에 갔다가 이어 중국으로 갔다. 1306년 칸발리크(베이징)에서 바티칸의 자기 상급자에게 보낸 편지에서 그는 에티오피아에서 중국에 보낸 기독교도 대표단과의 만남 및 깊숙한 토론을 묘사했다.[18] 유럽인들이 이 나라들에 대해 조금이라도 알았다고 해도 그것은 그저 그들에 대한 가장 어렴풋하고 근거 없는 이해였을 뿐이다. 중국은 세계의 지식을 거래하고 있었다.

*

쿠빌라이의 재정 담당 대신 아흐마드 파나카티가 수도에서 하는 행정은 갈수록 복잡해지고 있었는데, 쿠빌라이는 그에게 무역을 관리하도록 허락했다. 이에 따라 외국 시장에 대해서는 사기업이 사실상 금지되었다. 이제 중국 및 외국 상인들은 직접 무역을 하지 못하고 정부의 인가를 받은 협력자를 통해야 했다. 상인들의 새로운 사업 상대는 국가, 또는 아마도 더 정확하게는 아흐마드와 쿠빌라이였다.[19]

남중국을 몽골인들에게 넘기는 데 일조했던 포수경은 남중국을 통치하는 측근 상층부의 믿을 만한 인물이 되었다. 포수경은 항구들을 이전에 그랬던 것처럼 모든 상인들에게 개방하기를 원했고, 쿠빌라이 칸에게 "남해의 야만인들(남만南蠻)이 중국 항구로 오도록 장려"할 것을 요청하는 편지를 썼다.[20]

쿠빌라이는 포수경의 요청을 거부했다. 거의 틀림없이 아흐마드의 조언을 따랐을 것이다. 아흐마드는 정부 독점을 감독해 중국 항구들에 도착하는 외국 상품 수익의 70퍼센트를 가져갔지만, 그 대신에 외국 상인들이 중국 상품을 구입할 자본을 제공했으며 쿠빌라이는 포수경의 노력 덕분에 이제 상선단을 자기 마음대로 운용할 수 있게 되었다.[21] 그 대가로 중국 수군은 상선과 그들의 화물에 대한 보호를 제공했다. 쿠빌라이의 제국 수군이 보호해준다는 것은 상인들이 해적이나 상품 몰수의 위험이 적어지고 운송비가 줄어들지만 수익 역시 줄어든다는 얘기였다. 이전의 엄청난 수익에 비해 이제 그들은 해외에서 수입되는 상품 수익의 30퍼센트만 기대할 수 있었다. 포수경 같은 영향력 있는 상인조차도 아흐마드의 지휘를 받고 자기 수익의 상당 부분을 잃어야 했으며, 이에 따라 포수경과 그의 오랜 협력자 수게투 장군은 더욱 소외되었다. 그들은 늘어나는 조정의 반反아흐마드파 고관의 대열에 합류했다.

차부이 황후의 죽음으로 후원자를 잃은 아흐마드는 위험에 노출되고 입지가 취약해졌다. 그는 방대한 상업 제국(여기서 상업은 곧 부, 위신, 영향력의 열쇠가 되었다)을 건설했을지 모르지만, 친킴 태자와 전쟁영웅 바얀 같이 중국에서 가장 강력한 사람들 일부를 포함하는 복수심에 불타는 조정 내 세력들은 그를 혐오할 이유가 있었다. 차부이가 죽은 뒤 그들(또는 그들 주위의 파벌 성원들)은 봄이 되기를 기다렸다. 쿠빌라이가 여름 수도로 떠나는 때였다. 그런 결연한 적대 세력이 있었기 때문에 이미 아흐마드의 생명을 노린 시도가 실패한 적이 몇 차례 있었다. "그는 극도로 조심하고 경계"했다고 당시 몽골을 위해 (물론 수천 킬로미터 떨어진 일 칸국에서였다) 일하던 관리였던 라시드웃딘은 썼다. 그는 아흐마드가 "언제나 호위병을 데리고 다녔으며, 자신이 어디서 자는지 남들이 모르게" 했다고 적었다.[22]

1282년 봄, 쿠빌라이는 쥐융관을 거쳐 상도로 갔다. 그는 아직 아내의 죽음과 일본 침공의 패배를 한탄하고 있었다. 그가 황후 남부이 및 태자 친킴과 함께 도시를 떠나자마자 태자의 협력자들이 공격에 나섰다. 4월 26일 밤, 친킴 태자의 수행원으로 꾸미고 비밀 불교 의례를 치르기 위해 궁궐로 돌아왔다고 주장하는 왕저王著라는 사람과 고화상高和尚이라는 승려가 부하들을 이끌고 궁궐로 들어갔다. "밤중에 그들은 횃불과 초를 들고 왔다"고 라시드웃딘은 주장했다. 그들은 아흐마드를 발견하자 그와 그 조력자들을 철퇴로 공격하고 때려 죽였다. 음모자들은 경비병에게 붙잡혔으나, 살해는 이미 되돌릴 수 없었다. 아흐마드 파나카티는 더이상 이 세상 사람이 아니었다.

쿠빌라이는 아흐마드를 죽인 자들을 즉각 처형하라고 명령했지만, 또한 이 일로 이어진 곡절과 사건도 조사하라고 지시했다. 이번에도 그는 자신의 정보 책임자 볼라드에게 의존했다. 볼라드는 곧바로 아흐마드의 통치와 관련된 극도의 부패를 밝혀냈다. 죽은 차부이 황후와 그렇게 가깝던 협력자를 상대로 하기에는 심각하고도 위험한 고발이었다. 그러나 볼라드는 쿠빌라이가 아주 신임하는 소수 가운데 하나였고, 아흐마드에게 그렇게 많은 권력을 내준 자신의 잘못을 깨닫게 하기에 충분했다. 볼라드의 조사 결과가 나오자 쿠빌라이는 아흐마드와 그 가족이 축적한 재산을 몰수하고, 그의 여러 아들과 인척 대부분을 처형해 그 가문 전체를 도륙내고 막대한 재산을 재분배했다.

마르코 폴로는 아흐마드의 죄상을 상세하게 나열한 뒤에 흥미롭고도 함축적인 언급을 한다. 자신도 그의 죽음을 둘러싼 사건들의 현장에 있었다는 것인데, 구체적으로 어떤 시기의 어느 사건이었는지는 말하지 않았다. 거의 500년 뒤인 18세기 초에 글을 쓴 프랑스의 예수회 사제 조제프-안-마리 드 무아리악 드 마이야는 《중국 통사 Histoire Générale de la Chine》에서 당시 자신이 이용할 수 있는 중국 자료를 인용하면서, 쿠빌라이의 암살 조사에서 마르코 폴로가 아흐마드에게 불리한 증언을 했다고 밝혔다.[23] 그는 중국 연대기의 기록을 이렇게 인용했다.

> 차간누르Tsagaan Nuur('깨끗한 호수')에서 상도로 돌아온 황제는 추밀원의 보좌관인 폴로에게 왕저가 이 살해를 저지르게 된 이유를 설명해주기를 원했다. 폴로는 아흐마드의 범죄와 탄압(그것이 그를 제국 안에서 증오의 대상으로 만들었다)을 대담하게 이야기했다.[24]

아흐마드의 죽음은 쿠빌라이가 사랑했던 차부이의 파벌에 의존하는 데서 벗어나 유병충 등을 통해 그의 치세 초기에 영향을 미쳤던 전통적인 정치로 돌아가는 결과를 낳았다. 거의 100년 뒤인 원나라 말에 쿠빌라이 시대를 검토한 학자 유기劉基는 그의 치세를 두 문장으로 요약했다. "위대하고 영광스러운 원나라는 천명을 받았다. 전쟁이 사태를 정리하고 문화가 그것을 보존해 제국 전체를 한데 융합시켰다."25 이 변화는 그저 옛 중국 문화만을 향한 것이 아니었고, 남과 북의 새로운 중국적 혼합을 향한 것이기도 했다. 유학 고전과 함께 국제 무역도 받아들이는 것이었다.

그러나 이 나라는 황제와 고전 교육을 받은 그의 관리 상층부의 변덕에 따라 통치된 내부를 향한 옛 중국이 아니었다. 중국은 이제 강력한 수군과 육상 및 해상 모두를 통한 매우 발달된 무역 체제를 갖춘 나라였다. 중국은 그렇게 군사와 상업이 강력하게 결합된 적이 없었다. 그 힘은 유학 교육을 받은 실력자와 고위 관료의 전통적인 권위와 영향력이 희미해지면서 오히려 크게 신장되었다.

몽골인들이 상업적 전진을 계속하면서 군사적 승리는 갈수록 그들과 멀어졌다. 쿠빌라이는 계속해서 추가적인 원정과 대외적인 승리를 꿈꾸었다. 남송 정복은 그에게 전쟁에 대한 욕구를 자극한 것처럼 보였다. 중국이 상업적으로 아무리 성공을 거두더라도 그것은 전쟁터에서 거둔 승리만 한 위신을 가져다주지 못했다. 쿠빌라이는 자신의 제국을 계속 확장하고자 했다. 그는 끈질기게 또 한 차례의 승리를, 그 이후에는 다시 또 한 차례의 승리를 원했다.

17장

밀림에서 사라지고 해상에서 떠돌고

> 갑자기 그들의 군대가 매복처에서 튀어나왔다.
> — 라시드웃딘[1]

쿠빌라이는 대양을 정복하는 데 관심이 없었다. 그는 세계를 정복하고 싶었고, 바다는 마침 그 중간에 있었다. 훌륭한 해로망이 남중국해에서 북쪽으로 뻗어 있었고, 쿠빌라이는 이제 그것이 인도와 인도양의 나라들로 확대되기를 바랐다. 몽골인의 일 칸국이 계속해서 충성을 유지하고 있어 그들이 이 방대한 새 사업의 서쪽 거점이 될 수 있었지만, 그 멀리까지 선단을 보내려면 길을 따라 몇 개의 안전한 보급 항구가 필요했다.

더는 갈 곳이 없는 해로에 있는 일본과 달리 베트남은 모든 곳으로 이어지는 해로에 있었다. 인도로 가는 가장 안전한 길은 하이난섬 동쪽을 돌아 참파로 가고 거기서 남쪽으로 가는 것이었다. 따라서 베트남 항구들은 중국 배들이 앞으로 남은 긴 항해를 위한 식량, 물, 장작을 보충할 수 있는 필수적인 무역 중심지가 되었다. 필리핀의 섬들은 인도네시아 동부로 향하는 중국 배들에게 비슷한 서비스를 제공할 수 있었지만, 대부분의 상인들에게 유용하기에는 인도로 가는 중심 항로에서 너무 벗어나 있었다. 베트남을 합병하면 중국은 '향신료 제도', 인도, 스리랑카로 가는 무역로를 확보하게 되고, 쿠빌라이는 자기네 속국들로 가는 해로를 얻게 될 터였다.[2]

베트남은 크게 세 부분으로 이루어져 있었다. 북쪽의 다이비엣, 남쪽의 메콩강 삼각주(캄보디아의 크메르제국의 일부였다), 그 사이의 몇몇 작은 참파 왕국들의 연합이었다. 쿠빌라이는 다이비엣에 대한 첫 침공에서 실패했기 때문에 이번에는 참파 연합을 목표로 삼았다. 그들이 더 약할 것으로 여겨졌다.[3] 북베트남은 건너뛸 수 있었지만 베트남 중부 해안에 있는 참파는 크메르제국, 자바섬, 말레이반도, 인도로 가는 해로에서 필수적인 중간 기착지였다.

다이비엣은 중국의 영향을 광범위하게 받은 반면에, 참파는 본래 힌두교 소국들의 집합이었다. 그들의 풍부한 토착 문화에 중국과 자바 문화가 영향을 미치고, 불교와 이슬람교도가 영향력을 키워가고 있었다. 참파를 구성하는 다섯 개 왕국(당시에 인드라푸라, 아마라바티, 비자야, 카우타라, 판두랑가로 불렸다) 가운데 비자야가 가장 큰 통제력을 행사했다. 주로 인드라바르만 5세의 스리바노이(현대의 베트남 중부 꾸이년) 항구 통제를 통해서였다. 사실 참파는 나라라기보다는 한 파벌이 통치하다가 금세 다른 파벌에게 넘어가는, 끊임없이 변화하는 지역 파벌들의 잡동사니였다. 지배 국가가 약해지기 시작하면 거기에 속해 있던 나라들이 재빨리 크메르 왕들, 다이비엣 파벌들, 또는 그들을 도울 수 있다면 누구와도 손을 잡고 지도자 역할을 탈취해 한동안 이어갔다.

수게투는 이미 바얀 장군을 보좌하면서 헌신적인 지휘관임을 입증했고, 남중국을 정복하는 데 핵심적인 역할을 했다. 특히 1278년 광저우 점령에서 가장 중요한 역할을 했다. 쿠빌라이는 이제 그를 점성행성占城行省 우승右丞으로 임명했지만, 점성(참파)은 아직 쿠빌라이의 손에 들어오지 않은 상태였기에 수게투는 직접 그곳을 정복한 뒤에야 새 직위에 오를 수 있었다. 그가 이 자리에 선발된 것은 그의 잘라이르 씨족이 계속해서 중국과 일 칸국 정복에서 활약했으며, 포수경 및 기타 중국의 이슬람교도들과 긴밀하게 협력함으로써 남방과 서방에서 온 이슬람교도들과 함께 일하는 데 신뢰감을 주었기 때문이다. 여러 가지 측면에서 수게투는 중국, 인도양의 이슬람 상인, 일 칸국 사이의 이상적인 통로였다.

1282년 7월, 쿠빌라이 칸은 수게투의 원정에 병사 5천 명을 딸려 보냈다. 전함은 250척, 보조 선박은 100척이었다. 《원사》의 기록에 나오는 숫자다.[4] 쿠빌라이에게 보다 충성스럽고 더 훈련이 잘된 북방의 병사들은 수도 부근에 남아 있었고, 남방의 병사들은 주로 군 복무에 내몰린 죄수들이었다. 수게투의 남방 병사들은 가장 준비가 덜 되고 수게투나 원 왕조, 또는 쿠빌라이에게 가장 충성심이 부족한 사람들이었다.

*

참파 침공 함대는 몽골군이 이제까지 바다를 건너 항해한 것 중 가장 먼 거리를 갔다. 일본보다 두 배가 넘는 거리였고, 꼬박 한 달이 걸렸다. 수게투가 부하 병사들을 베트남 중부 해안에 상륙시켰을 때는 병들고 진이 빠진 그들의 건강을 되찾기 위해 한 달 동안 휴식을 취하고 회복해야 했다.

수게투는 스리바노이에 숙영지를 차린 뒤 인드라바르만 5세에게 몇 차례 평화 사절을 보냈다. 사절은 호의적인 반응을 끌어내지 못했지만, 그 시간을 이용해 몽골군과 말이 회복하는 데는 도움이 되었다. 곧 수게투는 항구를 점령하고 해안의 몽골 거점에서 서북쪽으로 20킬로미터 떨어진 수도 비자야를 포위했다. 그러나 이전의 다이비엣 침공 때와 마찬가지로 몽골인들이 핵심 도시 지역을 점령하고 보니 주민들은 식량, 식료품, 가축, 도구를 모조리 챙겨 사라진 뒤였다.

수게투의 무용에도 불구하고 그의 참파 원정은 제대로 훈련받지 못한 병사들, 낮은 사기, 열악한 보급, 낯선 열대 지역에서의 지나친 자신감과 경험이 부족한 지휘로 인해 손상되었다. 해안은 장악했지만 참파 전사들은 공격을 받으면 어디론가 사라졌다가 전혀 생각지 못한 순간에 반격해왔다. 몽골인들은 자주 매복을 하고 적을 유인했지만, 이제 그들은 같은 전법의 희생물이 되었다. 참파 지도자들은 가짜 정보를 흘리기 위해 첩자를 심었고, 여러 가지 방법으로 수게투를 속이고 혼란스럽게 하고 좌절시켰다. 인드라바르만은 수게투에게 협상 제안을 하고 선물을 보내며 집적거리고 조롱을 하다가도 갑자기 발을 빼거나 예고 없이 공격해왔다. 인드라바르만은 고양이였고, 수게투는 쥐였다.

인드라바르만의 백성들이 이 지역의 식량을 쓸어갔기 때문에 수게투는 중국인 병사들에게 농작물을 심으라고 명령했다. 이 둔전을 이용해 부하들을 먹이는 한편, 인도에 도달하기 위한 탐색에서 더 남쪽으로 가는 미래의 원정에도 식량을 제공하려는 것이었다. 그러나 몽골 장교들보다는 베트남인들의 생활방식에 더 동질감을 느꼈던 남방 병사들은 대량으로 탈주해 참파 군대와 궁정에 정보와 도움을 제공해 그들의 사기를 높였다.

부하들이 죽거나 탈주하고 충분한 식량을 생산하지 못한 수게투는 쿠빌라이에게 도움을 청해야 했다. 대칸은 식량과 함께 구조대를 보냈으나 함대가 그의 숙영지에 도착하는 데는 꼬박 1년이 걸렸다. 배들이 도착해서 보니 그곳은 완전히 황폐해져 있었다. 굶주림에 직면한 수게투는 참파를 버리고 먹을 것을 찾아 북쪽으로 이동하지 않을 수 없었다. 보급 부대는 자기네 군대를 찾아 헛되이 해안을 오르내렸지만, 예기치 않았던 험한 날씨가 함대를 덮쳐 배들과 거기에 실려 있던 소중한 보급품을 거의 파괴해버렸다. 손상을 입은 잔여 병력은 불운한 수게투를 구하지 못한 채 꾸물꾸물 중국으로 돌아갔고, 수게투는 참파 왕국들을 떠나 북쪽의 다이비엣 땅으로 밀고 올라갔다. 승리를 위해서라기보다는 살아남기 위한 탐색이었다.

실패한 구조 함대가 빈손으로 돌아오자 쿠빌라이는 사투를 벌이는 수게투 부대(그들이 어디에 있든)를 구조하기 위해 육상 원정이라는 좀더 전통적인 몽골의 전략에 의지했다. 그들에게 가기 위해 원나라 군대는 여전히 다이비엣이 통치하고 있는 지역을 가로질러야 했다. 쿠빌라이는 다이비엣과 약간 우호적인 관계를 유지하고 있었다. 쿠빌라이는 1283년 위구르인 아릭카야를 사절로 하노이에 파견해 북베트남 통과에 대한 허락을 받고자 했다. 그래야 수게투를 구조하고 다시 물자를 공급해 참파 정복을 마무리할 수 있었다.

몽골 황제의 바람을 들어주는 것과 그 이웃과 협력하는 것 사이에서 선택을 해야 했던 다이비엣은 참파의 편을 들어 쿠빌라이 군대의 통과를 거부했다. 몽골의 압박은 서로 경쟁하던 국가들인 다이비엣과 참파 다섯 왕국들 사이에 쐐기를 지르지 못하고 그들을 더 가까워지게 만들었다. 쿠빌라이의 분노는 이제 참파에서 반항하는 다이비엣으로 옮겨갔다. 1285년에 쿠빌라이는 북쪽에서부터 육상으로 침공하라는 명령을 내렸다.

*

이 위험한 시기에 그의 주변에서 위기가 터져 나왔다. 일부 궁정 조언자들이 멈칫거리며 쿠빌라이에게 이전 송나라 황제들의 사례를 따르라고 권했다. 그들은 쿠빌라이가 태자로 정해진 친킴에게 권력을 넘겨줄 때가 됐다고 생각했다. 아마도 아흐마드 파나카티의 암살로 용기를 얻은 듯, 친킴의 협력자들은 나라에 새로운 목소리와 신선한 비전이 필요하다고 생각했다.[5] 쿠빌라이는 화가 폭발했다.

몇몇 송나라 황제들은 자의든 아니든 양위를 해서 후계자에게 통치권을 넘겼지만, 몽골의 대칸은 스스로 자리를 내준 적이 없었다. 친킴의 지지자들은 욕심이 지나쳤다. 미운 재정 담당 대신을 암살하는 것과 황제를 제거하는 것은 천양지차였다. 친킴이 몰래 음모를 꾸미고 있다고 의심한 쿠빌라이는 화가 나서 자기 아들을 만나거나 그와 연락하거나 그를 궁정에 들이는 것을 거부했다. 이전 협력자들도 그를 피했다. 고립되고 무시당한 친킴은 점점 낙담에 빠져 폭음을 하기 시작했다.

*

이 짧은 반란을 진압한 쿠빌라이는 다이비엣과 참파를 무찌르고 무역로를 확장해 자신의 통치 능력을 입증하기 위해 더욱 단호해졌다. 1285년에 그는 5천 명의 병사와 500척의 지원 함대를 동원해 다이비엣에 대한 새로운 침공에 나섰다. 이 원정의 중요성을 드러내기 위해 그의 아홉째 아들 토곤Toghon(나이와 능력이 불확실하다)에게 진남왕鎭南王이라는 거창한 칭호를 주어 원정을 이끌게 했다. 마침내 수게투와 연락이 닿은 쿠빌라이는 그에게 더 북쪽으로 진격해 진남왕 토곤이 북쪽에서 공격하는 사이에 남쪽에서 다이비엣을 동시에 공격하라고 명령했다.

몽골 장수들은 실패했지만 황제 가문의 몽골 왕은 분명히 그럴 수 없었다. 그러나 인상적인 칭호가 정복으로 이어지지는 못했다. 토곤의 임무는 다이비엣을 복속시키고 수게투의 부대와 합류해 그들에게 보급품을 주고 그런 뒤에 함께 참파를 정복하는 것이었다.[6] 이전 침략에서 있었던 문제를 극복하기 위한 시도로 보이지만, 토곤의 군대는 남부 광시와 하이난섬의 노련한 병사들로 구성되었다. 열대 기후에 더 익숙한 사람들이었다. 몽골은 또한 많은 보상과 고위직을 약속하며 지형에 익숙한 베트남 탈주자들을 유혹했다.

그러나 원나라 군대로서는 군량 수송이 여전히 까다로운 문제였다. 말에게 먹일 마초와 병사들을 위한 식량을 배에 실었지만, 천천히 움직이는 화물선은 더 빠른 베트남 전함들의 먹이가 돼서 의존하기 어려운 것으로 드러났다. 그 결과 말은 영양이 부족하고 병사는 약해졌다. 해상 운송은 계속해서 몽골 군대를 곤란하게 만들었다. 그들은 자기네 함대의 통제력을 잃었고, 무거운 화물로 인해 속도가 느려지자 쌀을 배 밖으로 던져버리고 바다로 더 멀리 나가 달아났다.

다이비엣은 몽골 기병대를 이기기 위해 강과 작은 섬들의 무리를 이용했다. 기병대는 베트남인들이 쳐놓은 올가미에 자주 걸렸다. 침략자들이 우세하다 싶으면 다이비엣은 자기네 배를 타고 조용히 사라졌다. 토곤 왕의 군대는 베트남 시인들이 '강들의 땅'이라 부른 곳을 어떻게 헤쳐 나가야 할지 몰라 사실상 그들을 추격하는 데 무력했다. 몽골인들은 더 많은 군대를 거느리고, 훨씬 많은 재물과 정교한 기술을 지녔으며, 전투에서 대부분 이기고 전략적인 위치를 장악했다. 그러나 그들은 베트남인들을 무찌를 수 없었다. 실패로 끝난 두 차례의 일본 원정 및 예전 베트남 침공과 똑같이 쿠빌라이는 다시 한번 조정 안에서 별로 지지를 받지 못하는 전쟁에서 실패하고 있었다.

베트남인들은 계속해서 몽골 침략군을 상대로 조심스럽지만 가차 없이 움직이고 있었다. 라시드웃딘에 따르면 이 지역은 "삼림과 기타 접근하기 어려운 곳" 천지였다. 베트남인의 유격 전술은 몽골군이 과신에 빠지도록 진격할 수 있게 놔뒀는데, "그러다가 갑자기 그들의 군대가 매복처에서 튀어나오"고 "해안, 수풀, 산"에서 튀어나와 침략군을 공격하고 혼란스럽게 하고 파괴했다.[7] 한편 《원사》는 참파와 다이비엣 방어군의 완강함에 대해 이례적으로 경의를 표하는 기록을 남겼다. 한 원나라 관리는 이렇게 썼다. "외부의 침공에 직면한 모든 왕국은 사력을 다해 싸우거나, 자기네의 군사력이 불충분하면 그들은 산악 지역으로 달아나도록 허용되고 거기서 힘을 키우고 패배를 받아들이지 않는다."[8]

베트남인들의 주요 강점은 고국을 방어하기 위한 모든 사람의 헌신과 그들의 이견 없는 합의에서 나왔다. 그 왕들은 농민들이 여러 세대 동안 충성을 바쳐온 지역 왕가 출신이었다. 베트남 병사들은 자기네 장군 쩐흥다오의 말에 너무도 고무돼 자기네 팔뚝이나 손에 '살달殺韃'(몽골인을 죽여라)이라는 한자 문신을 했다.[9] 병사들에게 이런 문신을 하지 말라는 포고는 50년 뒤인 1318년에야 쩐 왕조 명종明宗 황제에게서 마침내 나왔다.[10]

높은 사망률과 끊임없는 탈주는 곧 수게투의 부대와 토곤 왕의 부대 모두를 약화시켰다. 쿠빌라이가 참파와 다이비엣 침공을 위해 보낸 2만 8700명의 병사 가운데 1만 7천 명가량이 이 임무를 위해 징발된 이전 송나라 병사, 죄수, 기타 사람들이라고 학자들은 추정했다. 이들은 여전히 전투에 나서려 하지도 않고 전투에 적합하지도 않았다.[11] 비, 바람, 그리고 길고도 어려운 원정으로 인한 소모에 시달린 수게투는 결국 이겨내지 못하고 홍강에서 벌어진 전투에서 다이비엣군에게 살해되었다.

*

자신의 아들인 황자가 맡은 베트남 원정이 실패하면서 쿠빌라이는 체면을 구겼지만, 더 나쁜 일이 기다리고 있었다. 1286년 초, 소원해진 그의 후계자 친킴 태자가 갑자기 죽었다. 그 죽음은 몽골 황실에서 일어난 또 하나의 이상한 요절이었다. 아들을 멀리했다는 죄의식으로 고통을 받고 슬픔에 압도된 쿠빌라이는 자신의 어린 아내 남부이와 친킴의 미망인 바이람에게치 쿠케진Bairam Egechi Kökejin(역시 콩기라트 씨족 출신이었다)에게 더욱 의존하기 시작했다. 이들은 황궁에서 가장 영향력 있는 두 여성이 되었으며, 쿠빌라이가 베트남과의 전쟁 과정에서 느꼈을 분노, 죄의식, 우울증을 쏟아내든 상관없이 나라를 이끌어가는 데서 협력했다.

토곤 왕의 다이비엣 침공에서 결정적인 마지막 대결은 1288년 하롱만 부근 박당강白藤江에서 벌어졌다. 다시 한번 수군 전투가 결정적임이 드러났다. 베트남 관리들에게는 글로 쓴 역사의 오랜 전통이 있었다. 그들은 이를 꼼꼼하게 연구했다. 몽골인들이 오기 300년 전에 또다른 중국 함대가 들어와 이 땅을 정복하고자 했다. 사령관인 예순 살의 황족 쩐훙다오는 베트남 역사에서 가장 위대한 영웅 가운데 하나가 될 운명을 타고난 장수였다. 그는 이전의 베트남인들이 어떻게 침략자들을 물리쳤는지를 공들여 분석했다. 아마도 몽골인들이 지역의 역사에 대해 무지할 것임을 인식한 그는 정확히 같은 전략을 되풀이하는 선택을 했다. 그는 1미터에서 3미터 길이의 단단한 나무 말뚝 수천 개를 모아 한쪽 끝을 뾰족하게 깎고 거기에 금속 촉을 박으라고 명령했다. 그들은 온 삼림을 벗겨내고 심지어 현지 가옥을 떠받치고 있는 기둥까지 징발했다. 그들은 대단한 재주를 부려 말뚝을 물에 박아놓았다. 대양 쪽이 아니라 상류 쪽으로 비스듬하게 박았다. 이와 동시에 기술공들이 빠르면서도 꼼꼼하게 화살을 만들었다. 자기네가 만들 수 있는 한 최대한 많이 만들었다. 끝에 독과 가연성 물질을 묻힌 특수한 화살도 있었다.

라시드웃딘이 묘사한 것처럼 다이비엣 군대는 원나라 침략군과 교전을 벌이고, 자신감이 붙은 몽골군 지휘관들을 만조 때 박당강으로 유인했다. 그때는 말뚝이 물속에 잠겨 보이지 않았다. 침략자들을 함정에 빠뜨린 뒤 그들은 간조 때 육지와 강 양쪽에서 공격했다. 배들을 향해 불화살과 불타는 뗏목을 퍼부었다. 몽골군은 철수했다. 그러나 썰물로 인해 끝에 쇠를 박은 말뚝의 벽이 드러났고, 그들은 빠져나갈 수 없었다. 함대는 강안의 무자비한 전사들과 강을 가로지른 장벽 사이에 갇혔다.

배들은 부서지거나 불화살을 맞고 불길에 휩싸였다. 우리에 갇혀 자기들끼리 싸우는 동물들처럼 몽골군의 배들은 필사적으로 달아나려고 하다가 서로 충돌했다. 화살이 쏟아지는 가운데 두툼한 갑주를 걸친 병사들은 불에 타 죽거나 익사했다. 운 좋은 사람들은 빨리 죽었다. 400척의 배가 불타거나 침몰했다. 다이비엣은 몽골 함대

지휘관 오마르를 생포했다. 그들은 나중에 생포한 다른 몇몇 장교들을 처형한 뒤 오마르를 수장시켰다. 토곤 왕은 살아서 고국으로 돌아와 아버지의 사나운 분노를 대해야 했다. 쿠빌라이는 그를 장강 변의 양저우로 영구 추방했다. 아버지와 아들은 다시 만나지 못했다.

몽골은 완패했다. 이번에도 마찬가지였다. 베트남인들은 지신地神에게 감사를 표했고, 실용적인 조치로 다이비엣 황제는 몽골인들의 체면을 살려주고 그 지도자의 수치를 누그러뜨려주기로 결정했다. 그들은 몽골 포로들을 풀어주었으며, 사죄하는 의미로 쿠빌라이에게 황금을 선물로 보냈다. 쿠빌라이는 결국 제대로 배웠고, 이후 베트남을 평화롭게 놔두었다.[12] 서로에게 도움이 되기 위해 과거 적으로 싸웠던 두 나라는 조심스러운 동맹관계를 추구했다.

*

나이가 든 쿠빌라이는 할아버지 칭기스 칸이 죽으면서 남긴, 몽골의 운명은 세계를 정복하는 것이라는 말을 기억했다. 그는 그 운명을 완성하는 것이 자신의 임무라고 생각했다. 일본과 베트남에서 패배했음에도 불구하고 쿠빌라이는 그 임무를 포기하지 않을 터였다. 그는 자신이 거의 이름 정도만 알았을 먼 나라들에 대한 침공을 준비하라고 명령을 내렸다. 그러나 그렇게 함으로써 쿠빌라이는 그의 통치에 가장 큰 위협을 간과했다. 그것은 외부의 적이나 중국의 경쟁자가 아니라 자기 집안 사람들에게서 오는 것이었다.

1287년에 또다른 몽골인의 반란이 만주에서 발생했다. 쿠빌라이의 다소 무질서한 친척들은 이제 서른 살의 나얀 왕을 따르고 있었다. 십자가 기장 아래 싸우는 기독교도 몽골인이며, 더 중요한 것으로 그는 칭기스 칸의 이복동생 벨구테이의 후손인 황족이었다. 비교적 가난하고 중국과 한반도 북부의 가장 추운 지역으로 쫓겨난 나얀과 그 일가는 쿠빌라이를 원망하고 있었다. 그들은 1260년 그의 대칸 선출에도 반대했다. 여러 해 동안 그들은 불만과 시샘 속에 살아왔다. 그들은 자기네의 온갖 불만을 한데 묶어, 절박한 문제는 대칸이 너무 중국적이고 너무 불교에 치우쳐 있으며 충분히 몽골적이지 않은 것이라고 판단했다. 나얀 왕은 쿠빌라이에게 별다른 긴급한 위험을 제기하지 않고, 중국 정복을 원한다는 표시도 내지 않았다. 오히려 그와 그 추종자들은 한반도에서 몽골까지 북쪽에 뻗쳐 있는 유목민들의 독립 칸국을 추구했다. 따라서 이 반란자들은 칭기스 칸이 묻힌 조상들의 고향 몽골을 점령하기 위해 서쪽으로 이동했다.[13]

나얀 왕의 정확한 계획은 여전히 알 수 없었지만, 그의 세력은 중앙 몽골의 카이두 칸의 동맹자들인 우구데이 및 차가다이(칭기스 칸의 아들들이다) 후손들과 세력을 합칠 계획인 것으로 보였다. 쿠빌라이를 몰아내고 싶어하는 불만스러운 몽골인들의 단일 군대를 형성하기 위해서였다. 그들이 합치는 것을 저지하기 위해 쿠빌라이는 움직여야 했다. 쿠빌라이는 전사로서 명성을 얻거나 심지어 카리스마가 있는 전투 지도자는 아니었지만, 그리고 나이가 일흔두 살임에도 불구하고 출정을 직접 이끌 수밖에 없다고 생각했다. 그는 다시 바얀에게 의지했다. 바얀은 이제 50대였고, 예전에 카이두의 반란을 진압하기 위해 친킴 태자와 함께 갔다가 성과를 거두지 못한 적이 있었다. 명예로운 쿠빌라이의 친위대 케식이 바얀과 함께 갔다. 쿠빌라이는 또한 스물두 살의 손자 테무르(친킴의 아들)를 데리고 갔다. 늙은 지휘관인 자신의 대리 역할을 하고 군사 전략을 배우라는 것이었다.

이러한 출정은 민감한 문제를 제기했다. 황실 성원을 상대로 한 출정이었기 때문이다. 지도자들은 친족 관계로 연결되어 있었고, 쿠빌라이의 몽골인 병사들 또한 반란자들과 다양한 관계를 공유하고 있었다. 그 결과 쿠빌라이는 자신의 몽골인 병사들을 믿을 수 없었다. 이는 바얀도 인식하고 있었고, 그는 중국인 보병과 고려인 협력자들을 동원함으로써 문제를 해결했다.[14] 그들은 몽골인 적 둘을 상대해야 했다. 동북쪽의 나얀의 군대, 그리고 서북쪽의 카이두의 군대였다.

*

쿠빌라이의 노력에도 불구하고 카이두 칸은 중앙아시아, 현대 중국의 서부 사막 오아시스와 산악, 그리고 몽골을 장악하고 있었다. 그는 국경을 따라 쿠빌라이 칸의 중국과 작은 충돌을 벌였고, 실크로드를 따라 이 나라의 내륙 상당 부분을 통제했다.

4만 명 정도의 병력으로 추산된 카이두의 군대에서 마르코 폴로 같은 유럽인 관찰자와 일 칸국 대신 라시드웃딘 등의 주목을 끈 전사는 카이두의 특이한 딸 쿠툴룬이었다. 1260년 무렵에 태어났고 때로 아름답고 남성들에게 매력적이라고 묘사된 쿠툴룬은 신체적으로 당당하고 힘이 세며 운동을 잘했고, 몽골의 전통 무술에 뛰어났다. 승마, 활쏘기, 특히 씨름 같은 것들이었다. 몽골인들은 씨름 경기에 자주 내기를 걸었는데, 쿠툴룬은 씨름에서 줄곧 승리를 거둬 말을 많이 받았다. 나중에는 1만 마리가 넘는 말을 소유했다고 소문이 났다.

이전의 황실 여성들은 황실 신분을 나타내기 위해 탐가tamgha라는 인장을 사용했지만, 쿠툴룬은 게레게牌子 사용이 허용됐다고 언급된 유일한 여성이었다. 게레게는 직위를 나타내는 원형 또는 사각형의 패로, 사슬을 달아 목에 걸었다. 은이나 금으로 만들어 보유자의 권력을 드러냈으며, '영원한 쿠크 텡그리'의 의지에 따라 칸이 수여하는 것이었다.

카이두 칸의 열네 명의 아들은 능력껏 그를 도왔지만 쿠툴룬은 그들을 능가했다. 카이두는 그런 딸에게 정치와 전쟁의 지원을 받는 것뿐만 아니라 조언도 의지했다. 그 아버지 카이두에게 단호히 반대해 호의적인 역사가가 아니었던 라시드웃딘은 쿠툴룬이 "사내아이처럼 행세"했으며 "자주 군사 원정에 나가 혁혁한 공을 세웠다"라고 마지못해 인정했다.[15]

쿠툴룬은 전투를 즐기는 듯했지만, 전장에서의 성공에도 불구하고 이상하게도 누군가를 죽이고자 했다는 언급이 없다. 마르코 폴로는 이렇게 말했다. "(쿠툴룬은) 적의 무리에게로 돌진해 거기서 남자 몇 명을 붙잡아 끌고 나와서는 자기 아버지에게 데려간다. 새를 낚아채는 매처럼 능숙하다. 이런 일이 한두 번이 아니었다."[16]

카이두 쪽이나 쿠빌라이 쪽이나 모두, 출정과 대결은 중요한 군사적 성과나 영토 확장보다는 위신과 명성의 추구가 되어버린 듯했다.

전투는 자랑과 자만의 싸움으로 변질되었다. 칭기스 칸 시대와는 두드러진 차이였다. 칭기스 칸은 언제나 행동하는 사람이었고, 말은 많이 하지 않았다. 쿠빌라이에게 협력한 친척 가운데 하나인 톡테무르Toq-Temür는 자신이 회색 말을 탔다고 자랑스럽게 선언했다. 그는 이렇게 말했다고 한다.

사람들은 밤색 구렁말과 피가 잘 드러나지 않는 기타 색깔의 말을 선택한다. 적들을 고무시키지 않기 위해서다. 내 경우에는 회색 말을 선택한다. 붉은색이 여성의 장식인 것과 똑같은 이유에서다. 탄 사람과 그 말의 상처에서 나는 피는 남자의 옷과 말의 사지로 떨어지고 멀리서도 볼 수 있는데, 그것은 남자의 장식이자 훈장이다.[17]

가족 성원들의 온갖 허풍과 흔들리는 충성심에도 불구하고 쿠빌라이의 중국 군대나 카이두의 유목민 군대나 모두 확실한 승리를 확보하지는 못했다. 심하지 않은 적대 행위가 이따금씩 분출하며 지속되었다. 상인들은 폭력을 우회하는 통로를 찾았지만, 시간이 지나면서 위험을 감수하려는 사람은 줄어드는 듯했다.

역사 속에서 흔히 일어나듯이 실제 결과는 과장된 말들과는 일치하지 않았다. 카이두 칸은 버려지다시피 한 몽골의 수도 카라코룸에서 쿠빌라이 칸의 군대와 싸웠는데, 마르코 폴로는 이것이 몽골 역사에서 벌어진 가장 격렬하고 가장 결정적인 전투 중 하나라고 잘못 이야기했다. 그는 이렇게 썼다. "많은 남자들이 그곳에서 죽었다. 많은 아이들이 그곳에서 고아가 되었다. 많은 여자들이 남편을 잃었다. 많은 다른 여자들이 남은 인생 동안 슬픔과 눈물 속에 잠겼다."[18]

실제로 카이두 칸은 결국 철수했고, 전투는 아무것도 해결하지 못했다.

*

쿠빌라이는 북방 진군에 돈을 댈 자원이 필요했지만, 경제에 대한 아흐마드의 꾸준한(다만 제 잇속을 차리는 것이었다) 장악이 사라진 마당이었다. 이에 따라 쿠빌라이는 1287년에 새로운 통화를 발행했다.[19] 그는 정부에 지폐를 찍어내도록 명령했지만, 민간의 개인과 사찰에도 같은 양식과 가치의 지폐를 허용했다. 다만 잉크는 약간 달랐다.[20] 정부는 새 통화를 유통시키면서 이 지폐는 더이상 은이나 금으로 태환하지 않는다고 발표했다. 이것은 잘 유통되지 않았다. 원나라 관리들은 처벌하겠다고 위협하며 상인들에게 은화와 마찬가지로 받으라고 강요했지만, 이 지폐는 오직 법과 그 사용을 강제하는 정부의 권위로만 뒷받침되는 불환지폐가 되었다. 그런 통화는 기껏해야 그것을 발행하는 정부의 노력의 정도를 넘어 활성화되지는 못했다.

늙어가는 쿠빌라이는 이동식 대좌를 타고 전쟁터에 나갔다. 마르코 폴로에 따르면 그 이동식 대좌는 "잘 훈련된 코끼리 네 마리"의 등 위에서 균형을 잡았고, "그의 머리 위로는 그의 기장이 들어올려져 있었는데, 너무 높아 사방에서 볼 수 있었다."[21] 이번에는 손쉽게 승리를 거두었다. 7월 14일, 쿠빌라이의 군대는 둥그렇게 모여 있는 수레 뒤에, 경보를 울릴 경비병도 배치하지 않은 채 웅크리고 있는 반란군과 마주쳤다. 자료들은 공격이 일어난 시점이 밤인지 낮인지, 아니면 마르코 폴로가 낭만적인 상상의 나래를 펴며 주장했듯이 동틀 녘(나얀은 그때 사랑하는 아내의 팔을 베고 자고 있었다고 한다)인지에 관해 견해가 엇갈린다. 쿠빌라이의 군대는 낙타 등에 올린 거대한 북의 떠들썩하고 무시무시한 반주에 맞추어 출발했다. "다양한 음악을 연주하는 여러 악기와 큰 소리로 노래를 부르는 두 부대(좌익과 우익) 전체의 목소리"도 있었으며, 중국 장군 이정李庭의 지휘로 소이탄 포격이 이어졌다. 마르코 폴로가 묘사했듯이 달아나지 못한 사람들에게는 창이 "비처럼 쏟아져 내리기 시작"했고, 노래를 부르는 공격자들의 손에 의한 살육이 기다리고 있었다. "이쪽저쪽에서 다치고 죽어가는 사람들의 엄청난 비명이 터져 나와, 신이 천둥을 쳤더라도 그 소리를 들을 수 없었을 것이다!"

나머지 반란자들과 그 말들은 허둥대며 달아났다. 쿠빌라이의 부하들은 무능한 나얀 왕을 생포하고 그를 양탄자에 둘둘 말아 때려죽였다. 전통적인 몽골인이라고 주장하는 반란자에 대한, 잘 알려지지 않았지만 전통적인 몽골의 처형 방식이었다. 포로가 된 나얀의 병사들은 남중국으로 보내져 수군으로 복무하게 했다.[22] 테무르 왕과 그의 군대는 서쪽으로 계속 진군해 옛 수도 카라코룸으로 갔다.

나얀을 상대로 한 만주 원정은 쿠빌라이의 마지막 전투 출정이었고, 그것은 성공적으로 끝났다. 일본이나 베트남의 경우에 비하면 큰 정복은 아니었지만, 그것은 승리였다. 고령의 쿠빌라이는 마침내 죽음을 앞두고, 직접 병사들을 이끌고 전쟁터에 가서 승리하고 돌아온 황제, 대칸, 군 야전 지휘관이라는 영예를 안은 채 전쟁 생활로부터 물러나게 되었다.

나얀을 물리친 뒤에도 그의 황제 가문 내부에서 터져 나오는 원한과 반란이 끝나지는 않았다. 1289년, 그의 영원한 맞수 카이두는 러시아에서 온 동맹자 울루그울루스 분견대와 함께 원나라의 전초 수비대를 휩쓸고 카라코룸을 점령했다. 중국 기록은 이 정복의 결과에 관해 많은 것을 말해주지 않지만, 당시 서아시아의 외교 업무에서 이집트 술탄을 위해 일했던 믿을 만한 맘루크 역사가 바이바르스 알만수리Baybars al-Manṣūrī는 아랍 상인들이 카이두 군대에게 잡힌 포로들을 사서 러시아를 거쳐 카이로에 팔았다고 주장했다. 카이로의 시장에서 그들은 노예로 팔렸다.[23]

쿠빌라이는 바얀에게 이 도시를 해방하고 카이두를 몰아내라고 요구했다. 바얀은 육상과 해상의 전투에서 뛰어난 성적을 거뒀지만, 그가 몽골인임에도 불구하고 일 칸국의 따뜻한 기후에서 자랐기 때문에 자기 아버지의 고향인 몽골 스텝의 풍광에는 경험이 별로 없었다. 날씨가 추워지기 시작하면서 바얀은 부하들을 먹이는 데 애를 먹었다. 그들은 뿌리와 열매를 찾아다녀야 했다. 그들은 생애의 상당 기간 동안 훨씬 따뜻한 남쪽의 나라에서 보냈고, 적당한 옷도 없었다. 바얀은 그들을 보내 마멋을 잡고 모피를 수집해 중국과 의류를 거래하게 했다. 그들은 결국 카이두를 몰아냈지만 그와 그 후손들은 계속해서 중국 서부 경계 지역에서 위협으로 남았다.

《원사》의 바얀 전기에 따르면 조정의 어떤 파벌(아마도 남부이 황후의 협력자들일 가능성이 높다)이 바얀을 1288~1289년 카이두를 물리치지 못했다고 자주 '비방'했으며, 그가 속으로는 쿠빌라이보다 카이두를 좋아했다고 비난했다.[24] 이런 의심은 전혀 근거가 없었지만, 쿠빌라이의 생애 종말이 다가오고 있음을 인식한 사람들은 이미 그 이후 권력의 자리를 노리고 모략을 꾸미고 있었다.

바얀은 테무르와 가까운 관계였기 때문에 대칸 자리에 테무르를 선호할 가능성이 있었다. 이것이 남부이의 영향력 상실로 이어지며, 황후는 약해진 황제의 배우자로서의 황실 권력 쪽으로 이동하게 된다. 쿠빌라이가 살아 있는 동안 황후는 손자들 가운데 누군가를 공격하려는 생각을 하지 못했지만, 그 손자 중 하나인 테무르의 중요한 후원자 바얀을 공격할 수는 있었다.

한동안 남부이는 바얀을 비방해 성공을 거두었다. 쿠빌라이는 심지어 자신의 가장 충성스러운 지지자들을 향해서도 불신과 편집증의 흔적을 보이며 바얀을 카라코룸에서 소환하고, 자신의 손자 테무르를 몽골 스텝의 새 총병總兵으로 보냈다.

18장

베트남 대신 이집트로

이집트 땅을 짓밟아라.
— 일칸 아르군

1285년 쿠빌라이 칸은 이사 켈레메치〔Īsā Kelemech〔통역 예수. '켈레메치'는 '통역'을 의미하며, '이사'는 예수Jesus와 같은 어원이다〕라는 이름의 시리아계 기독교도 신민을 새로운 일칸 아르군(자신의 동생 훌레구의 손자였다)의 궁정에 보냈다. 《원사》에 따르면 이사는 "서방의 모든 언어에 능통"했다.[1] 이사의 뛰어난 언어 능력을 보여주는 유일하게 남아 있는 사례는 바티칸 문서고의 교황 호노리우스 4세에게 보낸 편지에서 찾을 수 있다. 아마도 토착 이탈리아어의 영향을 받은 듯한 서투른 라틴어로 쓰였지만, 거기에 담긴 내용은 분명하다. 일칸 아르군은 쿠빌라이 칸의 위임에 따라 교황에게 "이집트 땅을 (…) 짓밟기" 위한 몽골과의 공동 원정을 조직할 것을 제안했다. 그런 뒤에 교황 호노리우스 4세와 대칸 쿠빌라이가 함께 "영주가 될" 것이라고 했다.[2]

아르군은 교황에게 보낸 편지에서 자신이 그 직위에 있는 것은 '마그니 캄magni cam'(대칸)이 임명해준 덕분이며, 그의 지원 아래 자신은 유럽과의 동맹을 추구하고 있다고 강조했다.³ 그는 쿠빌라이가 제국 전역에서 기독교도의 세금을 면제해줄 것이라고 약속하고, "우리의 첫 어머니가 기독교도noster prima mater erat Cristina"라고 말하면서 자기네 몽골인 가족의 기독교도 연줄을 강조했다. 훌레구와 쿠빌라이의 어머니인 소르콕타니 또는 아마도 훌레구의 아내 도쿠즈 카툰을 이야기했을 것이다.⁴ 사절들은 쿠빌라이가 유럽인들과 손을 잡고 이집트를 정복하는 것 외에 기독교도의 땅 전체를 장악하는 일 역시 아르군에게 맡겼다는 사실은 언급하지 않았다.⁵ 이는 이집트 정복 뒤에 해야 할 일이었다.

*

베트남에서 패배한 이후, 먼 일 칸국까지 닿는 해상 연결을 구축한다는 쿠빌라이의 가장 당면한 희망조차도 성공하지 못할 듯했다. 바다는 세계 지배에 대한 꿈을 이루는 수단이기보다는 세계 지배를 가로막는 장벽이 되었다. 쿠빌라이는 일 칸국과 육상 우편 조직인 잠(오르토)을 통해 접촉을 유지했지만, 그것은 칭기스 칸의 후예인 반란 파벌들의 존재로 인한 위험이 있는 먼 길이었다. 낙타와 소가 끄는 수레에 짐을 실은 상인 행렬은 운반하는 양이 많지 않았다. 길을 따라 자리잡은 몽골의 역에서 음식을 제공받기는 하지만, 사람과 동물을 먹이는 비용은 수익을 갉아먹었다. 쿠빌라이는 페르시아의 모든 몽골 영토의 대칸이었지만, 그렇게 멀리 떨어져 있고 그렇게 드물게 통신이 이루어지는 땅을 관리하기란 어려웠다.

더욱 고약한 것은, 쿠빌라이가 베트남에서 실패함으로써 몽골의 서아시아 통제가 약화됐다는 사실이다. 일 칸국은 심지어 훌레구의 일곱째 아들 테구데르Tegüder의 짧은 치세(1282~1284) 동안에 해체 위기에 처해 있는 듯이 보였다. 테구데르는 권좌에 오른 뒤 이슬람교로 개종하고 쿠빌라이의 지배에서 벗어나 일 칸국을 독립 이슬람 왕국으로 만들려 했다. 그는 자신의 이름을 바꾸고 스스로 새 술탄 아흐마드가 되었다. 그는 몽골의 적인 맘루크 이집트의 술탄과 손을 잡았으며,[6] 이복동생 콩쿠르타이Qonqurtai를 처형했다.[7] 그가 중국과 엮이고 싶어하지 않는다는 것은 분명했다.

쿠빌라이는 테구데르가 그의 반몽골, 친이슬람 정책을 뒤집지 않으면 직접 군대를 이끌고 이란으로 가서 그를 제거하겠다고 위협했다.[8] 다행스럽게도 나이 든 쿠빌라이는 그렇게 할 필요가 없었다. 테구데르의 신민들은 그의 이상한 정책과 보복적인 처형에 반대해 결집했고, 충성의 대상을 보다 전통적인 몽골인 조카 아르군에게로 옮겼다.

아르군은 지루한 싸움 끝에 테구데르를 꺾은 뒤 그를 콩쿠르타이의 어머니에게 넘겼고, 그 어머니는 그가 자기 아들을 죽인 것과 똑같은 방식으로 그를 죽였다. 등뼈를 부러뜨려 피를 흘리지 않는 방식이었다.[9] 아르군은 이슬람 통치자로서의 정통성이 없고 이웃 이슬람 지도자들에게 지원을 받은 적도 없으므로, 자신의 몽골 정통성을 강조하고 쿠빌라이에게 자신을 그의 충성스러운 일 칸국 제후 자리에 임명해달라고 요청했다. 이것은 일 칸국에서 대칸의 주인朱印이 없으면 어떤 법도 공식적인 것이 될 수 없다는 얘기였다.[10]

*

'통역' 이사의 거친 라틴어로 쓰인 편지는 로마에서 긍정적인 반응을 이끌어내지 못했다. 이에 따라 아르군은 1287년 기독교 수사 랍반 바르사우마Rabban Bar Ṣawma를 보내 교황 및 유럽 군주들과 직접 협상하게 했다.¹¹ 바르사우마는 중국에서 타브리즈까지 육상으로 이동했고, 이어 배를 타고 지중해 일대를 널리 돌아다니며 유럽인들이 바다에서 어떻게 싸우는지를 조사했다. 그는 해전에 대한 직접 정보를 확보하기 위해 나폴리에서 지붕에 올라가 앙주와 아라곤 사이의 해상 충돌을 기록했다.

그러나 바르사우마가 로마에 도착했을 때는 교황 호노리우스 4세가 죽은 뒤였고, 교황청은 그 후계자를 선출하는 과정에 들어가 있었다. 추기경단이 그를 맞았지만, 그들은 그의 기독교 신앙에 관해 심문했다. 바르사우마는 질문을 받는 데 반대하고 종교 교리에 관해 토론하는 것을 거부했다. 자신은 교황과 몽골 사이의 군사동맹을 주선하기 위해 파견된 것이고 신학 토론에 대한 허가는 받지 않았다는 이유였다.¹² 랍반 바르사우마는 새 교황이 취임하기를 기다리는 동안 프랑스 왕 필리프 4세와 잉글랜드 왕 에드워드 1세의 궁정에 갔다가, 다시 이탈리아로 돌아와 새 교황 니콜라우스 4세와 합동 원정을 위한 동맹을 협의했으나 여전히 별 성과를 얻지 못했다. 그는 군주들이 기독교도로서의 그의 종교관보다는 그의 군사적 계획에 대해 더 열심이라는 것을 발견했다. 바르사우마의 보고에 따르면 잉글랜드 왕 에드워드 1세는 이렇게 단언했다. "우리 왕들은 (…) 우리 몸에 십자가 부호를 지니고 있습니다. 아르군 왕이 나와 같은 생각을 한다는 말을 들으니 내가 생각해왔던 일들에 관해 안도감이 생깁니다."¹³

아르군의 편지들은 육상과 해상으로 이집트를 침공하려는 그의 계획을 드러낸다. 분명히 1260년 가자에서 이집트인들을 물리치는 데 실패한 자기 할아버지의 전철을 밟지 않기 위해 설계된 것이었다. 전통적으로 몽골 기병대는 군대가 양면 협공 또는 동시에 여러 전선을 형성할 수 있게 하는 넓은 전선에 걸쳐 공격했지만, 아프리카는 좁은 지역인 가자를 통해 아시아와 연결된다. 몽골은 동시에 두 개 이상의 측면에서 성공적으로 공격할 수 없었고, 훌레구는 바다에서 공격하기 위한 배가 없었다. 30년 뒤인 지금 아르군이 교황과 기독교도 왕들로 하여금 지중해를 건너 배로 병사와 말들을 보내도록 설득할 수 있다면 승리는 확실할 터였다.

그들이 보기에는 유럽 왕들이 강력한 원 왕조 및 그 속국인 일 칸국과 손잡는 것을 거부할 이유가 별로 없었다. 쿠빌라이는 지구상 최대의 국가를 통일해 중국이 오늘날 보유하고 있는 것과 거의 비슷한 판도를 확보했다. 반면에 유럽은 수백 개의 작은 왕국들과 소국들로 이루어져 있었다. 카이사르와 카롤루스 대제에서부터 나폴레옹에 이르기까지 어떤 통치자도 쿠빌라이 칸이 중국에서 했던 것처럼 유럽을 통일하지 못했다. 만약 몽골이 통제하는 일 칸국과 러시아의 울루그울루스 땅을 포함시킨다면 몽골제국은 2300만 제곱킬로미터의 땅을 차지한 셈이었다. 대략 현대의 미국, 서유럽, 인도를 합친 크기다.[14]

유럽-몽골 동맹에 대한 열의 표명에도 불구하고 아무런 일도 일어나지 않았다. 배는 뜨지 않았고, 병사들도 도착하지 않았다. 유럽인들의 우유부단함에 짜증났지만 좌절하지도 않은 아르군은 새로운 협공 작전을 계획하기로 결정했다. 기병대가 육상에서 오고 자기네 수군은 홍해를 통해 공격하는 방식이었다. 문제는 그에게 수군이 없다는 것이었고, 어떻게 만들어야 할지에 대한 아이디어도 없었다. 마르코 폴로가 보았듯이 코코넛 껍질로 만든 줄로 판자를 한데 이어붙여 배를 만드는 곳이었다.[15]

오직 이탈리아의 항구 도시 제노바만이 말로 그치지 않고 행동을 제안했다. 그들이 아르군의 수군을 건설하기로 했다. 그리고 그 대가로 제노바 상인들은 인도와의 수익성 있는 해상무역을 장악할 수 있게 된다. 그리고 더 유망한 중국과의 무역까지였다. 아르군은 비밀 작전을 시작했다.

*

몽골인들이 일 칸국의 수도를 타브리즈에 두면서 바그다드는 폴로 가족 같은 외국 상인들에게 정치적·상업적 중요성이 줄었다. 그렇기 때문에 1289년 말께 300명의 유럽인이 갑자기 바그다드에 도착하자 주민들은 깜짝 놀랐다.[16] 이슬람 연대기에서 '프랑크Frank'라 부른 이 사람들은 팔 물건도 가지고 오지 않았고 시장에서 공개적인 거래 행위를 하려 하지도 않았다. 대신에 그들은 티그리스 강둑에 나가 막사와 작업장을 만들었다. 이슬람교도들은 프랑크인들이 공예 작업하는 것을 보는 일이 낯설었다. 유럽인들은 통상 싸우거나 교역을 하기 위해 서아시아에 왔고, 그들이 바그다드에서 현지인들이 만들 수 없는 무언가를 생산할 수 있다는 것은 믿을 수 없을 듯했다. 이 프랑크인들이 제노바에서 왔다는 것을 알게 되자 궁금증은 더욱 커졌다. 제노바인들은 기술공이 아니라 상인과 선원으로서 유명했다.[17] 머지않아 그들이 온 것에 대한 소문이 나돌았다.

바다에서 600킬로미터 떨어져 있는 바그다드는 조선소가 들어서기에는 적합하지 않은 곳이었지만, 일칸은 제노바인들을 고용해 그곳에서 비밀리에 조선소를 만들었다. 그리고 함대가 완성되자 그들은 강을 타고 내려가 "바스라로 가고 거기서 바다로 나가 (…) 이집트를 공격"하게 된다.[18] 거의 한 세대 뒤에 글을 쓴 기욤 아담Guillaume Adam(교황이 일 칸국 궁정에 보낸 사절이었다)은 배를 만든 목적이 이집를 공격하는 것이 아니라 홍해 입구를 봉쇄해 그들을 인도양 무역에서 배제하는 것이라고 설명했다. 잘 건조된 이탈리아 갤리선들은 두 가지 목표를 다 이룰 수 있었다.

우수한 이집트 정보망을 통해 맘루크 술탄은 이 비밀 기지에 대해 알았다. 그의 항구들은 이집트에서 인도로 가는 수익성 높은 무역을 했지만 바깥의 인도양에 적이 없었기 때문에 이제까지 그곳에 수군은 없었다. 그의 배들은 지중해에 있었다. 이 몽골 함대가 이집트를 공격하지 못한다 해도, 쉽게 홍해와 인도양을 통한 무역을 통제할 수 있었다. 술탄은 빠르게 움직였다. 그는 제노바를 설득해 몽골과의 동맹에서 이탈하게 하고 그들과 평화 협정을 맺었다. 갑자기 동맹을 바꾸는 바람에 이제 몽골 영토 안에 있던 제노바인 선박 건조자들은 적국 사람이 됐고, 제노바는 그들을 알 수 없는 운명에 맡겨버렸다. 그들은 바그다드에서 달아났으나 종적을 알 수 없었다.

여전히 무역을 위해 중국에 도달하는 것을 최종 목표로 삼은 제노바인들은 초점을 흑해 노선으로 바꾸고 아르군의 경쟁자인 러시아 울루그울루스의 그 친척들과 동맹을 형성했다. 동시에 그들은 아프리카를 도는 항해 또한 시도했다. 1291년, 바디노 비발디Vadino Vivaldi와 우골리노 비발디Ugolino Vivaldi 형제는 승무원 및 두 명의 프란체스코회 수사와 함께 바다를 통해 몽골 땅으로 가고자 했다. 그들은 배를 타고 지브롤터 해협을 지나 대서양으로 들어갔으나 그곳에서 곧바로 역사에서 사라졌다.[19]

제노바의 이탈에도 불구하고 교황 니콜라우스 4세와 아르군은 쿠빌라이와 함께 이집트 공격에 협력하기 위한 노력을 계속했다. 그들은 서로 만난 적이 없지만, 두 유력자는 성실하고 우호적인 관계를 맺고 있는 듯했다. 일 칸국 궁정이 가톨릭으로 개종할 진정한 가능성을 보여주기 위해 아르군은 열 살짜리 아들 울제이투Öljeitü에게 가톨릭 세례를 받게 하고 교황을 기려 니콜랴Nikolya라는 이름을 붙였던 듯하다. 울제이투는 몽골인 기독교도인 우룩Uruk 카툰에게서 태어났고, 이 어머니는 쿠빌라이 칸과 훌레구의 어머니처럼 케레이트 부족 출신이었다. 1291년에 교황은 울제이투의 부모에게 따로따로 감사 편지를 보냈다. 그는 아르군에게, 자신이 우룩 왕비 역시 가톨릭 교황에게 충성 맹세를 하도록 설득하려 애쓰고 있다고 알렸다. 그는 어린 울제이투(니콜랴)에게도 편지를 보내 가톨릭 신앙을 권했다. 그가 정말로 믿는 것 같지 않았던 것이다.[20]

1289년 교황 니콜라우스 4세는 조반니 다 몬테코르비노를 개인 사절로 몽골인들에게 보내 타브리즈와 로마 사이에 전갈이 오가게 했다. 그러나 바그다드에서 수군을 건설하려던 노력이 좌초하자 아르군은 곧바로 조반니를 중국으로 보냈다. 자신의 궁정과 교황 니콜라우스 4세가 보내는 편지도 들려 보냈다. 쿠빌라이나 카이두가 궁극적인 대칸으로서의 오랜 적대감을 버릴 수 있을지에 대해 회의적이었던 교황은 영리하게도 양쪽 모두에게 편지를 보냈다. 그 편지들의 내용은 전하지 않지만, 조반니는 지역의 배를 타고 천천히 인도로 가고 거기서 마침내 취안저우로 갔다.[21] 그는 이렇게 썼다. "나는 여행을 계속해 더 나아갔고, 카타이로 가는 길에 올랐다. 대참大-Cham으로 불리는 타타르인의 황제의 땅이다. 그에게 나는 우리 주군인 교황의 편지를 바쳤다."[22] 조반니는 항구에서 항구로 단계적으로 여행해야 했으며, 로마를 떠난 지 5년 만에 베이징에 도착했다.

*

'통역' 이사는 볼라드와 함께 육로를 통해 일 칸국에 갔다. 쿠빌라이는 아르군을 자신의 제후로 삼는 데 필요한 공식 문서를 들려 그들을 파견했다. 아랍 역사가 이븐 파들랄라흐 알우마리Ibn Faḍlallāh al-'Umarī는 한 세대 뒤에 글을 쓰면서, 쿠빌라이가 일 칸국 궁정에 상주 대표를 보냈으며, 타브리즈에서 사태를 관리하기 위해 막후에 있었던 사람은 볼라드라고 통상 해석됐다고 썼다. 볼라드는 그가 죽을 때까지 25년 동안 그곳에 머물렀다.

볼라드는 테구데르의 분열적인 통치 이후 일 칸국에서 몽골 체제를 회복하는 미묘한 작업을 맡았다. 볼라드는 몽골과 중국의 법과 행정을 잘 알고 있었고 두 언어에 매우 유창했기 때문에, 중국의 행정 관행을 일 칸국에 도입함으로써 정부를 재건하기로 결정했다. 그의 오랜 비밀 조사 경력과 쿠빌라이의 가족 내 또는 조정 관료들 사이에서 그 경쟁자들을 뿌리 뽑으려는 완강한 결의는 그의 능력과 충성심을 입증했다. 볼라드처럼 중국 행정에 중요하고 결정적인 사람을 보낸 것은 쿠빌라이가 제국 궁정과 페르시아에 있는 그 가장 중요하고 가장 충성스러운 제후와의 관계에 지속적으로 중요성을 부여했음을 보여준다. 볼라드는 대칸에 대한 확고부동한 헌신에도 불구하고 조정의 여러 파벌들 사이에서 많은 경쟁자와 적들을 만들어냈다. 그를 일 칸국으로 보낸 것은 쿠빌라이의 죽음이 다가오면서 불확실성이 커지고 있는 가운데 그를 보호하기 위한 조치였을 듯하다.

일 칸국을 원 조정과 더욱 발맞추게 하려는 노력의 일환으로서 볼라드는 승상丞相이라는 중국식 칭호를 보유했다. 대략 '총리'에 해당하는 직위였다.[23] 쿠빌라이에게는 볼라드가 시행할 수 있는 통일 법전이 없었기 때문에 볼라드는 요 왕조와 금 왕조에서 사용한 옛 중국 법전(송나라 법전 일부와 함께 중국에서 변형되고 약간 무질서한 형태로 여전히 사용되고 있었다)에 있던 법적 수단들을 도입했다.[24]

1286년, 일 칸국에서 1년을 보낸 볼라드와 이사는 중국으로 돌아와야 했다. 이사는 육상으로 귀로에 올랐지만 볼라드는 뒤에 남았다. 이사의 전기는 이 헤어짐을 육로로 중앙아시아(이때 카이두의 지배하에 있었다)를 건너는 자신의 용기를 강조하고 볼라드의 겁 많음을 암시하는 방식으로 지적했다. 2~3년 뒤에 이사는 여행을 마쳤다. 그는 "투석기와 화살에 용감히 맞서 죽음의 땅에서 벗어나" 아르군이 보낸 "귀한 옷과 띠"를 쿠빌라이에게 바쳤다.

이사의 육로 귀환의 끈기와 볼라드의 돌아가지 않겠다는 결정은 그렇게 광대한 지리적 범위에 걸쳐 있고 안전하지 못한 육상로로 연결된 제국의 문제를 잘 보여주었다. 쿠빌라이가 일 칸국을 계속 자신의 지배 아래 두고 거기서 이집트와 어쩌면 지중해 연안 유럽으로 확장하기를 기대했다면 해로는 유일한 대안이었다. 그러나 수십 개의 작은 왕국, 부족, 도시국가가 동남아시아의 긴 해안선, 인도네시아 군도, 안다만해, 인도양 일대를 차지하고 있었다. 앞으로 중국과 일 칸국 사이의 해상 원정에서 어떤 간섭도 피하기 위해 쿠빌라이는 그들 하나하나와 안정적인 관계를 맺을 필요가 있었다. 이를 위해 그는 모든 주요 항구에 여러 차례 외교 사절을 보냈다. 군사 요원과 무역품 견본을 함께 실은 작은 수군 함대를 딸려 보냈다.[25]

이런 원정을 위해 쿠빌라이는 흔히 몽골인도 중국인도 아닌 사람들을 선택했다. 때로 불교도나 이슬람교도였고, 방문하는 지역의 종교에 따라 달랐다. 때로는 위구르인도 있었는데, 쿠빌라이는 제국 안의 모든 민족집단 가운데 위구르인 관리들을 가장 신뢰했다. 마르코 폴로는 이들 원정 가운데 몇 번을 동행했지만 그의 기록에서 날짜와 국명은 언제나 불분명하다. 그가 정확히 어떤 역할을 했는지 역시 마찬가지다. 이 외국인 사절 선택은 쿠빌라이 제국의 국제적인 성격을 잘 보여주었다. 때로는 쿠빌라이가 구체적으로 자신의 제국이 전적으로 몽골인의 나라도 중국인의 나라도 아님을 보여주기 위해 이런 혼성 민족 사절단을 보낸 것처럼 보이기도 했다. 그의 나라는 세계 제국이었다.

중국과 서아시아 사이의 가장 크고 가장 강력한 왕국들은 남인도의 왕국들이었다. 쿠빌라이의 친척들이 중앙아시아에서부터 북인도를 침공하려던 몽골의 몇몇 이전 노력들은 이미 실패했지만, 쿠빌라이에게 인도로 가는 유일한 길은 바다를 통한 것이어야 했다. 남아시아 왕국과 항구들은 너무 멀리 있었지만 무시하기에는 너무 중요했다. 쿠빌라이는 중국에서 서아시아로 가는 해로가 인도와 스리랑카 쪽의 협력이 없으면 성공적으로 작동할 수 없음을 알았기 때문에 남인도 양쪽 해안의 왕국들에 많은 사절을 보내 우호적인 외교 및 상업 관계를 맺었다.[26]

전통적인 몽골의 관점에서 사절은 이웃 국가들의 충성을 요구하는 외교관이었다. 쿠빌라이를 자기네 황제로 인정하고 그의 제후 노릇을 하며 공물을 보내야 했다. 그러나 이웃 국가들은 언제나 이 사절들을 그들과의 무역 협정을 제안하는 상업 대리인으로 맞았다. 이름을 '무역'이라고 붙이든 '조공'이라고 붙이든, 이 협정은 양자 사이의 상업 확대를 가능케 했다.

*

볼라드를 일 칸국에 머물도록 자극한 원인은 그해에 일어난 두 가지 중요한 사건이었을 것이다. 하나는 그의 편이자 가장 중요한 몽골인 후원자인 친킴 태자의 죽음이었지만, 더욱 가능성이 높은 것은 일 칸국 왕후 불루간Bulugan의 죽음이었다. 마르코 폴로에 따르면 지적이고 존경받는 불루간 카툰은 처음에 아르군의 아버지 아바카 칸과 혼인했다. 불루간은 아홉 번째 아내였지만 아바카가 가장 총애했다. 쿠빌라이의 아내 차부이와 같은 콩기라트 가문 출신으로 서열이 더 높은 메르테이Mertei 카툰보다도 앞이었고, 독실한 정교회 신자였던 아바카의 아내 마리아(동로마 황제 미하일 8세의 딸이었다)보다도 앞이었다.

아바카의 기독교도 미망인 동로마의 마리아는 몽골인이 아니었기 때문에 아르군과 혼인하지 않고 고국 땅으로 돌아가는 쪽을 선택했지만, 몽골에 대한 헌신과 자신의 종교에 대한 헌신은 흔들리지 않았다. 마리아는 몽골인의 생활과 그 궁정의 작동 방식을 잘 알고 분명히 몽골어를 잘했기 때문에 동로마 수도의 몽골 상주 대표 노릇을 했고, 남동생 안드로니코스 2세(아버지의 자리를 물려받아 황제 자리에 올랐다)의 사절로 타브리즈에 갔다. 마리아는 떠오르는 몽골과 급속하게 쇠락하는 동로마 사이의 연결고리로서의 새로운 역할을 통해 영향력과 명성을 얻었으며, 알려진 황제의 사생아 딸로서는 유일하게 완전한 데스포이나Despoina(왕비 또는 태후 비슷한 것이다) 칭호를 얻었고 흔히 '온 동방의 여제'로 불렸다.[27] 마리아는 자신의 신앙과 재혼하지 않는다는 결정을 지켜 정교회 수녀가 되었고, 아직도 그 이름을 지니고 있는 몽골성모마리아교회의 후원자가 되었다.[28] 알려지기로 이곳은 현대 이스탄불에서 이슬람 사원으로 전환되지 않은 유일한 교회다.[29]

*

아바카가 죽자 불루간은 아르군과 혼인했다. 잘생긴 외모로 유명했던 아르군은 열두 살에 이미 혼인해 열세 살에 아들 가잔Ghāzān을 낳았다. 가잔에게 불루간은 의붓어머니였다. 불루간은 1286년 죽기 직전에 자신이 죽으면 자신의 출신 부족인 몽골의 바야우트 씨족에서 새 아내를 얻어 자신을 대신하게 하라고 아르군을 설득했다. '검은담비'(몽골의 추운 기후에서 가장 소중한 모피를 제공했다)라는 의미의 불루간은 일 칸국의 세 왕비(그중 둘은 아르군의 부인이었다)와 중국의 몽골인 황후 한 사람의 이름이었다. 마르코 폴로는 불루간의 이름을 프랑스어로 '검은담비'를 의미하는 지블린Zibeline으로 번역해 몽골어에 대한 지식을 과시했다.

일칸 아르군이 파견한 사람들이 베이징에 도착하자 의문이 일었지만, 그들이 온 공식적인 이유는 새 신부를 찾는 것이었다. 아르군의 새 신부로 쿠빌라이는 쿠케진을 골랐다. 마르코 폴로는 쿠케진을 "열일곱 살 처녀"로 묘사했다. 그 몽골어 이름은 성스러운 뭉케 쾩텡그리Möngke Kök Tengri('영원한 청천')의 색깔을 뜻했다. 쿠케진은 '푸른 공주'였다. 일칸의 아내가 되고 이에 따라 페르시아, 이라크, 아제르바이잔의 여왕이 되는 것이었다. 일 칸국 재상으로서 중국의 법과 행정에 대한 훈련을 받은 몽골인, 그리고 쿠빌라이가 직접 정한 몽골인 왕비와 함께 아르군은 서아시아에 대한 장악력을 강화하고 있었고, 이 지역이 자신의 궁정과 계속해서 긴밀하게 통합되는 데 관심이 있음을 보여주었다. 이곳은 그가 이집트, 지중해, 유럽으로 가는 디딤돌이 되는 곳이었다.

1290년 9월 27일, 일흔다섯 살의 쿠빌라이 칸이 시외로 사냥을 나간 사이에 큰 지진이 일어나 내몽골 상도의 황궁을 뒤흔들었다. 주택, 절, 창고가 무너졌다. 수십만 명이 죽었고, 그중에는 군 장교 및 정부 관리도 있었다.[30] 지진은 쿠빌라이 칸 영토의 중심지를 강타했다. 그의 여름 수도가 있는 곳이었다. 어떤 사람들에게 하늘의 이 행위는 그의 긴 치세가 마감되리라는 전조였다. 하늘과 땅은 다가오는 그의 마지막을 알렸다.

쿠빌라이의 건강은 계속 악화되었다. 그의 생애 상당 기간 동안 달고 살던 비만, 술, 통풍 같은 것들이 그를 이끌고 노령으로 들어가고 있었다. 갈수록 그는 위안을 찾기 위해 술과 음식에 의존했다. 그를 강하게 하고 그의 병을 낫게 하기 위해 처방된 많은 기름진 음식, 고기, 유제품은 오히려 그의 통풍을 악화시키고 스스로 주체할 수 없을 정도로 비대한 사람으로 만들어갔다.[31]

지진은 그가 해양을 바라보며 품고 있는 야심을 꺾지 못했다.

19장

몽골 공주와 호랑이

> 해는 불덩이 같았다!
> 피를 검게 졸였다.
> 우리 혈관은 청동 솥처럼 부글거렸다.
> 해는 불덩이 같았다!
> 항해는 길었다!
> — 유진 오닐, 〈백만장자 마르코〉, 제2막 제3장

 몽골의 모든 혼인은 정치적이었다. 특히 황실의 혼인은 고도로 정치적이고 긴장된 것이었다. 쿠빌라이가 쿠케진을 선택한 것은 심상한 일이 아니었다. 황실 가족은 필요한 곳과 혼인했고, 쿠빌라이는 먼 일 칸국에 대한 통제권을 강조할 필요가 있었다. 쿠케진은 황제가 유일하게 직접 승인한 혼인을 통해 일 칸국에 가면서 이제까지 과도한 영향력을 발휘했던 다른 몽골 씨족 출신의 여성들(대체로 몽골과 중국 바깥에서 태어난 사람들이었다)에 비해 더 높은 지위를 부여받았다. 쿠빌라이의 치세는 종말에 다가가고 있었지만, 쿠케진은 쿠빌라이의 후계자를 일 칸국에, 중국을 페르시아에 묶어놓고 이집트 점령 목표를 계속 추진하기 위한 대리인이었다.

 쿠빌라이는 쿠케진을, 최근의 사절들이 택했고 이전의 폴로 가족이 이용했던 육로로 보내지 않았다. 카이두, 그리고 쿠빌라이의 다른 몽골인 경쟁자들이 장악하고 있는 땅을 통과하는 여행은 너무 위

험하다고 여겼기 때문이다. 카이두는 이사 같은 신분을 속인 사절의 통과를 허락했을지 모르지만, 황실 공주와 그 호위대, 지참물이 딸린 공식 대표단에게는 훨씬 어려운 일일 터였다. 결국 선단이 공주를 해로로 운송하게 되었다. 공주에게는 위험한 일이었다. 날씨, 해적, 항해, 적대적인 땅 등 여러 가지 위험에 스스로를 노출시키는 것이었다. 쿠빌라이는 배들을 더 남쪽으로 보내는 실험을 하고 있었다. 믈라카 해협을 통해 인도까지 갔다. 그러나 이번의 항해는 선단을 몽골 제국의 다른 쪽 끝으로 보내는 첫 시도였다.[1]

적어도 상징적으로 쿠케진 공주의 임무는 몽골인들의 화합을 유지하고 동쪽의 중국과 서쪽의 이슬람교도의 땅 사이에 더욱 긴밀한 연계를 촉진하는 것이었다. 또다른 이름 모를 공주가 쿠케진과 함께 여행하고 있었지만, 이 여성은 몽골인이 아니었다. 이 여성은 남중국을 가리키는 말인 만자蠻子의 변형인 '망기Mangi 왕의 딸'로 묘사되었는데, 아마도 송나라 황실 여성이었을 것이다. 이 여성이 신부로 간 것인지 시녀로 간 것인지는 알 수 없다. 우리는 그저 이 여성이 낯선 세계에서의 삶을 감내해야 하는 운명을 짊어진 또 한 명의 귀한 집안 출신 외국 이주자라는 것만 알 뿐이다.[2]

오랫동안 이 항해에 관해 믿을 만한 유일한 기록은 마르코 폴로의 것이었다. 학자들은 중국 연대기에서 공주의 항해를 입증할 아무것도 찾지 못했다. 관련 내용이 몇몇 페르시아 연대기(가장 대표적인 것이 라시드웃딘의 책이다)에 기록되기는 했지만, 일부 학자들은 그렇게 중요한 항해였다면 《원사》에도 기록되었어야 하지 않겠느냐고 의문을 제기했다. 20세기 중반께 중국 학자들은 쿠빌라이 칸의 역참 제도(여객과 식량 수송을 책임지고 있었다)에 관한 기록에서 약간 모호한 자료를 발견했다. 1290년에 해당하는 한 항목에는 마르코 폴로가 이름을 밝힌 세 사절에 대한 식량 배급에 관한 내용이 있고, 그 일행인 160명의 사절단이 아르군에게 돌아간다는 이야기가 있다.[3] 황제는 이 일행 가운데 정확히 90명에 대해서만 식량을 배급하라고 명령했고, 나머지 70명은 직접 준비해야 했다.

배급에 관한 아주 구체적인 정보 외에 항해의 실행 계획과 그 배후의 목적에 대해서는 기록되지 않았다. 이집트 해상 침공을 위한 이전의 협상에 관해 일 칸국 쪽에서 나온 얼마 되지 않는 증거를 바탕으로 하자면, 쿠빌라이는 중국의 기술공과 선박 기술자를 보냈던 듯하다. 이것은 예전에 아르군의 아버지 아바카가 기술공과 바얀을 보내 송나라 도시들을 상대로 한 쿠빌라이의 강상 전투 동안에 선박용 투석기 제작을 도왔던 일에 대한 공평한 보답이었을 것이다.

당시 아마도 취안저우에서 일하고 있었던 듯한 마르코 폴로는 선단이 준비되고 있다는 소식을 듣고 그들과 함께 배를 타고 베네치아로 돌아가게 해달라고 청했다. 쿠빌라이가 나이 여든에 가까워질 무렵, 폴로 집안 상인들은 동아시아에서 17년 동안 돈을 벌어 금, 보석, 비단을 잔뜩 소유한 부자가 됐지만, 중국에 붙잡혀 황제의 허락 없이는 떠날 수가 없었다. 쿠빌라이의 보호를 통해 길게 이득을 보지 못할 것을 우려한 그들은 선단을 조직하고 있는 취안저우 관리들의 지원을 등에 업고 고국으로 돌아가도록 허락해달라고 그에게 계속 매달렸지만 소용이 없었다. 오랜 기다림 끝에 쿠빌라이에게서 중국을 떠나도 좋다는 전갈이 도착했다.

*

쿠케진 공주는 많은 지참물을 가지고 왔다. 중국의 사치품, 비단,

의약품, 그리고 라시드웃딘의 연대기에 따르면 호랑이 한 마리도 있었다.⁴ 쿠빌라이는 군 장교들에게 매 게레게(마르코 폴로가 파이차paiza라 부른 권위를 나타내는 공식 금속 배지)를 주었고, 최고위 관리들에게는 금이나 은으로 만든 세 등급의 호랑이 게레게를 주었다. 쿠케진 공주의 살아 있는 호랑이는 그가 공주와 함께 보낼 수 있는 최고의 권위 표시였다. 두 공주는 수백 명의 중국인 선원 및 병사들의 호위를 받으며 여러 나라 출신의 상인 및 외교관들과 함께 항해했다. 호송선단은 각기 약 200명의 여객과 승무원이 탔고 적재 하중은 1천 톤이 넘는 열세 척의 배로 이루어졌다. 중국의 대형 정크선들은 꼭대기에 마을을 얹은 떠다니는 작은 산처럼 보였다. 선원들은 갑판 위에서 종종걸음을 쳤다. 닭과 돼지 몇 마리가 돌아다녔다. 심지어 토분土盆과 나무통에 꼼꼼하게 가꾼 작은 정원과 이따금씩 나무도 발견할 수 있었다. 마르코 폴로는 이렇게 썼다. "배 하나에는 선실이 50~60개씩 있었고, 그 안에서 상인들은 매우 편안하게 지냈다. 모든 사람이 방 하나씩을 차지했다."⁵

마르코 폴로가 쓴 책의 초기 필사본들은 승무원과 여객의 수를 다양하게 제시한다. 공식 대표단도 마찬가지다. 네댓 척의 배에는 각기 선원이 250~260명씩 타고 있었고, 여기에 기타 인원이 600명쯤 있었다.⁶ 전체 선단에 총 1500~2000명의 인원이 있었다는 계산은 합리적인 듯 보인다.

배들은 펄럭이는 대나무 돛, 깃발, 그리고 돛대에서 휘날리는 삼각기를 달고 출발했다. 그들은 서방에서 채택하는 데 수백 년이 걸리게 될 혁신을 뽐냈다. 이중 선각船殼, 석회와 동유桐油로 방수 처리된 잘 만들어진 판자 붙임, 방수 구획, 다중 닻, 구명정, 험한 바다에서 배

의 안정을 돕기 위한 부유물, 고급 전용실의 개별 화장실 같은 것들이었다.[7]

중국 선원들은 해와 별을 보고 항해했다. 송 왕조의 해양사가 주욱朱彧은 1119년에 쓴 책 《평주가담萍洲可談》에서 이렇게 말했다. "선장은 육상 지표를 관찰할 수 있었다. 밤에는 별을 보고 낮에는 해를 보며, 흐린 날에는 지남침指南針을 본다. 간혹 100자 길이의 줄을 이용해 해저의 흙을 떠내 냄새를 맡아보고 그곳이 어디인지를 안다."[8] 그들은 상세한 지도와 항해도를 가지고 다녔으며, 법에 따라 모든 배에는 나침반을 싣고 다녔다.[9]

배들은 무리를 지어 여행했기 때문에 그들은 깃발과 전서구傳書鳩를 이용해 통신을 주고받았다. 물론 상인들 또한 이런 형태의 통신의 용도를 발견해, 항구로 들어갈 때마다 그 지역 협력자들에게 가격에 관한 이야기를 전하기 위해 비둘기를 보냈다.[10] 낯선 항구에 도착하면 선원들은 각기 네 사람이 매달려야 하는 큰 노 10여 개를 물에 내리고, 큰 배가 위엄 있게 항구로 들어갈 때 노를 맞추어 젓기 위해 큰 소리로 합창을 했다.[11]

이 중국 선단의 운명은 다른 큰 탐험 항해와 마찬가지로 처음부터 불확실성을 안고 있었다. 그들은 여러 가지 자연적이거나 사람이 만든 장애물을 만났지만, 점차 항구에서 항구로 길을 찾아 나아갔다. 이 같은 이례적인 노력에서 놀라운 일은 아니지만, 알려지지 않은 수의 여객과 승무원이 죽고 또 어떤 사람들은 실종되었다. 사망자 중에는 대표단 사람 두 명도 있었다. 지구상의 가장 위험한 바다 일부를 지나는 1만여 킬로미터의 항해는 2년이 넘게 걸렸다. 석 달을 항해한 이후 수마트라섬에 도착한 그들은 겨울 계절풍이 멈추기를 기다리느라 다섯 달을 묶여 지내야 했다. 스리랑카와 남인도를 거쳐 페르시아만까지 가는 데는 1년 반이 더 걸렸다.

*

몽골의 남방 바다 지배에 가장 큰 위협이 되는 것은 자바와 수마트라였다. 남송 왕조 시기에 외국의 지역들 가운데 무역 증가로 아마도 가장 큰 이득을 본 것은 인도양 지역과 태평양 지역을 연결하는 좁은 통로 주위에 위치한 나라들이었을 것이다. 배들은 믈라카 해협을 지나가야 했고, 그러지 않으면 인도네시아의 섬들 사이로 난 좁은 틈새를 누비며 지나가야 했다. 이들 지역이 남인도에 있는 타밀인의 촐라 제국과 송나라를 연결하는 중요한 무역 거점이 되었다. 자바섬은 아마도 그 역사상 어느 때보다도 더 부유해졌을 것이다.[12]

쿠빌라이의 중국 선단이 해안선을 성공적으로 항행하고 중국에서 서아시아까지의 많은 해상 왕국들을 지나갔지만, 자바는 문제였다. 이유는 분명하지 않고 전통적인 중국과 자바 자료 사이에도 견해가 엇갈리지만, 큰 혼란의 시기에 두 당파 사이에 마찰이 생겼다. 경쟁하는 자바의 파벌들이 지배 왕조가 되고자 했다. 《원사》의 극적인 기록에서 쿠빌라이가 자바에 보낸 사절 맹기孟琪는 굴욕을 당하고 신체를 훼손당했다. 그 왕들 가운데 하나가 그의 귀를 베고 얼굴에 낙인을 찍었다.[13] 자바의 기록은 좀더 낭만적인 이야기를 들려준다. 늙어가는 쿠빌라이 칸에게 아름다운 자바 공주를 신부로 주겠다고 약속했는데, 자바인들이 이 제안을 취소했다. 그러자 쿠빌라이가 군대를 보내 공주를 데려가려 했지만 실패했다는 이야기다.[14] 이 이야기는 그저 그가 자바인들에게 복종을 요구하고 자신을 세계의 황제로 인정해주기를 바랐다는 것을 알리는 전승문학의 한 방식일 수 있다.

진짜 이유가 무엇이든, 공주의 항해가 호르무즈에 닿기 훨씬 전인 1292년 2월 27일에 쿠빌라이는 자바 공격을 준비하라는 명령을 내렸다. 그의 대신들은 이 해외 침략의 목적에 관해 그 어느 때보다도 더 회의적이었다. 그들이 보기에 그가 죽음에 가까워졌고 원나라 조정에서 그렇게 먼 곳에서 이루어지는 그런 모험을 계획하거나 감독할 상황이 아님은 분명했다.

1년 뒤인 1293년 1월 22일, 함대가 취안저우에서 출항했다. 함대와 승무원의 규모로 제시된 수치는 다양하다. 배 수천 척에 병사 10만 명이라는 터무니없이 많은 경우까지 있다. 인도네시아 세루투섬(원정군이 이곳에서 휴식하고 재편성한 뒤 자바를 공격했다)의 바위에 한문으로 새겨진 글을 바탕으로 한 최근의 연구는 배가 약 500척이고 인원은 5천 명이 되지 않았음을 시사한다. 선원, 병사, 그리고 아마도 다른 부류의 인원까지 포함해서다.[15]

이 항해는 4천여 킬로미터의 바다를 가로지르는 것으로, 쿠빌라이가 시도한 가장 먼 해상 침공이었다. 일본이나 심지어 참파보다도 훨씬 멀었다. 참파 원정은 가는 데 약 한 달이 걸렸다. 참파를 떠난 후 섬에서 섬으로 항해해 보급품을 채우고 휴식을 취하며 병사들은 넉 달 이상의 항해 끝에 3월 마지막 주에 마침내 자바에 도착했다.

그들이 도착했을 때 몽골 사절을 공격했다고 비난받은 왕은 쫓겨났고, 이제 그 여파로 내전이 벌어지고 있었다. 몽골인들은 이 분규에 뛰어들었지만, 그들이 도착하고 두 달이 되지 않아서(한쪽을 도와 승리를 거두게 한 뒤다) 매복에 걸려 패배하고 섬에서 쫓겨났다. 그들은 1293년 5월 말에 배를 타고 떠났다. 본래 원정을 떠났던 5천 명 가운데 아마도 2천 명 정도가 중국으로 돌아왔던 듯하지만, 상당량의 약탈물도 가지고 왔다. 수백 명(정확한 숫자는 알 수 없지만)은 인도네시아 섬들 어딘가에 뒤처져 남았다. 조난자 또는 탈주자로 버려졌고, 그곳에서 현지인과 혼인해 가정을 꾸렸다.

몽골은 일본 침략에 실패했듯이 자바 침공에도 실패해 그곳을 몽골제국으로 편입시키지 못했다. 쿠빌라이가 그뒤에 남겨놓은 혼란 이후 자바에서 떠오른 마자파힛 왕국은 지역의 강자가 됐지만, 그 상인이나 수군 모두 원나라의 해상 사업에는 추가적인 위협을 가하지 않았다. 쿠빌라이의 수군이 동쪽에 있는 경쟁자인 일본을 무력화한 것과 마찬가지로, 그들은 남양 먼 구석의 잠재적 경쟁자인 자바를 무력화했다. 원 왕조는 이제 중국에서 이란까지 가는 해로 전 구간을 자유롭게 이용할 수 있게 되었다.

*

마르코 폴로나 배에 승선한 어느 누구도 몰랐지만, 1291년 쿠케진의 신랑인 서른세 살의 일칸 아르군이 재위 7년 만에 죽었다. 공주의 선단이 출발할 무렵이었다. 몽골 통치 시기에 흔히 그랬듯이 죽음의 정황과 원인을 둘러싸고 논란이 일었고, 분명한 승계 원칙이 없어 일시적인 혼란을 야기했다.

아르군의 동생 가이하투Gaykhatu(몽골어로 '놀라움'을 뜻해 그의 출생에 관해 흥미로운 문제를 제기한다)가 새 일칸으로 떠올랐다. 형제는 모두 이슬람 국가를 통치하는 불교도였고 다른 몽골인들과 끊임없이 소소한 다툼을 벌였지만, 아나톨리아 총독이자 몽골어 이외에 페르시아어와 아마도 튀르크어도 했던 것으로 보이는 가이하투는 온순하고 덜 효율적인 통치자로 드러났다. 아르군과 가이하투는 모두 인사불성 상태에서 생을 마감했다고 한다. 아르군은 아편, 가이하투는 술

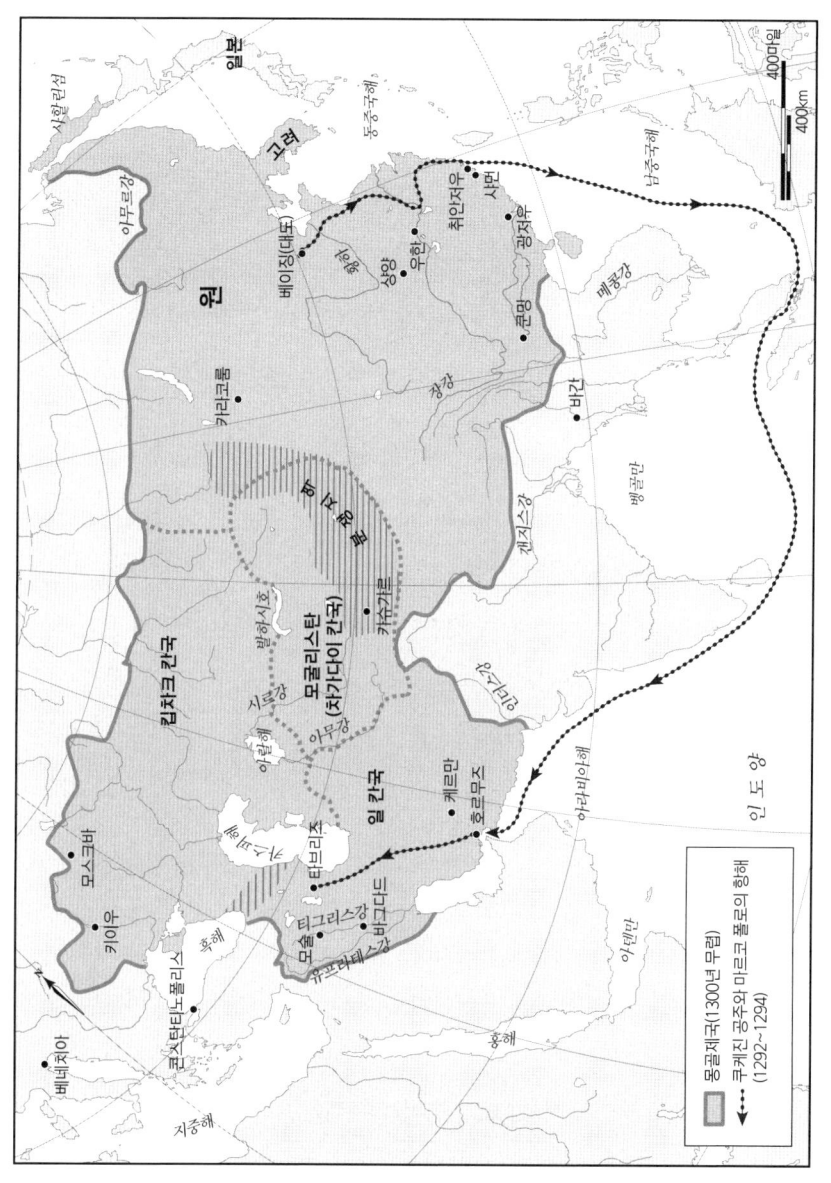

쿠케진 공주와 마르코 폴로의 항해(1292~1294)

로 인한 것이었다. 그러나 이는 불교도 지배자를 깎아내리기 위한 이슬람교도들 사이의 소문일 수 있다.

가이하투 치세에 일 칸국의 정치적 풍광은 달라졌다. 그는 이집트 해상 침공 계획 같이 논란이 많은 아르군의 정책들을 폐기하고, 재정 개혁에 관한 몇 가지 시도를 했으며, 몽골 지배의 이전 구조를 유지하면서도 중국에서 보내오는 원나라의 정책을 따르는 데 덜 관심을 보였다.

*

1293년 호르무즈에 도착한 쿠케진 공주는 일칸 아르군이 죽었다는 소식을 들었다.[16] 폴로 가족과 공주, 그리고 무사히 도착한 관리들은 육지에 올라 일 칸국의 수도인 타브리즈까지 가는 수천 킬로미터의 육상 여행을 시작했다. 쿠케진은 당시 여성으로서는 역사상 가장 긴 거리의 항해 기록을 세웠다. 공주는 자신이 누구와 혼인하게 될지, 또는 이 낯선 새 나라에서 어떤 운명이 자신을 기다리고 있는지 알 수 없었다. 가이하투는 쿠케진 공주에게 아무런 관심을 보이지 않았다. 그는 쿠빌라이가 보낸 사절들에게 더 관심을 보였다. 가이하투는 공주가 자기 형 아르군의 신부로 예정되어 있었기 때문에 공주를 아르군의 아들 가잔에게 주었다. 가잔은 그의 조카였지만 최근에 일칸 자리를 놓고 경쟁한 사이이기도 했다.[17] 라시드웃딘에 따르면 공주는 많은 지참품과 호랑이를 가지고 가잔에게 갔으나, 가잔은 그런 물건들에 아무런 관심이 없는 듯했다. 쿠케진과 혼인한 뒤 그는 새 신부에게 만족한 듯했고, 호랑이를 가이하투에게 선물로 보냈다. 쿠케진의 풍성한 지참물인 "왕에게 적합한" 다른 "중국과 카타이의 희귀품"도 함께 보냈다.[18]

가잔은 아르군이 그 아내 쿨탁 에게치Kultak Egechi와의 사이에서 낳은 첫 아이였다. 아르군이 열세 살 때 태어났다. 그러나 몽골의 풍습을 따랐다면 그 아내는 아마도 나이가 더 많았을 것이다. 가잔은 나이 든 왕비 불루간의 오르도에서 자랐다. 불루간은 그를 좋아했다고 하며, 주책없는 할머니처럼 그의 응석을 다 받아주었다. 불루간은 그를 위해 중국인 유모를 골라주었다. 당시 사람들이 보기에 이 결정은 중국인 어머니를 얻어주는 것이었다. 불루간은 가잔을 위해 중국인 가정교사도 붙여주었다. 몽골어를 가르치는 교사조차도 중국인이었다.[19] 그는 쿠케진과 혼인할 때 호라산 총독 자리에 있었고, 이미 여러 아내(대부분 아버지에게서 물려받았다)를 두고 있었다. 전해지기로 그는 일 칸국의 몽골 왕자들 가운데 가장 잘생기지는 않았지만, 라시드웃딘은 그에 대해 "재산이 먼저이고 운이 따랐으며, 심성이 더없이 훌륭하고 승리가 그의 편"이었다고 묘사했다.[20]

가이하투는 중국과 긴밀한 관계를 유지하는 데 별 관심이 없었지만, 중국의 지폐 혁신에는 흥미를 보였다. 정말로 은화와 금화를 쌓아두고 이를 지폐로 바꾼다는 생각에 매혹되었다. 원나라의 지폐 제도는 중국 본국에서 매우 잘 작동했고, 이에 따라 가이하투 칸은 중국의 지폐 통화 제도를 페르시아에 도입하겠다는 포고를 내렸다. 볼라드는 중국식 지폐를 어떻게 만드는지에 대한 주요 정보원 노릇을 했지만, 가장 강력하게 그것을 지지한 것은 한 이슬람교도 조언자 소집단이었다. 그들은 지폐 도입이 금과 은을 몰수해 국고를 채울 수 있는 방편이라고 보았다. 국고는 전쟁과 광범위한 부패로 고갈되어 있었다.

1294년 7월, 타브리즈의 페르시아 조판공彫版工들이 중국의 초鈔를 모방한 지폐를 만들어내기 시작했다. 한자가 들어가고, 위조범은 사형(아이들을 포함해 온 가족으로 확대해서)에 처한다는 위협이 담겼다.[21] 9월이 되자 정부는 새 통화를 이란 서부, 아제르바이잔, 이라크에서 사용하도록 도입할 준비가 되었다.

그들 이슬람교도 대부분은 지폐가 "역겨움과 사악함의 물리적·정신적 정수"라고 생각했으며, 지폐로 전환하는 일에 대한 당국의 서투르고 탐욕스러운 접근은 그들의 방대한 시장 체계에 대한 이해 부족을 보여준다고 여겼다.[22] 이슬람 주민들의 반대는 가이하투의 불교 이름 이린친도르지_{Irinčin-Dorji}(보석 금강)를 지폐에 찍은 일로 더욱 불이 붙었다.[23] 이 시기의 기독교도 및 이슬람교도 역사가들은 몇몇을 제외하고는 한목소리로 그와 그의 종교, 그의 정책을 비판했다. 그러나 그들이 더 나아가 여러 가지 금전적·성적 죄악이라고 비난한 것은 근거가 없는 것이었다.[24]

중국 관리들은 이미 지폐를 통제하는 광범위한 경험을 쌓았고, 소비자들은 여기에 더욱 익숙해졌다. 반면에 페르시아, 이라크, 중앙아시아 주민들은 경험이 전혀 없다가 갑자기 포고를 통해 지폐를 받고 주화, 금, 은을 내놓으라는 명령을 받았다.[25] 포고는 나아가 누구든 거래 시 지폐를 거부하는 사람은 그 자리에서 참수될 것이라고 명기했다. 새 통화의 유통을 촉진하기 위해 정부는 선전 활동에 나서, 지폐가 빈곤을 끝장내고 전체 주민에게 이득이 될 것이라고 약속했다. 시와 노래가 새 통화를 칭송했다. 페르시아의 한 노래는 이렇게 말한다. "지폐가 세계에서 유통되면 제국의 영광은 영원히 지속되리." 라시드웃딘은 《키타이 학문 여러 분야에 대한 일칸의 귀중한 작업_{Tanksuqnama-i ilkhan dar funum-i 'ulum-i khita'i}》에서 일 칸국에 미친 중국의 영향에 관해 쓰면서, 중국 지폐 사용의 유익함은 "말로 표현할 수 없을 정도이지만 (…) 우리 나라에서는 유통시키는 것이 불가능"했다고 주장했다.[26]

대중의 혼란은 극단적인 위협과 합쳐져 공포를 촉발했다. 상인들은 상품을 거둬들였고, 신민들은 수도 타브리즈를 떠나 인근 마을들로 가서 식량을 구했다. 도시 시장의 진열대가 텅텅 비었기 때문이다. 사흘이 되지 않아 주민 상당수가 도시를 떠났고, 남은 사람들은 화가 나서 새 제도를 부과한 대신들의 생명을 위협했다.

몽골 귀족들은 이 재산 몰수로 인해 자신들에게 가해지는 위협을 인식하고 따르기를 거부했다. 일칸의 조카이자 쿠케진의 남편인 가잔은 새 지폐를 찍으라고 보내온 목판을 태워버렸다. 그는 이렇게 물었다. "종이가 어떻게 마잔다란(그의 통치 구역이었다)의 높은 습도를 견뎌낼 수 있다는 거야? 쇠와 강철도 못 버티는데."[27]

조정은 누그러져서 식품을 사는 데 주화를 사용할 수 있게 허용했다. 이후 몇 달에 걸쳐 점진적으로 여러 차례 포고를 내려 옛 통화 제도를 재도입할 수 있게 했고, 결국 지폐는 철회되었다. 혼란 속에서 일칸 가이하투가 암살당했고, 가잔이 새 통치자로 떠올랐다. 지폐 도입이 실패한 이후 그는 몽골 화폐에 대한 대중의 신뢰를 회복할 필요가 있었다. 이에 따라 그는 왕국 일대 주화의 순도와 중량을 세심하게 표준화했다. 그 결과로 페르시아 역사상 가장 품질이 높은 주화 일부가 만들어졌다.[28]

라시드웃딘은 가잔에 대해 이렇게 썼다. "그는 나라의 모든 먼 지역, 인도, 카타이, 기타 지역에 대표를 파견해 그 지역 특산물의 종자를 가져오게 했다."[29] 그의 신민들은 의약품을 받아들였고, 새로운 역사를 허용했으며, 새로운 여러 농작물을 칭송하고, 청자와 백자를 즐겼다. 황제의 제후라는 정통성을 확대하기 위해 그는 유독 자신의 모든 포고와 서신에 쿠빌라이 칸이 보내준 도장을 사용했다.

*

쿠케진은 남편 가잔이 일칸이 된 뒤 가장 유명한 도쿠즈 카툰(훌레구의 아내이자 일 칸국의 첫 몽골 왕비다)의 오르도 통제권을 장악했다. 쿠케진은 젊은 가잔의 네 번째 아내였고 다른 아내들 역시 몽골인이었지만, 몽골에서 태어난 아내는 쿠케진뿐이었다. 궁정 역할을 하는 그 오르도를 소유한 것은 몽골 출신 여성으로서의 명예를 보여줄 뿐만 아니라 그 남편의 왕권을 굳히는 데도 도움을 주었다. 그는 몽골 태생의 아내를 가진 유일한 경쟁자였기 때문이다.

일 칸국과 맘루크 사이에 긴장과 산발적인 전쟁은 계속됐지만, 새로운 시대가 전개되었다. 더이상 해상 침공은 없었다. 일본, 베트남, 자바, 이집트, 기타 어느 곳에서도 마찬가지였다. 상업의 시대가 시작되었다.

쿠케진의 남편 가잔은 역대 일칸 가운데 가장 강력한 군주가 되었다. 공주를 호위한 마르코 폴로는 유명해졌다. 그러나 쿠케진은 일 칸국에 지속적인 영향력을 만들어낼 만큼 충분히 오래 살지 못했다. 공주는 가잔과 혼인한 지 4년 뒤인 1296년에 죽었다. 몽골 황실 가문의 내부 투쟁이 벌어지고 있던 시기였다. 죽음의 원인은 기록되지 않았고, 그것은 쿠케진 왕비에 관한 수수께끼를 더했을 뿐이었다. 가잔은 쿠케진의 오르도를 그의 새 아내이자 왕비인 케레문Keremun 카툰에게 주었다. 그의 인생에서 진정한 연인이었다. 쿠케진은 페르시아의 마지막 중국 출신 왕비였다. 그 미모는 1천 척의 배를 띄우게 했지만, 이제 기억과 역사에서 사라졌다.

그러나 그 여행의 의미는 이후 시대에 재음미되었다. 일칸은 몽골 궁정으로 가는 귀국 선단을 마련하고 그 배들에 새 중국 황제를 위한 물건과 상품들을 실었다. 일 칸국이 중국의 몽골 궁정에 여전히 충성스럽고 황제에게 좋은 대우를 받기를 원한다는 분명한 표시였다. 파르스에서 일칸의 세무관으로 일한 와사프에 따르면 일칸 가잔이 중국 정크선에 실어 보낸 물건 중에는 "보석, 왕실 무늬가 있는 값비싼 옷, 사슴 사냥용 표범, 기타 사치품들"이 있었다. 이는 "공물로서, 황제가 받을 가치가 있고 그의 화려한 궁궐에 적합"한 것이었다.30 여기에 중국 물건을 사기 위한 금화 10만 디나르가 더해졌다.31 거듭 연기된 탓에 호르무즈로 돌아가는 다음 여행은 9년이 걸렸다.

와사프에 따르면, 이 풍성한 선물을 가지고 그의 친척 궁정에 간 두 사절 말리크 파흐르 앗딘Malik Fakhr Al-Din과 노가이Nogai는 많은 상인들도 합류하도록 초청했다. 공식 사절단의 일원이 되면 자기네 상품을 세금 없이 중국으로 가지고 갈 수 있었다.32 마침내 중국에서 서아시아로 가는 직통 해로가 생겨났다. 역사상 가장 긴 해로였고, 그것은 상업에 혁명을 일으켰다. 세계 각지에서 운송되는 상품이 수천 배로 늘었고, 실크로드를 통과하는 상인 행렬이 운송할 수 있는 물량에 더이상 제한이 없었다. 가장 강한 쌍봉낙타도 250킬로그램의 짐을 싣고 하루에 40킬로미터밖에 가지 못한다. 쿠케진이 육로로 갔다면 시간은 두 배가 걸렸을 것이고 공주와 함께 가는 여객과 병사들을 위해 낙타 200마리가 필요했을 것이다. 그리고 화물만을 위해서도 4천 마리가 더 필요했을 것이다. 쿠빌라이 칸이 대양의 통제권을 장악하기 전에는 비단 한 필이 남중국의 작업장에서 로마의 재단

사에게 가는 데 여러 해가 걸렸다.

14세기에 무역은 계속해서 남중국해와 인도양을 건너 페르시아만으로 흘러갔다. 크고 잘 조직되고 용감한 선단에 의해서였다. 중국 선박들은 여객, 상품, 사상, 정보를 중국 바깥으로 실어 날랐지만, 상업과 문화의 교환은 양쪽 방향으로 이루어졌다. 중국은 고품질의 상품과 기술 및 의학 지식을 수출했고, 외국의 의약품과 근채류 및 구근류를 수입했다. 당근, 순무, 아프리카 수수, 가지 및 피스타치오 열매의 서아시아 변종 같은 것들이었다.[33] 1301년에서 1307년 사이에 원나라의 항구 관리 양추楊樞는 페르시아로 항해해 갔다가 특히 포도주, 말, 개를 가지고 몽골 궁정으로 돌아왔다. 중국은 또한 표범(쿠빌라이가 사냥용으로 매우 좋아했다), 사자, 기타 이국의 살아 있는 동물과 동물 가죽을 얻기 위해 소말리아에 사절을 보냈다.[34] 인도산 무명과 일 칸국산 무늬직물은 비단 및 도자기와 교환되었다. 비단은 그 뛰어난 품질 및 그것을 짠 숙련된 기술공들로 인해 높은 평가를 받았으며, 도자기는 육상으로 수송하면 깨지기 쉽지만 해상으로는 안전하게 운송할 수 있었다.

볼라드가 이슬람교로 개종한 유대인 학자 라시드웃딘과 협력한 것은 아마도 쿠케진의 배들만큼이나 중국의 문화와 학문을 이슬람 세계로 가져오는 데 많은 역할을 했을 것이다. 볼라드는 한문을 번역할 지식과 능력이 있었고, 라시드웃딘은 그것을 페르시아 및 아랍 문화의 독자들이 이해할 수 있는 방식으로 설명할 수 있었다.[35] 라시드웃딘의 박학함은 몽골 통치하 전 세계의 역사를 통합해, 서아시아에 대한 이슬람교도들의 역사 서술을 중국의 역사 서술과 연결시켰다. 그것은 중국의 모든 왕조와 황제들의 역사를 담았으며, 어떤 사본들에서는 80점이나 되는 초상화도 싣고 있다.[36] 개인들의 외관은 표준화됐지만, 황제와 하인들의 옷, 모자, 몸짓은 분명히 중국의 본을 바탕으로 한 것이었다.

《원사》에는 볼라드에 대한 별도의 열전이 없다. 그러나 그의 이름은 본문에 여러 형태로 나온다. 통상 발라$_{孛羅}$로 나오지만, 흔히 관직 또는 그의 흔한 몽골어 칭호인 아카$_{Aqa}$('형')로 나타난다. 이름과 관직이 뒤섞이는 바람에 이전의 학자들은 그를 마르코 폴로와 혼동하기도 했다. 그의 생애에 대해 상세한 내용이 없다는 것은 아마도 그의 비밀스러운 정보활동, 그리고 그가 몽골 황제 및 일칸 양쪽과 직접적인 관계를 맺었던 사실을 나타낸다. 흔히 기록을 축적하기에 이상적인 위치에 있던 사람들을 건너뛴 것이다. 그는 일흔세 살인 1314년까지 살았고, 중국 관료사회에서 두 번째로 높은 등급인 영풍군왕$_{永豐郡王}$ 자리에까지 올랐다.

20장

쿠빌라이 시대의 종말

쿠빌라이는 영적인 사람이었다.
— 스탕달, 1828[1]

몽골인들은 개 짖는 소리를 들으면 자기네가 게르에, 하루 여행의 끝에 가까이 왔음을 안다. 쿠빌라이의 마지막이 다가오면서 개들이 짖는 소리가 더 커졌다.[2]

큰 사람에게는 큰 잘못이 있다. 쿠빌라이 칸은 역사를 바꿨지만, 그는 특이하고 때로 혼란스러운 방식으로 통치했다. 중국과 몽골의 관직과 칭호를 뒤섞었다.[3] 규정이 공표되더라도 먼 지방까지 전달되기 전에 갑자기 철회되었다. 때로 쿠빌라이는 이슬람교도들이 자기네 공동체 안에서 이슬람 법을 집행하는 것을 허용하면서 자기 할아버지의 몽골 법전을 따랐지만, 또 어떤 때는 그들에게 중국 또는 몽골 법을 따르도록 강요하고 동물의 피를 빼 도살하는 그들의 할랄 방식을 금지했다. 그는 이런 다양한 체계를 중국 법과 통합하지 않았으며, 중국 법 역시 지역마다 달랐다. 그는 단일 문자 체계를 도입하지 못하고 몽골 문자, 중국의 한자, 티베트 문자를 바탕으로 한 임시방편의 문자를 사용했다. 부패는 체제에 널리 스며들었을 뿐만 아니라 그것 자체가 체제로 자리잡았다.

쿠빌라이는 30여 년 권좌에 있는 동안 수많은 포고, 명령, 위임, 규제를 발동했지만, 포괄적이고 조화로운 법전을 만들지는 못했다.[4] 그가 사실상 생의 마감을 앞두고 있던 1291년이 돼서야 그의 참모들은 다양한 법전과 칙령을 하나의 체계로 통합할 수 있는 방법을 임시적으로 제안했다.[5] 주로 북중국의 지방 행정과 범죄 문제를 다루기 위한 그것은 너무 빈약하고 너무 늦었다.[6]

쿠빌라이는 중국을 통일했지만, 그의 유산은 그것을 보호하고 보존하는 데 있을 터였다. 1291년, 조정 관리들은 수군이 경계하는 지역의 수를 배로 늘리고 순찰에 배정된 배의 수를 늘렸다. 장강 하구를 경계하는 상설 함대는 전함 20척에서 100척으로 늘었다. 이 가운데 20척은 구체적으로 해양 순찰을 담당하는 전함이었다.[7] 쿠빌라이는 자기네 수군의 활동 범위를 확대할 준비가 되어 있었다.

그해 연말께 그는 남중국 해안 방위를 강화하고 인근 해역과 섬들을 확보했다. 《원사》에 따르면 본래 열 곳에서 수군 기동 작전을 펼쳤지만, 그는 이를 스물두 군데의 "해상 전략 지점"으로 확대했다. 그는 또한 이전에 그곳에 배치됐던 전함 20척을 "100척의 전함과 20척의 원양 선박으로 늘려야 한다"고 명령했다.[8] 쿠빌라이 덕분에 중국은 당시 세계 최고의 해상 강국이 되었다.

쿠빌라이 칸은 만년에 추진했던 자바 원정이 크게 실패하는 와중에 자신이 몽골 공주, 페르시아 사절들, 20년치의 조세, 그리고 폴로가의 세 상인과 함께 보낸 함대가 어떻게 됐는지 분명히 알지 못했다. 자신의 실패에 실망하고 분노하며 좌절감과 고통에 싸인, 역사상 가장 강력한 지도자 가운데 하나였던 그는 자신이 베트남, 일본, 자바를 정복하지 못했음에도 불구하고 그의 배들이 그 주위의 바다를 장악했음을 알지 못했다. 그는 역사상 최대의 해상 함대를 건설했고, 쿠케진의 여행을 통해 몽골의 육상 우편 체계를 해상으로 확장한다는 자신의 꿈을 이루었다. 이전에 일본으로 가는 자신의 서곡에서 실패했던 일들이었다. 바다를 통제하는 것은 육상의 상업적 지배를 보증했으며, 중국은 가장 수익성 높은 해로 모두를 관리했다.

*

　사람은 나이가 들어가면서 조직화된 종교에서 위안을 찾는다. 그러나 쿠빌라이는 전통적인 몽골인의 방식으로 더욱 영적인 듯했다. 그것이 그가 평생 중요시했던 조직화된 종교에 대한 의구심을 자극했다. 그는 종교가 상업적·정치적, 또는 기타 비정신적 목표를 위해 얼마나 쉽게 이용될 수 있는지를 알았다. 칭기스 칸이 몽골 법은 모든 종교 성직자의 세금을 면제한다고 포고했기 때문에, 쿠빌라이는 이를 바꾸기를 주저했지만 그 법이 얼마나 오용되고 있는지를 보았다. 바다의 상인들은 자기네 상품에 대한 세금을 면제받기 위해 불교 승려, 힌두교 사제, 기독교 학자, 이슬람교 교사인 것처럼 가장했다. 이런 형식적인 합법성을 이용해 중국 곳곳의 탈세자들은 공식적으로 자기네 땅을 불교나 도교 사원에 기부하고 계속해서 자기네가 경작을 했다. 좌절한 쿠빌라이는 모든 거래에 과세하고 모든 경작지에도 과세하라고 선언했다.[9]

　쿠빌라이는 자신이 베이징에 세운 장려한 수도가 아니라 자신이 사랑하는 스텝에 있는 몽골 수도 상도에서 생활하기를 좋아했던 듯하다. 그의 마지막 해에 수도에서는 특히 엄혹한 겨울이 땅 위를 휩쓸어 생명을 얼어붙은 휴지休止 상태로 만들었다.¹⁰ 숨 막히는 불확실성의 짙고 자욱한 안개가 궁정에 스멀거렸다. 황실의 파벌이 만들어지고, 몽골 가문들, 아내와 어머니들, 경호원과 대신들이 임시적인 동맹을 형성했다. 그들 모두는 패권을 위한 불가피한 싸움을 벌일 준비를 하고 있었다. 쿠빌라이는 통일 중국을 통치한 원나라의 첫 번째 황제였지만, 그가 죽은 이후에도 원 왕조가 계속될 수 있을지, 그리고 만약 계속된다면 내전이 잦은 몽골의 특성이 승계에 나쁜 조짐은 아닐지 불확실했다. 누가 다음 황제가 될까? 누가 총애를 받고 누가 눈 밖에 날까? 누가 추방되거나 처형될까?

바얀이 총애를 잃고 조정에서 축출된 것은 오래가지 않았다. 그는 쿠빌라이에게 가장 오래 남아 있는 친구였고, 아마도 그의 유일한 친구였을 것이다. 쿠빌라이에게 죽음이 다가오고 있을 때 그가 곁에 두고 싶은 사람은 바얀 말고는 없었다. 스무 살이 넘는 나이 차이에도 불구하고, 그들이 함께한 승리는 그들 생애의 정점이었다. 그때로부터 15년이 지났고 이후 좌절과 후회도 있었지만, 이것은 그가 돌아갈 수 있는 하나의 즐거운 순간이었다.

*

언제나 그렇듯이 쿠빌라이는 1293년 10월 여름 수도 상도를 떠나 베이징으로 돌아왔다.¹¹ 그가 다시 스텝을 보거나 그 냄새를 맡지 못하게 될 줄을 알았든 몰랐든, 그의 주위 사람들은 마지막이 다가오고 있음을 조용히 인지했다. 석 달 뒤인 1294년 1월 28일, 쿠빌라이는 너무 쇠약해 중국식 음력 신년 축하를 주재할 수 없었다. 몽골에서는 차강사르(백월)로 불리는 날이었다.¹²

육신은 숨쉬기와 움직임을 멈추더라도 영혼은 한동안 머무를 터였다.

*

몽골인은 통상 죽음에 해당하는 말을 사용하지 않는다. 그저 누군가가 그의 수명을 채웠다고 말한다. 따라서 1294년 2월 18일, 중국의 황제이자 몽골제국의 대칸, 지구상 최대 제국의 지배자, 육상 최대의 육군과 해상 최대의 수군 지휘관인 쿠빌라이가 그의 수명을 채웠다. 그의 가족, 군대, 나라는 공식적인 애도 기간에 들어갔다. 그는 일흔여덟 살이었다. 그의 신민 대부분은 그 이외의 다른 황제를 알지 못했지만, 변화의 초조함과는 별개로 많은 관찰자들이 그의 서거에 깊이 애도했는지는 의문스럽다. 쿠빌라이 칸은 그가 무대에서 내려와야 할 시기가 한참 지난 뒤에도 거기에 머물러 있었다.

몽골인들은 쿠빌라이의 시신을 싸서 수레에 싣고 그를 고향으로 데려갔다. 몽골의 고향 부르칸칼둔산의 씨족 비밀 매장 터였다. 칭기스 칸이 거기에 묻혔고, 이제 그 손자가 역시 그곳에 묻힐 차례였다. 그의 생애에서 가장 핵심적인 자리를 차지했던 세 사람, 그의 어머니 소르콕타니, 그의 아내 차부이, 그의 아들 친킴의 무덤도 근처에 있었다. 그는 지구상 최대의 제국을 통치했지만, 묘석도 없고 영묘도 없고 사당도 없고 심지어 그의 무덤을 알리는 표시도 없을 터였다. 그는 고향으로 운구되어 자기네 조상의 땅에서 이름 없는 무덤을 차지하게 됐다.

그의 유일한 기념물은 그의 명성과 이름이었다. 몽골인들에게 이름은 사후 얼마 동안 금기였다. 이름을 부르면 죽은 자의 영혼을 자극하거나 그를 영적 세계에서 다시 부를 수 있기 때문이다. 이에 따라 쿠빌라이는 몽골인들에게 '세첸칸Setsen Khan'(현명한 칸)이라는 존호로 불렸다. 오늘날에도 여전히 사용되는 별명이다.

역사 속의 다른 비극 배우들처럼 쿠빌라이 칸은 자신이 추구하던 목표에서 거듭 실패했지만, 그 자신이 알았던 것보다는 더 성공적이었다. 그는 역사에서 다른 누구도 할 수 없었던 일을 성취했기 때문이다. 쿠빌라이 칸은 중국을 첫 번째 해상 강국으로 만들었다. 그는 역사를 대양으로 옮겼다. 그는 스텝의 몽골인으로 자랐지만, 스스로 획득한 칭호인 '바다의 황제'로서 죽었다.

그의 빼어난 성공에도 불구하고 쿠빌라이의 성취에는 기본적인 역설이 바탕에 깔려 있다. 그는 방대한 해상무역망을 만들었지만, 마지막까지 자신의 거대한 군사력을 그저 보호를 위해서뿐만이 아니라 공격을 위해서도 사용했다. 일본, 베트남, 자바, 그리고 여러 작은 지역들에 대한 그의 공격이 입증해주는 바다. 같은 사람들을 상대로 무역도 하고 공격도 하기는 어렵다. 이 난제를 해결하는 일은 아직 누구인지 알 수 없는 그의 후계자에게 달려 있었다.

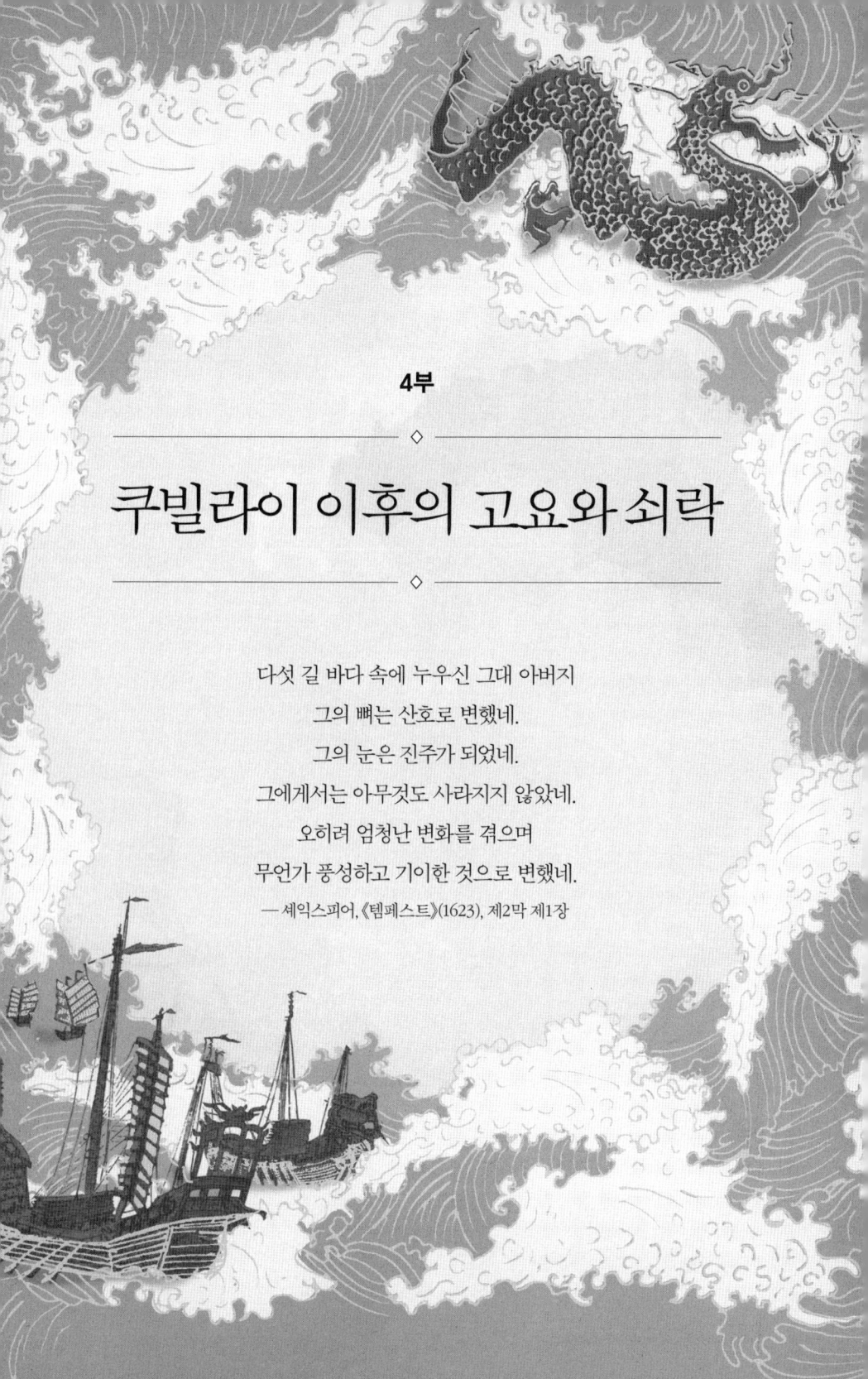

4부

쿠빌라이 이후의 고요와 쇠락

다섯 길 바다 속에 누우신 그대 아버지
그의 뼈는 산호로 변했네.
그의 눈은 진주가 되었네.
그에게서는 아무것도 사라지지 않았네.
오히려 엄청난 변화를 겪으며
무언가 풍성하고 기이한 것으로 변했네.
— 셰익스피어,《템페스트》(1623), 제2막 제1장

21장

철인과 연꽃

> 황족들이 예를 표하기 위해 몸을 떨며 서둘러 알현실로 들어갔다.
> —《원사》[1]

쿠빌라이 칸의 손자 테무르는 계획이 있었다. 그는 상업, 외교, 통신으로 연결된 더 넓은 세계에 대한 비전이 있었다. 오직 보호를 위한 방어적인 수군만이 있고, 누구든 공격하기 위한 공세적인 수군은 없는 곳이었다. 그러나 우선 그는 대칸으로 선출돼 중국의 황제가 되어야 했다.

몽골 황실 투쟁의 표준에 따라 쿠빌라이 칸에서 그 후계자로 넘어가는 과정은 놀랍도록 간단했다. 오랫동안 예측됐던 쿠빌라이의 죽음이 현실화됐을 때 바얀이 조직화하고 행동할 준비를 갖추고 있었기 때문이다. 그는 또한 강력한 동맹자를 갖고 있었다. 친킴의 미망인 바이람에게치 쿠케진이었다. 쿠케진은 남편이 죽은 뒤 쿠빌라이와 조정에 영향력을 갖고 있었다. 그들은 자기네 씨족 성원들 외에는 주요 동맹자를 얻지 못한 쿠빌라이의 젊은 미망인 남부이를 제쳤다. 남부이는 자신의 오르도의 권위에 의존하고 있었던 듯하지만, 쿠빌라이가 그곳에 살지 않는다면 그 궁정은 영향력이 없다는 사실을 깨닫지 못하고 있었다. 쿠빌라이가 죽자마자 바얀과 바이람에게치쿠케진이 이후 석 달의 중요한 기간 동안 통치권을 장악했다. 그들은 남부이 황후와 그 측근 무리를 따돌렸고, 남부이의 오르도는 폐쇄되었다. 지구상에서 가장 강력했던 남자의 미망인은 어떠한 찬사나 심지어 그 운명에 대한 공개적 언급도 없이 원나라 제국 정치의 어두운 그늘 속으로 사라졌다.[2]

쿠빌라이는 황위 계승자로 자신의 손자이자 친킴의 아들인 서른두 살의 캄말라Kammala를 원한다고 말한 바 있으나, 몽골 법에 따라 최종 결정에 동의하기 위한 고위 몽골인들의 회의가 필요했다. 몽골제국 조정에서 가장 강력하고 존경받는 사람인 바얀은 쿠빌라이와 아릭부케 사이의 잇단 전쟁이 가한 손상을 잘 알고 있었던 듯하다. 그는 이를 피하고자 결심했지만, 쿠빌라이가 지목한 후계자에는 찬성하지 않았다.

바얀은 캄말라의 세 살 어린 동생 테무르를 선호했다. 바얀은 두 젊은이 모두와 함께 몽골 원정에 나간 적이 있었다. 캄말라는 자신이 좋은 군사 지도자가 아님을 보여주었다. 그가 지휘한 분견대가 카이두의 군대를 상대하러 나섰다가 곧바로 포위당하고 함정에 빠졌다. 다행히 그는 튀르크계 킵차크 경호대에게 구조됐지만, 이 사건은 그에게 오명을 남겼다. 특히 바얀 같은 직업군인이 보기에 그랬다.[3]

이름은 정치에서 언제나 의미가 있었고, 몽골인들은 이름이 미래를 예언하고 운명을 결정하는 능력이 있다고 굳게 믿었다. 이것이 캄말라에게 불리하게 작용했다. 그의 이름은 몽골어도 튀르크어도 중국어도 아니었다. 캄말라는 산스크리트어 카말라kamala에서 왔다. 성스러운 연꽃을 의미한다. 아름답고 영적인 자극을 주지만, 힘이나 신뢰를 함축하지는 않는다. 무엇보다도 대다수 몽골인은 아마도 이 이름이 무슨 뜻인지도 몰랐을 것이다. 그들에게 이 이름은 그저 이국적이고 낯설게 들렸을 것이다.

테무르는 이름의 덕을 보았다. 그의 이름은 진정으로 몽골적이고 분명하게 이해됐을 뿐만 아니라 상당한 물질적·영적인 힘을 전하고 있었기 때문이다. 테무르는 '쇠'를 의미했고, 칭기스 칸의 이름 테무진Temüjin('철인鐵人'이라는 의미다)과도 관련이 있었다. 몽골인들은 연꽃보다 쇠를 더 성스럽게 생각했다. 단단하고 힘을 오래 유지해서이기도 하지만 그것이 하늘에서 온 선물인 운석에서 왔기 때문이다. 이 이름은 테무르에게 약간의 운명적인 기운을 제공했다. 칭기스 칸의 분명한 유산과 천명을 아울러 지닌 존재로서 말이다.

많은 남성 친척과 다른 몽골인들이 같은 이름을 썼기 때문에 그는 테무르 울제이투Temür Öljeitü로 불렸다. '축복받은 쇠' 또는 '운 좋은 쇠'라는 뜻이며, 성공에 대한 또 하나의 징조였다.

바얀은 무력 투쟁이 분출하게 내버려두지 않고 노련하게 중국 내 모든 몽골 씨족들의 회의를 조직했으며, 전투보다는 말의 대결을 통해 승계 문제를 해결하는 일을 주선했다. 그는 테무르가 제위를 확보하는 데 필요한 군사적 지원을 해줄 수 있었지만, 쿠릴타이에서 공정하고 적법한 절차를 거쳤음을 보여주기 위해 두 후보의 궁정 토론을 열었다. 고대 몽골의 격언과 칭기스 칸의 법을 누가 더 잘 암송하는가를 보여주는 대결이었다. 결과는 보나 마나였다. 캄말라는 평생 언어 장애를 겪어 긴장을 하면 사시가 되고 말을 더듬었기 때문이다.[4] 테무르가 승리했다.

예견된 일이었지만, 《원사》의 기록에 따르면 "황족 사이에서는 의구심이 있었다." 캄말라를 선호한 스텝 파벌은 분노의 반응을 보였고, 폭동을 일으키려는 듯했다. 그러나 바얀은 "손에 검을 들고 알현실 계단에 서서" 테무르가 선택된 "의미에 대해 이야기"했다. 그는 쿠빌라이가 죽기 직전에 쓴 마지막 유언에서 캄말라에 대한 지지를 테무르 쪽으로 바꾸었다고 주장했다. 반대파는 납득하지 않았겠지만, 쿠릴타이는 바얀과 그의 충성스러운 병사들이 통제하고 있는 곳에서 소집되었다. "(바얀의) 연설과 표정은 모두 엄숙했다. 황족들은 예를 표하기 위해 몸을 떨며 서둘러 알현실로 들어갔다."[5]

테무르는 스텝 파벌과 형을 달래기 위해 캄말라에게 너그럽게 대했다. 그에게 쿠빌라이의 재산 상당 부분을 주었으며, 그를 카라코룸 총독에 임명하고 칭기스 칸의 죽은 네 아내의 황실 오르도에 대한 통제권을 주었다. 칭기스 칸이 태어난 몽골인들의 고향에 있는 이 오르도들은 그에 대한 유일한 기념물 노릇을 했다.[6] 캄말라의 지위는 위신과 높은 평가를 받는 것이었지만, 그뿐이었다. 이렇게 그는 만들어진 지위로 시베리아 언저리 고비사막 너머의 먼 북방으로 밀려나 테무르의 통치에 아무런 위협도 제기하지 않았다.

테무르는 친척들의 연봉을 대폭 올려줌으로써 황실 가문 안에서의 몽골 기반을 확장했다. 이전에 황제가 주던 것에 비해 네 배의 금과 두 배의 은을 주었다.[7] 《원사》에는 분명히 기록되지 않았지만, 이 인상은 선출 때 그 어머니나 바얀이 그들에게 한 약속을 이행하기 위해 이루어졌을 가능성이 농후하다. 테무르는 쿠빌라이가 꼼꼼하게 축적한 재산을 금세 탕진했지만, 이는 그의 인기를 높였다.

테무르를 선택한 바얀의 지혜는 중국과 전체 몽골제국에 이득이 된 것으로 드러났다. 테무르는 바얀의 신중한 지혜와 안정적인 통제에 많은 영향을 받아 1294년 5월 10일 즉위 조서에서 할아버지의 정책에 충실할 것을 약속하고 법, 정책, 행정의 급격한 변화는 없을 것임을 시사했다.[8] 바얀은 쿠빌라이에게서 테무르의 치세로 넘어가는 데 꼭 필요한 안정적인 영향력을 제공했다. 그러나 그는 나이 예순이 되지 않았음에도 불구하고 건강이 급속하게 악화되고 있었다. 테무르가 즉위한 지 1년도 안 된 1295년 1월 7일, 북중국의 하늘에서 유성이 떨어졌다. 나흘 뒤, 바얀이 그의 수명을 채웠다.[9]

테무르에게 전쟁 기술을 가르치고 그의 제위를 확보해준 두 남자가 사라지자 이미 강력했던 테무르의 어머니 바이람에게치 쿠케진이 아들의 통치에서 보다 눈에 띄는 역할을 떠맡았다. 쿠케진의 오르도는 아들의 궁정이 되었다. 남부이 황후가 무력해지고 쿠케진은 자기 아들에게 확실한 지도권을 행사했다. 쿠케진은 공식 황태후는 아니었지만, 황제의 어머니로서 며느리인 테무르의 아내보다 윗자리에 있었다.

*

일 칸국의 가잔과 중국의 테무르는 그들이 공유한 몽골 유산의 전통을 지키기로 맹세했고, 두 통치자는 멀리 떨어져 있지만 우호적인 관계를 유지했다. 그러나 두 사람은 모두 그들 조상의 문화보다는 그들 신민의 문화 쪽으로 옮겨가기 시작했다. 가잔은 페르시아와 이라크에서 여러 해 동안의 파괴와 혼란스러운 통치 끝에 문화의 새로운 황금시대를 일구었다. 페르시아의 르네상스였다. 가잔의 통치는 일 칸국 및 그 중국과의 관계의 정점이었다. 그는 두 고대 문명의 혼성 문화를 만들어냈으나, 시간이 지나면서 점차 자신의 몽골 기원 및 베이징 조정의 영향력에서 벗어나기 시작했다. 해로가 새로이 열렸음에도 불구하고 페르시아와 중국은 완벽한 통일을 유지하기에는 여전히 너무 멀었다. 가잔은 좀더 관용적이었던 아버지나 할아버지와 달리 아시아의 종교들을 버리고 이슬람교로 개종해 몽골 치하에서 급증한 불교 사원들의 폐쇄를 지켜보았다. 명목상 수니파 이슬람교도였던 가잔은 자신이 통치한 고대 문명의 정신적 핵심을 보호하면서, 아랍 문화에 크게 편중된 것을 완화해 이슬람교의 신학적 틀 안에서 고대 메소포타미아 및 페르시아 문화가 다시 꽃필 수 있게 했다.[10] 처음에 이 자유화 조치는 중국 무역을 방해하지 않았다.

테무르는 전통을 지키고 원 왕조 및 중국 황제로서 자신의 통치의 정통성을 확인하기 위해 칭기스 칸과 이전 몽골 대칸 등 조상들의 초상을 주문했다. 그는 도교 박해를 금지하고 종파들 사이의 경쟁을 억눌렀다. 그는 귀족들이 자기 가신을 처형할 권한을 박탈하고 사형을 제국 궁정의 판결에 전속시켰다. 그는 가난한 자를 위한 공공 구제 계획을 세우고, 교사와 수학자를 제외한 모든 관직에 70세 정년제를 도입했다.[11]

*

전통적인 중국의 통치자들은 무위無爲, 즉 부작위의 미덕을 선호했지만, 유목민 전사들은 그 반대인 적극적인 공격을 선호했다. 테무르는 이를 조합해 부작위가 실패할 경우에만 전략적 행동을 하는 정책을 폈다. 쿠빌라이 칸의 전쟁은 돈이 많이 드는 것으로 드러났고, 중국 전체에서 자원을 빼내갔다. 이에 따라 금 보유고로 뒷받침되지 않는 지폐를 찍어낼 필요가 생겼다. 테무르의 첫 목표는 세금을 낮추어 경제 성장을 자극하고 가난한 자의 짐을 덜어주며, 지폐 발행을 통제하는 것이었다.

테무르가 외관상 자기 할아버지의 통치 방식을 유지하고자 성실하게 노력했음에도 불구하고, 많은 경우에 쿠빌라이의 실제 정책이 어떤 것이었는지는 판단하기 어려웠고 따라서 테무르와 그의 새로운 고위 관료들이 아무리 유지하고자 하더라도 다시 생각하고 변경하기 십상이었다. 그 할아버지의 통치는 모호하고 혼란스러워 매우 엉망진창인 상황을 남겼지만, 테무르는 전체 법전이나 정부 운용을 개혁하기보다는 특정한 개혁을 위해 노력했다. 그의 빠르고 급진적인 행동은 그나 그의 참모들이 자리를 맡자마자 곧 이행해야 할 전체적인 정책 변경 의제를 만들었음을 시사했다. 중국 내부의 깊숙한 불만을 극복하고 보다 조직적이고 효과적인 행정을 자극하기 위해 새 황제는 유학의 중요성을 인정하는 포고를 발표했다. 유교는 이전 칸들이 불신했던 철학이었다. 그는 공자가 온 중국에서 다시 숭배돼야 하고 이를 위해 학교를 설립해야 한다고 명령했다.

상업 체계를 효율화하기 위해 테무르 칸은 자신의 정부, 특히 황실 궁정 안에서 부패를 없애기 위해 적극적으로 움직였다. 예컨대 관리들이 법에 규정된 것보다 더 많은 세금을 거두지 못하게 노력하는 것 따위였다. 부패의 정도는 그가 적발한 것만으로도 분명해졌다. 그에게 보석을 판 상인들은 수익금의 25퍼센트를 그의 궁정 관리들에게 바쳐야 했던 것이다.[12] 그는 2만 명 가까운 관리들을 자리에서 내쫓았으나, 그들이 없으면 정부가 돌아갈 수 없어 마음을 누그러뜨리고 고위 인사들을 복직시켰다. 1299년 그의 첫 아내 시린다리Shirindari 황후가 죽은 뒤 두 번째 아내 불루간이 황후가 되었다. 불루간 황후는 반부패 작업의 상당 부분을 지휘했고, 첫 번째 아내보다 더 강한 여성임이 드러났다. 테무르의 어머니와 할머니에 더 가까웠다. 심지어 적들조차도 불루간의 정책이 "공정하고 적절"했다고 평가했다. 다만 그들은 또한 황후의 반부패 작업 동안에 몰수된 재산의 상당 부분이 스스로 관리하는 특별 지갑으로 들어갔다고 주장했다.[13]

부유한 몽골인과 가난한 몽골인 사이의 불평등이 급격하게 커졌다. 테무르는 갈수록 번창하는 중국에서 호화로운 생활을 즐기는 몽골인과 자신이 몽골에서 근무하는 동안에 만났던 절망적으로 가난한 목부들 사이의 간극을 보고 깜짝 놀랐다. 테무르는 가난한 몽골 목부들의 세금을 2년 동안 면제했다. 그는 고위층에게 많은 돈을 주고 그들의 충성심을 사면서 그들의 과도함을 억제하려 노력했다. 그렇게 하면 부패를 줄일 수 있다는 희망을 품었지만, 실패했다. 뇌물은 또다른 형태의 부패였고, 그들의 탐욕을 키울 뿐이었다.

테무르가 지닌 황제로서의 최대 강점은 맑은 정신을 유지했다는 것이다. 젊은 시절에는 술을 많이 마셨으나, 술이 끼칠 수 있는 해악을 인식했다. 결국 그의 아버지인 친킴 태자는 술에 절어 너무 일찍 죽었다. 할아버지 쿠빌라이는 젊은 테무르가 술에 취했을 때 세 차례 그를 매로 치라고 명령한 적도 있었으나, 술이 건강을 해치기 시작하자 생활습관을 바꾸었고,[14] 정말로 과음이 몽골의 중국 지배에 대한 가장 큰 위협임을 인식했다. 몽골인의 과음을 줄이는 것이 그의 중요한 목표가 되었지만, 그는 이를 너무 가혹하게 몰아붙였다. 다른 몽골인들이 자신의 사례를 따르도록 강제하기 위해 그는 몽골에서 술의 사용과 판매를 금지했다. 이 정책은 결과적으로 그가 벌인 부패와의 전쟁보다도 성공적이지 못했다.

개혁을 완전히 이루지는 못했지만, 테무르는 그럼에도 불구하고 중국 안에서 통치와 생활을 개선했다. 행정에서 몽골의 색깔을 빼고 좀더 중국적인 것으로 만든 것이 한 요인이었다. 그는 쿠빌라이의 웅장한 꿈에 동반된 즉흥적이고 끊임없이 변화하는 정책에 질서를 주고자 노력했다. 쿠빌라이는 중국 왕조를 선포했지만, 통일된 국가 정책을 마련하는 일은 마무리하지 못했다. 테무르는 몽골인의 통치를 좀더 중국 왕조를 닮은 무언가로 바꿔놓았다. 그러나 그는 좋은 의도에도 불구하고 이전 전쟁의 세기에서 물려받은 혼란과 부패의 유산을 극복할 만큼 충분히 강하지 못했다.

*

테무르는 원 왕조의 가장 급진적인 결정으로서 칭기스 칸의 대외 정복 목표를 폐기했다. 그는 전 세계를 연결하고 그 연결망을 몽골의 통치 아래 확보한다는 열망은 유지했지만, 상업과 협력을 바탕으로 하는 평화적인 동맹 정책을 통해 그것을 추구했다. 여기에는 그의 어머니 바이람에게치 쿠케진의 영향이 컸던 듯하다. 라시드웃딘에 따르면 카이두 칸이 제기하는 위협에 대해 쿠케진은 지속적인 대결 대신 협상을 촉구했다. 중국은 큰 나라이고 카이두의 빈약한 땅덩어리는 멀리 있음을 테무르에게 상기시켰다. "네가 전쟁에 나가면 한두 해가 지나야 그 일이 마무리될 것이다. (…) 그러는 사이에 어떤 소란이 일어날 수 있고 그것을 진압하는 데 오랜 시간이 걸릴 수 있다. 우리는 인내심을 가져야 한다."[15] 이 정책은 한동안 통했지만, 카이두가 몽골을 침공하자 테무르는 군사 원정대를 파견해야 했다. 이어 1301년에 테무르가 승리를 거두면서 카이두는 살해되었다.

한 세대에 걸친 끊임없는 경쟁과 반목 끝에 쿠빌라이 칸과 카이두 칸이 몇 년 간격으로 잇달아 사망하면서, 새로운 세대에게 일을 다른 방식으로 할 수 있는 길이 열렸다. 테무르는 이를 이용하기 위해 재빨리 움직였다. 그는 패배한 몽골 친척들을 가혹하게 대하는 대신에 친선의 손길을 내밀고 새로운 무역을 제안했다. 그는 자신의 확장된 친족망을 포함해 반목하는 몽골인 파벌들과의 관계 개선을 부지런히 추구했다. 이를 이루기 위해서는 쿠빌라이 말년에 얼마간 침체했던 오르토 우편 중계 체계를 재건하고, 몽골 땅에서 벌어진 내전으로 인한 파괴 이후 특히 방치됐던 이 지역도 재건해야 했다. 테무르는 육상과 해상을 통한 소통의 수단을 가능한 한 많이 열어두고자 단단히 결심하고 있었다.

그의 노력을 통해 페르시아의 일 칸국, 러시아의 울루그울루스, 중앙아시아의 차가다이 왕조는 그를 최고 주권자인 대칸으로 인정했다. 호전적인 쿠빌라이가 그의 황실 경쟁자들을 상대로 수십 년 동안 힘으로 밀어붙였는데도 이루지 못한 것이었다. 테무르는 제국 안에서의 변함없는 조화를 추구한 덕분에 1259년 뭉케 칸이 죽은 이래 어떤 몽골 통치자보다도 더 대칸의 권력에 가까이 다가서게 되었다. 몽골의 초왕楚王 야쿠두Yaqudu가 테무르의 업적을 요약한 말이 《원사》에 남아 있다. 그는 쿠빌라이의 중국 정복에도 불구하고 "황실의 제왕諸王이 함께 잔치를 벌일 수 없었"음을 설명하고, 쿠빌라이 치세의 싸움 및 갈등과 대조적으로 테무르 치하에서는 "사람과 땅이 가족처럼 다시 합쳐졌다"고 지적했다.[16]

*

테무르는 대외관계에 대한 새로운 평화적 접근법의 일환으로 해외 군사 활동, 특히 비용이 많이 드는 일본, 베트남, 자바에 대한 추가 침공 계획을 곧바로 중지했다. 그의 할아버지와 마찬가지로 테무르는 바다를 두려워하지 않았고 대외 원정을 보내는 데 주저하지 않았다. 그러나 이제 그 원정은 전쟁이 아니라 외교와 무역에 몰두하는 것이었다. 그는 재빨리 이들 외국 수도에 사절을 파견해 그 통치자들에게 쿠빌라이 칸의 죽음과 새 황제 테무르의 바람을 알렸다. 평화로운 관계를 위한 협정을 맺자는 것이었다. 공식적·공개적으로 그와 몽골 지배층은 하늘이 그들에게 세계를 지배하라고 명했다는 주장을 고수했지만, 그는 이것을 설득을 통해, 몽골제국의 보다 평화적인 비전을 전파하는 사절을 통해 이루고자 했다. 대양 무역을 자극하고 먼 내륙 지역까지 확장하며, 그의 제국의 먼 양쪽 끝을 해로를 통해 연결하는 것이었다.

정복이 아니라 상업을 바탕으로 세워지는 이 새로운 세계 체제는 미심쩍은 왕국들을 강압을 통해서가 아니라 중국과 손잡는 것의 온갖 이점을 보여줌으로써 속국이 되게 하려는 분명한 시도였다. 이전 중국 왕조들은 대외무역을 허용하면서 외국 상인들에게 의존했고, 그들은 소수의 항구들에 들어와 엄격하게 통제된 품목의 물건만 살 수 있었다. 반면에 중국의 상인과 배들은 밖으로 나가 시장이나 상품을 찾지 않았다. 테무르는 이 정책을 뒤집었다. 중국은 이미 잘 조직된 제품 생산국이었고, 따라서 그는 관리들을 파견해 중국 제품을 홍보하고 고객들이 사고자 하는 것을 찾아내게 했다. 이것은 테무르 개혁의 결과였다. 중국은 그저 세계의 제조 중심지가 아니었다. 중국은 유통 또한 장악했다.

22장

정복에서 상업으로

우리 백성은 단합되어 있고, 우리의 길은 열려 있다.
— 울제이투 일칸

테무르의 행동은 평화주의적이거나 정신적인 관념에서 나온 것이 아니었다. 그는 군사적 힘과 전투에 대한 몽골인들의 전통적인 강조를 넘어서는 무언가를 중시했다. 그는 경제를 우선시했고, 교역을 잘하려면 평화가 유지되어야 했다. 정복은 부의 폭증으로 이어질 수 있었지만, 약탈물이 다하면 부의 흐름은 정지되었다. 오직 평화적인 교역만이 중앙 금고에 끊임없는 소득의 흐름을 떠받친다.

주달관周達觀은 몽골 치하의 중국이 "육상과 해상에 그 영향력을 발휘"했다고 썼다.¹ 테무르 황제는 중국을 지리적 영토에서 상업적·외교적·문화적 관계의 연결망으로 승화시켰다. 그 연결망의 중심에 중국이 있었다. 세계 무역의 중심축은 동방의 남중국 항구들에서부터 페르시아만 입구의 키시섬과 호르무즈섬에 있는 커다란 상업 중심지까지 뻗어 있었다. 페르시아만은 화물을 실은 대형 정크선이 안전하게 들어올 수 있는 곳이면서 동시에 유럽과도 가까웠다. 홍해의 얕고 방심할 수 없는 바다는 너무 위험했고, 이에 따라 더 작은 아랍 다우선의 영역으로 남았다. 키시와 호르무즈에서 아랍과 이집트까지 뻗치고 또한 아프리카 해안을 내려가는 또다른 해로는 중국, 아랍, 인도의 배들이 뒤섞여 돌아다녔다. 육상로는 이들 도시를 동로마, 러시아, 그리고 서유럽 및 북아프리카 항구들과 연결했다. 몽골에서 모로코까지, 한반도에서 케냐까지 하나의 거대한 상업 체계가 세 대륙을 통합했고, 지역 노선들은 계속해서 중국을 일본, 한반도, 타이완, 오키나와와 연결했다.

이 긴 항해에서 배들과 그들의 값비싼 화물을 보호하기 위해 테무르는 상비 수군 기능을 했던, 정부에서 통제하는 소함대를 재편했다. 더이상 공격에 사용하지 않게 된 원나라 수군은 바다를 순찰하고 해운을 보호하며 필요한 경우 상인들을 수송했다. 정부는 또한 상인들을 해적과 약탈자에게서 보호하고 어떤 외국 세력도 그들에게 간섭하지 못하도록 호송대를 제공했다. 그는 곡물 및 소금 무역을 먹이로 삼아 사실상 바다의 주인 노릇을 하는 해적들을 추적해 그들을 처형하고 그 가족을 수감하며 그들의 불법적인 소득을 몰수했다.² 상선과 전함은 호환해 사용할 수 있었으나, 수군은 분명히 별개의 전문적인 영역이었다.

항구 기록에 오른 상품 품목 수는 송나라 시기 160개 정도에서 원 왕조 때는 220개 이상으로 40퍼센트 가까이 증가했다.³ 송 왕조 때는 인도와 아랍의 상인들이 중국 대외무역의 대부분을 담당했던 데 반해 원나라 통치자들은 중국 상인들에게 보조금을 주고 장려했다. 중국 배들은 다른 나라 선박에 비해 훨씬 우수했다. 이 배들은 갑판이 네 개, 돛대가 여섯 개였고, 선원 600명이 배치되고 여기에 무장한 병사 600명이 호송을 담당해 바다와 항구에서 이 우뚝 솟은 배들을 보호했다.⁴ 원 왕조 이전에 해양 상업은 항구에서 항구로 천천히 나아가며 그 과정에서 끊임없이 상품의 주인이 바뀌고 흔히 중간 기착지마다 세금을 냈다. 그런 체제에서는 사치품만이 수송될 수 있었고, 거래가 반복되면서 비용도 끝없이 올라갔다. 원나라 상인들은 동쪽으로 가는 직항로를 열어 취안저우에서 공해를 건너 루손섬으로 갔고, 남쪽으로 필리핀을 거쳐 칼리만탄(보르네오)섬과 멀리 반다해에 이르는 인도네시아로 갔다.⁵

*

외국 배들은 남쪽 항구들(주로 취안저우)에만 드나들도록 엄격하게 제한되어 있었고, 도착하면 등록을 해야 했다. 《원사》에 개괄된 절차(관료적 효율성을 추구한 것이다)에 따르면 각 선박은 양식에 따라 목적지를 기입해야 했다. 그들은 거기에 특정한 지역 외에는 어느 곳으로도 가는 것이 금지되었다. 그러나 궂은 날씨나 대양의 사정 등으로 인해 배들은 다른 지역에 상륙하지 않을 수 없었고, 거기서 자기네 화물을 판 경우에는 중국으로 돌아와서 조사를 받았다.

배들은 "출항한 항구로 복귀"해야 하며, "다른 어느 항구"로도 갈 수 없었다. 이 규정을 강제하기 위해 선박 소유자들은 보증금을 내고 그들의 준수를 보증할 중국인 보증인을 세워야 했다.⁶

대부분의 외국 상선은 보호를 위해 무기를 실었지만, 쿠빌라이 치세 말기인 1292년에 중국의 첫 해상무역법이 만들어지면서 그들은 중국 항구에 들어올 때 무기를 내놓고 나갈 때 찾아가야 했다. 이 법에는 세금과 활동에 관한 22개의 구체적인 규정이 담겨 있으며, 그 목표는 민간 거래를 활성화하고 또한 엄격한 규제(배의 안전과 밀수 방지 모두를 위한 것이었다)를 가하는 것이었다. 선원들은 다섯 명 단위의 작업조로 나뉘고 조마다 별도의 작업 허가를 받아야 했다. 공식 절차에 따르면 배가 떠나는 날에 관헌은 배를 일일이 꼼꼼하게 조사해 수많은 규정들의 준수 여부를 확인했다.7 그러나 실제로는 부패로 인해 흔히 이 과정이 유명무실했다.

원 왕조 시기의 상업은 선적되는 상품 물량에서 달랐지만, 무역의 근본 성격도 달랐다. 로마 시대 이래 은은 유럽과 서아시아에서 중국으로 불규칙하게 흘러들어갔다. 중국은 얻을 수 있는 은은 얼마든지 흡수할 수 있는 듯했다. 쿠빌라이는 이 수요를 채우는 것에 만족했고, 이후 원나라는 은의 주요 수출국이 되었다. 민간 상인은 은을 나라 밖으로 가지고 나가는 것이 금지됐지만, 이 제한은 주로 외국 상인과 한인漢人에게 적용되고 정부와 몽골 오르톡 사업 협력자는 은괴를 가지고 해외에서 기업에 돈을 대거나 지불을 할 수 있었다.8 오랫동안 은은 이 나라에 들어와 그대로 거기 있었지만, 두 세대 남짓 동안에 몽골인들은 수천 년 동안 축적된 재물을 탕진했다. 지폐를 바탕으로 한 새로운 통화 제도를 도입한 몽골 상류층은 오래 축적된 부를 일 칸국에서 오는 귀한 물건들과 열심히 바꾸었다. 유리, 사프란, 코발트, 향과 향료, 그리고 말할 것도 없이 향을 내기 위한 장미기름과 최고급 말과 가장 귀한 진주 같은 것들이었다.

이 지역 일대의 나라들은 테무르의 평화로운 상업에 대한 약속을 받아들였다. 이전에 까닭 없는 침입을 격퇴한 다이비엣과 참파는 몽골의 해상 독점에 합류해 그 방대한 무역망에 열심히 참여했다. 하나씩 하나씩, 남중국해와 안다만해 일대의 이 왕국 저 왕국이 같은 길을 걸었다. 캄보디아의 크메르제국, 자바와 일본, 태국의 수코타이 왕국 및 치앙마이, 그리고 말레이반도에서부터 스리랑카와 인도 동해안의 더 작은 국가들이 여기에 포함되었다. 테무르는 쿠빌라이가 무력으로 하지 못한 일을 무역으로 해냈다.

*

테무르의 새로운 해상 원정은 바다, 항해, 세계 사람들에 관한 지식의 이례적인 증가로 이어졌다. 여러 학자들이 편찬하고 1304년에 진대진陳大震이 편집한 《대덕남해지大德南海志》는 중국을 오가는 상인들에게 들은 복잡한 해로를 정리해 새로운 현실을 제시했다.⁹

> 원 왕조는 해와 달이 뜨고 지는 사해의 끝을 포괄한다. 모든 나라가 공물을 가져와 머리를 조아리며 자기네를 속국이라 칭한다. 이에 따라 바다와 산의 기이한 사람과 짐승, 다양한 진주와 서각犀角이 언제나 대궐 창고를 채우고 있다. (…) 진귀한 물건이 많음은 이전 지지地志에 쓰인 것의 두 배에 이른다.

많은 나라가 이 새로운 무역 연결망의 일원이 되기를 원했다.¹⁰

쿠빌라이 치세의 끊임없는 국경 전쟁, 반란, 대외 침략과 대조적으로, 불안하기는 했지만 전반적인 평화가 베이징에서부터 바그다드까지를 지배했다. 지구상의 이 지역에서는 그런 일을 경험한 적이 별로 없었다. 테무르의 치세 말기에 조반니 다 몬테코르비노(교황 니콜라우스 4세가 쿠빌라이에게 보낸 사절로, 테무르가 그를 중국의 첫 로마 가톨릭 대주교로서 계속 머물도록 허락했다)는 교황에게 인상적인 보고를 올렸다. 1305년 1월 8일 베이징에서 쓴 편지를 통해서다. "제가 보고 들은 범위 내에서 말하자면 세상의 어떤 왕이나 군주도 영토, 주민 수의 방대한, 소유한 재물의 양이라는 측면에서 참(대칸인 테무르 황제) 폐하와 견줄 수 있는 사람은 없다고 생각합니다."¹¹ 이 현상은 매우 이례적인 것이어서, 그의 이슬람교도 제후이자 역시 울제이투라는 이름을 가진 일칸(1304년에 그의 형 가잔이 죽은 뒤 일칸 자리에 올라 통치했다)은 1305년 잉글랜드의 에드워드 1세 및 프랑스의 필리프 4세에게 편지를 보내 모든 몽골인이 테무르 황제를 자기네 지배자로 인정하고 그 치하에서 평화를 누리고 있다고 알렸다. 중국에서 지중해까지 "우리 신민은 단합되어 있고, 우리의 길은 열려 있다"고 그는 썼다.¹² 그는 유럽의 기독교 군주들에게 몽골의 사례를 따라 그들 사이에서 평화를 이루고 하나의 조화로운 체계 안에서 단합하라고 촉구했다.¹³

*

학문의 새로운 시대는 1307년 테무르가 마흔한 살의 나이로 죽은 뒤에도 잠시 계속되었다. 이런 학자 탐험가 가운데 최고는 왕대연이었다. 그는 중국 역사에서 가장 끈기 있는 항해자이자 많은 글을 쓴 과학자 중 한 명으로 평가받고 있다.¹⁴ 1311년에 태어난 그는 두 차례의 긴 항해를 했다. 첫 번째는 1328년부터 1333년까지 5년 가까이에 걸쳐 남중국해 주변과 동남아시아를 지나 오늘날의 인도, 스리랑카, 방글라데시까지 갔다. 취안저우에 돌아온 그는 곧 두 번째 여행에 나섰다. 역시 약 5년에 걸친 여정이었는데, 이번에는 멀리 아프리카까지 가서 그 동해안을 따라 내려갔다. 그는 필리핀에서 동아프리카까지 이르는 세계에 관해 썼다. 두 곳 모두 유럽 탐험가들이 그곳에 도착해 자기네가 발견했다고 주장하기 200년 전에 갔다. 그의 저작은 고대 역사와 현대 세계 사이를 잇는 가교 역할을 한다. 그는 나중에 싱가포르가 되는 곳에 위치한 용아문龍牙門이라는 곳에 관해 처음으로 썼기 때문이다. 그곳에서 그는 정착지를 보았고, 거기에는 이미 중국인 공동체가 형성되어 있었다.[15]

왕대연의 《도이지》는 1차 정보와 2차 정보에 대한 몽골의 전통적인 언어적 구분을 지켜 그가 방문한 99곳에 대한 서술과 그가 2차 정보만을 갖고 있는 9곳에 대한 서술로 이루어졌다. 9는 완벽하고 상서로운 숫자여서, 세계가 아홉 개 대륙으로 이루어져 있고 각 대륙은 다시 각기 아홉 부분으로 이루어졌다는 믿음을 반영하고 있다.[16]

왕대연은 그가 다룬 108곳에 대한 서술에서 한결같은 방식을 따랐다. 먼저 지리와 위치를 이야기하고, 이어 지역 주민들의 생활방식을 전했다. 그뒤의 본론에서는 그들이 생산하고 수입하고 수출하는 것, 그리고 그들이 이런 활동을 어떻게 시작했는지를 다루었다. 그는 거래되는 품목으로 은과 직물에서부터 악기인 치터와 '황색 지우산'에 이르기까지 총 204가지를 기록했다.[17] 물건들은 다양한 형태로 제시되었다. 7종의 목걸이, 34종의 접시(대부분 푸른색) 같은 식이었다.

그가 마주친 가장 기이한 일 중 하나는 쿠빌라이 칸의 1292년 자바 침공 때 난파선에서 살아남은 사람들이었다. 강풍으로 인해 함대 가운데 몇 척이 사냥으로 먹고사는 토인들이 사는 섬에 닿았다(현대 인도네시아 칼리만탄 해안 앞바다의 글람섬으로 추정된다). 왕대연은 이렇게 썼다. "한 정크선이 다행히 피신했는데, 못과 회반죽을 가지고 있었다. 그들은 그 섬에 나무가 많은 것을 보고는 정크선을 10여 척 만들었다."

그러나 배를 타고 출발할 때에 "오랫동안 폭풍우에 시달려 병이 들고 너무 아파서 떠나기 어려운 100여 명은 섬에 남겨졌다." 그들을 데리러 돌아온 사람은 없었고, 40년 뒤에 왕대연이 그곳에 갔을 때 그는

그들과 그 후손들이 "현지인들과 뒤섞여" 살고 있는 것을 발견했다.[18]

많은 박식가들과 마찬가지로 왕대연 역시 시인이었다. 그가 자신의 책에서 설명했듯이 "시를 써서" 자신이 보았다고 한 "놀라운 산과 시내, 풍습, 경관, 물건을 묘사"했다.[19] 이 시들은 분명히 전하지 않는다.[20] 돌아온 뒤에 그는 자신의 탐험에 대한 상세한 기록을 쓰기 시작했다. 그는 10년 뒤인 1350년 서른아홉의 이른 나이에 죽었다.[21]

23장

이윤과 쾌락, 시와 허영의 항구들

성제聖帝의 친절함에 감동받은 통치자들은 계속해서 공물을 바쳤다.
— 왕대연, 14세기[1]

역사는 성큼성큼 이동한다. 압력과 작은 변화는 수백 년 동안 쌓일 수 있고, 그런 뒤에 갑자기 무언가가 커다란 변화를 추동한다. 쿠빌라이 칸과 테무르 칸 치하의 몽골제국은 추진력 있는 변화의 시기였다. 중국의 당 왕조와 송 왕조 동안 수백 년에 걸쳐 항해와 기술 혁신이 이루어졌고, 그러다가 갑자기 중국이 세계의 주요 해상강국이 된 것은 몽골의 원나라 치하에서였다. 해안을 끼고 항해하거나 좁은 보호 해역을 가로질러 섬에서 섬으로 건너다니는 작은 배들로만 이뤄지던 무역은 이제 넓은 바다로 무대를 옮기게 되었다. 큰 배들이 겉보기에 무한히 펼쳐져 있는 바다를 건너고 육지가 보이지 않는 망망대해를 몇 주씩 항해할 수 있게 되었기 때문이다. 국가 사이의 대양 무역은 더욱 중요성이 커져 대부분 국가의 전통적인 내부 시장에 필적했다. 해로를 장악하는 것은 육상 영토를 점령하는 것보다 더 큰 가치를 지니게 됐고, 제국들 사이의 공간은 그 중심부들보다 더 중요해졌다. 이제 바다를 장악하는 나라가 상업을 장악하게 되었다. 중국은 세계에서 가장 강력한 제국이 되었고, 쿠빌라이 칸은 그뒤에 나오는 해양 국가들의 모형을 창조했다.

이 항해 혁명은 운송, 통신, 상업에서 일련의 급진적이고 세계적인 변화를 만들어냈고, 그것은 마을들을 직물, 자기, 무기, 유리, 철강, 의약품, 그리고 수출을 위한 여러 가지 기타 제품을 생산하는 공장으로 변모시켰다. 지역의 산품을 이웃 또는 이웃 도시에서 난 산물과 바꾸는 대신에, 농민들은 돈을 받고 대륙의 반대편 사람들에게 판매할 염료, 차, 향신료, 약초, 건과 등 특산 작물을 생산하기 시작했다. 항구들은 새로운 문명 중심지가 돼서 내륙의 인구를 해안으로 끌어내고 다양한 대륙 문화를 해양 문명의 연결망으로 변모시켰다.

칭기스 칸의 후예들은 군주이면서도 상인이 되었다. 이미 송 왕조 동안에 해상무역은 남중국의 항구 도시들에서 국제적인 감각을 조성했지만, 원나라 치하에서 그것이 크게 확대되면서 중국 사회를 변모시켰다. 부와 영향력은 농업 지역인 내륙의 지주들로부터 해안 일대의 무역 중심지들로 이동했다. 닝보, 항저우, 광저우, 샤먼, 취안저우 같은 곳들이었다. 이들 가운데 푸젠성의 취안저우는 중국 최대의 항구 도시로 번성했고, 반면에 확장되고 있었지만 여전히 작았던 상하이는 1292년에 별도의 현이 되었다. 이곳이 세계 상업에서 유명해진 것은 훨씬 뒤의 일이다.[2] 남부의 항구 도시들은 내륙 도시들의 경직된 사회 구조에서 벗어나 더 역동적이고 활력 넘치는 생활방식을 받아들이게 되었다.

*

취안저우에서의 삶의 특성 상당수는 그곳이 민족, 언어, 종교가 많이 뒤섞여 있다는 점에서 유래했다. 전국에서 온 중국인들이 힌두교도, 이슬람교도, 기독교도, 마니교도와 뒤섞였다. 아랍의 이슬람교도들이 가장 강력한 상인 집단을 형성했지만, 균형을 맞추기 위해 쿠빌라이는 1282년 무렵 도시를 방어할 수천 명의 시아파 페르시아인 병사들을 데려왔다. 수니파가 시장을 지배한 반면에 시아파는 상업과 오락이 넘쳐나는 거리를 순찰했다.³ 중국의 항구 도시들은 대개 상업을 위해 지역 일대의 배들을 끌어들였지만, 활기찬 생활방식은 그 자체로 매력적이어서 일본에서부터 아랍에 이르는 각지의 선원들을 끌어들였다. 취안저우에 가는 것은 상당한 자랑거리가 되었는데, 그곳에 간 선원들은 흔히 그 증거로서 최신 유행의 문신을 했다. 마르코 폴로가 말했듯이 선원들은 어떤 거리에 가서 "자기네 신체에 바늘로 그림을 그렸고, (…) 이 도시에는 이 기술에 능숙한 사람이 많았다."⁴

원나라 시기에는 특히 상업이 발달한 남부에서 새롭고 더 유동적인 해운 및 금융 분야의 엘리트들이 등장했다. 그들은 대체로 토지를 소유한 귀족과 전통적인 교육을 받은 고관 학자 및 행정가 집단을 무시했다. 역사상의 다른 신흥 엘리트들과 마찬가지로 새로운 체제의 덕을 본 사람들은 자기네 선배들의 문화적 보물을 입수하고 과거의 상징들로 스스로를 꾸몄다. 송나라 수도 정복 이후 골동품들은 곧바로 시장과 가게에서 구할 수 있었다. 항저우에서는 떨려난 귀족과 조정 관료가 살아남기 위해 가장 귀중한 가보들을 팔았다. 이 도시는 미술품과 장식품 거래의 번성하는 중심지가 돼서 상인과 복원 전문가, 그리고 이 매우 전문화된 시장에 필요한 다른 곁가지 거래들을 떠받쳤다.

미술품 상인들은 자기네 집과 가게에서 두루마리, 서예 작품, 책, 그림을 팔았고, 흔히 식당에서 전시해 고객들이 밥을 먹으면서 감상하고 또 여차하면 구매할 수 있게 했다. 정부 관리들은 몰수한 미술품과 골동품을 팔았고, 시 금고를 채우는 데 들어가야 할 그 수익은 흔히 그들의 주머니로 들어갔다. 이 시기는 거리의 행상이 돌아다니며 훌륭한 노대가의 작품을 팔고, 단것을 파는 사람들이 골동품 자기 그릇에 설탕 제품을 올려놓는 시대였다.

이 시대는 또한 가짜와 위조의 시대였다. 노련한 기술공들은 옛날 양식과 물건을 복제해, 상류층처럼 보이고 싶어 안달하는 대체로 세련되지 못한 상인층에게 팔았다. 원나라 화폐를 위조하면 사형에 처해질 수 있었지만, 좀더 안전한 것은 문서, 미술품, 골동품이 진품처럼 보이도록 찍을 수 있는 옛날 도장을 복제하는 것이었다. 이전 왕조들의 도장을 위조하는 것은 매우 수익성이 높았고, 처벌도 받지 않았다.

새로이 흥미를 가진 감식가들이 즐거움과 위신을 위해 물건을 사고팔았다. 이전에 가격이 매겨지지 않았던 그림, 서예 작품, 두루마리, 책이 갑자기 시장 매대의 채소와 식용유 옆에 나타났다. 그런 사람들이 "보면서 즐거움을 얻은" 것도 "오래 보면 피로해진다"고 당대의 한 항저우 미술계 관찰자는 말했다. "그런 일이 생기면 수집가는 그것을 새로운 장난감으로 바꿀 것"이라고 말했다.[5] 새로운 수집가들은 작품의 예술성을 토론하기보다는 가격을 가지고 입씨름을 했다. 내 것이 낫고 네 것은 형편없다는 식이었다. 진짜와 가짜가 뒤섞인 두루마리와 골동품이 옛 상류층의 손에서 나와 새로운 상인 계급 지도자들의 손으로 넘어갔다. 그들은 이제 호화스러운 과거에 둘러싸여 살았다. 마치 여러 세대에 걸쳐 자기네 집에 있었다는 듯이 말이다.

관직을 바라는 사람이나 선처를 부탁하는 청원자는 미술품을 선물로 건넸다. 교활한 형태의 뇌물이었다. 이런 물건들은 그 가격을 훨씬 뛰어넘어 정치적·문화적으로 통용되기 시작했다. 권력의 주변부로 밀려난 귀족과 식자층은 자신들의 중국적 정체성을 보존하고 몽골인들이 떠나는 날을 고대했다. 일부 사람들에게 옛 도자기, 가구, 책, 서예 작품, 그림, 기타 평범하거나 귀한 물건을 소유하는 것은 정치적 행위가 되었다. 지난날 중국의 영광을 뒤돌아보고 앞으로 그것이 돌아올 날을 기다리는 것이었다.

*

외국 선원과 상인의 끊임없는 흐름은 중국의 항구 도시들에서 활기찬 밤의 생활을 만들어냈다. 마르코 폴로는 쿠빌라이 칸을 대신해 여행하면서 자신의 밤을 즐긴 듯하지만, 그는 자신이 한 것에 대해 그저 냄새만 풍기고 황제와 소통한 것의 언저리를 이야기한다. 그의 전체 관점은 수상쩍게도 몽골 편이며, 궁정의 소문은 전하지만 국가 기밀은 전혀 말하지 않고 쿠빌라이나 그의 충신들에게 해로운 내용은 사실상 전혀 없다. 마찬가지로 그는 자신이 정확히 어떻게 엄청난 부를 얻었는지도 자세히 밝히지 않았다. 그의 사업이 소금, 보석, 사향과 관련이 있다는 암시가 있을 뿐, 확실한 것은 아무것도 없다. 그는 장소와 그 역사에 대한 묘사를 그의 분명한(또는 더 흔하게는 그저 암시적인) 여정과, 공식적인 정부 및 기업의 거래와 연결시키지만, 직접적인 체험은 거의 발견할 수 없다.

쿠빌라이 궁정의 생활에 대한 이 열성적이지만 근엄하고 공식적인 이야기, 그리고 반란과 전쟁에 대한 그의 무미건조한 서술과 대조적으로, 그는 남부 항구들에서 볼 수 있는 매력적인 삶에 관해 이야기할 때는 확실히 서정적이다. 그는 서로 다른 거리에서 어떤 다른 직업들을 발견할 수 있는지를 설명했으며, 도자기와 직물, 복숭아와 배, 소금과 후추의 판매에 대해 상세하게 묘사했다. 그러나 해운 항구에 흔한 또다른 종류의 상업에 대해서는 가장 야단스럽게 광을 냈다. "거리의 어떤 부분은 도시의 여성들이 차지하고 있다. (…) 그들은 화려한 옷을 입고 향수를 잔뜩 뿌리고 멋지게 장식된 집에서 죽 늘어선 시중드는 여성들을 거느린 채 스스로를 전시하고 있다."

책의 이 부분에서는 마르코 폴로의 대필 작가 루스티켈로Rustichello da Pisa(마르코 폴로의 《동방견문록》은 그가 구술하고 루스티켈로가 정리한 책이다)의 목소리가 들리는 듯하다. 로망스 작가로서의 솜씨를 보여주고 있는 것이다. 그는 이렇게 설명했다.

이 여성들은 모든 예술과 애교에 매우 숙달되어 있고, 대화를 모든 사람에게 금세 맞출 수 있다. 한번 그 유혹을 맛본 손님은 넋을 빼앗기고 그들의 유혹과 그들의 매혹시키는 방식에 빠져 이를 잊어버릴 수 없을 정도다.

그런 매력을 바탕으로 루스티켈로는(또는 어쩌면 마르코 폴로 자신은) 남송의 옛 수도 항저우를 '천상의 도시'라고 불렀다.[6]

*

중국의 고전적인 저작이나 고전적인 무언가에 관심을 보인 몽골인은 많지 않았다. 쿠빌라이는 송나라 치하에서 관직 임용의 핵심이었던 엄격하고 정밀한 과거제도를 거의 돌아보지 않았다. 식자 상류층은 질색했지만, 이러한 쿠빌라이의 태도는 혁명적인 방식으로 예술적·지적 생활을 열어놓았다. 작가들은 지방 사투리로 자유롭게 글을 쓸 수 있었다. 숨이 막힐 듯한 시험을 위해 공부하지 않은 사람들이 거리와 시장에서 말하는 대로였다. 출판업자들은 지식이 있지만 덜 교육받은 고객들에게 완전히 새롭고도 수익성이 있는 시장을 제공할 수 있다는 사실을 발견했다. 평범한 생활에 관한 이야기, 극화된 역사, 노래와 시 같은 것들이었다.[7] 새로운 문예 환경에서 여성 또는 더 젊고 야심찬 필자와 소수집단(이슬람교도, 기독교도, 타지크인, 위구르인, 몽골인) 출신의 작가들이 출판을 하고 열성 독자들(남자와 여자 모두)을 만날 수 있었다.[8] 그들은 중국 문예에 다른 율동과 새로운 주제를 도입했다.

전통주의자에게는 끔찍하고 다른 사람들에게는 즐거웠겠지만, 보다 구어체 형태의 문학이 고전적인 문학을 대체한 듯했다. 완고한 유학자 정사초鄭思肖는 자신과 같은 학자들의 지위가 이제 사회의 바닥 근처라고 불평했다. 평민보다 낮고 걸인 바로 위라는 것이다. 그러나 편집자들은 새로운 출판물들의 단순화한 문법에 따라 고전 속의 이야기와 사상을 더 많은 독자가 이해할 수 있는 새로운 형식 속에 끼워 넣었다. 송 왕조에서 원 왕조로 넘어가면서 문예의 초점은 문예 비평에서 문예 생산으로 넘어갔다.

지폐 인쇄의 혁신 외에 쿠빌라이 칸과 몽골 치하에서 인쇄 기술은 그다지 발전하지 않았지만, 인쇄된 것은 극적으로 변했다. 원나라 관리들은 철학, 시, 서예보다 실용적인 저작을 중시했다. 사업 편람이 나타나기 시작했고, 생산과 수송에 관한 보고서와 여행 안내서가 육상로와 해상로의 지도를 그렸다. 1321년으로 거슬러 올라가는, 남아 있는 가장 이른 화폐 관련 편람은 여러 형태의 통화와 환율에 관한 정보를 제공한다.[9]

원나라 관리들은 과학과 기술 저작, 특히 항해 및 해운과 관련된 것을 장려했다. 출판업자들은 천문학, 수학, 역법, 항해 안내, 연감, 그리고 좀더 기술적인 일들(방직, 설탕 제조, 자기 및 비단 생산 등)에 관한 고금의 저작을 펴냈다. 관리들은 〈원대 해운 문서〉와 〈원대 해운 개요〉에 보존된 상세한 기록을 편찬했다.[10]

몽골인들은 책의 상업적 가치를 알아챘고, 원나라 시기에는 희곡, 종교적 소책자, 널리 보급된 저렴한 서적이 목판 인쇄로 출판돼 교육을 받지 못한 독자들을 인도했다.[11] 서민들은 상류층의 귀한 그림을 살 수 없었지만, 돈 몇 푼으로 새로운 출판물 가운데 하나를 살 수 있었다. 책은 수익성 있는 수출품이 됐고, 동남아시아 일대에서 한문 해득을 자극했다.

원 왕조의 문화적 혁신 중 하나는 연극의 두드러진 개선이었다. 연극은 이제 음악, 노래, 곡예, 무언극, 익살 연기와 결합되었다. 노래가 가미된 이런 연극들은 더이상 신과 귀족 중심이 아니었고, 관객들이 자기네 삶에서 맞닥뜨리는 문제를 다루었다. 여성들은 적법한 연기자로서 무대 위에 등장하기 시작했고, 심지어 극본을 쓰거나 자기 자신의 연극을 상연하기도 했다.[12]

그런 다양성과 풍성함은 탕후루를 광고하는 한 과일 행상의 일생을 극화한 〈백화정百花亭〉에서 볼 수 있다. 구성은 색정적인 기조가 역력하다. 주인공은 여자 친구를 유혹하려는데, 환락가와 시장을 다니며 자기 물건을 판다. 바다갈매나무 열매처럼 시큼하고 오디술처럼 달콤한 것이다. 그는 이렇게 외친다. "탕후루요, 탕후루. 방금 산지에서 따 왔어요." 파는 과일로는 향기로운 여지荔枝, "꿀을 적신 얼린 곶감, (…) 설탕 범벅 조란棗卵, 나무 위에서 말리고 꿀 속에서 익힌 시큼한 금귤, (…) 설탕 속에서 익힌 향기로운 편도인扁桃仁, (…) 부드럽고 작은 꼬치 배" 등이 있었다. 그는 감질나게 권했다. "드셔보세요. 맛보시면 다른 건 못 먹어요. 일단 드셔보시고 맛있으면 사세요."[13]

식당과 식당에 관한 연극은 세련된 도시 주민을 시골 농민과 구분하는 수단이 되었다. 도시에 갈 기회가 거의 없는 시골뜨기는 식당과 사찰도 구분하지 못하기 때문에 연극에서 특히 자주 풍자의 대상이 되었다. 배우들은 산둥이나 허베이 출신 시골뜨기 차림을 하고 촌스러운 이름을 사용했다. 산속의 시인이나 황야의 현자가 더는 지혜, 재능, 미덕 중 어느 것의 원천도 아니었다. 도시 사람들은 그들이 우둔하게도 '견본 음식'을 실제 먹는 것으로 잘못 알고 향내 나는 세정수를 마시며 말끔하게 차려입은 심부름꾼을 궁궐 고관으로 대하는 것을 조롱했다.

연극은 해학 외에도 당대의 상업적 생활로 인해 초래된 혼란을 극화했다. 원나라 연극은 흔히 그 줄거리에서 돈을 강조하고, 금융 거래를 생활의 일부로 묘사했다.[14] 관객들은 가게나 찻집에서 벌어지는 돈을 둘러싼 논쟁, 뇌물과 부패의 묘사, 상속을 둘러싼 분쟁을 보는 것을 즐겼다. 연극 〈동소진東蘇秦〉에서 주인공인 무시당하는 학자는 상업계에서 교육과 학문을 경시하는 것을 한탄한다. 그는 이렇게 탄식한다.

> 요즘 사람들은 오로지 돈과 이익에만 관심이 있어. 한림원 관원이 그저 돈만 밝히는 것을 보는 일도 낯설지 않아. 그들이 할 수 있는 일이라고는 어쭙잖은 시나 글 몇 편 짓는 거지. 그들은 돈 말고는 아무것도 좋아하지 않는 사기꾼일 뿐이야.[15]

두 사람은 "제멋대로인 친구들과 몰려다니는 바보들, 하루 종일 여자 생각이나 하고 술 마실 궁리나 하는 자들"이라고 비판받았다. 노래는 이렇게 이어진다.

그들은 내 돈과 재산을 탕진했어.
뭐든지 손에 닿는 것은 전당포에 맡기고
뭐든지 손에 잡히는 것은 팔아버렸지.
가진 것보다 더 많이 쓰니
언제나 빚더미에 앉아 있다네.¹⁶

극작가들은 황제는 비판 대상에서 제외하려 조심했지만, 부패한 관리를 공격하는 데서는 조금도 사정을 두지 않았다. "그들은 황제의 명령을 어겼어. 그들은 창고의 곡물을 먹는 쥐일 뿐이야. 그들은 상처의 피와 고름을 빠는 파리일 뿐이야." 그들은 "황제와 백성 어느 쪽의 불평도 걱정하지 않았다." 그들은 "오직 돈만을 사랑하고 그것을 술 마시는 데 사용"했다. 그들은 돈이 있었지만 "오로지 돈만 사랑"하고 "백성의 가난은 신경 쓰지 않았다."

아마도 전쟁으로 건설되고 정복자에 의해 개창된 왕조로서는 당연한 일이었겠지만, 원나라의 연극과 가극은 또한 전투, 곡예, 군사적 행사를 묘사했다. 군사에 대한 중시는 《삼십육계三十六計》나 《삼략三略》 같은 전쟁에 관한 고전 문헌을 자주 언급하는 데서 분명하게 드러나지만, 그럼에도 불구하고 행간에는 풍자의 기미를 담고 있다. 어느 판에 박힌 희극은 일반 사병에게 내려진 터무니없는 명령을 조롱한다. 한 장수는 도무지 불가능한 여러 가지 요구를 했다. 각 병사는 자신의 활 다섯 개를 위한 "좋은 화살 30개"와 "술병 80개, (…) 백미 500근, (…) 동전 5만 닢, (…) 왼쪽 발에 쇠솥 하나, 머리에 놋쇠 냄비 50개, 한 손에 쇠갈퀴 하나, 다른 손에 밧줄 40타래"를 들라고 명령했다. 또다른 장면에서 장수는 휘하 병사들에게 '골목 대형'을 취해 전투를 준비하라고 명령한다. 병사들은 '골목 대형'이란 말을 들어본 적이 없어 당황한다. 그래서 물어보니 장수는 이렇게 설명한다. "기병이 한쪽에, 보병이 다른 쪽에, 그 사이는 넓은 골목이다. 우리가 패하면 나는 그 골목으로 달아날 수 있다."

희극은 병사들에게 널리, 그리고 쉽게 받아들여질 수 있었지만, 때로 신랄한 언급이 이름은 대지 않더라도 구체적으로(그러나 가볍게) 몽골 군사 지도자들을 조롱하는 것으로 해석될 수 있었다. 몽골 기병은 빠르기로 유명했지만, 전광석화 같은 기습 공격은 그들이 경장輕裝으로 이동하는 것을 전제로 하고 있었다. 몽골 기병은 여벌의 옷을 지니지 않는 것으로 유명했다. 대신에 칭기스 칸은 병사들에게 바늘과 실이 든 작은 반짇고리를 휴대하도록 명령했다. 손상된 옷을 재빨리 수선하고 병사와 말의 상처를 봉합하기 위해서였다. 이것도 한 희극에서 독백의 소재가 되었다. 한 병사는 적이 "나의 왼팔을 뭉텅 잘라"냈는데도 전투에서 이겼다. 그는 무미건조하게 설명했다. "나는 말에서 뛰어내려 반짇고리를 열고 떨어져 나간 부분을 다시 꿰매 붙였죠." 이런 행위는 사지를 바꾸어가며 여러 차례 계속됐고, 결국 그는 적과 그 말을 두 동강 내버렸다. 병사는 기뻐하는 관객들에게 자랑스럽게 말했다. "나는 내려서 반짇고리를 열고 무엇이든 한데 꿰맸습니다." 열 번째 반복할 때쯤 적은 항복했고, 감탄하며 외쳤다. "너는 싸움은 못하는데, 꿰매는 것 하나는 확실하구나."[17]

의사(또는 돌팔이 의사) 또한 자주 풍자의 대상이 되었다. 연극 〈강상심降桑椹〉은 원 왕조 시기에 기록됐지만 아마도 그 이전 작품을 바탕으로 한 듯하며, 어머니가 병중에 있을 때 효도하려고 애쓰는 아들이라는 흔한 주제를 다룬다. 이 진지하고 고상한 연극에서 작가는 갑자기 아들이 전문적인 의술의 도움을 청하게 해서 몇 분 동안 희극으로 이어진다.

소년은 이렇게 설명한다. "어머니, 제가 최고의 의사를 불러오게 했습니다." 의사 둘이 왔다. 둘은 진맥을 시작하고 조잘거렸다. "편찮으세요? 우리 약은 만병통치입니다. (…) 치료 도구를 꺼내려면 약상자를 열어야 합니다." 의사는 서툴렀고, 약상자는 매우 커서 그것을 열 때 환자에게 부딪쳤다.

"사람 잡겠네!" 어머니가 소리쳤다.

의사는 아픔을 느끼는 것이 드러났으니 병이 나아질 좋은 징조라고 주장했다. 그는 이렇게 말했다. "환자는 괜찮습니다. 아직 고통을 느낄 수 있잖아요?" 무대 위의 해설자는 비꼬듯이 덧붙였다. "환자가 아픔을 느끼지 못하면 곧 죽겠네요? 그렇지 않습니까?"

의사들은 해설자에게 관棺을 사오라는 심부름을 시켜 내보내고, 둘이서 진단과 처방을 놓고 계속해서 논쟁을 했다. 합의에 이르지 못하자 두 의사는 절충을 했다. 환자의 코에서부터 발끝까지 줄을 늘이고 한 의사는 왼쪽, 다른 의사는 오른쪽을 치료하기로 했다.

약간의 익살극이 더 펼쳐진 뒤 마침내 아들은 그들을 쫓아냈다. 다행스럽게도 오디를 먹으면 병이 나을 것 같다고 어머니가 말해 비극은 방지되었다. 이때는 겨울이었지만, 신들은 어머니를 위하는 아들의 정성에 감동해 한 줄기 봄기운을 보내 오디를 구할 수 있게 했다. 이 연극의 제목은 여기서 나왔다.

그러나 역사에서 너무 자주 일어나는 듯하지만, 번영이 시작되고 문화가 꽃피기 시작하자마자 겨울이 돌아온다. 인간 역사의 철칙과도 같은 순환에서 평화와 풍요는 전쟁과 재난 사이의 짧은 막간으로서 나타난다.

24장

썩어가는 배, 가라앉는 화폐

> 물가가 오르고 굶주림이 만연했다. (…)
> 이주가 일어났다. (…)
> 상황은 전쟁, 파멸, 폭동으로 이어질 것이다.
> ― 알아사디, 《앗타이시르》, 15세기[1]

테무르 황제가 죽고 2년 뒤인 1309년, 제국 조정에서는 승계를 놓고 다투는 가운데 일본 해적이 주요 무역항 닝보를 점령했다.[2] 이 해적 '왜구'는 한 번에 배 몇 척을 타고 오는 심상한 병사 집단이 아니었고, 매우 잘 조직된 군사-상업 기업이었다. 그들은 선단을 이끌고 도착해 무역을 하고 밀수를 하고 공격을 했으며, 해적과 공인된 상인 사이의 애매한 위치였다. 부패한 원나라 관리들이 그들의 최고 상품을 부당하게 탈취했고, 그래서 왜구가 공격했다. 이 사건에 대한 기록에 따르면 "섬에서 온 야만인들"이 분노했고, "더는 참을 수 없어 일본에서 산 유황을 가지고 닝보에서 불을 질렀다." 불은 관청 건물 아홉 군데와 수도원 및 절 열다섯 군데를 파괴했다. "거의 모든 관공서와 역사적 건물, 주거지가 불에 탔다."[3]

제국 조정이 내부 투쟁에 휩싸여 있는 가운데, 부패라는 암덩어리는 지방 당국을 약화시키고 악화하는 문제에 대응할 수 없게 했다.

1306년 항저우를 책임지고 있던 몽골 관리 자르구다이Jargudai는 몽골 당국자에게 접근하고 영향력을 축적하기 위한 아첨과 뇌물에 대해 불만을 터뜨렸다.

그들은 감각의 쾌락을 좋아하는 사람에게는 예쁜 여자를 들이민다. 욕심 많은 사람에게는 보석과 비단을 뇌물로 먹인다. 진기한 것을 좋아하는 사람에게는 장신구를 선물한다. 날이 갈수록 관계는 깊어만 가며, 명예인지 부패인지는 묻지도 않는다. 관리들은 나이에 따라 형이나 동생이라 부른다. 같은 식탁에서 술을 마시고 잔치를 벌이는 사람도 있고, 장기를 두며 도박을 하는 사람도 있다. 그리고 부끄러움도 모르고 서로 가족으로 행세한다. 심지어 아내나 첩들도 이 미심쩍은 행동에서 벗어나지 못한다. 그들을 누이라고 부르며 옛 친구나 가족처럼 왕래한다.

북방 출신 학자로 남방에서 제형안찰사提刑按察使로 일했던 호지휼胡祗遹(그는 남방 사람들에 대한 편견이 있었을 것이다) 같은 더욱 가혹한 비판자는 이를 더 단도직입적으로 말했다. 부패를 통해 "도살업자와 술 판매상, 중개인과 장바닥의 천민"이 정부 관리가 되었다. "백성의 인도자"라는 그들은 자기네가 새로 얻은 권력을 휘둘러 "남의 아내를 강간하고 빼앗으며, 그들의 재산과 가축을 징발하고, 자기 기분에 따라 법을 굽혀 소송을 무력화"했다고 그는 주장했다. "더 큰 부자가 되기 위해서"였다. 원나라 시기에 다채롭고 열정적인 공직 생활을 했던 도종의陶宗儀는 이렇게 썼다. "거리와 골목의 사람들은 무슨 일이 일어나는지를 보고, 공적인 문제가 생기면 일이 크든 작든 연줄이 좋은 실력자에게로 달려간다."[4]

원 왕조의 해상 권력(쿠빌라이와 테무르가 어렵사리 얻은 것이었다)에 대한 몰두는 이미 시들해지고 있었다. 중국 수군은 가용 선박이 얼마 남지 않았고 선원들은 자기 아내와 함께 항구에서 살고 있다고 한 관리는 불평했다. 그는 배들이 상선을 점검하기 위해 1년에 두 번 바다에 나가야 하며 승무원들이 현지 여성과 혼인하지 못하게 해야 한다고 조심스럽게 제안했다.[5] 조정은 그의 탄원을 무시했다. 아무 일도 일어나지 않았다.

제국 변경에서 일어난 소동에도 불구하고 티베트 성직자들은 여전히 충실했고 몽골은 계속 티베트를 정치범과 신임을 잃은 사람들을 유배하는 장소로 사용할 수 있었다. 사캬파의 라마는 황제에게 충성스러웠기 때문에 간수 노릇을 했고, 그들의 수도원은 포로수용소가 되었다. 이미 와 있던 이전 송나라 황제에 이어 1320년에 물러난 고려의 충선왕과 그 지지자 18명이 왔다. 그들은 1322년까지 수도원에 수감되었다. 쿠빌라이 칸의 외손이라는 특수한 지위도 그를 구해주지 못했다. 공식 연대기인 《고려사》는 이렇게 썼다. "(몽골) 황제는 상왕을 수도에서 1만 5천 리 떨어진 사캬의 땅에 유배했다. 불경을 연구한다는 명목이었다."

1323년, 원나라 당국은 쉰 살의 충선왕을 베이징으로 돌아오도록 허락했고, 곧 그곳에서 죽었다. 그 죽음에 대한 설득력 있는 설명은 없었다. 불교 연대기에 따르면 송나라 전 황제 공제는 티베트 유배에서 풀려나지 못했고, 대략 비슷한 때에 처형되었다. "(공제가) 사사賜死되었다. (…) 8월 4일 황제가 서거했다."[6] 미심쩍은 티베트 기록은 그가 죽을 때 이 무고한 황제의 붉은 피가 하얀 젖으로 변했으며, 그는 죽기 전에 또다른 생에서 돌아와 몽골인들에게 복수를 약속했다고 주장했다. 나중에 명나라 황제(누구인지 특정되지는 않은)로 환생한다는 것이었다.

유배됐던 고려 왕이 베이징으로 돌아오던 해인 1323년, 일본으로 가던 원나라 보물선이 그의 고국 앞바다에 가라앉았다. 그 흔적은 발견되지 않다가 1975년에 한국 어부들이 그물을 끌어올리다가 여섯 점의 청자를 발견하고 깜짝 놀랐다. 한반도 신안 앞바다에 있는 임자도와 증도 사이 바다였다.7

놀랍게도 심해 진흙은 잘 꾸려진 상자들을 보존하고 있었다. 중국산 자기, 금속 연장, 칠기와 멀리 스리랑카산 목재도 있었다. 가장 놀라운 점은 고고학자들이 대략 2만 4천 점의 무역품을 발굴한 뒤 800만 개의 중국 주화를 발견한 것이었다. 주화의 무게는 28톤이었다. 일부는 당 왕조와 신新 왕조의 것도 있었지만 대부분은 송 왕조의 것이었다. 둥근 주화는 가운데를 줄로 꿰어 표준화된 단위로 묶여 있었다. 동전은 8천 개의 꿰미 외에 꿰지 않은 것들이 바닥짐으로 용골에 놓여 있었다. 난파선에 매우 많은 양의 돈이 실려 있어 학자들은 이 배가 상선이 아니라 징세선일 것이라고 추측했다. 상품들에 달려 있는 목찰을 꼼꼼히 조사해보니 이 전체 화물은 중국의 닝보를 출발해 일본의 하카타 항으로 가던 중이었다. 하카타는 오늘날의 후쿠오카로, 쿠빌라이 칸의 실패한 침공이 목표로 삼았던 곳이다.

배에 실린 물건의 상당수는 교토의 선불교 수도원 도후쿠지東福寺에서 주문한 것이었다. 1319년 파멸적인 화재 이후 불교 사원을 재건하기 위한 물건들이었다. 공사가 시작됐지만 승려들은 일본에서 구할 수 없는 물자가 필요했고, 옛 송나라 수도에서 가장 가까운 중국 항구 닝보로 배를 보냈다. 돈의 상당 부분은 재건을 지원하는 데 쓰일 예정이었다. 주화는 아마도 일본에서 녹여 불상과 의례 용품을 주조하려 했을 것이다.

일본의 선불교 신자들은 닝보와 긴밀한 해상 연결 및 영적 연결을 맺고 있었다. 도후쿠지의 창건자인 엔니圓爾가 당시 송나라 수도였던 항저우 부근의 징산徑山 만수선사萬壽禪寺에서 6년 동안 공부한 뒤 1241년에 닝보를 통해 귀국했기 때문이다. 엔니는 세 척의 호송선단을 타고 출발했다. 날씨가 궂었고, 그들이 제주도에 접근할 때 더욱 악화되었다. 배 두 척은 헤어져 바다 속으로 가라앉았지만, 엔니가 타고 있던 배는 살아남았다. 신비롭게도 수호여신이 나타나 엔니와 그가 탄 배를 보호해주었다고 한다. 엔니는 무사히 항해를 마쳤지만, 사원을 재건할 물자와 자금은 일본에 도착하지 못했다.

신안 난파선은 비단과 자기 외에 원 왕조의 주요 수출품이 주화 형태의 돈이었음을 보여주었다. 지폐로 전환하고 금속 주화 사용을 금지한 이 나라에서는 제국 전역에 흩어져 있는 수천 톤의 주화가 더이상 필요 없었다. 만성적인 현금 부족을 겪고 있고 수백 년 동안 주화 수출 금지에 익숙했던 이웃 나라들은 적극적으로 주화를 수입해 국내에서 사용했다. 중국의 주화가 확산되면서 여러 나라에서 차례차례 화폐를 사용하게 되었다. 물건을 사고파는 것 외에 세금이나 벌금을 내고 돈을 꾸는 등의 일상적인 금융 거래에서 돈의 사용 범위가 확대되었다. 주화는 항구에서 항구로, 상인에게서 상인에게로, 섬에서 섬으로, 그리고 점차 내륙으로 들어가 외딴 마을과 내륙의 작은 마을까지 확산되었다. 중국 주화는 한반도, 일본, 베트남, 자바에서 새로운 경제 체제의 바탕이 됐고, 동남아시아 일대에도 서로 정도의 차이는 있지만 영향을 미쳤다.[8] 외국의 정권들은 세금을 쌀 같은 현물로 거두는 대신에 중국에서 그래왔던 것처럼 돈으로 받는 것의 이점을 인식했다. 그들은 점차 조세 제도를 화폐화했다.

조상에게 제사 지내는 것은 오랫동안 해온 일이었고, 작은 선물을 하는 것 역시 마찬가지였다. 그러나 전통적으로 오직 부자만이 조상에게 돈을 바칠 수 있었다. 원 왕조 시기에 지폐(쉽게 복제할 수 있었다)가 확산되자 가난한 사람들이 자기네 조상들을 위해 가짜 돈을 태워야 한다고 느끼기 시작했다. 조상들은 진짜 돈과 가짜 돈을 구분하지 못하는 것으로 생각되었다.[9] 유교에서는 조상 숭배의 일환으로 지폐를 태우는 일에 반대했지만, 이 관행을 지지한 불교가 확산되면서 이 의식의 호소력이 높아졌다. 그리고 지폐를 태우는 것은 더 값나가는 물건을 바치는 것보다 싸게 먹혔다. 원나라 연극은 그것을 정성스러운 효도 행위이자 조상 숭배의 감동적인 장면으로 묘사함으로써 이 관행을 대중화했다.[10]

주화는 원 왕조의 주요 수출품이 되었다. 중국과 수입국 양쪽 모두의 경제에 다른 어떤 상품들보다 더 오래가고 더 광범위한 영향을 미쳤다. 중국산 그릇과 직물은 양식의 변화를 일으키고 소비자들 사이의 사회적 격차를 더욱 눈에 띄게 만들었지만, 유행은 생활을 크게 변화시키지 않는다. 그러나 중국의 주화는 사회 구조를 근본적으로 변화시켰다. 돈은 더이상 부자들의 전유물이 아니었다. 누구나 동전 몇 닢 버는 방법은 찾을 수 있었다. 모든 것이 판매 대상이었다. 음식, 연장, 직물, 땅, 사람 할 것 없이 말이다.

12세기 말에 일본 귀족들은 중국의 돈이 자기네의 탄탄한 봉건 질서에 가져다주는 위협을 분명하게 인식했다. 돈의 유혹은 가신들을 시골 영주에게서 끌어내 그들이 봉사와 자기네 생명을 빚지고 있는

사람들에게로 보냈다. 농민들은 도시에서 노동력과 기타 상품을 팔 수 있었고, 주머니에 돈이 들어오자 더 자유롭게 생활하고 휴식할 수 있었다. 보수적인 일본 관리들은 중국 주화의 수입이 사회에 유해한 극악 범죄이므로 금지해야 하고,[11] 주화가 질병을 옮긴다는 이유로 그 사용을 억제할 것을 정부에 요구했다. 그들은 이 병을 제니노야마이錢の病(돈병)라고 불렀다. 중국의 비판자들 역시 주화 수출에 반대했다. 13세기 초에 한 비판자는 이렇게 불평했다. "일본 배들은 우리 세관 마당에 나무판자나 조개 같은 쓸모없는 물건만 가져온다. 그들은 우리의 동전을 가지고 자기네 나라로 돌아간다. 이것은 그들이 진흙을 진짜 금속과 바꾸고 돌을 우리의 아름다운 옥과 바꾸는 것이나 마찬가지다."[12]

동전은 외국에서 소량을 구매하는 데는 충분했지만, 점차 중국 상류층은 물건을 구매하기 위해 은을 내보냈다. 중국으로 흘러든 막대한 부는 아덴 같은 멀리 떨어진 항구에서 은으로 지불할 것을 요구하면서 점차 흘러나가기 시작했다.[13] 돈을 실은 신안의 배는 목적지에 도착하지 못했지만 다른 배들은 도착했다. 중국에서는 돈이 유출되고 있었고, 돈이 있는 곳에는 해적이 있었다.

*

오로지 국가의 명령을 근거로 불환지폐를 찍어내는 정부는 무능력을 통해서든 속임수를 통해서든 결국 인플레이션을 초래한다. 정부에 대한 신뢰가 떨어지면 곧바로 그 통화의 가치는 하락한다. 부채 위기를 완화하기 위해 원나라 당국은 돈을 너무 많이 찍어냈고, 이에 따라 임금이 비슷하게 올라가지 않은 상태에서 상품 가격이 올랐다. 번영하는 시기에 소폭으로 꾸준하게 물가가 상승하는 것은 시장을 자극하지만, 물가 상승이 걷잡을 수 없을 때는 모든 것의 가치를 떨어뜨린다. 한 지방 관리는 이렇게 불평했다. "상품 가격은 빠르게 오르고 있고, 주택 가격은 일곱 배로 올랐다. 이에 따라 투기 심리가 일어나고, 이것이 소송 증가를 초래했다." 부동산 투기를 제한하기 위해 그는 정부가 "나쁜 사람들의 도박 심리를 억제"하는 데 나서야 한다고 권했다.[14]

인플레이션이 경제를 휘저었다. 《원사》는 이렇게 썼다.

지폐가 인쇄돼 사람들 사이에서 유통되었다. 오래지 않아 상품 가격이 급등해 때로는 이전 가격의 열 배에 이르기도 했다. 지폐는 전쟁 비용을 대기 위해 날이면 날마다 많은 양을 찍어내야 했다. 정부는 상, 임금, 특별수당을 지급했다.

어디서나 사람들은 지폐를 사용했는데,

변형되거나 색이 바래면 다시 사용하지 못할 수도 있었다. 도시에서는 그런 지폐 열 다발로도 기장 한 말을 살 수 없었다. 이 때문에 거래는 이제 이웃 지역에서 상품과 물건으로 이루어진다. 이런 곳에서는 공적으로나 사적으로나 지폐가 전혀 사용되지 않거나, 아니면 지폐가 쓸모없는 헌 종잇장 취급을 받는다. 이 모든 것의 결과로 국고는 거의 비게 되었다.[15]

1344년 황하 대홍수로 북중국의 가장 생산량이 많은 농경지가 초토화되었다. 여러 해 동안 방치돼 악화되었고, 그동안 관리들은 강에서 토사를 준설하거나 제방을 보수하지 않은 탓에, 홍수는 사납게 폭발해 강을 남쪽으로 옮겨놓을 정도였다. 홍수는 복잡한 관개시설을 파괴하고 대운하를 폐허로 만들었다. 내륙 수로는 모두 사용할 수 없게 되었다. 비옥하고 푸른 시골은 죽음의 풍광으로 변했다. 이 홍수는 중국 역사상 최악의 홍수 중 하나로, 수천 명의 농민이 죽었다. 시체가 여름 폭풍우 뒤의 낙엽처럼 그들이 일하던 들판에 흩뿌려져 있었다. 한때 국가 소유 경작지를 걷던 황소와 우편 연결망을 따라 달리던 말은 버려져 썩고 부풀어 있었다. 땅바닥에는 찢어진 어망, 부서진 가옥, 파손된 배가 흩어져 있었다. 한때 새 품종의 벼를 수확하던 곳에서 헐떡이던 물고기가 죽고 거북이 햇볕에 탔으며, 굶주린 아이들은 진흙탕 속에서 먹을 것을 찾다가 한입 거리라도 발견하면 개들과 그것을 다투었다.

고통에 빠진 침수 지역은 범죄 집단, 반란자, 이상한 신흥 종교집단이 인력을 충원할 수 있는 좋은 터전이었다. 여러 왕조가 선포되고 잠시 불타다가 무너졌다. 각각은 사회 구조를 더욱 망가뜨리고 삶을 갈수록 혼란스럽고 힘들게 만들었다. 사회적 불만, 경제 붕괴, 정치적 저항이 점차 어우러져 본격적인 반란으로 이어졌다.

농민은 번영하는 시기에 가장 나중에 덕을 보고 좋지 않은 시기에 가장 먼저 타격을 받는다. 농민이 고통받으면 나라가 굶주린다. 중앙 정부가 사실상 방치한 지방 공동체들은 독자적인 수리 시설 개선 사업을 조직해 수로를 파고 방조제를 복구했다. 몇몇 양심적인 지방 관리들은 자기 봉급과 사재를 털어 이런 사업에 제공했고, 노동자들은 자기 노동력을 기부했다.[16] 시골의 기반시설이 붕괴했고, 이와 함께 경제가 무너지고 곧이어 왕조 역시 무너졌다.

25장

바다에서 철수하는 중국

> 어떤 일이든 마무리가 중요하다.
> ― 칭기스 칸

1324년 마르코 폴로가 죽을 무렵까지 다섯 명의 몽골 황제가 통치했다. 몽골제국은 그 긴 성장 기간과 짧은 영광의 시기를 지났다. 그 완만한 종말의 과정은 이미 시작되었다. 칭기스 칸이 건설한 제국은 100여 년 만에 붕괴하고 있었다. 황제가 잇달아 즉위했지만 대부분 이전 황제보다 어린 나이에 죽었다. 역사 속의 다른 쇠락하는 정권과 마찬가지로 원 조정은 내부를 향하고, 자기도취에 빠지고, 내부 숙청과 로맨스와 살인과 기타 개인적인 드라마에 대해 강박관념을 가지면서 나라를 무시했다. 정치 생활은 상시적인 독살, 암살, 처형의 드라마 속에서 유혹과 배신에 관한 외설스러운 한담으로 점철되었다. 황제 칭호는 서투른 아이들 사이에 던져진 공처럼 이리저리 굴러다녔다.

역사에서 흔히 그렇듯이 뛰어난 문명은 통솔력 있고 비범한 지도자들의 패권을 위한 싸움으로 시작되지만, 그 말로는 서서히 썩어가는 과정이다. 강력한 군대는 더욱 약해지고 부패해진다. 강력한 통화는 가치가 없어진다. 번성하던 사업이 붕괴한다. 유목민들이 내부에서 습격에 나선다. 해적이 바다에서 공격해온다. 한때 산속에 숨었던 도적들이 자유롭게 시골을 활보하고 도시에서 백주에 범죄를 저지른다. 나라는 중심부에서부터 침체하고 변두리로부터 떨어져 나간다. 몽골제국은 대부분의 나라보다 더 빠르게 악화하고 있었다.

북중국이 비틀거리고 몽골족의 원나라가 바다에 대한 통제권을 잃으면서 이른바 해적들이 상업 활동을 활발하게 유지했다. 이 바다의 군벌들은 송 왕조 말기에 했던 것과 마찬가지로 자기네의 독립 정부를 가진 사실상의 국가를 만들었고, 상인들을 먹잇감으로 삼는 대신에 그들에게서 세금을 거두고 이익을 분배했다. 그들의 노력 덕분에 이슬람교도 여행가 이븐바투타는 1345~1346년 중국에 도착했다. 마르코 폴로가 중국에서 페르시아로 가는 첫 해상 호송대와 함께 출발한 지 반세기 만이었다. 이븐바투타가 취안저우에 도착했을 무렵에 해적들은 최대 700명의 선원이 승선할 수 있는 배들을 소유하고 있었고, 그 부속선들은 50~60명의 선원이 탈 수 있었다.

1342년에 스물두 살의 몽골인 황제 토곤 테무르 칸은 쥐융관에 대리석으로 승리의 홍예문 통로를 만들라고 주문했다. 그는 이 통로 아래를 해마다 두 번씩 지나갔다. 한 번은 여름 수도인 상도로 가면서, 또 한 번은 베이징의 겨울 궁궐로 돌아오면서였다. 몽골 궁정의 세계적인 주장은 새김글이 여섯 언어로 되어 있다는 사실에 반영되어 있었다. 중국어, 몽골어, 산스크리트어, 탕구트어, 티베트어, 위구르어였다. '달라이 칸'(바다의 통치자)이라는 제목 아래 새겨진 이 기념물은 몽골제국이 끝나가고 있을 때 세워졌다. 돌에 보존된 영광들은 쿠빌라이 칸과 그의 사나운 형제들 같은 이전 시기 정복 황제들의 것이었다. 그들이 건설한 왕조는 무너져가고 있었다.

결국 원 조정은 남부 해안에 대한 통제권을 다시 주장하려 시도했지만, 정부의 선원 대부분은 해적들 쪽으로 넘어갔고 그들을 도와 원나라 수군을 격파하고 약탈하게 했다.[1] 1350년대에 조정은 해적과의 싸움에서 계속 패하고 수군 제독과 배들을 잃고 나서 저장성의 해적 지도자 방국진方國珍이 곡물 실은 배를 약탈하는 것을 막는 방법은 그를 고용해 해도운량만호海道運糧萬戶로 삼고 선단을 책임지게 하는 것이라고 결정했다. 그러나 이는 그의 욕심만 채워주었다. 이에 따라 그는 바다의 배에서, 그리고 항구에서 약탈을 할 수 있었기 때문이다. 그는 때로 곡물선을 보호했지만, 때로는 어떤 식으로든 약탈을 했다.[2] 1354년에 반란자들은 대운하를 장악했고, 해적들은 해로를 통제했으며 심지어 해안 일부를 점령했다.[3] 원나라 충성파들이 잠시 동안 이 지역 저 지역에서 문제를 가라앉힐 수는 있었지만, 그들은 더이상 통제력을 유지하지 못했다.

인도, 아랍, 페르시아 상인들은 중국으로 가는 무역로를 유지하려 애썼지만, 다른 어느 나라도 그들을 대체하거나 이 방대한 범위에 걸쳐 있는 대양에서 상인을 보호할 능력이 없었다. 원나라 수군이 없으니 이 해상무역의 대동맥은 다시 한번 여러 개의 지역 연결망으로 되돌아갔다. 자바, 참파, 남인도 국가들 같은 더 작은 왕국들이 자기네 왕국 주변 바다의 해상무역을 지배했고, 해적들이 중국과 일본 사이, 믈라카 해협 일대, 페르시아 연안의 바다를 장악했다.

1357년에 세계 최대의 무역항 취안저우는 몽골이 일 칸국에서 데려온 시아파 이슬람교도 경비대에 의해 장악되고 점령되었다. 국제 무역을 보호하기 위해 그곳에 주둔했던 경비대가 푸젠성의 상당 부분을 장악했고, 이후 9년 동안 독립 도시국가로서 그곳을 보유하게 된다.[4]

*

원 왕조가 그 어느 때보다도 허약하다는 것은 누가 보아도 분명했다. 많은 사람들이 몽골을 타도하기를 원했지만, 그러려면 먼저 결속할 필요가 있었다. 불화는 국가를 영원히 반목하고 내부 투쟁을 벌이는 경쟁하는 왕국들로 쪼갤 위험성이 있었다. 원 왕조 말기에 나타난 10여 개의 작은 왕국 가운데서 세 사람이 떠올라 새 정권의 선봉이 되기 위해 경쟁했다. 교육받지 못한 농민 주원장朱元璋은 전통적인 중국 남부의 수도인 난징에 근거지를 만들었다. 평범한 어민 가정 출신인 진우량陳友諒은 장시를 근거지로 삼고 그곳에서 몽골의 원에게 대항하기 위한 새로운 한漢 왕조를 선언했다. 한편 밀수꾼이자 해적에서 변신한 한때의 원나라 협력자 방국진은 남부 해안을 점령하고 바다를 위협했다. 원 왕조가 붕괴 직전에 있는 것은 분명했지만, 이 새 군벌들 가운데 누가 새 왕조를 창건하는 데 성공할지는 미지수였다.

*

원나라에 맞선 반란 지도자들이 나타났다가 사라졌지만, 배우지 못한 농민이자 전직 승려인 주원장은 자신이 살던 절에 양식이 떨어지고 마찬가지로 배고픈 지역 농민에게서 음식을 얻을 수 없어 승려들이 떠나거나 죽어가는 것을 목격한 뒤 서서히, 그러나 거침없이 떠올랐다. 주원장은 절에 들어가기 전에 자기 부모가 서서히 굶어 죽는 것을 보았다. 그가 열여섯 살 때였다. 그는 자기 운명에 굴복하지 않겠다고 다짐했다. 이 경험, 그의 정신적 지향, 그리고 아마도 자기 주변의 가난한 사람들을 보살펴야 한다는 의무감이 그를 반란군 대열로 밀어 넣었다. 그는 한 지역 반란군 지도자의 딸과 혼인했고, 이렇게 반몽골 조직에서 지위가 상승하기 시작되었다. 그는 평생 동안 가난한 사람들에 대한 관심을 유지했고, 아무리 높은 자리에 오르더라도 언제나 자신의 비천한 출발을 잊지 않았던 듯하다.

주원장은 1355년 이후 수전水戰을 위해 새로운 형태의 포를 채택하고, 화약과 소이제燒夷劑를 다양한 무기, 발사체, 수류탄, 원시 폭탄, 발연통發煙筒에 적용했다.[5] 그의 지휘 아래 수군은 포 전문가와 작업해 원나라가 건조한 것을 능가하는 적절한 전함을 만들었다. 그의 전략은 성공했다. 1363년 9월, 주원장은 포양호鄱陽湖 전투에서 장강 최대의 수군을 거느리고 있던 대권 경쟁자 진우량을 물리쳤다.

원나라 통치의 막바지인 1363년, 왜구가 263척의 선단을 조직해 해안을 습격했다. 수군은 일시적으로 그들을 먼 남쪽에서 제지했다.[6] 그러나 주원장이 곧 해안을 따라 함대를 내려보내 방국진(그는 1348년 이래 사실상의 해상 독립 왕국을 통치했다)의 약탈 지역에서 승리를 거두었다.[7] 주원장은 닝보에 있는 그의 기지를 점령한 뒤 재빨리 그곳을 첫 수군 기지로 전환했고, 그것은 명 왕조 수군의 모태가 되었다.[8] 주원장의 함대는 이제 남쪽으로 내려가 해적들의 기지를 차례차례 점령해 결국 남해안과 그 강들을 해방시켰다. 주원장은 남부의 풍부한 자원을 손에 넣어 포위되고 굶주린 북쪽의 병사들에게 식량을 보내고 마침내 원나라 정복을 완성할 수 있었다.

주원장의 반란군은 비틀거리고 무능한 원나라 조정과 그 마지막 황제 토곤 테무르를 압박해 상도로 달아나게 했다. 《원사》에 따르면 토곤 테무르는 1368년 "수도가 함락되려 할 때" 마지막 원 황제의 마지막 조치로서 여든세 살의 회왕淮王 테무르 부카Temür Buqa를 감국監國으로 지명했다. 명나라 군대는 도시에 들어와 궁궐을 점령하고, 달아난 황제를 잡지 못하자 이 노인을 처형했다.⁹

*

거의 사반세기 전 쥐융관에 홍예문 통로 기념물을 세운 토곤 테무르는 마흔여덟 살에 이 대리석 기념물을 마지막으로 지나갔다. 막 허베이를 점령한 명나라 반란자들로부터 달아나는 중이었고, 허베이는 그의 조상 쿠빌라이가 100여 년 전에 다스리던 곳이었다. 그는 중국의 마지막 몽골인 황제였다. '달라이 칸'(바다의 통치자)이라는 제목이 새겨진 홍예문 기념물은 그가 한때 거대했던 쿠빌라이의 왕조를 무너뜨리고 달아나는 것을 비웃었다. 이후 몇 달 동안 그는 상도의 아름다운 여름 궁궐에 숨어 있다가 명나라 병사들이 다가오자 내몽골 깊숙한 곳으로 달아나야 했다.

토곤 테무르가 홍예문 통로를 지나면서 무슨 생각을 했는지는 알 수 없다. 그는 심지어 몽골 칸들을 바다의 통치자라고 묘사한 새김글을 생각조차 하지 않았는지도 모른다. 그가 지었다고 하는 시 〈토곤 테무르의 비가悲歌〉에 따르면 그는 그저 자신의 아름다운 궁궐을 잃은 것을 슬퍼했다.

내가 겨울을 보낸 나의 도시 (…)
나의 여름 처소 (…)
나의 아름다운 누런 평원 (…)
행복한 등나무 궁궐 (…)
중국인에게 모두 빼앗겼네.¹⁰

시인 유기는 "제국이 달아나는 사슴처럼 원나라 황실로부터 미끄러져 내려왔다"고 말했다. 혼돈과 혼란 속에서 "강자가 약자의 살을 먹고, 대신大神이 노하셨다."[11] 패배하고 낙담한 토곤 테무르는 2년 뒤에 죽었다. 그는 몽골 지배층의 마지막 희망이었지만, 끝내 왕조를 되살리지 못했다. 그가 죽은 뒤 새로운 몽골인 황제가 선포됐지만, 그는 제국이 없는 황제였다.

고비사막 북쪽으로 밀려난 원나라 궁정은 중국식 궁궐을 버리고 그 조상들이 수천 년 동안 해왔던 대로 몽골 스텝의 펠트 게르로 돌아갔다. 재스민 향내가 나는 화려한 방에서 쌀술, 백조 구이, 각종 과일을 먹는 공식 연회가 사라지고, 해지고 기름에 전 비단옷과 쇠가죽 장화 차림으로 쇠솥 주위에 쭈그리고 앉아 한 손으로 연골이 많은 양고기를 먹고 다른 손으로 파리를 쫓는 식사로 돌아갔다. 금이 간 사발의 말 젖을 함께 마시고, 주변에서는 말의 땀 냄새, 시큼한 염소 젖 냄새, 쇠똥 타는 냄새가 났다. 몽골인들은 제국을 잃었지만 소중한 자긍심에 매달렸고, 명나라에 항복하기를 거부했다. 그런 상실에도 불구하고 몽골 황실은 원 왕조, 중국의 정당한 지배자, 전제 몽골제국의 대칸이라는 주장을 고집했다. "왕조들이 들어섰지만 서민들은 고난을 겪었다"고 원나라 시인이자 정부 관리였던 장양호張養浩는 썼다. 극작가이자 시인인 마치원馬致遠의 작품에는 좀더 도교적인 시각이 나타나 있다. 그는 "왕조의 흥망"을 생각할 때면 "쓴웃음을 짓고 탄식하지 않을 수 없다"고 썼다.[12] 그는 "심지어 100년을 산 사람의 일생조차도 하나의 환상일 뿐"이라고 썼는데, 이는 원 왕조의 지속 기간(1271~1368)을 비슷하게 예언한 셈이었다.

몽골어 칭호 '달라이인 카간Dalai-in Khagan'(바다의 황제)은 원 왕조 동안에 몽골인 황제들이 다양한 중국식 칭호를 선호하면서 점차 유행하지 않게 되었다. 명나라에서는 그런 구닥다리 칭호를 사용하지 않았다. 대양을 장악하는 것은 너무 어려운 일이었고 방대한 재정 자원이 없는 어느 한 나라가 감당하기에는 너무 값비싼 비용이 들었으며, 중국은 그 재정을 내부 투쟁에 허비해버렸다. 바다는 중요성이 떨어졌고, 관심은 다시 육지로 옮겨갔다.

100년 동안 이어진 몽골의 국제주의 이후, 이제 홍무제洪武帝가 된 주원장은 내부로 되돌아가 공적 생활 전반에서 중국의 르네상스를 일으키기를 원했다. 그는 황제가 됐지만 농민 출신이었고, 상업, 바다, 외국 기업에 여전히 경계심을 가지고 있었다. 그는 농업을 바탕으로 하고 가난한 자에게도 웬만한 삶이 보장되는(어떤 나라의 역사에서도 흔치 않은 일이었다) 안정된 중국을 추구했다. 그는 자신의 목표를 추구하기 위해 때로 가혹했지만, 농민 복지에 열정을 가진 지적인(교육을 많이 받지는 못했지만) 사람이었다. 《명태조실록明太祖實錄》에 기록되어 있듯이 그의 통치는 단순하고 직접적이었다. 해안에 사는 사람들이 바다로 나가거나 외국인과 접촉하는 것을 금지했고, 위반하면 사형에 처했다.[13] 수출과 수입은 금지되었다. 상업은 억압되었다. 배는 파괴되었다. 조선소는 폐쇄되었다. 항구는 봉쇄되었다. 바다로 나가는 유일한 배는 해안을 순찰하고 외국인이 들어오지 못하게 하며 중국인이 나가지 못하게 막기 위한 외돛배뿐이었다.

홍무제는 외국의 조공과 외교 관계를 엄격하게 제한했다. 그는 예부에 내린 지시에서 이렇게 설명했다. "먼 나라에서 그렇게 비용을 들이고 큰 어려움을 겪으며 조공을 바치는 것은 내가 원하는 바가 아니다. 그들에게 전갈을 보내 조공을 줄이고 그래서 양쪽 모두 불

필요한 많은 비용을 피하게 하라."[14] 이에 따라 베트남은 3년마다 소규모 사절단 한 번씩, 일본은 10년마다 한 번씩 보내게 했다. 인원은 200명을 넘지 않게 했다.[15] 원나라 치하에서 영향력을 발휘했던 이슬람 상인은 대체로 중국에서 철수했다.[16] 중국의 폐쇄가 상업을 끝장내지는 않았지만, 세계 무역을 크게 위축시켰다.

*

명 왕조의 3대 황제 영락제永樂帝는 짧은 기간 중국의 바다 복귀를 이끌었다. 1405년에 그는 가장 신임하는 환관 가운데 하나인 정화鄭和에게 명령해 함대를 이끌고 남쪽 바다로 나아가게 했다. 정화의 눈부신 항해는 계속 이어져 몽골의 무역과 성과마저도 능가하게 된다.

정화는 윈난에서 원나라 정권에 복무하는 이슬람교도 부모에게서 태어났다. 이곳은 가장 나중에 항복한 곳 중 하나였고, 이에 따라 승자인 명나라는 그의 부모를 처형한 뒤 이 어린아이를 거세하고 노예로 삼았다. 그 굴욕적인 시작에서부터 그는 차근차근 승진해 역사상 최대급 함대의 지휘관이 되었다. 그의 생애에 대한 정확한 세부 정보가 없기 때문에 이 알려진 사실들은 의문을 증폭시킨다. 그는 외교관이었을까? 상인? 군 지휘관? 첩자? 순례자? 탐험가? 이들은 물론 상호 배타적인 정체성은 아니다.

1405년 7월 11일, 정화는 쑤저우를 출항해 2년에 걸친 첫 원정에 나섰다. 서기로서 그를 도왔던 마환馬歡이 썼듯이 "그의 거대한 배에 올라 끝없는 바다의 거친 파도"를 타고 나아갔다.[17] 대나무 돛이 산들바람에 소리를 냈다. 배들은 바람을 타고 삐걱거리며 나아가 강을 벗어나 대륙의 가장자리에서 처음으로 파도를 탔다. 거기서 진창에 박힌 초목이 썩어가는 냄새가 서서히 짠물의 파삭한 냄새로 바뀌었다. 100년 가까운 쇠락 끝에 중국은 다시 한번 바다를 지배할 준비가 된 듯했다.

정화가 남쪽으로 항해하고 있을 때 영락제는 계속해서 인근 국가들로 더 작은 바다 및 강 탐험대를 보냈다. 영락제는 1409년 쿠빌라이 칸의 사례를 면밀하게 추적하고 여진족 출신 환관 이시하Yishiha에게 명령해 아무르강 탐험대를 조직하게 했다. 25척의 배로 이루어지고, 인원은 서기, 병사, 불교 승려를 포함해 약 1천 명이었다.[18] 이후 몇 년에 걸쳐 세 개의 주요 원정대가 출발했고, 쿠빌라이 치하에서와 마찬가지로 분명히 다시 한번 사할린섬에 도달해 그곳을 중국의 세력권으로(또는 확실한 통제하로) 끌어들였다.[19] 그들은 또한 현대의 티르 부근 이전 몽골 기지 자리에 작은 군사 기지를 건설했다.

목표는 시간이 지나면서 바뀌었고, 각 항해 때마다 진화했다. 이후 26년에 걸쳐 정화는 일곱 차례의 원정을 지휘했다. 처음에 그는 남아시아에서 외교 관계를 맺고 남인도와의 무역을 재개하는 데 관심을 가졌다. 원정은 계속해서 규모가 더 커지고 길어졌으며, 더 먼 지역을 조사했다. 1411년 정화가 세 번째 원정에서 돌아온 뒤 그들은 서아시아, 그리고 먼 아프리카 및 유럽과의 무역 재개에 집중했다. 정화는 이전에 쿠케진 공주와 마르코 폴로가 갔던 원나라의 노선을 따라갔으며, 한 차례 이상 페르시아의 항구 호르무즈에 갔고 그럼으로써 서아시아에서 중국에 이르는 몽골 시절의 해로를 다시 개통했다.[20]

정화의 일곱 차례 항해를 위한 함대는 쿠빌라이 칸의 실패한 일본 침공 이래 단연 가장 인상적인 함대였다.[21] 《명사明史》에 따르면 정화는 최대 62척의 배를 지휘했다. 가장 큰 것은 폭이 56미터, 길이가 136미터였다. 이 배들에는 모두 합쳐 분명히 2만 7천 명이 승선했다.

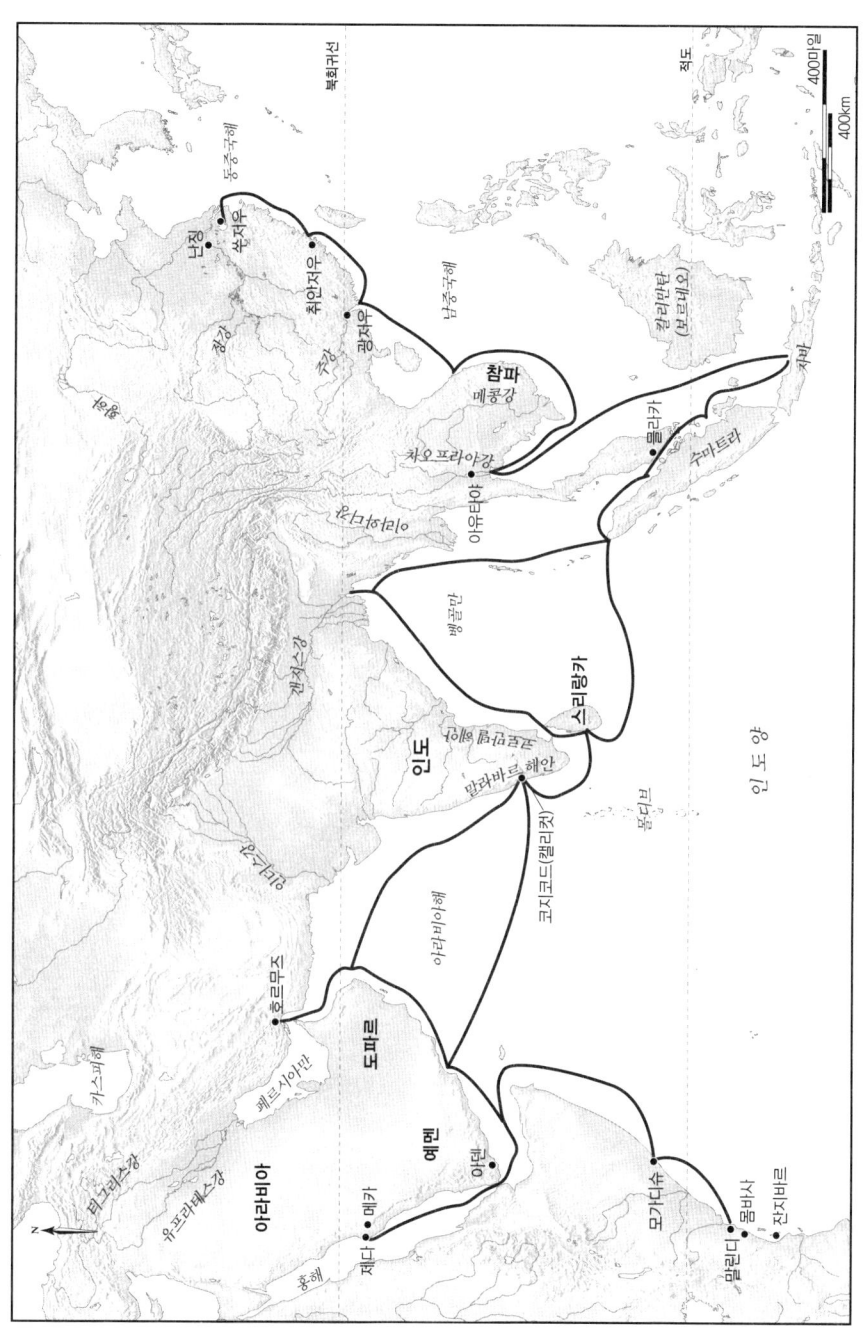

정화의 탐험(1405~1433)

그것은 바다에 떠 있는 목조 가옥들의 도시였다. 폭과 길이의 비율은 2 대 5였고, 오늘날의 컨테이너선과 약간 비슷했을 것이다. 그러나 현대 중국의 공학 연구는 이런 수치를 뒷받침하는 데 실패해, 그렇게 큰 배는 기껏해야 한 척이 만들어졌을 것임을 시사한다. 대부분은 아마도 길이가 70미터 안팎에 200~300명이 승선했을 것이고, 그 정도만 해도 당시로서는 믿을 수 없을 만큼 큰 규모였다.[22]

항해가 있었던 것은 분명하지만, 상세한 내용은 별로 전하지 않는다. 후대 명나라 조정에서 환관과 유학자 파벌 사이의 끊임없는 다툼 속에서 정화에 대한 기록을 지우려는 검열이 있었기 때문이다. 교육을 가장 많이 받은 사람들이 흔히 지식에 대한 가장 큰 위협이 될 수 있다. 자기네가 이미 믿고 있거나 사실이기를 바라는 것을 방어하기 위해 노력하는 과정에서 말이다. 청 왕조의 학자들이 편찬한 《명사》 총 332권에서 정화에 대한 언급은 700자에 불과하고, 환관들의 활동을 정리하는 부분에 처박혀 있다. 정화가 그 과정에서 세운 석비 세 개가 다행히 남아 있어, 외교적 우의와 종교적 조화를 강조하고 아울러 그의 마지막 항해의 여정을 전하고 있다.[23]

역사를 만든 사람들은 그에 대해 쓸 시간이 있는 경우가 드물며, 우리는 흔히 그것을 기록한 사람들에 대해 잘 알지 못한다.

*

역사는 공백을 싫어한다. 이 때문에 연대기에 빠진 부분이 있으면 소설과 연극이 역사 서술에 영향을 미친다. 유학자 관리들은 정화에 대한 기록을 말살하거나 치워버렸지만, 환관들은 자기네의 구비 전승을 통해 그의 영광을 드러냈다. 이에 따라 그들의 지원을 통해 그가 죽은 지 한 세대가 지나기 전에 그의 생애를 바탕으로 한 첫 연극 〈정화가 천명으로 서양에 가다奉天命三保下西洋〉가 궁정에서 만들어졌다.[24] 뒤따라 다른 작품들이 만들어졌고, 16세기에 소설 《삼보태감서양기三寶太監西洋記》로 정점에 이르렀다.[25]

증거의 공백은 학자들에게 추측의 여지를 많이 남겼고, 다양한 견해들이 제시되었다. 정화는 다른 환관들처럼 키가 작고 땅딸막하며 고음이었을까, 아니면 키가 크고 남자답고 잘생겼으며 깊고 낭랑한 음성이었을까? 그는 모든 항해를 직접 지휘했을까, 아니면 남에게 위임했을까? 그는 메카 순례를 하려는 독실한 이슬람교도였을까, 몰래 불교를 믿었을까, 아니면 아예 종교에 관심이 없었을까? 의문과 작은 수수께끼가 많다.

학자들과 소설가들은 정화 원정의 이유를 다양하게 제시했다. 바다의 해적 소탕, 명나라의 위신을 세우기 위한 외교적 임무, 이득을 추구하는 경제적 사업, 중국의 지배를 강요하기 위한 군사 원정, 지식을 추구하는 평화적 원정 항해, 궁정 환관들의 부자가 되고 명나라 군대의 말을 사고 그저 제국 동물원을 위해 이국적인 동물을 수집하기 위한 노력 등이었다. 한 소설은 이 원정들이 원나라의 옥새를 찾기 위한 것이었다고 설명했다. 원나라의 마지막 황제 토곤 테무르가 코끼리를 타고 베이징을 탈출할 때 알려지지 않은 먼 목적지로 가면서 바다를 가로지르는 청동 다리 위를 달려가던 중 잃어버렸다는 것이다. 그 가능성 외에 이들의 어떤 조합도 진실일 수 있으며, 각 항해의 단일한 동기를 상정하고 경제적 동기와 정치적 동기를 분리하려고 쓸데없이 노력할 필요는 없다.

정화는 여러 차례의 항해에서 중국의 옷, 우산과 이불, 자수품과 연장, 달력과 책, 금인金印, 비단 옷감, 도자기, 의약품, 차, 철물을 선물했다. 이에 대한 답례로 그는 말, 구리, 유황, 재목, 동물 가죽, 약품, 향신료, 금, 은, 쌀, 목재를 받았다.[26] 정화는 이런 방대한 양의 상품을 중국으로 보냈고, 그의 원정은 시리아, 이집트, 유럽에서 인도 물건의 품귀 현상을 일으켰다. 이들 지역에서는 이런 물건들이 매우 비싸졌다. 특히 후추가 그랬다.[27]

*

명나라는 원 왕조의 중국 화폐 수출 정책을 계속했다. 초기 명나라는 중국 내 상인들에게 지폐 사용을 요구하면서 주화를 외국으로 보냈다. 1407년 일본으로 주화 1500만 개 이상을 보냈고, 1434년에는 그 두 배를 보냈다. 이는 일본 궁정에서 중국으로 가져온 금, 은, 목재 등 공물에 대한 답례였다.[28] 중국은 또한 무역 상대국들에 많은 양의 돈을 보냈다. 원나라에서 중국 돈을 국제 통화로 사용하던 것을 유지 또는 부활시키기 위한 주화 페미와 지폐였다. 정화의 함대는 대양을 돌아다니면서 여러 통치자들에게 많은 양의 지폐와 주화를 주었다. 이 돈은 중국 물건을 살 때 사용될 수 있었고(중국 상인들에게 이득을 남겼다), 이것은 외국인들이 자기네 거래에서 중국 돈을 사용하는 데 익숙해지게 만들었다.

정화의 항해는 오로지 탐험과 무역에만 초점을 맞춘 것이 아니었고, 교육 확산의 목적도 있었다. 이를 위해 영락제는 대규모 목판 인쇄 사업을 주문했다. 외국인들의 중국 문화 적응을 돕고 이를 다른 나라에 전파하기 위해 이들 항해에서는 상인들에게 중국 달력과 연감을 공급했으며, 중국인의 미덕을 가르치기 위해 《열녀전列女傳》 1만 부를 배포했다.[29] 이것은 마르코 폴로를 비롯한 선원과 여행 작가들이 중국 항구에서 일하는 여성들에 대해 말한 이야기들을 상쇄시키기 위해 필요한 것이었다. 중국 인쇄물의 광범위한 유통은 인쇄에 대한 관심을 자극했고, 전 세계적으로 새로운 출판의 시대를 열어 15세기 중반에는 유럽으로 확산되었다.

국내가 평화롭고 안전이 개선되면서 중국 사절은 거대한 사업 여행이자 이동하는 무역 전시회가 되었다. 정화는 지역 통치자들에게 정성이 담긴 선물을 제공하면서 중국이 다시 한번 세계 시장에 공급할 수 있는 제품의 견본을 보여주었다. 기이하게도 이들이 방문한 나라들에서는 그들이 다녀갔다는 언급이 별로 없다. 따라서 도시 전체나 다름없는 대규모의 무리가 배들에서 쏟아져 나와 해변을 가득 채우고, 중국 상인들이 대규모 전시회를 열고 여기서 현지 고객들이 최근 지역 군주와 최고위 관리들에게 선사된 것과 같은 마법과 위신을 지닌 중국 제품들을 사는 것이 어떻게 보였을지는 상상만 할 수 있을 뿐이다. 건물 크기의 넓은 천막은 앞에서 깃발이 펄럭이고 탁자에는 중국 자기가 수북이 쌓였으며, 여러 필의 비단이 유혹하듯이 바람에 퍼덕거리며 햇빛을 받아 아른거렸다. 상인들은 매출을 계산하기 위한 주판과 동전 꿰미(향신료, 보석, 그리고 무엇이든 지역 주민이 내놓는 귀한 물건을 사기 위한 것이다)를 가지고 자기네 상품 앞에 앉아 있었다. 특별 고객은 내밀한 사업 논의를 위해 별도의 막사로 안내되어 중국 차와 술을 시음할 수 있었다.

무역 사절과 함께 의사, 치과의사, 이발사, 약사도 동행했다. 그들은 임시 병원을 개설해 중국 의술과 약품의 효능을 과시했다. 점성술사, 점쟁이, 예언자는 미래를 예언하는 놀라운 능력을 자랑했다. 흙 점쟁이들은 나침반을 이용해 토신, 지신, 수신의 생각을 해독했으며, 여러 종류의 나침반을 팔았다.

임시 찻집과 작은 식당이 전시장들 사이에 생겨났고, 국수 뽑는 사람들은 반죽을 공중으로 높이 던졌다가 펴고 늘여 수백 가닥의 길고 가는 국수로 만드는 재주를 과시했다. 설탕을 뿌린 맛난 것들이 요리하는 불빛을 반사해 반짝거렸다. 만두를 찌는 솥이 부글거렸다. 석쇠에서는 고기가 지글거렸다. 기름 솥이 끓고 있었고, 요리사가 극적으로 불에 한 숟갈 던져 넣으면 불길이 확 솟아올랐다.

줄타기 광대, 마술사, 가수, 배우, 곡예사가 군중을 즐겁게 했다. 말쑥하게 차려입은 중국인 병사들이 군중 사이로 이동하며 질서를 유지하고 현지인들에게 인상을 심어주었지만, 공포심이나 의구심을 불러일으키지 않으려고 조심했다. 전시회는 거대한 이동식 시장이었으며, 한곳에서 몇 주 또는 몇 달을 머물렀다. 그러다가 화물을 꾸리고 천막을 접은 뒤 바람을 따라 다음 장소로 이동했다.

정화는 해상에서 거둔 성과 면에서 이전 중국 왕조들을 능가했다. 시베리아에서 스리랑카까지, 중국이 다시 바다를 항해했다. 그는 격식을 갖추어 명 황제를 인정하는 사람들에게 선물, 금불상, 돈꿰미 등을 제공했지만, 그의 뒤에는 저항하는 사람들을 처리할 정예 전사들로 이루어진 군대가 있었다. 정화가 방문한 곳 가운데 42개국이 영락제의 궁정으로 공물과 회답 사신을 보냈다. 새로운 바다의 주인으로서 영락제의 함대는 경쟁 국가들 사이의 분쟁과 그들 안의 억제된 내분을 해결하기 위해 간섭했다. 더 많은 나라들이 외부의 위험으로부터 자기네를 보호하고 그들의 분쟁에 개입하며 그들을 대신해 협상에 나서줄 것을 중국에 기대했다.

*

정화의 원정과 마찬가지로 대담하고 인상적이었던 것은 그들이 귀중한 자원을 이용해 수군을 그 일차적 목적에서 중국을 보호하는 쪽으로 돌렸다는 것이다. 더 작은 원나라 함대는 그들이 몽골제국의 양 끝을 연결했기 때문에 성공을 거둘 수 있었지만, 정화의 함대는 중국과 쪼개진 서아시아를 연결했다. 그는 날로 번영하는 통일된 중국에서 출항해 나왔지만, 그가 발견한 것은 흑사병으로 황폐해진 서아시아, 지중해, 유럽이었다. 결국 이들 원정이 거둔 실질적 이득은 경제적으로 더 중요했던 1411년의 대운하 재개통보다 적었다.

영락제가 죽기 전에 중국은 이미 철수를 하고 다시 안을 바라보았다. 중국 조정의 유학자 및 군부 비판자들은 정화의 항해가 떠들썩하고 돈만 많이 들 뿐 이득이 없다고 생각했다. 한 관리는 이렇게 불평했다. "그들이 보낸 지역 산물들은 구장나무, 대나무 장대, 포도주, 석류, 타조 알 같은 것에 지나지 않는다." 또다른 사람도 동의했다. "서양 원정은 수많은 돈과 곡물을 낭비했고, 더구나 죽은 사람도 매우 많다." 그들이 비록 "매우 진귀한 것들을 가지고 돌아왔지만, 그것이 나라에 무슨 도움이 되는가?"[30] 이 비판은 군부 인사 및 유학자 관리들이 환관들에게 품고 있던 매우 당파적인 경쟁심에서 나왔지만, 그럼에도 불구하고 부분적인 진실을 담고 있다. 중국은 돌려받은 것보다 훨씬 많은 것을 주었다.

중국은 바다에서 어떤 적도 맞닥뜨리지 않았고, 남쪽 나라로부터 어떤 공격의 위험에도 직면하지 않았다. 따라서 수도의 관리들은 바다 방어에 가능한 한 돈을 적게 쓰기를 원했다. 해운 부서는 폐쇄됐고, 이전에 곡물선을 보호하고 바다에서 근무하면서 위험수당을 받던 선원들은 운하 업무로 재배치되었다. 더 나은 재목이 하운河運용으로 배정되면서 원양 선박은 다른 선박의 재활용품으로 건조할 수밖에 없었다.

해적의 등장은 관료들에게 그리 영향을 미치지 못했다. 그들은 국제 무역과 해적을 막기 위한 법을 경멸했다. 그런 일은 현장의 관리와 상인이 걱정할 일이라는 것이었다. 이에 따라 상선들은 곧 해적들과 맞서 스스로를 보호해야 했고, 때로는 심지어 수군과도 맞서야 했다. 수군의 남은 선원들은 봉급도, 훈련도, 식량도 제대로 받지 못했다. 가동되는 선박의 수는 꾸준히 감소했다. 일자리를 잃은 조선소 노동자들은 경작할 작은 땅뙈기를 얻었다. 곡물 수송이 줄면서 해안 순찰 역시 감소해 보호가 느슨한 해로에서 해적이 약탈을 재개했다. 자원이 줄고 위신과 소득이 감소하면서 선원들은 점차 상인으로 변신했고, 해적과 싸우기보다는 이전 왕조들에서 그랬듯이 흔히 그들을 도왔다.

1426년, 한 정부 대신은 "무기가 악의 도구"라고 썼다. 이에 따라 그는 이렇게 권했다.

(제국 정부는) 군사적 추구에 골몰하거나 먼 나라에 원정대 보내는 것을 미화하지 말아야 합니다. 해외의 메마른 땅을 버리고 중국 사람들에게 휴식을 주어 농사와 교육에 전념할 수 있게 해야 합니다. 그러면 변경에서 전쟁과 고통이 없을 것이고, 마을에서 불평이 없을 것입니다. 지휘관들은 명성을 추구하지 않고 병사들은 외국에서 목숨을 잃지 않을 것입니다. 먼 곳의 사람들이 자발적으로 복속하고 먼 나라가 우리의 무리에 합류할 것이며, 우리 왕조는 만세토록 지속될 것입니다.

또다른 사람은 중국이 외국의 늑대나 돼지와 싸울 정도로 비열해

지면 안 된다고 썼다. 일부 관리들은 심지어 외국과 뒤얽히지 않기 위해 지도와 해도를 없애야 한다고 요구했다. 중국적이지 않은 것은 아무것도 허용되지 말아야 했다. 제국 동물원을 위해 멀리서 막대한 비용으로 들여온 외국 동물도 죽였다.

*

1291년 공주 함대가 남중국을 떠난 것은 '중국의 해상 황금시대'의 시작을 알리는 것이었다. 이 시기는 150년 가까이 지속됐고, 마지막 명나라 배가 호르무즈 항구를 떠난 것은 1433년 3월이었다. 이후 중국은 세계에 등을 돌렸다. 세계는 그 옛 항로를 떠안기 위해 새로이 일어서는 유럽 국가들에게 계속 문을 열어놓았다. 명나라의 철수는 세계 무역에 큰 공백을 만들어냈다. 명나라가 세계와 바다에서 철수한 것과 마찬가지로 이상하고 강력했던 것은, 그 철수가 명나라로 하여금 그 통치를 강화하고 주민과 경제에 대한 통제를 거듭 주장할 시간을 주었다는 것이다(그리고 결국 성공했다). 중국 안의 삶은 서서히, 그 세기가 끝나기 전에 개선되기 시작했다.

그러나 그것은 너무 늦었다. 늑대는 이미 문 앞에서 짖고 있었다. 베이징에서 명 조정은 외국 세력과 그들의 빠르게 팽창하는 수군이 가져올 위협을 무시했다. 대신에 그들의 관심은 중국의 전통적인 북방의 위협인 몽골에 예민하게 집중되어 있었다. 그들의 지배에 대한 진정한 위협을 잘못 생각한 명나라 황제들은 1373년 이후(그리고 이후 거의 300년 동안) 그 어느 때보다 많은 재원과 노력을 장성을 건설하는 데 낭비했다. 쓸데없는 상징적 노력으로 그들은 심지어 장성을 바다 안으로 20여 미터 더 연장했다. 라오룽터우老龍頭라 불리는 장성은 베이징 동쪽 300킬로미터의 친황다오秦皇島에 대단한 노력을 기울여 건설되었다. 육지의 장성이 보하이渤海와 만나는 곳이다. 자기네 재물을 북쪽의 장성을 건설하는 데 투자하고 남방에서 옛 송나라의 수상 방어벽 또는 원나라의 해상 연결망을 유지하지 않은 명나라 조정은 바다를 건너오는 새로운 '야만족'의 도래가 임박했다는 새로운 위협을 제대로 평가하지 못했다.

26장

늑대는 우중에 온다

금을 찾아 인도로 날아가고
동양 진주를 찾아 대양을 돌아다니네.
그리고 새로 발견된 세계 구석구석을 뒤져
맛난 과일과 대단한 진미를 찾네.
— 크리스토퍼 말로, 〈파우스트 박사〉(1590년경), 제1막 제1장

1498년 5월, 인도 서남부 말라바르 해안에 금세 소문이 퍼졌다. 거의 두 세대 만에 중국이 마침내 돌아오고 있었다. 반가운 배들은 중심 항구인 코지코드(캘리컷)로 곧바로 들어오지 않고 북쪽으로 20킬로미터를 더 올라가 카파드의 어촌 공동체로 갔다. 치나코타Chinacotta로 알려진 이전 명나라 정착지 겸 요새가 있던 곳이었다.[1]

중국 상품의 풍성함은 아직도 지역 전승에서 상찬되고 있었다. 노인들은 정화의 거대한 함대와 큰 배를 타고 온 중국 상인들에 대해 이야기를 했다. 그들이 가져온 과일나무는 아직도 지역 과수원에서 잘 자라고 있었다. 인도 해안 일대의 남녀 귀족들은 계속 그들이 가져온 비단옷을 입었다. 엄혹한 기후 탓에 찢어지고 닳았지만 부드러운 산들바람에 펄럭이고 햇살 하나하나를 받아 빛나고 있었다. 부자들은 아직도 주화를 쌓아놓고 있었다. 한때 중국과의 무역에서 매우 귀중했던 것이다. 깨지고 금이 가고 보수된 자기가 말라바르 탁자에

우아하게 놓여 있었고, 지역 어민과 선원 가족의 조상이라는 밝은 색 피부의 중국 상인들은 거의 신화 속의 기억이었다. 이들 가족은 문화적으로 말라바르의 생활에 완전히 동화됐지만, 이제 잃었던 친척의 귀환을 환영하고 있었다.

중국인들이 돌아왔다. 아랍인 도선사는 새로 온 배를 오랫동안 버려졌던 옛 중국인 상인 공동체의 중심지로 능숙하게 데려왔다. 방문자들은 해안에 닿자 나팔과 북을 울리고 깃발을 높이 흔들어 자신들의 도착을 알렸으며, 광란적 환영을 받고 무장 호송대의 호위를 받으며 왕을 알현하러 갔다. 현지인 여섯 명이 메는 가마로 원정대 지도자를 모셔갔다. 구경꾼들이 방문자들을 보려고 서로 밀쳐댔다. 한 서기는 이렇게 기록했다. "사람이 너무 많아 셀 수가 없었다. 여자들이 아이를 팔에 안고 집에서 나왔다."[2] 호기심 많은 구경꾼들의 배가 강을 따라 그들을 쫓아갔다. 말라바르 현지인들은 그들이 치니바차칸Chini-bachaqan(중국 아이들)이라 부르는 이 사람들을 보는 것이 즐거웠다.

현지인들은 돌아온 방문자들이 코지코드의 현지 관리들을 만나러 가는 길을 따라 행진하게 했다. 왕을 알현한 뒤에 억수같은 비가 내려 도시에 흘러넘치고 거리를 진흙의 강으로 만들어버렸다. 이때는 5월 말이었고, 여름 장마가 요란하게 갑자기 내렸다. 엄청난 비와 맹렬한 범람은 이들 상인에게 무언가 문제가 있다는 징표 중 하나일 뿐이었다. 그들의 배는 이슬람교도나 인도의 배들보다 컸지만 겨우 80명 정도만이 타고 있었다. 정화의 정크선처럼 수백 명이 아니었다. 새로 온 사람들은 왕에게 설탕 한 통을 가지고 왔다. 모래처럼 흔한 것이었다. 그리고 과시하듯이 그에게 선물로 주었다. 마치 보석 한

통을 선물하는 듯했다. 그들은 비단 대신에 왕에게 무거운 우단 외투와 아주 큰 모자를 주었다. 춥고 습한 기후라면 잘 어울렸겠지만, 열기가 많은 인도에서는 휘장이나 실내 장식으로밖에는 쓸모가 없었다. 지역 상인들이 부지런히 달려와 자랑스럽게 전시한 상품들을 살펴봤지만, 그들은 금세 그 물건들과 그것을 가지고 온 사람들을 비웃었다. 한 관리는 선물을 살펴보고는 웃음을 터뜨린 뒤 새로 온 사람들에게 배로 돌아가 금을 가져오라고 말했다.

왕도 그 선물을 조롱했다. "너희는 돌을 찾으러 왔느냐, 아니면 사람을 만나러 왔느냐?" 그는 이렇게 묻고, 사람을 만나고자 한다면 사람에게 적합한 선물을 가져와야 한다고 설명했다.[3] 엄청난 폭풍우가 칠 때, 비웃음을 당하고 굴욕을 당한 방문자들은 그 지도자와 함께 궁궐을 떠나 소용돌이치는 흙탕물과 퍼붓는 비를 헤치고 진창길을 나아갔다.

그때 환멸을 느낀 말라바르 주민들은 깨달았다. 이 사람들은 중국인이 아니었다. 왕 및 상인들과 협상했던 그 지도자는 바스쿠 다 가마였다. 포르투갈 왕을 위해 일하는 선원으로, 서아시아의 이슬람 상인들을 우회하기 위해 남쪽으로 아프리카를 돌아 항해해 인도와 거래하기 위해서 왔다. 늑대들이 도착했다.[4]

15세기 말에 유럽은 상업적 고립에서 벗어나기 위해 필사적이었다. 포르투갈은 서아프리카에서 가져온 금으로 대공황에서 회복했고, 유럽에서 아시아로 가는 이 이례적인 항해에 충분히 자금을 투입할 수 있었다. 바스쿠 다 가마는 포르투갈의 아프리카 서해안 탐험을 확장했고, 결국 1497~1499년 항해에서 아프리카 대륙 남단을 돌아 인도양으로 항해해 들어간 첫 유럽인이 되었다. 포르투갈인들은 아프리카 동해안을 계속 올라가면서 탐험되지 않은 해안이나 고립된 국가는 발견하지 못했다. 중국인들이 이미 그곳에 갔고, 이슬람교도와 인도인들이 잘 발달한 무역로와 항구 거류지를 갖고 있었다. 그들은 다우선과 계절풍을 이용해 일정한 주기마다 무역을 하고 있었다.

포르투갈인들은 인도에 도착해 중국인들이 그 초기 방문 이래 깊숙하게 영향을 미쳤다는 증거를 발견했다. 16세기 에스파냐의 한 보고는 이렇게 설명했다.

(중국인들은) 중국에서부터 시작해 거기서 가장 먼 곳까지 모든 곳을 정복하고 배를 타고 동인도에 왔다. (…) 따라서 코지코드 왕국에서는 (…) 지금까지도 그들에 대한 기억이 많다. 그곳에는 과일과 나무들이 많은데 (…) 치노Chino들이 그 나라의 영주이고 총독일 때 그곳에 가져 왔다.[5]

명나라 조정은 유럽인들을 해안에 너무 가까이 오면 처리해야 할 해적으로 간주했다. 학자 유구劉球는 1441년 2월 황제에게 올린 상소에서 "정책 결정자들이 개와 돼지를 공격하려는 늑대를 무시"하고 있다고 썼다.[6] 그는 이 비판 때문에 1443년에 체포돼 참수당했다.[7]

중국은 해상 실크로드를 버렸지만, 세계는 무역에서 중국에 크게 의존했기 때문에 완전히 사라질 수는 없었다. 몽골 치하에서 만들어진 상업 연결망은 명나라가 중국을 닫아걸었다고 해서 파괴될 수는 없었다. 다른 떠오르는 세계의 열강이 재빨리 중국 수군을 대체하기 위해 경쟁했다. 처음에 인도인, 아랍인, 유대인, 페르시아인이 돌아와 무역에서 지배적인 역할을 했고 북태평양에서는 조선과 일본 상인들이 가세했으나, 이들 가운데 그 누구도 완전한 통제력을 행사하지는 못했다.

유럽인의 아시아 해상 식민지 건설은 인도 서해안에서 시작되었다. 바로 정화 제독이 60여 년 전 마지막 항해를 끝냈다고 알려진 곳이었다. 유럽인들은 세계 무역의 상부구조 전체가 이미 존재하고 있음을 발견했다. 대양과 강의 항구, 창고, 시장, 상인, 돈, 내륙으로 가는 공급선, 그리고 소비자와 무역을 되살리기 위해 안달이 난 통치자였다. 마치 중국이 모든 것을 남겨둔 채 조용히 빠져나가고 다른 누군가가 들어와 상업의 엔진에 다시 불을 붙이기만 하면 되는 듯했다.

이전 중국의 체제는 자기, 비단, 차, 사향, 은 무역을 바탕으로 번성했지만, 포르투갈과 다른 초기 식민 세력들은 세계 시장에 내놓을 것이 아무것도 없었다. 유럽은 세계가 필요로 하는 것은 별로 가지지 못했지만, 세계에 부족한 무언가를 가지고 있었다. 유럽은 금속으로 교회 종을 주조한 오랜 기술의 역사 속에서 가장 수준 높은 야금술을 발전시켰다. 종은 한번 뒤집으면 금세 대포가 되었다. 그 이전에 중국에서 넘어온 화약으로 유럽은 시대를 불문하고 가장 가공할 무기를 만들 줄 알게 되었다. 바로 대포, 장총, 권총이었다. 커다란 정크선이 계속해서 동남아시아 바다를 누볐지만, 그들을 보호할 중국 수군이 없고 그저 병사 몇 명만 타고 있었다. 당연히 그들은 유럽인의 포격 앞에서 맥을 못 추었다.

*

포르투갈이 아시아 무역을 장악하려 애쓰고 있는 사이에 에스파냐의 후원을 받은 크리스토퍼 콜럼버스는 중국을 찾아 서쪽 대양을 건너는 항해를 했다. 1492년 그가 동인도의 섬들과 카타이 궁정에 가기 위해 출항했을 때 그는 마르코 폴로가 아시아에서 한 모험과 항해 이야기에 잔뜩 주석을 단 사본을 가지고 갔다. 바다와 밀접한 제노바 출신의 콜럼버스는 폴로를 잘 알고 존경하고 있었다. 마르코 폴로는 제노바의 감옥에서 책을 구술했다. 불행하게도 유럽은 세계정세와 국제적 교류에는 어두웠기 때문에 콜럼버스는 몽골제국과 쿠빌라이 칸의 원 왕조가 붕괴했고 더이상 중국을 통치하지 않는다는 사실을 모르고 있었다.

그는 분명히 정화를 알지 못했다.[8] 아마도 쿠케진 공주에 대해서도 마르코 폴로의 책에서 읽은 것 이외에는 알지 못했을 것이다. 그와 함께 항해한 인원은 90명도 되지 않았고, 그가 탔던 가장 큰 배 산타마리아호는 갑판이 하나이고 세 개의 작은 돛을 달았으며 길이가 고작 18미터에 39명이 승선하고 있었다. 콜럼버스의 전체 선단은 쿠케진 공주가 탔던 배들의 상갑판에 화물로 올려놓을 수 있는 정도의 규모였다. 그러나 그의 항해는 엄청난 성공을 거두었고, 그는 중국 부근의 동인도에 도착했다(그는 그렇게 주장했다). 사실은 길을 잘못 들어 아메리카 대륙을 만난 것이었다.

에스파냐의 배들이 아메리카에 갇혀 있는 동안 포르투갈인들은 아시아 해운의 통제권을 놓고 술탄, 마하라자, 아미르, 군벌, 해적과 경쟁했다. 아시아의 방대한 대륙을 점령할 수 없었던 포르투갈은 해상 상업을 통제하기 위한 체계적인 계획을 추구했다. 강력한 방어막을 친 군항의 연결망을 구축한 것이다. 그들은 1507년 호르무즈를 점령했고, 이후 5년에 걸쳐 세력을 확대해 인도 해안으로 내려가고 스리랑카를 건너 1511년에 말레이반도 끄트머리의 플라카에 도달했다. 포르투갈인들은 유럽과 아시아 사이의 무역을 통제했지만, 지역

해운 또한 자기네 지배하에 두었다. 이 지역을 통과하는 아시아의 배들에게 포르투갈 당국의 공식 허가인 카르타스cartaz를 얻도록 요구했다. 공식 증서가 없는 배는 나포될 수 있었다. 이를 통해 포르투갈 약탈자들은 포르투갈의 명령에 복종하지 않는 지역의 배들을 공격하고 약탈하는 것이 허용되었다.[9]

이런 호전적인 포르투갈 탐험가들의 대담함에도 불구하고 그들은 옛 원나라의 세계 체제를 복구할 수 없었다. 그들은 세계를 그 절름거리는 경제 위기에서 끄집어낼 수 없었다. 아시아에 갔다가 살아남아 안전하게 고국으로 돌아온 포르투갈 배들은 후추와 향신료에 목말라하는 유럽 시장에 그것을 공급함으로써 엄청난 이득을 챙겼지만, 그러한 시장은 약간의 배들에게 수익을 안겨주기에 충분한 정도일 뿐이었다.

포르투갈인들은 많은 살상 무기들을 이용해 인도양과 중국 해안 일대에서 자기네 의지를 강요했다. 그들은 마을을 습격해 여성들을 납치하고 강간했으며 아이들을 잡아다가 노예로 삼았다. 아이들을 무슨 목적으로 잡아갔는지 알 수 없었던 중국인들은 포르투갈인들이 식인종이어서 아이들을 구워 먹는다고 두려워했다.[10] 300년 동안 남아시아 주민들은 내륙에서 해안 쪽으로 이동해 상업 항구들을 만들었지만, 포르투갈 약탈자와 습격자가 대량의 난민을 다시 내륙으로 달아나게 만들었다.

중국은 세계 경제 체제에 재진입하기를 꺼렸지만 여전히 세계 최고의 생산 중심지로 꼽히고 있었다. 여기에 따르는 무역을 장악하는 데 지대한 관심을 가졌던 포르투갈은 마지못해 중국 황제에게 상징적인 복속을 제안했다. 1513년에서 1517년 사이에 포르투갈 배들이 남중국 광저우 부근에 처음으로 들어왔다. 불법이었다. 이들을 지휘한 사람은 조르즈 알바르스Jorge Álvares와 하파엘 페레스트렐루Rafael Perestrello(크리스토퍼 콜럼버스의 처사촌)였다.[11] 알바르스는 중국 체류 허가도 받지 않았지만, 주강珠江 입구 어딘가에 포르투갈의 문장紋章이 들어간 석비를 세웠다. 자신이 중국을 '발견'했다고 오만하게 선언하는 내용이었다. 초기 포르투갈인들은 중국인을 '고지高地 타타르인'이라 불렀다. "그들은 우리와 같은 백인이다. 그들은 독일인처럼 옷을 입는다. 모피 안감을 댄 모자와 짧은 조끼 같은 모든 복장 형태가 그렇다."[12] 같은 시기의 또다른 편지는 중국인을 "우리 수준의 사람들"로 묘사했다.

1521년이 되어서야 토메 피르스Tomé Pires가 무역 허가를 얻기 위해 베이징에 가는 것이 허락됐고, 이 무렵에 포르투갈인들은 이미 폭력, 납치, 살해와 무허가 요새 설치로 악명이 높아 중국 당국은 그가 자금성에 들어오는 것을 허락하지 않았다. 조정은 이 유럽인들을 단호하게 거부했고, 남해의 중국 협력자들이 이미 약탈을 당했기 때문에 황제는 1525년 중국 항구에 외국 선박이 들어오지 못하게 했다. 명나라 황제는 피르스를 남부에 수감하도록 지시했다.[13] 그는 중국 전역을 유럽인의 전염병으로부터 격리시키고 싶었던 듯하다.

명 왕조는 군사적으로 갈수록 약해졌고, 따라서 권위는 불교의 후원을 통해 연성권력의 도구인 종교 쪽으로 옮겨갔다. 에스파냐인들이 기독교로 했던 것과 비슷한 일이었다. 1586년에 에스파냐 당국은 중국을 정복하기 위한 포괄적인 전략을 만들었다. 먼저 선교사들을 통해 중국을 약화시키고, 이어 이 나라를 여섯 개의 작은 왕국으로 쪼개 에스파냐 부왕副王들이 다스리게 한다는 생각이었다. 중국을 에스파냐 식민지로 만드는 일은 그들이 1588년에 함대를 동원해 잉글랜드를 정복하는 데 실패한 뒤 더욱 중요한 과제가 되었다. 중국의 심장부를 공격하기에 충분한 군사력이 없었던 에스파냐는 1593년 남부 베트남과 캄보디아를 침공하고 메콩강을 거슬러 올라가 중국 남부를 기습 공격할 계획을 세웠다. 에스파냐가 멕시코와 페루에서 빠르게 승리한 것과 대조적으로 캄보디아의 크메르를 상대로 한 전쟁은 4년 동안이나 끌다가 크메르 왕이 베트남의 참파 및 말레이반도의 동맹자들과 함께 에스파냐 육군과 수군을 전멸시켰다. 그들은 침략군을 마구 학살했고 단 두 명만이 도망쳤다.[14] 작고 무너져가는 제국 크메르가 에스파냐와 포르투갈(세계에서 가장 크고 당시 가장 강력한 제국들이었다)의 연합군을 궤멸시켰다. 13세기 몽골의 유럽 침략 이래 처음으로 아시아인들이 유럽 국가를 물리쳤다.

*

명 왕조가 쇠락해가면서 네덜란드가 중국을 향해 달려들었다. 잉글랜드와 같은 시기였지만 처음에는 더 큰 성공을 거두었다. 중국 본토에 발판을 얻을 수 없었던 그들은 타이완에 초점을 맞추었다. 그들은 네덜란드에서 새로이 유행하고 있는, '바다의 자유'가 그들에게 자기네가 원하는 곳 어디든 항해할 권리를 주었다는 관념을 바탕으로 그곳에 도착했다. 이 개념은 경건한 네덜란드 학자 휘호 더 흐로트 Hugo de Groot(이전에는 라틴어 이름 후고 그로티우스Hugo Grotius로 더 잘 알려져 있었다)가 1609년에 출판한 《자유로운 바다Mare Liberum, sive de jure quod Batavis competit ad Indicana commercia dissertatio》라는 제목의 책에서 가져온 것이었다. 이 책에서 그는 기독교의 신이 네덜란드인에게 아시아 무역을 공유할 허가를 주었다고 주장했다. 이 책의 완전한 제목은 이런 뜻을 담고 있다. "모든 나라는 다른 모든 나라를 여행하고 그 나라와 무역을 할 자유가 있다. 신은 자연의 소리를 통해 이렇게 말하고 있다."[15]

중국은 네덜란드인과 신 사이의 이 협정과 아무런 관련이 없었다. 유교 윤리는 권리보다는 책임과 의무를 더 강조했다. 자신의 영토(그리고 더 나아가 그 영토 주위의 바다)의 안전을 보장하는 것은 통치자의 의무였다. 이 의무는 중국이 그 바다에 들어오는 모든 사람을 통제해야 한다는 얘기였다. 그들이 중국인이든 다른 곳에서 온 사람이든 마찬가지다.

바다에서 외국인에 관한 권리와 의무의 충돌은 난파선의 지위 같은 문제에서 분명하게 드러난다. 중국인의 책임 원칙에 따르면 지역 주민은 모든 난파선의 선원(외국인 포함)을 구조하고 그들의 화물을 건지며 생존자가 있다면 모두 재우고 먹이고 입힐 의무가 있었다. 중국의 지역 관리는 자신의 관할 구역에서 파손된 배를 수리하거나 승무원, 여객, 그들의 소지품을 그들의 목적지까지 무료로 수송되도록 다른 조치를 취할 추가적인 도덕적 책임과 법적 의무가 있었다.[16] 그들은 자기네가 관할하는 바다에서 일어난 일을 책임져야 했고, 사고가 일어난 곳의 지신 및 수신과 희생자 사이의 화합을 복구해야 했다.

이 원칙은 이상을 넘어서는 것이었다. 또한 엄격하게 강제된 바다의 법이었다. 1729년 9월 450톤짜리 영국 상선 프린스에드워드호가 폭풍우에 남중국 해안 앞바다에서 난파되었다. 선장과 52명의 선원이 죽었는데, 생존자 한 사람은 나중에 이렇게 말했다. "(현지 중국 관리들은) 우리를 보호하기 위해 경호원 하나를 붙여주었을 뿐만 아니라 주민들에게 난파선을 찾는 일을 돕도록 했다. 그 덕분에 우리는 5천 파운드어치의 금은괴를 되찾았고, 나중에 약 1만 파운드어치를 더 찾았다." 중국 정부는 그들의 화물을 가져가도록 보장했을 뿐만 아니라 안전하게 돌아가도록 돈까지 주었다.[17]

이 엄격한 중국의 해상 책임 원칙과 대조적으로 유럽인들은 배가 난파되면 배, 승무원, 화물에 대한 일체의 소유권을 주장했다. 이는 심지어 선원과 승객을 강간하고 그들을 노예로 팔 권리로까지 확장되었다. 두 체계는 조화를 이룰 수 없었다.

신의 의지가 그들 편이고 명 왕조가 1644년에 붕괴해 청나라로 대체됐음에도 불구하고 네덜란드인들은 일이 잘 풀리지 않았다. 그들은 타이완에서 남중국의 군벌들에게 쫓겨났고, 1643~1644년에는 캄보디아를 정복하려 했지만 크메르인들의 저항에 부딪혀 자바섬의 본거지로 돌아가야 했다.

원나라의 몽골인들은 세계의 대양들이 자기네 것이라고 생각했다. 명나라의 바다 지배에 대한 인식은 좀더 제한적이었고, 자기네 해안과 항구라는 좀더 제한된 범위로 국한되었다. 섬이나 공해에는 거의 관심이 없었다. 청 왕조 초기에 조정은 바다에 대한 책임을 더 진지하게 보았다. 훨씬 큰 영향권을 상정해 섬과 공해, 해운과 무역으로까지 포괄했다.

거의 200년 동안 청나라 수군은 외국인들을 쫓아냈고, 광저우의 국제 항구 한 곳에서만 조심스럽게 제한된 무역을 허용했다. 승인된 왕국의 상선들이 엄격한 조건과 정부 감독을 통과해야 광저우에 들어갈 수 있었다. 유럽인들은 남아시아의 자기네 식민 기지에서 중국과의 무역을 확대하고 싶었지만 청나라는 거부했다.

중국, 조선, 일본은 남쪽의 작은 왕국들이 유럽의 통제 아래로 떨어지는 것을 주의 깊게 바라보며 같은 운명을 피하는 데 전념했다.

청나라는 조심스럽게 원나라와 명나라의 아프리카 및 페르시아 항해를 반복하지 않는다는 선택을 했다. 그들은 인도, 믈라카, '향신료 제도' 원정을 금지했다. 그들의 우선 과제는 중국 주위의 내해를 보호하는 것이었으며, 그 너머의 바다들은 유럽인과 그 식민지 신민들의 몫으로 남겼다.[18]

중국이 얼마나 오래 세계를 상대로 버틸 수 있을까? 서방 사람들이 그들을 제외한 나머지를 정복하고 세계의 부를 그들 각자의 민족주의적 필요에 동원하면 중국 수군은 얼마나 오래 동아시아를 보호할 수 있을까?

27장

엠프러스오브차이나호의 출항

중국인은 깨우친 민족이며,
존재하는 어떤 민족보다도 일찍 문명화했다.
— 벤저민 프랭클린, 1786

선택된 나라들이 광저우에서 무역을 할 수 있도록 청 조정의 승인을 받았다. 이 항구는 영어로 캔턴Canton이라 불렸다. 외국 배들은 우선 아오먼澳門(포르투갈어로 마카오) 부두에 머물며 주강을 거슬러 올라가 광저우로 들어가기 위한 허락을 기다렸다. 1784년 8월, 돛대 세 개를 설치하고 바닥에 구리를 댄 목선 한 척이 도착했다. 승무원은 43명이었고, 이상한 깃발을 달았다. 붉은 줄과 흰 줄이 교대로 그어져 있고, 위쪽 구석에는 푸른 바탕에 흰 별 열세 개가 원을 그리고 있었다.

더욱 이상하게도 외국의 것이 분명한 이 배의 이름은 엠프러스오브차이나Empress of China('중국의 황후')였다. 승무원들은 영어를 사용했지만, 그들은 영국인이 아니라고 주장했다. 그들은 새로운 나라 사람들이었다. 그들의 새 왕 이름을 묻자 그들은 왕이 없다고 말했다. 대신에 그들은 영국으로부터의 독립선언서 인쇄본, 새로이 만들어진

의회에서 보낸 편지들, 1783년 파리 조약(영국과 유럽의 주요 왕국들이 미국을 독립 국가로 승인한 것이다) 사본을 자랑스럽게 내밀었다.¹ 그들은 스스로를 미국인이라 불렀지만, 중국인에게 그들은 그저 '새로운 민족'이었다.

미국 식민지 사람들은 1773년 이후 사실상 중국산 차를 마시지 않았다. 영국이 파는 비싸고 세금이 많이 붙은 차에 불매운동을 시작한 이후다. 차와 무역에 대한 목마름으로 인해 엠프러스오브차이나호는 1784년 2월 22일 일요일에 중국을 향해 출항했다. 미국의 첫 대통령 조지 워싱턴의 52번째 생일이자, 영국 점령군이 뉴욕 항구에서 달아난 지 석 달 뒤였다. 필라델피아의 사업가이자 미국 건국의 아버지인 로버트 모리스가 일군의 투자자와 함께 배를 건조하는 데 자금을 댔다. 영국 동인도회사의 중국산 차에 대한 독점을 깨기 위한 것이었다. 미국은 제공할 제조품이 없었지만, 10만 달러어치로 추정되는 토산품을 실어 보냈다. 인삼, 포도주, 브랜디, 타르, 동물 가죽, 송진 같은 것들이었다. 미국인들은 자기네 나라의 은화와 금화가 없었기 때문에 2만 달러의 멕시코 주화를 현금으로 보냈고, 금화도 약간 보냈다.²

이 항해의 출발은 시인이자 미국 독립전쟁 전도사인 필립 프리노Philip Freneau를 자극했다. 그는 어떤 면에서 애국심이 문학적 재능을 능가하는 사람이었는데, 이해에 〈독립 후 최초로 중국 및 동인도 항로를 탐험한 미국 선박에 부쳐On the First American Ship that Explored the Route to China and the East-Indies, after the Revolution〉라는 제목의 시를 썼다. 그는 엠프러스오브차이나호에 대해 이렇게 썼다.

배는 날개를 펴고 태양을 맞네.
그 황금의 나라를 탐험하기 위해
(…)
그리고 곧 중국 해안에 닿겠지.
그곳에서 그들의 향기로운 차를 가져오고
(…)
그리고 금을 박아 넣은 자기 제품을.

엠프러스오브차이나호는 남아프리카를 돌아 항해한 뒤 원나라와 명나라 초 항해자들이 인도한 중국 상인 및 사절이 밟았던 경로를 따라 광저우 항구를 향해 나아갔다. 승무원들은 중국에 도착하면 무슨 일이 일어날지 알지 못했다. 외교 관계가 없는 외국에서 온 그들은 배와 화물을 빼앗기고 해적으로 몰려 투옥되거나 처형될 수도 있었다.

넓은 범위에 걸쳐 문서들을 꼼꼼하게 준비했지만 엠프러스오브차이나호의 광저우 도착은 혼란을 불러일으켰다.[3] 이 배의 사무장이었던 존 화이트 스미스는 자기 아버지에게 보낸 편지에 이렇게 썼다.

중국인들은 우리에 대해 들어본 적이 없었습니다. 우리는 스스로를 새로운 '나라'로 소개하고 우리의 역사와 우리 '나라'에 대해 설명해주었습니다. 양쪽에게 모두 이득이 되기 위한 이곳에서의 무역이 지닌 중요성과 필요성을 얘기했더니 그들은 이에 대해 완전히 이해하고 원하는 듯했습니다.[4]

미국인들의 요청에 따라 프랑스 대표는 미국이 더이상 영국의 일부가 아님을 확인하는 진술을 했다.[5] 중국은 미국인들이 가져온 물건이 그다지 필요하지는 않았지만, 무역을 더 하게 해달라고 끊임없이 졸라대는 성가신 영국인들과 싸움을 붙일 기회가 될 수 있음을 인식했다. 청나라 관리들은 미국과 그 국기를 승인하고 '새 국가'와 무역 관계를 맺는 데 동의했다.

1785년 5월 11일, 엠프러스오브차이나호는 뉴욕 항구로 다시 돌아와 1년여에 걸친 5만 킬로미터의 왕복 여행을 마무리했다. 알렉시 드 토크빌은 1831년 미국을 방문한 뒤에 쓴 책 《미국의 민주주의에 대하여 De la démocratie en Amérique》(1835)에서 엠프러스오브차이나호의 항해에 대해 언급했다. 그는 이렇게 썼다.

(그 선원은) 광저우에 도착해 며칠 동안 그곳에 머무르다가 돌아왔다. 2년이 되지 않는 기간에 그는 지구를 완전히 한 바퀴 돌았고, 육지는 딱 한 번 보았다. 여덟 달에서 열 달에 걸친 횡단 동안에 그는 소금기 있는 물을 마셨고, 절인 고기를 먹고 살았다. 그는 끊임없이 바다를 헤치고 나아가며 질병과 싸우고 지루함과 싸웠다.[6]

엠프러스오브차이나호는 25퍼센트의 이익을 남기고 돌아왔다. 그 절반은 로버트 모리스의 차지였다. 그는 무역 관계를 개시하는 것 외에 100달러어치의 손으로 그린 중국산 벽지, 대나무에 비단을 입힌 창 가리개, 옻칠 부채, 그리고 그가 대리인에게 설명했듯이 "여러 가지 정원용 종자, 금색 및 은색 물고기 몇 마리, 그리고 무언가 신기하고 가치 있다고 생각되는 것"들을 주문했다.[7]

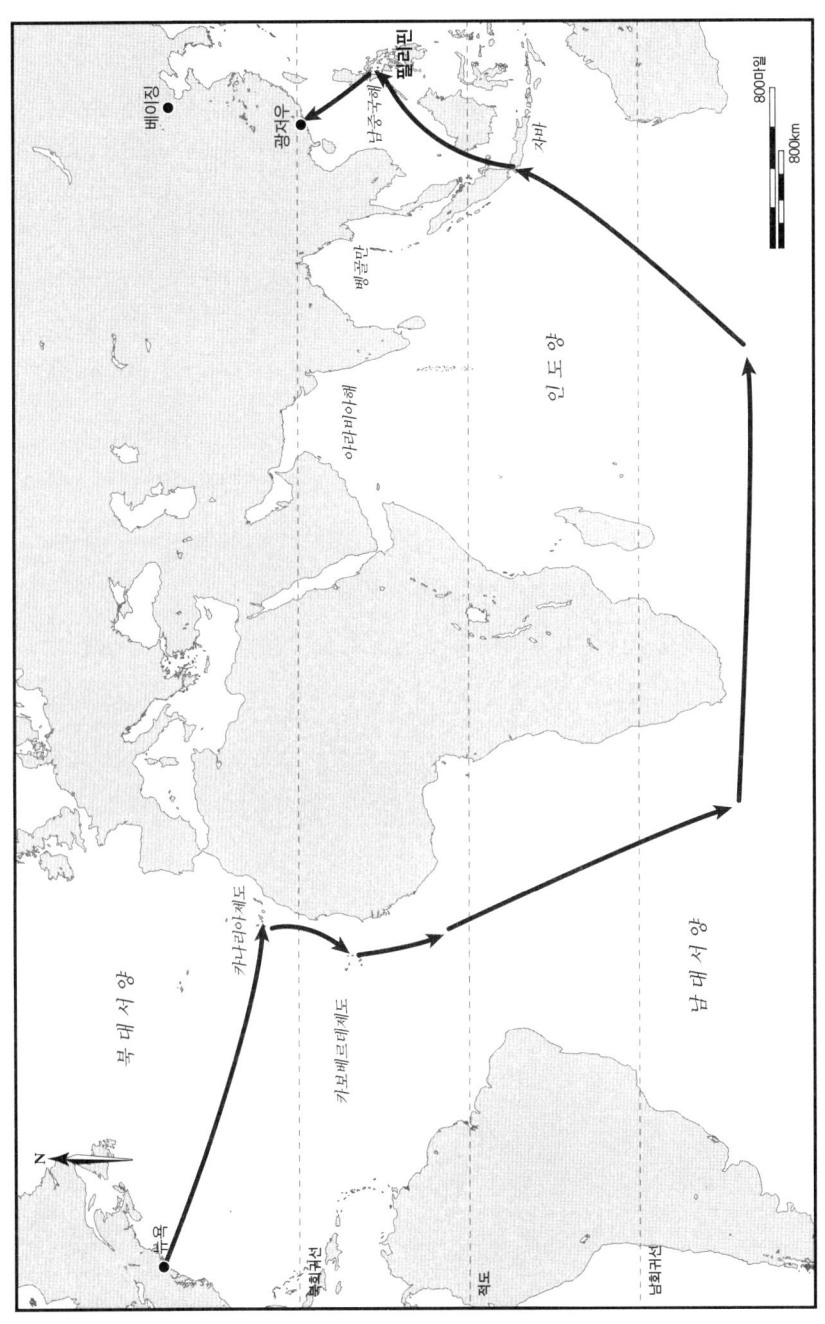

엠프러스오브차이나호의 뉴욕-광저우 간 항해(1784년 2월 22일~8월 28일)

뉴욕에서는 이 배의 성공적인 귀환을 환호로 맞았다. 미국은 유럽의 중개에 의존하지 않고 세계 경제에 합류하고 있었다. 《펜실베이니아 패킷Pennsylvania Packet》은 1785년 5월 16일자 사설에서 이렇게 말했다. "그것은 미래의 즐거운 시기와 미래의 매우 큰 즐거운 전망을 예고하고 있다." 미국 외무부 장관 존 제이는 엠프러스오브차이나호의 항해에 관한 최종 보고를 받은 뒤인 1785년 6월 23일에 이렇게 썼다. "의회는 중국과 직접적인 무역 관계를 개설하려는 미국 시민들의 첫 노력이 성공을 거둔 데 대해 특별한 만족을 느끼고 있습니다. 이는 이 일을 맡아 수행한 사람들에게도 상당히 영광스러운 일입니다." 엠프러스오브차이나호의 항해는 아마도 중국이 어떻게 미국의 첫 새 친구가 됐는지를 설명해준다고 할 수 있을 것이다.

엠프러스오브차이나호가 돌아오고 몇 달 뒤인 1785년 12월에 익스페리먼트Experiment('실험')라는 적절한 이름의 또다른 배가 같은 항로로 출항했다. 중국에서의 '매우 큰 즐거운 전망'을 찾아 나선 것이다. 새로 건국한 미국은 웬만큼 자원이 있었지만, 오랜 전쟁과 영국의 배척으로 외국 물건을 살 돈(또는 자기네 물건을 팔 시장)이 절대적으로 부족했다. 미국의 지폐는 가치가 떨어지고, 정부는 엄청난 부채에 직면했다. 미국의 애국자들은 자기네의 화폐인 '대륙폐大陸幣'를 받기를 원치 않았고, 국제 무역에서는 무용지물이었다. 미국은 중국의 도움을 기대했고, 중국은 미국이 광저우에 영사관을 개설하도록 허락했다. 당시 중국은 이미 자기네에게 필요한 것 대부분을 생산하고 있었고, 따라서 유럽인들에게 대금을 오직 은으로만 받았다. 그렇지만 고투 중인 미국인들에게 중국 당국은 예외를 인정해 유럽이 거부하는 미국 생산품을 받아주기로 했다. 본래의 엠프러스오브차이나호 항해 때 그 배를 탔고 미국이 임명한 초기 중국 주재 영사 가운데 한 사람이었던 새뮤얼 쇼Samuel Shaw는 "유럽 국가는 대부분 이것(차)을 돈을 주고 사야" 한다고 썼다.[8] "미국인들은 자기네 나라가 보다 좋은 조건으로 그것을 얻을 수 있음을 알면 즐거울 것"이라고 했다. 미국의 "달리 쓸 곳이 없는 산악 및 삼림의 산물들이 상당한 정도로 자국에 이 우아한 사치품(차)을 공급할 것"이었다.[9]

엠프러스오브차이나호 항해가 있고 10년도 되지 않아 중국은 미국의 세 번째로 중요한 해양 무역 상대국이 되었다. 영국과 쿠바 다음이었고, 유럽 대륙의 그 어느 나라보다도 무역액이 많았다. 쇼는 이렇게 썼다. "엠프러스오브차이나호는 오랫동안 그 정부의 지혜에 대한 놀라운 증거로서 존재했으며, 아직도 여전히 세계의 찬탄을 자아내고 있다." 미국은 곧 영국을 제외한 다른 어느 나라보다도 많은 차를 중국에서 수입해 재수출했다. 유럽 대륙 일대에서 미국 상인은 떠오르는 시대의 두 가지 사치품 도매상으로 인기를 끌게 되었다. 바로 미국산 담배와 중국산 차였다.[10]

영국은 이전 식민지와의 경쟁으로 심각하게 위협받은 것은 아니지만 중국을 세게 밀어붙였다. 1793년 조지 매카트니George Macartney는 국왕 조지 3세를 대신해 중국에 가서 무역을 곧바로 북중국까지 확대하고자 했다. 건륭제乾隆帝는 거부했다. 황제의 대답은 이랬다. "너희 사절단장 이하가 직접 보았듯이 우리에게는 부족한 것이 아무것도 없다. 우리는 이상한 특산품을 그리 중시하지 않는다. 너희 나라 제조품은 우리에게 필요하지 않다."[11]

중국의 지식 세계는 미국에서 새로운 추종자들을 확보했다. 미국인들은 유럽의 지적·경제적 지배에서 벗어나고 싶어했다. 토머스 제퍼슨은 독립 이전 미국 식민지에서 자신이 읽은 중국 저작들에 대한 인식을 제고하는 데 도움을 주었고, 나중에 그 책들을 의회 도서관과 버지니아대학에 기증했다. 벤저민 프랭클린은 작가이자 인쇄업자였던 자신의 위치를 이용해 중국에 대한 관심을 자극했다. 프랭클린은 미국 건국의 아버지 가운데 그 누구보다도 더 공자의 가르침을 미국 대중에게 알린 것으로 유명했다. 그 시작은 1738년 봄 《펜실베이니아 가제트》에 〈공자의 도덕에서From the Morals of Confucius〉라는 제목으로 발표한 일련의 글이었다. 여기서 그는 '고결해지는 기술'(나중에 자신의 철학 저작에서 그 표현을 '고결함의 기술'로 바꾸었다)에 관한 공자의 가르침을 소개했다. 미국에서 공자의 명성은 연방 대법원 동쪽 박공벽 꼭대기에 역사상 3대 입법자로서 히브리인 선지자 모세, 그리스인 솔론과 함께 그의 모습이 들어갈 정도로 높아졌다.

미국인은 중국인에게 배울 것이 많음을 프랭클린은 깨달았다. 특히 항해술이 그랬다. 그는 이렇게 썼다. "중국인은 깨우친 민족이며, 존재하는 어떤 민족보다도 일찍 문명화했다. 그리고 그들의 예술은 오래됐으며, 추정컨대 그들이 가장 오래되었다."[12] 그가 제시한 사례 중 하나는 선박 건조에서 방수 구획을 사용한 것이었다.

집칸을 격벽으로 빈틈없이 막아 여러 개의 분리된 방으로 나누는 것이다. (…) 그 가운데 한 곳에 물이 새어들더라도 다른 곳은 그 영향을 받지 않게 하려는 것이다. 그러면 그 방이 어느 정도 바닷물로 차더라도 배가 쉽게 가라앉지 않는다. 우리는 이 방식을 모방하지 못했다.

프랭클린은 미국철학회(APS)의 출판물들을 통해 중국에 관한 정보를 더 널리 전파하려는 운동을 전개했다. 미국의 기후는 유럽과 매우 달라 농업을 위한 다른 모형을 찾아야 했는데, 그는 그중 하나를 중국에서 발견했다. 중국은 "기후가 북아메리카와 매우 비슷한 곳"이었다.[13] 필라델피아와 베이징은 같은 위도에 있으며 두 큰 대륙의 동해안에 위치해서 둘 다 겨울에는 춥고 여름에는 더운 특징이 있다고 주장했다. 그는 특히 미국에서 비단 산업을 확대해야 한다고 주장했으며, 미국이 중국을 모방해야 한다고 말했다. "다행히 '중국'의 산업, 그들의 생활 기술과 농업에서의 개선책, 그리고 그들의 토종 초목을 도입할 수 있다면 '미국'에는 곧 '중국'처럼 많은 사람이 살게 될 것이다."[14]

*

중국 무역은 미국의 첫 백만장자를 탄생시켰다. 독일 이민자 요한 야코프 아스토르Johann Jakob Astor(영어명 존 제이컵 애스터John Jacob Astor)는 엠프러스오브차이나호가 항해를 떠난 바로 그해에 뉴욕 항구로 들어왔고, 이후 40년 동안 중국 무역을 새로운 경지로 끌어올려 옛 양키 가문들의 지배에 도전했다. 그는 또한 중국 무역을 뉴잉글랜드에서 미국의 서북부 태평양 연안과 러시아령 알래스카로 이동시켰다.

광저우는 열대 도시로서 모피가 필요 없는 곳이었지만, 추운 겨울에 베이징과 북중국의 도시들은 난방을 위한 충분한 연료가 없었다. 애스터는 바다삵과 수달의 모피를 공급했다. 그것은 아주 불티나게 팔려서 그는 1803년 비버호라는 선박 건조를 주문했다. 중국과의 모피 무역 전용으로 건조한 첫 미국 배였다. 그의 배들은 북아메리카의 태평양과 대서양 양쪽 연안에서 중국 무역을 담당했다(쿠바와 버진아일랜드 포함).[15] 애스터는 북아메리카에서 최고의 갑부가 됐고, 중국과의 무역에서 거둔 수익을 맨해튼 일대의 부동산에 투자했다. 1836년에는 브로드웨이에 애스터하우스를 열었는데, 이는 미국 최고급 호텔의 표준이 되었다. 여기에는 중국 제품이 잔뜩 비치되었다.[16]

1848년 캘리포니아에서 금광이 발견된 것은 남중국과의 무역을 크게 자극했다. 태평양을 직접 건너 샌프란시스코로 가는 것이었다. 보스턴에서 캘리포니아에 음식과 연장을 공급하려면 대략 115일 동안 항해해야 했는데, 중국에서 가는 배는 그 항해 시간을 절반 이하로 줄일 수 있었다. 금이 발견되고 단 1년 뒤인 1849년에 홍콩은 캘리포니아에 쌀, 차, 설탕, 비단, 자기, 연장, 설비를 공급하고 있었고, 돌아오는 배에는 모피와 함께 미국의 상품들이 실렸다. 인삼, 전복, 은화, 건새우, 수은, 그리고 특히 금 같은 것들이었다.

초기 중국 무역에는 미국 배들이 사용됐지만, 곧 중국 해운 회사들이 자기네의 배들을 가동하기 시작했다. 중국 소유의 첫 배는 중국 깃발을 달았지만 미국 승무원들이 타고 있었고 결정적으로 해밀턴호라는 미국 이름이었다. 이 배는 1854년 샌프란시스코에 도착했고, 곧이어 또다른 중국 배 포토맥호가 뒤따랐다. 샌프란시스코의 지역 신문 《알타캘리포니아Alta California》에는 곧 이런 사설이 실렸다. "우리의 중국 무역의 가액과 물량은 매일 늘어나고, 이 모험에 나서는 사람들에게 새로운 이익의 원천은 매달 그 모습을 나타낸다."[17]

중국인들은 미국인들이 중국에 대해 존중과 심지어 애정을 가지고 있음을 알게 됐으며, 세계 문명화 사명의 일환으로서 중국 조정, 당국, 상인은 다른 외국인들보다 미국인들을 훨씬 더 받아주고 좋아했다. 1827년 중국 당국은 필라델피아의 미국인 윌리엄 화이트먼William Whiteman에게 중국 최초의 영어 신문 《캔턴 레지스터Canton

Register》를 발간하도록 허락했다.[18]

중국의 해양 상인들, 특히 광저우의 상인들은 고투 중인 미국 경제에 투자했다. 때로 청나라 당국의 허가를 얻었지만, 통상 허가 없이 했다. 미국 상인들은 하우콰Howqua(그의 별명 호관浩官의 변형된 발음이며, 본명은 오병감伍秉鑑이다)로 불린 광저우 상인에게 호소했다. 중국 (어쩌면 세계) 최고의 부자로 일컬어진 사람이며, 1830년대에 2600만 달러의 재산을 소유했다. 지금의 가치로 수십억 달러에 달한다. 하우콰는 인도, 유럽, 북아메리카와의 세계적인 해상무역망을 지배했다.

그는 초기에 아편을 거래했지만, 1821년에 이 중독성 약물에 대한 투자를 버리고 영국이 아편을 중국에서 확산시키는 것에 강력히 반대하게 되었다.[19] 그는 아편 거래로 재산을 2~4배 불릴 수 있었을 텐데 왜 그만두었느냐는 물음에 아편을 팔면 "얼굴을 들어 해를 바라볼 수 없기 때문"이라고 대답했다.[20] 그는 미국인 거래 상대자들에게도 아편 거래와 관계를 끊도록 압박했으나, 이 운동은 성과를 크게 거두지는 못했다.[21] 하우콰는 미국인들(일부는 그를 위해 일하고자 광저우에 왔다)과의 연결을 통해 미국 상인들의 후원자가 되었다. 돈을 빌려주어 그들의 사업 활동을 지원하고, 파산한 상인들을 구제하며, 재정적으로 파산한 미국 회사들의 대출을 탕감해주었다.[22] 그는 영국인들과 경쟁하는 미국인을 매우 편애하며 도와, 젊은 사업가들에게 국제적인 사업을 어떻게 해야 하는지에 대해 아버지와 같은 존재이자 스승이 되었다. 그들이 오판을 하거나 돈이 떨어지면 그들의 빚을 갚아주었다.

하우콰는 미국 회사들과 함께 일해 첫 중국-미국 합작 기업을 만들었다. 뉴잉글랜드 상인 가문인 포브스 가문 및 퍼킨스 가문과 함께였다. 그들은 뉴잉글랜드 및 뉴욕에서 중국으로 가는 해로를 단축시키고자 했다. 방법은 미국의 대서양 연안에서 태평양 연안까지 횡단하는 철도를 건설해 중국으로 가는 배와 연결하는 것이었다. 그러면 아프리카의 희망봉이나 더 위험한 노선인 남아메리카 오르노스 곶을 거치는 더 긴 경로를 피할 수 있었다.[23] 중국의 투자는 시카고-벌링턴-퀸시 철도, 벌링턴-일리노이 철도, 일리노이 그랜드트렁크 철도, 필라델피아-윌밍턴-볼티모어 철도 등에 자금을 대는 데 도움을 주었다. 포브스 가문은 또한 그들이 중국 무역에서 얻은 이익의 상당 부분을 미국 노예제 폐지 운동에 투입했다.

그와 다른 부유한 중국 상인들은 자산을 미국 은행과 투자처로 이전해 영국의 횡포에서 벗어나려 시도하기 시작했다. 그들이 돈을 미국에 투자한 것은 또한 탐욕스러운 북부의 청나라 관리들과 남중국 상인들의 수탈을 피해 보호받을 것이라고 믿었기 때문이기도 하다.[24] 중국 투자자들은 미국 법정에서 자기네의 권리를 보호하기 위해 미국 법률 사무소와 계약해 지불 소송을 제기하고 그들의 법률 문제를 관리하며 자기네 가족의 미래 세대를 위해 돈을 보전하기 위한 합법적인 신탁을 설계했다.[25] 이런 중국인들의 투자는 새 국가 발전의 결정적인 시기에 미국의 산업 성장을 뒷받침하는 데 도움이 됐으며, 이는 19세기 중반과 미국 내전 시기에도 지속되었다.

그는 미국인들에게 '중국의 상업왕'으로 알려지고 존경받았다.[26] "그는 가장 마음이 넓은 사람"이라고 보스턴의 로버트 베닛 포브스 Robert Bennet Forbes(열세 살 때 캔턴패킷호 승무원으로 바다로 나가 결국 광저우 주재 미국 부영사로 일한 사람이다)는 썼다. 포브스는 이렇게 말했다. 하우콰는 "진취적인 상인과 기민한 정치인의 자질을 모두 가지고 있었다. 그는 언제나 미국인에게 따뜻한 친구였다."²⁷ 이 중국 해상의 투자에 감사하는 마음으로 미국인들은 초기 클리퍼선 하나에 하우콰호라는 이름을 붙이고 이 배는 오로지 중국 무역에만 전념하게 했다.

하우콰가 죽기 직전에 존 포브스는 그에게 편지를 써서 미국으로 이주하기를 청했다. 중국보다 세금을 싸게 해주겠다고 약속도 했다. 그는 1843년 8월 5일의 편지에서 이렇게 썼다. "당신과 당신 가족이 타고 올 수 있도록 제 배 가운데 하나를 가져가십시오. 그리고 우리 나라로 오세요." 그는 이렇게 이어갔다. "(미국 북부는) 아마도 날씨가 당신에게는 너무 추울 듯합니다. 그렇다면 플로리다에 세인트오거스틴이 있습니다. 캔턴과 아주 비슷한 날씨입니다."²⁸

1843년에 하우콰가 중국에서 죽자 뉴욕의 《머천츠 매거진 앤드 커머셜 리뷰Merchants' Magazine and Commercial Review》는 장문의 부고 기사에서 그를 칭송했다. "우리는 고인이 상인으로서 유럽이 낳은 가장 유명한 사람과 너끈히 비교될 수 있다고 생각한다." 그의 무역은 "전 세계에 걸쳤고", 그는 "건실한 판단, 진정한 분별, 주의 깊은 신중함, 현명한 절검"을 갖춘 사람이었다. 좀더 개인적인 찬사는 하우콰가 죽을 때, 그리고 장례식이 치러질 때 광저우에 있었던 폴 시멘 포브스Paul Siemen Forbes가 썼다. 그는 이렇게 회상했다. "그의 큰 특징은 인간적이라는 것이다. 그리고 그는 자신에게 전혀 미치지 못하는 미국인들에게 무한한 신뢰를 가지고, 한 번에 200만~300만 달러를 국적, 언어, 종교적인 끈이 없는 사람들에게 맡겼다." 은덕을 입고 감사하는 미국인들과 대조적으로 영국 언론은 공개적으로 하우콰를 경멸했다. "그가 미국인을 편애"하기 때문이었다.²⁹ 30년 뒤 그의 자손들은 여전히 미국에서 막대한 양의 주식과 채권 투자를 통제하고 있었다. 그가 그곳에 만든 가족 신탁 재산은 19세기 말에 가까워지는 시기에도 이어졌으며, 이 시기에 미국은 자기네 경제에 시동을 걸기 위해 더이상 중국인의 투자와 지원이 필요하지 않았고 중국 자신은 끊임없는 외국의 공격 아래서 떨고 있었다.

*

19세기에 청 왕조는 길고도 느리게 진행되는 붕괴 과정에 빠져 있었고, 유럽인들의 탐욕은 커져만 갔다.[30] 영국은 얼렁뚱땅 중국으로 들어가려는 노력을 계속했다. 에스파냐는 기독교라는 영적 마약을 가지고 중국을 정복하는 데 실패했지만, 영국은 더 강력한 마약을 가지고 있었다. 바로 아편이었다. 여러 나라에서 온 탐욕스러운 상인들이 아편을 팔았지만, 영국은 해군력을 앞세워 사실상 독점하면서 세계 최대의 마약 거래상이 되었다.

유학 교육을 받은 관리 임칙서林則徐는 런던과 파리의 고위 관리에게는 선이 닿지 않고 중국에 있는 영국 영사는 믿을 수 없었기에 이례적인 조치를 취했다. 빅토리아 여왕에게 직접 공개편지를 쓰고 이를 광저우에서 널리 알린 뒤 사본을 런던으로 보낸 것이다. 편지는 길고 상세하고 분명하고 극도로 정중했다. 오늘날에도 그의 말들은 도덕성과 감동이 넘쳐난다.

중국에 온 상인 중에는 "좋은 사람도 있고 나쁜 사람도 있어 일정하지 않았다. 이에 따라 아편을 밀수해 중국인을 유혹하는 사람이 있었고 그것이 마약 확산의 원인이 되었다." 아편 거래업자들은 "그것이 자기네에게 주는 이익만 생각하고, 남들에게 끼치는 해악은 무시했다." 그들은 "천도天道"를 위배했고, "모든 인류의 증오를 샀다."

그러므로 빅토리아 여왕이 그 신민들에게 "신중하게 법을 준수"하라는 명령을 내려달라고 간청했다. 임칙서는 여왕의 신민들이 자기네 군주의 충고를 듣고 그 훈계를 이해하게 되면 올바른 행동을 할 것이라고 순진하게 생각했던 듯하다. "그들에게 이득에 대해 설명해주는 것만이 필요할 뿐입니다. 그러면 그들은 하늘나라 법정의 법전은 절대적으로 준수해야 함을 알 것입니다."

그는 아편을 피우거나 판매한 자는 처형될 것임을 설명하면서 편지를 마무리했다. 그는 이미 도시에 들어온 아편 상인은 용서하겠지만, 그들이 아편을 내놓지 않으면 몰수해 폐기하겠다고 했다. 여기에는 영국 상인의 아편 2만 183상자가 포함되어 있었다. 이 법에 대한 인식이 모든 나라로 확산될 수 있도록 그는 영국에서 오는 사람들에게는 1년, 인도 식민지에서 직접 오는 사람들에게는 6개월의 유예 기간을 약속했다. 그는 평화와 협력을 기대하며 글을 끝맺었다. "두 나라가 평화의 축복을 함께 누립시다. 얼마나 다행입니까! 얼마나 다행입니까!"

임칙서는 새 법을 중국의 아편 중독자에게 강제했고, 그래도 상인들이 아편을 넘기지 않자 몰수해 폐기했다. 그리고 후속 조치로 지신地神과 해신海神에게 복잡한 의식을 치르고 기도를 했다. 이 유독 물질이 그들을 화나게 했기 때문이다.³¹

그의 편지에 대한 영국의 응답은 전쟁이었다. 9월에 영국은 바다로부터 중국을 침공했다. 이를 방어하기 위해 동원할 수군이 없었던 중국은 3년 동안의 파괴 끝에 항복했다. 20세기가 시작되면서 프랑스는 광저우의 사몐섬을 점령했다. 포르투갈은 마카오를 외국인 무역항에서 식민지로 바꾸었다. 독일 카이저는 칭다오만灣을 장악했고,

러시아 차르는 북쪽의 다롄을 점령했다. 벨기에, 오스트리아-헝가리 제국, 이탈리아, 미국 같은 더 약한 나라들은 톈진에서 조계租界를 차지했다. 유럽인들은 자유무역에 대한 요구를 항구에 그치지 않고 강과 더 나아가 철도까지 확대했고, 중국을 여러 나라의 영향권으로 분할했다. 여기서 아편은 대중에게 강요된 종교가 되었다. 중국인은 자기 나라에 갇힌 죄수가 되었다.³²

19세기 중국에 가해진 엄청난 고난에도 불구하고 이 나라는 살아남았다. 중국은 제2차 세계대전 이후까지 외국의 통제에서 완전히 해방될 수 없었다. 그리고 21세기에 중국은 주요 경제강국으로 떠올랐고 다시 눈길을 바다로 돌렸다.

500년 동안 자리를 비웠던 중국이 다시 세계 해상강국으로 돌아오자 세계는 깜짝 놀랐다. 아시아는 수백 년 동안 권력 방정식에서 거의 고려되지 않았다. 많은 지역이 정복되고 식민화되고 지배되고 수탈되는 곳일 뿐이었다. 이제 21세기에 중국이 다시 거대한 상선대를 구축했고, 강력한 해군이 강에서 나와 그 해안선 너머 멀리까지 진출해 이전의 위치를 다시 차지했다.

*

역사는 무시되거나 잊히기는 해도 결코 끝나지 않는다. 과거는 과거로 그치지 않는다.

매일 버스를 꽉꽉 채운 방문객들이 베이징 북쪽 만리장성 옆의 쥐용관에서 장성을 오른다. 이곳은 지리적으로나 상징적으로나 여전히 중국을 북쪽의 스텝과 갈라놓는다. 1342년 홍예문에 새긴 이상한 네모꼴 문자를 살피기 위해 발길을 멈추는 방문객은 거의 없다. '바다의 황제 겸 제국의 대칸'이라는 모호한 제목이다.

지구 표면의 대부분은 물로 덮여 있고, 바다를 장악하는 사람이 세계를 지배한다. 중국 같은 단일 해상 초강국이 다시 나타날지는 두고 볼 일이다. 또는 세계가 또다른 '바다의 황제'를 필요로 하게 될지도 마찬가지다.

에필로그
역사는 총아를 허락하지 않는다

> 만물은 끊임없이 변화하며, 그대로 있는 것은 없다.
> ─ 헤라클레이토스

쿠빌라이 칸의 가장 이례적인 문학적 결말은 미국 극작가 유진 오닐의 펜 끝에서 나왔다. 그는 1936년에 노벨 문학상을 받았다. 이 상을 받은 첫 번째 극작가이자 겨우 두 번째 미국인이었다. 오닐은 평생 중국에 천착했다.

대학의 학자들과 문학의 극작가들은 같은 원자료를 사용할 수 있지만, 각기 다른 수단을 가지고 작업한다. 학자들은 과거의 말을 고수하는 경향이 있다. 심지어 그 말이 모호해 이해를 방해하는 경우에도 그렇다. 오닐은 쿠빌라이 칸, 마르코 폴로, 쿠케진 공주 이야기에서 더 깊숙한 무언가를 찾고 있었다. 그는 이렇게 썼다.

> 사실은 사실이지만, 진실은 그 너머와 그 바깥에 있다. 너무 많은 사실은 내가 보는 것을 방해하며, 나를 완전하지만 정신적 중요성은 없는 역사적 장소에 국한시킨다.[1]

극작가는 몇몇 사실과 상상력을 동원해 과거에서 불러온 세계를 가지고 창작을 할 수 있다. 유진 오닐은 예술가이기도 하고 학자이기도 했다. 천재였다.

제목은 〈백만장자 마르코Marco Millions〉이지만 마르코 폴로는 오닐 희곡의 주인공이 아니다. 마르코 폴로의 책과 마찬가지로 이 연극은 쿠빌라이 칸 및 중국 문명을 서방과 대비해 비판적으로 검토하며, 쿠빌라이 칸과 마르코 폴로의 만남을 이용해 13세기 동방과 서방의 더 큰 만남을 상징화했다. 오닐은 마르코 폴로 시대에 어떤 작가도 알지 못했을 것을 우리에게 보여준다. 바로 이 시기는 세계가 미래에 관한, 떠오르게 될 세계 체제의 종류에 관한 대조적인 비전들 사이에서 흔들거리고 있던 역사의 중요한 순간이었다는 것이다. 쿠빌라이 칸은 이상적인 철인왕哲人王을 상징했다. 합리적이고, 동정심과 인간의 최고 덕목들을 내보이려는 필요에 의해 훈련된 사람이었다. 공정한 통치를 통해 표현됐듯이 말이다. 그러나 진실을 발견하게 되면 그것은 '권력의 진실'일 뿐이다. 그의 말이 진실로서 인정되는 이유는 오직 그가 황제이기 때문이다.

이 연극에서 마르코 폴로는 결국 자본주의로 알려지게 되는 상업의 부상을 상징한다. 개인을 사회 위에, 그리고 돈을 미덕 위에 놓는 관념이다. 오닐은 마르코의 상업적 가치를 인간에게서 고귀했던 것의 안티테제로서 제시한다. 그가 묘사한 쿠케진은 마르코 폴로에게 곧바로 강한 반감을 품고 그를 호랑이 밥으로 던지겠다고 위협한다.

마르코 폴로의 도착은 서방인들이 동방에서 배울 수 있는 기회였지만, 그들은 그러지 못했다. 더 넓은 서방에 대한 판단으로 쿠빌라이는 마르코 폴로에 대해 이렇게 말한다. "우리는 그에게 배울 수 있는 수많은 기회를 주었다. 그는 모든 것을 암기했지만 배운 것은 하나도 없었다. 그는 모든 것을 쳐다보았지만 아무것도 발견하지 못했다. 그는 모든 것에 대한 욕망을 가졌지만 아무것도 사랑하지 않았다." 그는 "내가 웃어넘길 수도, 죽일 수도 없는" 사람이었다. 마음이 있어야 할 곳에 "오직 갖고자 하는 본능만" 있다. 마르코는 생명보다 돈을 더 사랑한다. 공주의 말로 "그는 수량 판단이 예리"했다. 서방은 배우기 위해 아시아에 간 것이 아니었다. 그들은 갖기 위해 갔다.

마르코 폴로와 바얀 장군의 성격을 통해 쿠빌라이 칸은 면전에서 대조적인 행동의 관념을 가진 두 사람을 보았다. 마르코는 이렇게 설명한다. "나는 게으름을 싫어합니다. 생각하는 것 외에 아무것도 마음속에 있지 않은 상태 말입니다." 그는 철학이나 더 깊은 미덕에 대한 사고가 필요 없는 부를 추구한다.

마르코 폴로의 상업을 통한 취득과 대조적으로 바얀은 정복을 추구한다. "나는 몽골인입니다. '행동하는 사람'입니다." 마르코 폴로와 서방의 태도에 깜짝 놀란 바얀은 서방이 세계를 감염시키기 전에 몽골인들이 전체 서방을 부숴버리겠다고 제안한다. "서방은 강하지 않을지 모르지만 그들은 간교합니다. (…) 그들이 인간의 힘을 약화시킬 기계를 너무 많이 만들기 전에 지금 그들의 잔꾀를 싹 제거해버리는 게 나을 것입니다."

쿠빌라이는 그 제안을 거부했다. 그는 바얀에게 이렇게 물었다. "너는 왜 서방을 정복하려고 하느냐? 그곳은 불쌍한 땅일 것이다. 정신과 물질적인 부가 빈약한 곳이다. 그들의 탐욕스러운 위선과 맞닥뜨리면 우리는 모든 것이 손해다. 정복자는 정복된 자들의 악을 손에 넣는다. 서방은 저희들끼리 집어삼키게 내버려두라."

오늘날 서방은 아직 완전히 서로를 집어삼키지는 못하고 있지만, 여전히 시도 중이다. 중국은 세계 공동체의 일원이 되기를 원하는 것과 외부의 영향력을 차단하고 장성 뒤로 물러나는 것 사이에서 망설이는 과거의 모습을 계속해서 이어가고 있다. 동방과 서방의 차이에 대한 오닐의 비전은 불행하게도 한 세기 전 그가 이 희곡을 쓸 때와 마찬가지로 오늘날에도 여전히 진실이다. 서방은 중국으로부터 배우지 못했고, 현대에 통신, 상업, 교환이 그렇게 활발했음에도 불구하고 중국은 서방을 이해하지 못했다. 마르코 폴로의 쿠빌라이 칸 궁정 도착은 하나의 절정이었고, 이후 수백 년에 걸쳐 서방의 팽창과 지배가 이어졌다. 서방은 새로운 몽골이 되었다.

역사의 소용돌이 속에서 우리는 지금 동방과 서방이 대략 동등한 조건에서 다시 서로를 대하는 비슷한 순간을 맞았다. 이번에도 세계는 선택을 해야 한다. 한 나라 또는 지역이 다시 상대에 대한 지배를 추구할까? 아니면 이번에는 세계가 협력 방법을 찾을 수 있을까? 다시 문명의 충돌이 필요하고 한쪽이 다른 쪽을 집어삼키고자 할까?

신호는 뒤섞여 있다. 거의 모든 나라가 평화와 협력을 원한다고 주장하지만, 차이는 그들이 그 이상을 어떻게 규정하느냐에 있다. 세계 강국들은 다시 그들의 익숙한 역할로 돌아가 서방 대 동방이라는 옛 경쟁을 되살리고 있는 듯하고, 첫 번째와 마찬가지로 경쟁은 바다에 대한 통제 추구로 시작되고 있다.

때로 바다는 우리를 나눈다. 때로 바다는 우리를 통합시킨다. 우리는 선택권을 갖고 있다. 다음 장은 아직 쓰이지 않은 채로 남아 있다.

감사의 말

이 책은 내가 쓰려고 했던 것과 다르다. 20년 동안 몽골제국의 성장을 연구한 뒤 나는 내가 그 쇠락 이야기라고 예상한 것을 시작했다. 나는 먼저 쿠빌라이 칸이 일본과 자바의 해상에서 패배하고 베트남의 육지와 바다에서 패배한 것을 살폈다. 그러나 자료를 더 깊이 파고들수록 서술되기를 기다리는 다른 이야기가 있음을 발견했다. 그것은 쇠락의 이야기이기는커녕, 중국과 세계의 이례적인 상업 및 문화 발전의 한 세기를 여는 것이었다.

나는 중국 연구자가 아니고 한문을 공부하지도 않았다. 중국 자료를 읽기 위해 다른 사람들의 번역본을 따라야 했고, 더 나은 학자들의 연구에 의존했다. 그들에게 신세를 졌다. 나는 모리스 로사비의 작업에 경의를 표한다. 그는 확신컨대 영어로 읽을 수 있는 가장 대중적인 쿠빌라이 칸 전기를 썼다. 나는 또한 다음 학자들의 연구와 독창성에도 의존했다. 조너선 애들턴, 드니스 에글레, 마이클 올드리치,

토머스 T. 올슨, 로버트 J. 앤서니, 쿠빌라이 아릭, 나아마 O. 아롬, 크리스토퍼 애트우드, 필립 볼, 바야르사이한 다슈돈독, 나란 빌릭, 프랑크 빌레, 미칼 비란, 베틴 버지, 로렌 보닐라, 필립 보링, 티머시 브룩, 우라딘 E. 불라그, D. 부모키르, 만두하이 부얀델게르, 에드워드 벅스턴, 존 채피, 찬혹람, 천옌, S. 출루운, 버질 치오클탄, 마사 크렁클턴, 제임스 P. 델가도, 갈립 시라즈 달라, 돤샤오린, 루스 W. 더넬, 퍼트리샤 버클리 에브리, 엘리자베스 엔디콧-웨스트, 요한 엘베르스콕, D. 엔크훌루운, 이스라엘 엡스타인, 마리 파브로, 프란체스카 피아셰티, 옴리 바세위치-프렝켈, 유디트 프뢸리흐, 마이클 A. 풀러, 리처드 A. 게이브리얼, 안토니오 그라세포, 앤 게릿슨, 리하르트 폰 글란, 티알링 할베르츠마, 울리케 할베르츠마-헤롤트, 크리스토퍼 하딩, 찰스 하트먼, 스티븐 G. 호, 마이클 호프, 샤오치칭, 제프리 험블, 캐럴라인 험프리, 만다르 자야완트, 취진량, 제프리 케인, 스테판 카몰라, 크리스토퍼 카플론스키, 랠프 카우스, D. 코롤담바, 김호동, 린다 코마로프, 린선푸, 조지프 스이칭 람, 애브릴 리, 리캉잉, 리칭신, 리이윈, 부훙리엔, 윌리엄 린지, Kh. 하우수렌, 존 맨, 멀리사 머콜리, 무카이 마사키, 마쓰다 고이치, 티머시 메이, 존 믹시치, 람수렌 문크-에르데네, 샤힌 무스타파예프, 브루노 데 니콜라, 응친키옹, 친바트 노민, 박현희, 로널드 C. 포, 대니얼 포츠, 스티븐 포, 세바스티안 R. 프랑에, 로데리히 프탁, 추이하오, 데이비드 M. 로빈슨, 알렉산드르 로마노프, 마이자르갈 산지미아타브, 앙겔라 쇼텐하메르, 선푸웨이, 심호성, 엘리자베스 신, 에르데네볼드 수흐바아타르, O. 수흐바아타르, 무함마드 술레이만, 바아산자브 테르비시, D. 초그트바아타르, 도미이 투무르토구, 에즈라 F. 보걸, 한스 울리히 포겔, 윈데스 투시

웬, 베스나 A. 월러스, 왕페이링, 왕진펑, 왕밍밍, 왕창, 왕치산, 제임스 워터슨, 스티븐 H. 웨스트, 다이앤 월프, 사이먼 위컴-스미스, 잭 윌슨, 셰릴 윙, 존 D. 윙, 마이클 우드, 쉬진, 쩡이양윈, 욧카이치 야스히로, 지모니 이슈트반, 해리엇 쥐른도르퍼.

어떤 정부나 재단의 자금도 이 연구에 쓰이지 않았지만, 나는 미네소타주 세인트폴의 매캘러스터칼리지 도서관의 계속적인 지원에 감사한다.

나는 지도 제작자 이저벨 루이스가 지도를 그려준 데 감사한다. 처음에 편집 조언과 관련해 격려해주고 도와준 조이 드메닐, 중국인 편집자이자 친구인 역사가 고故 조지 자오칭즈, 몽골 경제사가 에네렐트 엔크볼드, 내 평생의 저작권 대리인 로빈 스트라우스에게 감사한다. 편집자 토머스 호스킨스가 이 책의 출간이 가능하도록 인도하고 격려해주며 옥타비아 스토커, 파미다 아메드, 그레이엄 코스터가 책 출간을 현실로 만들어준 헌신적인 노고에 깊이 감사한다.

나의 문제점이 그들에게 누를 끼쳐서는 안 되며, 곧 젊은 학자들이 원전을 이용해 더 나은 작품을 만들어주기를 바란다.

몽골 복드칸산 투르후라 계곡에서

옮긴이의 말

　대제국 몽골을 이야기할 때, 사상 최대의 '육상' 제국이라는 식으로 한정하는 말을 붙인다. 해가 지지 않는 제국을 건설했던 영국 같은 해양 제국들과 크기를 어떻게 비교하느냐의 문제 때문에 '육상'의 타이틀만 인정한 것이겠다. 자연스럽게 몽골제국에 대해서는 육상에만 주목했고, 유라시아 대륙을 가로지르는 역참 망 등 그 대표 상품들이 그런 이미지를 강화하는 데 이바지했다.
　그런데 '바다의 황제'라니. 허를 찌르는 주장이다.
　사실 우리에게는 '바다에 약한' 몽골의 이미지가 각인되어 있다. 일본에서는 가미카제神風로 포장했지만 일본 침공을 두 차례나 시도했다가 실패한 것이 대표적이다. 우리나라의 경우도 몽골이 침략해 왔을 때 강화도로 피신한 것은 그들이 바다에 약하다는 것이 '공인'된 사실이었기 때문이다. 나중에 물론 강화도가 함락되기는 했지만, 솔직히 난도가 높은 곳은 아니었다. 이 책은 몽골이 바다에 약한 것이 아니라 오히려 바다를 지배했다고 주장한다.

그런데 자세히 살펴보면 두 이야기가 상충하는 것은 아니다. 시기의 문제다. 이 책에서도 초기에는 몽골이 바다에 약했음을 인정한다. 말을 타고 육지만 휘젓고 다녔으니 당연한 일이다. 몽골이 본격적으로 배를 타기 시작한 것은 남송 정벌 때부터였다. 장강을 건너려면 배를 타야 했기 때문이다. 이 책의 설명에 따르면 몽골은 남송 정복 과정에서 급속하게 수군을 발전시켰고, 그 결과로 남송을 격파하고 그 여세를 몰아 아시아의 바다를 지배하게 되었다.

이 전환은 쿠빌라이 시대에 일어났다. 그가 남송 정벌 전쟁을 벌이면서 수군을 육성했고, 남송을 정복한 이후에는 일본, 베트남, 자바 등 잇단 해상 원정을 추진했다. 다만 이런 해상 침공은 모두 실패했다. 그러나 구체적인 여러 사정들로 인해 해당 지역들을 점령해 복속시키지 못했다는 것뿐이지, 아시아 바다에서 몽골에 맞설 수 있는 세력은 이미 없었다. 쿠빌라이 시절 몽골 공주를 일 칸국으로 시집보내면서 대선단을 파견해 남중국에서 페르시아만에 이르는 해상로를 개통했다. 마르코 폴로가 고국으로 돌아간 것도 이 선단에 편승한 것이었다.

이런 해상 지배는 쿠빌라이의 후계자 테무르의 정책 전환으로 가속화되었다. 테무르는 돈만 많이 드는 전쟁을 버리고 외교와 상업 쪽으로 관심을 전환했다. 몽골은 이제 아시아 바다의 상업을 통제하는 해양 제국이 되었다. 이 책에서는 이후 명·청대 중국의 해상 진출의 부침에 관한 후사後史까지 다루고 있다.

이 책은 큰 틀에서 보아 바다를 중심으로 한 쿠빌라이 시대사라고 할 수 있다. 그러나 이야기가 바다 하나만 집중적으로 파는 것이 아니고 다른 여러 가지 측면들도 골고루 살핀다. 시대 측면에서도 쿠빌라이 시대로 좁히지 않고 앞부분에서는 칭기스 칸 말년 이후의 몽골사를 폭넓게 다루고, 뒤에서는 쿠빌라이 이후 청대까지의 아시아 해상 패권 문제를 이야기한다.

　이 책을 보면서 개인적으로 느꼈던 점 하나는 그동안 토막토막 따로 떨어졌던 몽골에 관한 정보들이 정리가 되는 듯하다는 것이다. 몇 년 전에 십수 명의 인물 중심으로 엮은 몽골사 책을 번역했는데, 그때 봤던 인물들이 이 전체적인 그림에서 어느 위치를 차지하고 있는지를 이제 알게 되었다. 라시드웃딘이야 몽골사 책에서 역사가로서 늘 나오는 인물이지만, 쿠툴룬, 양정벽, 이사 켈레메치 같은 사람들이 그 책에서 말한 활동을 한 맥락을 잡게 되는 것이다. 그 책에서 조연이었던 포수경 같은 여러 인물들도 다시 만났다.

　그렇게 맥락을 잡을 수 있는 것은 이 책이 기본적으로 큰 그림을 잘 그려주고 있기 때문이다. 원나라를 중심으로 한 몽골사의 여러 시대, 여러 분야를 골고루 보여주고 있어서다. 그리고 이 책에서 중점을 두고 있는 바다 이야기도 중요했다. 바다가 빠진 그림이었다면 양정벽 같은 인물의 활동에 대해서는 여전히 맥락을 찾지 못하고 있을 것이다.

　이 책에서 개인적으로 또 한 가지 발견한 것은 일 칸국의 위치다. 몽골제국이 원나라와 여러 칸국들로 쪼개졌다는 시각에서 일 칸국은 그 칸국 중 하나로서 원나라와의 사이가 똑같이 멀었으려니 했는데, 그렇지 않았다는 것이다. 다른 칸국들은 사촌들이고 적대적이기까지 해서 별개의 국가라고 해야겠지만, 쿠빌라이의 동생인 훌레구의 나라 일 칸국은 원나라에 충성하는, 중국 개념으로 제후국이었다. 아시아의 바다가 원나라에게 중요했던 이유 중 하나는 이 제후국과의 소통이었다. 중앙아시아의 육상 실크로드가 적대적인 사촌들에 의해 막혀 있으니 일 칸국과는 해로로 소통할 수밖에 없었다. 마르코 폴로가 원나라로 갈 때는 육로로 들어가고 돌아올 때는 해로를 이용한 것은 그동안의 이런 변화를 상징한다.

이 책으로서는 여담 격이었지만, 미국이 독립 초에 중국의 도움을 받았다는 이야기도 흥미롭다. 미국은 영국의 방해로 전후 경제 재건에 어려움을 겪고 있었는데 중국이 선뜻 너그러운 조건으로 무역을 허락해주었다. 중국으로서는 영국에 대한 견제 역할을 기대했다고 한다. 하우콰 같은 중국 거상이 미국에 투자한 것도 경제 재건에 도움이 되었다. 초기 미국은 '선진국' 중국의 지식과 문화도 적극적으로 받아들였다.

그밖에도 토막 정보이지만 원나라가 여름 수도와 겨울 수도를 두었던 이유가 식량 문제 때문이었다는 이야기도 눈에 띈다. 단순히 기온 문제가 아니었다는 얘기다. 초기에 남방의 물자가 원활하게 수송되지 않았던 모양이다. 여름에 베이징의 자원을 소비하고, 겨울에는 스텝으로 올라가서 전통적인 목축민의 식생활을 하며, 여름에는 다시 베이징으로 돌아와 그동안 비축된 자원을 소모한 것이다.

하여튼 몽골 역사에 바다를 집어넣고 보면 많은 것이 새롭게 보인다.

이재황

주

들어가며: 중국의 해양 황금시대

1 '바다의 황제'를 뜻하는 '달라이인 칸(dalai-yin qan)'은 칭기스 칸이 죽은 직후에 쓰인 《몽골비사》 §280에 나온다. '칭기스(Činggis)'라는 이름은 역시 '바다'를 뜻하는 '텡기스(Tengis)'와 관련이 있다. 그 후손들은 칭호를 '칭기스'에서 '달라이'로 바꾸면서 세계의 모든 바다('세계양(世界洋)')를 포괄하는 것으로 확장했다. Paul Pelliot, *Notes on Marco Polo*, vol. 1. (Paris: Imprimerie nationale, 1959), 301; Rybatzki Volker, 'Die Personennamen und Titel der Mittelmongolischen Dokumente,' PhD diss., Helsinki University, Institute for Asian and African Studies, 2006, 486, 501.
  1578년에 한 티베트 승려는 쿠빌라이의 후손인 알탄(Altan) 칸이 쿠빌라이의 환생이라고 주장했다. 이에 화답해 알탄 칸은 이 승려를 쿠빌라이 궁정의 한 승려의 환생으로 인정했으며, 몽골의 옛 칭호 '달라이 칸'을 달라이 라마(Dalai Lama, '지혜의 바다')로 바꾸고 이 칭호를 그 승려에게 주었다. 옛 몽골제국 시대의 이 칭호는 오늘날 티베트 불교 황모파(黃帽派, Gelug) 수장의 칭호로 남아 있다.

2 Wheeler McIntosh Thackston, trans. *Rashiduddin Fazlullah's Jami'u'ttawarikh* (Cambridge, MA: Harvard University, Dept. of Near Eastern Languages and Civilizations, 1998), 389.

3 Paul Ratchnevsky, *Genghis Khan: His Life and Legacy*, trans. Thomas Nivison Haining (Malden, MA: Blackwell, 1991), 90.

프롤로그: 마르코 폴로의 여행

1 Henry Yule, trans. and Henri Cordier, ed., *The Travels of Marco Polo: The Complete Yule-Cordier Edition* (New York, Dover, 1903), vol. 1, 108.

2 여러 자료에 Хөхөчин, Kököchin, Cocacin, Kūkājin 등으로 나온다.

1장 몽골인들의 남하

1 William Lindesay, *The Great Wall from Beginning to End* (NY: Sterling, 2007), 76.

2 H. G. Raverty, *Ṭabakāt-i-Nāṣirī: A general history of the Muhammadan dynasties of Asia by Minhāj Sirāj Jūzjānī*, vol. 2 (London: Gilbert & Rivington, 1881), 1078-9.

3 Julia Lovell, *The Great Wall* (NY: Grove Atlantic, 2007), 174.

4 Michal Biran, *Chinggis Khan* (Oxford: Oneworld Publications, 2007), 50-1.

5 Paul D. Buell, 'Yeh-lü A-hai, Yeh-lü T'u-hua,' *In the Service of the Khan: Eminent Personalities of the Early Mongol-Yuan Period*, ed. Igor de Rachewiltz (Wiesbaden: Otto Harrassowitz, 1993), 113.

6   《몽골비사》, §276.
7   Pier Giorgio Borbone, 'Hülegü's Rock-Climbers: A short-lived Turkic word in thirteenth-fourteenth-century Syriac historical writing,' *Studies in Turkic Philology: Festschrift in honour of the eightieth birthday of Professor Geng*, ed. Zhang Dingjing and Abudurexiti Yakufu (Beijing: Minzu University Press Press, 2009), 285-94.
8   Wei Kwei Sun, trans., *The Secret History of the Mongol Dynasty: Yuan-Chao-Pi-Shi* (Aligarh, India: Muslim University, 1957).
9   Urgunge Onon, *The History and the Life of Genghis Khan: The Secret History of the Mongols* (Leiden: Brill, 1990), 175, §195.
10 Carl Fredrik Sverdrup, 'Sübe'eti Ba'atur, Anonymous Strategist,' *Journal of Asian History*, vol. 47, 2013: 33-49.
11 《몽골비사》, §268. Béla Kempf, 'Verb Formation in the Secret History of the Mongols' (PhD diss., Hungary: University of Szeged), 28.
12 Guush Luvsandanzan, *The Golden Summary of Činggis Qaɣan: Činggis Qaɣan-u Altan Tobči*, trans. Leland Liu Rogers (Wiesbaden: Otto Harrassowitz, 2009).
13 Peter Olbricht and Elisabeth Pinks, *Meng-Ta Pei-Lu und Hei-Ta Shih Lueh: Chinesische Gesandtenberichte über die Frühen Mongolen 1221 und 1237* (Weisbaden: Otto Harrassowitz, 1980), 35.
14 Igor de Rachewiltz, 'Military Leaders,' *In the Service of the Khan*, op. cit., 5.

2장 먼지 속에 그대로

1   John Masefield, *The Travels of Marco Polo the Venetian* (New Delhi: Asian Educational Services, 2003), 162-3.
2   Ata-Malik Juvaini, trans. John Andrew Boyle, *Genghis Khan: The History of the World Conqueror* (Seattle, WA: University of Washington Press, 1997), 150-62.
3   Rashid al-Dīn, *The Successors of Genghis Khan*, trans. John Andrew Boyle (New York: Columbia University Press, 1971), 34.
4   Christopher P. Atwood, 'Pu'a's Boast and Doqolqu's Death,' *Journal of Song-Yuan Studies*, vol. 45, 2015, 272.
5   Timothy Brook, *The Great State: China and the World* (New York: Harper, 2020), 26.
6   Rashid al-Dīn, *Successors*, 37-8은 몽골 병사들이 살아남은 금나라 포로들에게 비역질을 했다고 말한다. "허풍을 떨고 악한 생각을 말한" 데 대한 처벌로 "롯(Lot)의 사람들이 하던 짓을 했다"고 썼다. 그런 죄악은 유일하게 여기에만 기록됐다.
7   《몽골비사》, §281.
8   Juvaini, *Genghis Khan*, op. cit., 549.
9   《몽골비사》, §272.
10 Ganzorig Davaa-Ochir, 'Oboo worship: the worship of earth and water divinities in Mongolia,' (MA thesis, Oslo University, 2008); Caroline Humphrey, 'Chiefly and Shamanist Landscapes in Mongolia,' *The Anthropology of Landscape* (Oxford, UK:

Clarendon Press, 1995), 135-62.

11 죽음과 관련된 금기 때문에 거대 연어(taimen)와 외과 의사는 흔히 개별 이름으로 대체됐다. Volker Rybatzki, 'Fish in the Secret History of the Mongols,' *International Journal of Central Asian Studies*, vol. 1, 1996, 2-19.

12 《몽골비사》, §272-81.

13 Rashid al-Dīn, *Successors*, 169.

14 Bruno De Nicola, *Women in Mongol Iran: The Khatuns, 1206-1335* (Edinburgh: Edinburgh University Press, 2017), 147; P. O. Senotrusova, 'Cultural Ties Across Taiga and Steppe,' *Archaeology, Ethnology & Anthropology of Eurasia*, vol. 46, 2018, 94.

3장 두 대륙의 형제들

1 Marie Favereau, *The Horde: How the Mongols Changed the World* (Cambridge, MA: Harvard University Press, 2021), 12.

2 Istvan Zimonyi, *Medieval Nomads in Eastern Europe* (Bucharest: Viktor Spinei Publ., 2014), 325-52.

3 Juvaini, *Genghis Khan*, 551; George Lane, *Genghis Khan and Mongol Rule* (Westport, CN: Greenwood, 2004), 49.

4 《元史》卷4 世祖本紀 一. "歲甲辰, 帝在潛邸, 思大有爲於天下, 延藩府舊臣及四方文學之士, 問以治道."

5 Christopher P. Atwood, trans. *The Rise of the Mongols: Five Chinese Sources* (Indianapolis, IN: Hackett Publishing, 2021), 312-15.

6 문장은 내가 조금 다듬었다. Hok-Lam Chan, 'Liu Ping-Chung (1216-74): A Buddhist-Taoist Statesman at the Court of Kublai Khan,' *T'oung Pao*, vol. 53, 1967, 119; Atri Hatef-Naiemi, 'Confronting the Foreigner,' *Journal of the Royal Asiatic Society*, vol. 31, 2021, 1-21.

7 Lo Jung-pang, 'The Controversy over Grain Conveyance during the Reign of Qubilai Qaqan, 1260-94,' *The Far Eastern Quarterly*, vol. 13, 1954, 262-85.

8 《몽골비사》, §56.

9 《몽골비사》, §147.

10 《몽골비사》, §204.

11 《몽골비사》, §276.

12 Christopher Dawson, *Mission to Asia* (Toronto: University of Toronto, 1980), 44.

13 C. Raymond Beazley, ed., *The Texts and Versions of John De Plano Carpini and William de Rubruquis as Printed for the First Time by Hakluyt in 1598* (London: Hakluyt Society, 1903), 125.

14 Peter Alford Andrews, *Felt Tents and Pavilions: The Nomadic Tradition and its Interaction with Princely Tentage* (London: Melisende, 1999), 477.

15 《몽골비사》, §64.

4장 뭉케의 대칸 즉위와 몽골의 전쟁 재개

1. Christopher Dawson, ed., *Mission to Asia: Narratives and Letters of the Franciscan Missionaries in Mongolia and China in the Thirteenth and Fourteenth Centuries* (New York: Harper and Row, 1966), 153-4.
2. Juvaini, *Genghis Khan*, 606.
3. Elizabeth Endicott-West, 'Merchant Associations in Yüan China,' *Asia Major* 2, 1989, 148.
4. Juvaini, *Genghis Khan*, 604.
5. Juvaini, *Genghis Khan*, 52-3.
6. Hidehiro Okada, 'The Chakhar Shrine of Eshi Khatun,' *Aspects of Altaic Civilization III*, ed. Denis Sinor (Bloomington: Indiana University Research Institute for Asian Studies, 1990), 178.
7. Juvaini, *Genghis Khan*, 552.
8. Bar Hebraeus, مجرت خيورات مختصر الدول نبال علىيرب - *Bar Hebraeus' Chronography*, trans. Ernest A. Wallis Budge (London: Oxford University Press, 1932). 그리고리오스는 이 시인의 이름을 말하지 않았다.
9. Hok-lam Chan, 'Exorcising the Dragon: A Legend About the Building of the Mongolian Upper Capital (Shangdu),' *Central Asiatic Journal* 55, 2011: 1-32.
10. 《元史》卷4 世祖本紀 一. "憲宗令斷事官牙魯瓦赤與不只兒等總天下財賦于燕, 視事一日, 殺二十八人. 其一人盜馬者, 杖而釋之矣, 偶有獻環刀者, 遂追還所杖者, 手試刀斬之. 帝責之曰: '凡死罪必詳讞而後行刑, 今一日殺二十八人, 必多非辜. 既杖復斬, 此何刑也?' 不只兒錯愕不能對."

5장 태평양에서 지중해까지의 전쟁

1. Robert Bedrosian, trans., *Smbat Sparapet's Chronicle Translated from Classical Armenian* (Sophene Publishing, 2005), 110.
2. Hugh Kennedy, *When Baghdad Ruled the Muslim World* (Cambridge, MA: DaCapo Press, 2005), 145-7, 218, 329.
3. Daniel T. Potts, *Nomadism in Iran: From Antiquity to the Modern Era* (Oxford: Oxford University Press, 2014), 188-208.
4. Marcel Erdal, 'Die türkisch-mongolischen Titel Elχan und Elči,' *The Concept of Sovereignty in the Altaic World*, ed. Barbara Kellner-Heinkele (Weisbaden: Otto Harrassowitz Verlag, 1993), 81-99; Michael Weiers, *Geschichte der Mongolen* (Stuttgart: W. Kohlhammer, 2004), 128.
5. Zsolt Hunyadi, 'Military-religious Orders and the Mongols around the Mid-thirteenth Century,' *Competing Narratives Between Nomadic and their Sedentary Neighbors*, ed. Chen Hao (Szeged, Hungary: University of Szeged, 2019), 119.
6. Reuven Amitai-Preiss, *Mongols and Mamluks: The Mamluk-Īlkhānid War, 1260-81* (Cambridge, UK: Cambridge University Press, 1995), 26-48.

7   Henry G. Schwarz, 'Some Notes on the Mongols of Hunan,' *Central Asiatic Journal*, vol. 28, 1984, 102–3.
8   Morris Rossabi, *Khubilai Khan: His Life and Times* (Berkeley, CA: University of California Press, 1988), 25.
9   James A. Anderson, 'Man and Mongols: the Dali and Đại Việt Kingdoms in the Face of the Northern Invasions,' *China's Encounters on the South and South-west: Reforging the Fiery Frontier Over Two Millennia*, ed. James A. Anderson and John K. Whitmore (Leiden, Netherlands: Brill, 2015), 120–2; Zhang Xilu, 'An Historical Re-examination of Khubilai Khan's Overthrow of the Dali Kingdom,' *Journal of Dali University*, vol. 5, 2006, 6.
10 Paul Ratchnevsky, 'Jurisdiction, Penal Code, and Cultural Confrontation under Mongol-Yüan Law,' *Asia Major*, vol. 6, 1993, 176; Jennifer Wei-Yen Jay-Preston, 'Loyalist Personalities and Activities in the Sung to Yüan Transition, c.1273–1300,' (PhD diss., Australian National University, 1983), 88.
11 Francesca Fiaschetti, 'Mongol Imperialism in the South-west: Uriyangqadai (1201–72) and Aju (1127–1287),' *Asiatische Studien*, vol. 7, 2018, 1125.
12 Rashid al-Dīn, *Successors*, 247.
13 Vu Hong Lien, *The Mongol Navy: Khubilai Khan's Invasions of Đại Việt and Champa* (Singapore: Nalanda-Sriwijaya Centre Working Paper Series No. 25, 2017), 15–20.
14 Atwood, *Encyclopedia of Mongolia*, op. cit., 579–80.
15 Fiaschetti, 'Mongol Imperialism,' op. cit., 1129.
16 Peter Connolly, John Gillingham and John, Lazenby, eds, *The Hutchinson Dictionary of Ancient and Medieval Warfare* (Abingdon, UK: Helicon, 1998), 332.
17 Hsiao Ch'i-Ch'ing, *The military establishment of the Yuan dynasty* (Cambridge, MA: Council on East Asian Studies, Harvard University, 1978), 17, 137.
18 Fiaschetti, 'Mongol Imperialism,' 1127.
19 Amitai-Preiss, *Mongols and Mamluks*, op. cit., 122.
20 Amitai-Preiss, *Mongols and Mamluks*, 36.
21 *al-Malik al-Muzafar Saif al-Donya wa al-Din* and *al-Muzafar Saif al-Din*.
22 Amitai-Preiss, *Mongols and Mamluks*, 35.
23 *Het'um the Historian's History of the Tartars: The Flower of Histories of the East*, trans. Robert Bedrosian (Long Branch, NJ: Sophene, 2021), Book 3, Chapter 47.
24 Timothy May, *The Mongol Art of War* (Barnsley, UK: Pen & Sword, 2016), 32–3.
25 Amitai-Preiss, *Mongols and Mamluks*, 46–8.

6장 쿠빌라이의 기지개

1   Rashid al-Dīn, *Successors*, 241.
2   Henry H. Howorth, *History of the Mongols from the Ninth to the Nineteenth Century*

(London: Longmans, Green and Co., 1876), 217.

3 《元史》卷4 世祖本紀 一. "吾奉命南來, 豈可無功遽還?"

4 Stephen Pow, 'Fortresses that Shatter Empires: A Look at Möngke Khan's Failed Campaign against the Song Dynasty, 1258-1259,' *Annual of Medieval Studies at Central European University*, vol. 27, 2017, 96-107.

5 Bar Hebraeus, تجمرت خيرات مختصر الدول بالنبال العربي - *Bar Hebraeus's Chronography*, trans. Ernest A. Wallis Budge (London: Oxford University Press, 1932), Chapter 19.

6 Mustafa Uyar, 'Buqa Chīngsāng: Protagonist of Qubilai Khan's unsuccessful Coup against the Hülegüid Dynasty,' *Belleten*, vol. 81, 2017: 373-86.

7 Howorth, *History of the Mongols*, op. cit., 217.

8 Stephen G. Haw, 'The deaths of two Khaghans: A comparison of events in 1242 and 1260,' *Bulletin of the School of Oriental and African Studies*, 76, 2013, 361-71.

9 Cheng-Hua Fang, 'Military Families and the Southern Song Court – the Lü Case,' *Journal of Song-Yuan Studies*, 33, 2003, 49-70.

10 Howorth, *History of the Mongols*, 217.

11 Zhao, 2008, 20, 73-4.

12 Rashīd al-Dīn, *Successors*, 241.

13 Ishayahu Landa, '"Loyal and Martial" until the End: The Qonggirad Princes of Lu (魯王) in the Yuan Political Architecture,' *Monumenta Serica*, vol. 20, 2020, 137-67.

14 Xiduan Xu, 'Chabui,' *Biographical Dictionary of Chinese Women, Vol. II: Tang Through Ming 618-1644*, ed. Lily Xiao Hong Lee and Sue Wiles (London: Routledge, 2015), 23-5; Morris Rossabi, 'Khubilai Khan the Women in his Family,' *Studia Sino-Mongolica: Festschrift für Herbert Franke*, ed. W. Bauer (Wiesbaden: Franz Steiner Verlag, 1979), 153-80.

15 《元史》卷4 世祖本紀 一, 57.

16 Rashīd al-Dīn, *Successors*, 248-9.

17 Yihao Qiu, 'Independent Ruler, Indefinable Role: Understanding the History of the Golden Horde from the Perspectives of the Yuan Dynasty,' *Revue des mondes musulmans et de la Méditerranée*, no. 143, 2018, 39.

18 《元史》卷4 世祖本紀 一. "武衛親軍都指揮使李伯祐·董文炳言: '武衛軍疲老者, 乞補換, 仍存恤其家.' 從之."

19 John W. Dardess, 'From Mongol Empire to Yüan Dynasty: Changing Forms of Imperial Rule in Mongolia and Central Asia,' *Monumenta Serica*, 30, 1972-3, 14, 117-165.

20 《元史》卷4 世祖本紀 一. "二年春正月辛未夜, 東北赤氣照人, 大如席."

21 N. K. Davi, R. D'Arrigo, G. C. Jacoby, E. R. Cook, K. J. Anchukaitis, B. Nachin, M. P. Rao and C. Leland, 'A long-term context (931-2005 CE) for rapid warming over Central Asia,' *Quaternary Science Reviews*, 121, 2015, 89-97.

22 René Grousset, *The Empire of the Steppes: A History of Central Asia*, trans. Naomi

Walford (New Brunswick, NJ: Rutgers University Press, 1970), 331-2.

7장 중국의 강해장성

1   Lo, *China as a Sea Power*, op. cit., 142-3; Philip Ball, *The Water Kingdom: A Secret History of China* (Chicago, IL: University of Chicago Press, 2016), 140.
2   Jing-shen Tao, *The Jurchen in Twelfth Century China* (Seattle, WA: University of Washington Press, 1976), 43; Jing-shen Tao, 'The Move to the South and the Reign of Kao-tsung,' op. cit., 704.
3   Lo, *China as a Sea Power*, 156-63.
4   '운우'라는 말은 해릉왕(海陵王, 폐제 완안량)의 성 착취를 묘사하는 데 사용됐다. Shuhui Yang and Yunqin Yang, 'Prince Hailing of Jin Dies from Indulgence in Lust' in *Stories to Awaken the World: A Ming Dynasty Collection*, vol. 3, ed. Feng Menglong (Seattle, WA: University of Washington Press, 2014), 509.
5   Zsolt Hunyadi, "Military-religious Orders and the Mongols around the Mid-13th Century, *Competing Narratives Between Nomadic and their Sedentary Neighbors*, ed. Chen Hao (Szeged, Hungary: University of Szeged, 2019), 119.
6   Lo Jung-pang, 'The emergence of China as a Sea Power during the late Song and early Yuan Periods,' *The Far Eastern Quarterly*, vol. 14, 1955, 500.
7   Joseph Needham, *Science and Civilisation in China, Vol. 4, Physics and Physical Technology, Part 3, Civil Engineering and Nautics* (Cambridge: Cambridge University Press, 1971), 282-308, 420-63.
8   Roxann Prazniak, *Sudden Appearances: The Mongol Turn in Commerce Belief, and Art* (Honolulu, HI: University of Hawai'i Press, 2019), 202.
9   Geng Deng, *Maritime Sector, Institutions and Sea Power of Premodern China* (Westport, CT: Greenwood Press, 1999), 47.
10 Joseph Needham, *The Grand Titration: Science and Society in East and West* (London: Routledge, 1969), 113.
11 楊萬里,《誠齋集》(四部叢刊本), ch. 44, Lo, *China as a Sea Power*, 167에서 재인용. 楊萬里,《楊萬里集箋校》, 辛更儒 箋校 (北京: 中華書局, 2007), 前記, 卷44, 49-50; Li E, 'A territory of their Own: Poetic Identity and the Construction of Literary Communities in Twelfth-century China,' (PhD diss., University of Illinois at Urbana-Champaign, 2016); Stephen G. Haw, 'The Mongol Empire-the first "gunpowder empire"?' *Journal of the Royal Asiatic Society*, vol. 23, 2013, 446.
12 Yang Shuhui and Yang Yunqin, '"Prince Hailing of Jin Dies from Indulgence in Lus"' in *Stories to Awaken the World: A Ming Dynasty Collection*, Vol. 3, ed. Menglong Feng (Seattle, WA: University of Washington Press), 2014, 540.
13 Sunil Amrith, *Unruly Waters: How Rains, Rivers, Coasts, and Seas Have Shaped Asia's History* (New York: Basic Books, 2018); Tansen Sen, 'Maritime Interactions between China and India: Coastal India and the Ascendancy of Chinese Maritime

Power in the Indian Ocean,' *Journal of Central Eurasian Studies*, vol. 2, 2011, 41-82; Haraprasad Ray, 'Nature of Trade and Diplomacy between India and China during Ancient and Medieval Periods,' *Proceedings of the Indian History Congress*, vol. 54, 1993, 754-6; M. R. Raghava Varier, 'Trade Relations between Kerala and China 1200-1500 AD,' *Indian History Congress*, 1990, 690-8.

14 Geng Deng, *Maritime Sector, Institutions and Sea Power of Premodern China* (Westport, CT: Greenwood Press, 1999), 120.
15 Ibid., 112.
16 주욱(朱彧),《평주가담(萍洲可談)》, 1119, Kuei-Sheng Chang, 'The Maritime Scene in China at the Dawn of Great European Discoveries,' *Journal of the American Oriental Society*, vol. 94, 1974, 350에서 재인용.
17 Joseph Needham and Wang Ling, *Mathematics and the Sciences of the Heavens and the Earth* (Cambridge, UK: Cambridge University Press, 1986), 90-5.
18 Asaf Goldschmidt, *The Evolution of Chinese Medicine: Song Dynasty, 960-1200* (London: Routledge, 2008).
19 Joseph Needham, *China and the Origins of Immunology* (Hong Kong: Hong Kong University Press, 1980), 27-30.
20 Mathieu Torck, 'Avoiding the Dire Straits: An Inquiry into Food Provisions and Scurvy,' *The Maritime and Military History of China and Wider East Asia* (Wiesbaden: Otto Harrassowitz, 2009), 151.
21 Stephen Pow, 'Gout of Khans: Disease, Treatments, and Medical Philosophy in the Mongol Empire,' *The Proceedings of the Second Annual History of Medicine Days Conference 2013*, eds Aleksandra Loewenau, William J. Pratt and Frank W. Stahnisch (Newcastle, UK: Cambridge Scholars Publishing, 2018), 218.
22 상서성(尚書省) 양만리의 보고. Lo, *China as a Sea Power*, 171.

8장 자금 조달로 시작된 군비 경쟁

1 Stephen H. West, 'Chilly Seas and East Flowing Rivers,' *Journal of the American Oriental Society*, vol. 106, 1986, 200.
2 Owen Lattimore, *The Gold Tribe, Fishskin Tatar of the Lower Sungari* (Menasha, WI: American Anthropological Association, 1933).
3 Anatolii Trekhsviatskyi, 'At the far edge of the Chinese Oikoumene,' *Journal of Asian History* 41, 2007, 131-55.
4 Brent L. Walker, *The Conquest of Ainu Lands: Ecology and Culture in Japanese Expansion, 1590-1800* (Berkeley, CA: University of California Press, 2006), 11.
5 Ibid., 133; Anatolii Treskhsviatskyi, 'At the far edge of the Chinese Oikoumene: Mutual Relations of the indigenous population of Sakhalin with the Yuan and Ming Dynasties,' *Journal of Asian History*, vol. 41, 2007, 131-55.
6 William E. Henthorn, *Korea: the Mongol Invasions* (Leiden, Netherlands: E. J. Brill,

1993), 120.
7   Ibid, 208.
8   Francis Woodman Cleaves, 'The Biography of the Empress Čabi in the *Yuan shih*,' Harvard Ukrainian Studies, vols. 3-4, 1979, 145.
9   Rashid al-Dīn, *Successors*, 288.
10 Peng Xinwei, *A Monetary History of China*, trans. Edward H. Kaplan (Bellingham, WA, Center for East Asian Studies, Western Washington University, 1993), 471-98.
11 Eiren Shea, 'The Spread of Gold Thread Production in the Mongol Period,' *Journal of Song-Yuan Studies*, vol. 50, 2021, 365-417.
12 Koichi Matsuda, 'Imperial Allocation of Fiefs and the Resilience of Genghisid Law,' *Sacred Mandates: Asian International Relations since Genghis Khan*, eds Timothy Brook, Michael van Walt van Praag and Miek Boltjes (Chicago: University of Chicago Press, 2018), 37-8.
13 Qiu, 'Independent Ruler,' op. cit., 34-5.
14 Endicott-West, 'Merchant Associations,' op. cit., 148.
15 Hans Ulrich Vogel, *Marco Polo was in China: New evidence from currencies, salts and revenues* (Leiden: Brill, 2012), 126-7.
16 Yule-Cordier, *Marco Polo*, vol. 1, 423-30.
17 Richard von Glahn, *Fountain of Fortune: Money and Monetary Policy in China, 1000-1700* (Berkeley: University of California Press, 1996).
18 Herbert Franz Schurmann, trans., *Economic Structure of the Yuan Dynasty: Translation of Chapters 93 and 94 of the 'Yuan Shih'* (Harvard-Yenching Institute Studies, 1956), 139.
19 Vogel, *Marco Polo was in China*, op. cit., 135-6.
20 Nancy Shatzman Steinhard, 'Currency Issues of Yuan China,' *Bulletin of Song and Yuan Studies*, no. 16, 1980, 63-4.
21 Herbert Franke, 'Ahmad,' Rachewiltz, ed., *In the Service of the Khan*, 539-57.
22 Richard von Glahn, 'Monies of Account and Monetary Transition in China, Twelfth to Fourteenth Centuries,' *Journal of the Economic and Social History of the Orient*, vol. 53, 2010, 466.

9장 쿠빌라이의 공격용 수군 건설

1   Atwood, *Encyclopedia of Mongolia*, 6.
2   Усыг нь уувал ёсыг нь дага.
3   Yule-Cordier, *Marco Polo*, vol. 1, 158-160.
4   *Marco Polo, The Description of the World*, ed. Paul Pelliot, trans. A. C. Moule (London: George Routledge and Sons, 1938), 320.
5   Stephen G. Haw, *Yuan shi* (London, Routledge, 2006), 37.
6   《元史》卷161 劉整傳. "我精兵突騎, 所當者破, 惟水戰不如宋耳. 奪彼所長, 造戰艦, 習水軍, 則事濟矣."

7 Andrew S. Erickson and Lyle J. Goldstein, *China Goes to Sea: Maritime Transformation in Comparative Historical Perspective* (Annapolis: Naval Institute Press, 2012).

8 1292년 이전에 1만 6900척이고, 여기에 그의 생애 마지막 2년에 얼마간이 더해졌다. 席龍飛,《中國造船史》, Sally K. Church, 'Zheng He: An investigation into the plausibility of 450ft treasure ships,' *Monumenta Serica*, vol. 53, 2005, 35-6.

9 Church, 'Zheng He,' op. cit., 36.

10 《元史》, Kuei-Sheng Chang, 'The Maritime Scene in China at the Dawn of Great European Discoveries,' *Journal of the American Oriental Society*, vol. 94, 1974, 350에서 재인용.

11 Ball, *The Water Kingdom*, op. cit., 136.

12 Lo, *Sea Power*, 215-17.

13 Fiaschetti, 'Imperialism,' 1131.

14 Francis Woodman Cleaves, 'The Biography of Bayan of the Bārin in The Yüan Shih,' *Harvard Journal of Asiatic Studies*, vol. 19, 1956, 228.

15 바얀은 현대의 글들에 나오듯이 당시 아주와 함께 양양에 있지 않았다. Stephen G. Haw, 'Bayan of the Bāri"s Persian Wife, And Other Perplexities,' *Journal of Asian History*, vol. 48, 2014, 273.

16 Rachewiltz, *In the Service of the Khan*, 584.

17 《몽골비사》, §149.

18 John D. Langolis, Jr. 'Song Lian and Liu Ji in 1358 on the Eve of Joining Zhu Yuanzhang,' *Asia Major*, vol. 22, 2009, 134.

19 Atwood, *Encyclopedia of Mongolia*, 278.

20 Yule-Cordier, *Marco Polo*, vol. 2, 132, n. 3.

21 《元史》, 1051-1115, 'Nine Sloughs: Profiling the Climate History of the Yuan and Ming Dynasties, 1260-1644,' *Journal of Chinese History*, vol. 1, 2017, 27-58에서 재인용.

22 Michal Biran, *Qaidu and the Rise of the Independent Mongol State in Central Asia* (London: Routledge, 2013), 61-2.

23 Hosung Shim, 'The Postal Roads of the Great Khans in Central Asia under the Mongol-Yuan Empire,' *Journal of Song-Yuan Studies*, vol. 44, 2014: 406-69.

10장 대원, 거대한 시작

1 Langolis, 'Song Lian,' op. cit., 137.

2 Emma Usmanova, Kanat Uskenbay and Mikhail Antonov, 'In Search of the Historical Landscape of the Talas Qurultai of 1269,' *Bulletin of the International Institute for Central Asian Studies*, 37, 2022, 137-92.

3 O. Agatay, 'An Analysis of Joči's Debated Paternity and his Role in the Altan Uruġ

Royal Lineage of Činggis Khan,' Золотоордынское Обозрение/*Golden Horde Review*, 9, 2021, 696.
4   Dardess, 'From Mongol Empire to Yüan Dynasty,' 154-7.
5   Michal Biran, 'The Mongols in Central Asia from Chinggis Khan's invasion to the rise of the Ögödeid and Chaghadaid realms,' *The Cambridge History of Inner Asia: The Chinggisid Age*, eds Nicola Di Cosmo, Allen J. Frank and Peter B. Golden (Cambridge, UK: Cambridge University Press, 2015), 50.
6   Thackston, *Rashiduddin Fazlullah's Jami'u't-tawarikh*, 305.
7   даян дэлхий는 '온 세상'이다. 1368년 원 왕조가 명에 의해 무너진 뒤 다얀(Dayan) 칸은 또한 이후 세기에 저항의 칭호가 됐다.
8   Rossabi, *Khubilai Khan*, 136.
9   Thomas T. Allsen, *Culture and Conquest in Mongol Eurasia* (Cambridge, UK: Cambridge University Press, 2001), 63-71.
10 Hodong Kim, 'The Unity of the Mongol Empire and Continental Exchanges over Eurasia,' *Journal of Central Asian Studies*, vol. 1, 2009, 32.
11 Cary Y. Liu, 'The Yüan Dynasty Capital, Ta-tu: Imperial Building Program and Bureaucracy,' *T'oung Pao*, vol. 78, 1992, 264-301.
12 Ulrich Theobald, 'Marco Polo on Military Affairs of the Yuan Dynasty,' (Unpublished paper, International Conference *Marco Polo Research - Past, Present, Future*, 2020).
13 Lo, *Sea Power*, 217-19.
14 Cleaves, 'Čabi,' op. cit., 142.
15 Rashid al-Dīn, *Successors*, 288.
16 Yule-Cordier, *Marco Polo*, vol. 1, 415-20.
17 Paul D. Buell, *Historical Dictionary of the Mongol World Empire* (Lanham, MD: The Scarecrow Press, 2003), 57.
18 Richard L. Davis, *Wind Against the Mountain* (Cambridge, MA: Harvard University Press, 1996), 30-46.
19 Cleaves, 'Bayan,' 208.
20 Yule-Cordier, *Marco Polo*, vol. 1, 94-5; Pelliot, *Marco Polo, The Description of the World*, 316-18, 555.
21 Keith McMahon, *Celestial Women: Imperial Wives and Concubines in China from Song to Qing* (London: Rowman and Littlefield Publishers, 2016), 31.
22 Lily Xiao Hong Lee and Sue Wiles, eds, *Biographical Dictionary of Chinese Women: Tang Through Ming, 618-1644* (Hong Kong: East Gate Books, 2014), 325.
23 Yule-Cordier, *Marco Polo*, vol. 2, 128, 200-15.

11장 일본 앞바다의 혼돈

1   William Wayne Farris, *Japan to 1600: A Social and Economic History* (Honolulu, HI: University of Hawai'i Press, 2009), 95, 121.

2   Yiwen Li, 'Networks of Profit and Faith: Spanning the Sea of Japan and the East China Sea, 838-1403,' (PhD dissertation, Yale University, 2017), 119, 172.
3   Yunming Zhang, 'Ancient Chinese Sulphur Manufacturing Processes,' *Isis*, vol. 77, 1986, 489.
4   Homer Bezaleel Hulbert, 'History of Korea,' *Korea Review*, vol. 2, 1902, 37-8.
5   Lo, *Sea Power*, 252; Kubilay Arik, 'Diplomatic Dexterity: Mongol Qaghans of the Yuan Dynasty and the Quest for East Asian Hegemony,' *Eurasian Research Journal*, 5: 27-44.
6   Susumu, 'Kamakura bakufu,' op. cit., 134.
7   Koichi Matsuda, 'Imperial Subjugation of Polities and Extension into Tibet,' *Sacred Mandates*, eds Timothy Brook, Michael van Walt van Praag and Mike Boltjes (Chicago: University of Chicago Press, 2018), 38-44.
8   Hosung Shim, 'The Postal Roads of the Great Khans in Central Asia under the Mongol-Yuan Empire,' *Journal of Song-Yuan Studies*, vol. 44, 2014: 233-8.
9   Susumu, 'Kamakura bakufu,' 135.
10 Nakaba Yamada, *Ghenkō: The Mongol Invasion of Japan* (London: Smith Elder and Company, 1916), 154-65.
11 Lo, *Sea Power*, 252-62, 352.
12 Gregory Smits, *Maritime Ryukyu, 1050-1650* (Honolulu, University of Hawai'i Press, 2019), 36-44.
13 David J. Nemeth, *The Architecture of Ideology: Neo-Confucian Imprinting on Cheju Island, Korea* (Berkeley, CA: University of California Press, 1987); William E. Henthorn, *Korea: the Mongol Invasions* (Leiden, Netherlands: E. J. Brill, 1993), 68, 191 Berkeley 210.
14 Henthorn, *Korea: The Mongol Invasions*, 21, 240.
15 《元史》劉宣傳, Yamada, *Ghenkō*, 204-5에서 재인용.
16 Jinwung Kim, *A History of Korea* (Bloomington, IN: Indiana University Press, 2012), 171-3; David M. Robinson, *Empire's Twilight: North-east Asia Under the Mongols* (Cambridge, MA: Harvard University Press, 2009), 98-129.
17 John W. Chaffee, *The Cambridge History of China, Vol. 5, Part 2, Sung China, 960-1279* (Cambridge, UK: Cambridge University Press, 215), 215-16.
18 Conlan, *Takezaki Suenag's Scrolls*, 259-60.
19 Ezra F. Vogel, *China and Japan: Facing History* (Cambridge, MA: Harvard University Press, 2019), 40-1.
20 Yule-Cordier, *Marco Polo*, vol. 2, 237, n. 1.
21 Aitoru Terenguto and Aikhator Telengut, 'Beyond Enemy and Friend,' *Inner Asia*, vol. 9, 2007, 85-7.
22 Conlan, *Takezaki Suenag's Scrolls*, 255-67.
23 X. Jie Yang, 'Historical Expressions and Comprehension in Visual materials: A

Reading of 'Pictorial Record of the Mongol Invasion',' *Historical Consciousness, Historiography, and Modern Japanese Values*, ed. James C. Baxter (Kyoto: International Research Center for Japanese Studies, 2006), 187.
24 Yang, 'Pictorial Record', op. cit., 187.
25 Giuseppina Aurora Testa, 'Illustrated Account of the Mongol Invasions,' *Guerra y alteridad*, ed. Borja Franco Llopis, *Eikón Imago*, vol. 15, 2020, 35-57.
26 Judith Fröhlich, 'Between Local History and National Myth,' *Historicizing the "Beyond"*, eds Frank Krämer, Katharina Schmidt and Julika Singer (Heidelberg: Universitätsverlag, 2011), 117-40; Judith Fröhlich, 'Die Dämonen von Mukurikokuri,' *Erinnerungsgeflechte*, ed. Robert F. Wittkamp (München: Iudicum Verlag, 2009), 85-104.

12장 범람 전의 타락

1 Yahong Shen, *The Ordering of the Chinese City* (Cambridge, MA: Harvard University Press, 1994), 303.
2 Michael Freeman, 'Song', *Food in Chinese Culture*, ed. K. C. Chang (New Haven: Yale University Press, 1977), 153-60.
3 Stephen H. West, 'Playing with Food,' *Harvard Journal of Asiatic Studies*, vol. 57, 1997, 93.
4 Freeman, 'Song', op. cit., 159-62.
5 Frederick W. Mote, 'Yüan and Ming,' K. C. Chang, *Food in Chinese Culture*, op. cit., 229-30.
6 Angela Ki-che Leung, 'Medical Learning from the Song to the Ming,' *The Song-Yuan-Ming Transition in Chinese History*, eds Paul Jakov Smith and Richard von Glahn (Leiden, Netherlands: Brill, 2020), 390; Reiko Shinno, 'Medical Schools and the Temples of the Three Progenitors in Yuan China: A Case of Cross-Cultural Interactions,' *Harvard Journal of Asiatic Studies*, vol. 67, 2007, 97.
7 E. N. Anderson, 'The Mongols and the Yuan Dynasty', *Food and Environment in Early and Medieval China* (Philadelphia, PA: University of Pennsylvania Press, 2014), 229-42.
8 Paul D. Buell, 'Pleasing the Palate of the Qan: Changing Foodways of the Imperial Court,' *Mongolian Studies*, 13, 1990, 57-81.
9 Paul D. Buell and Eugene N. Anderson, *A Soup for the Qan: Chinese Dietary Medicine of the Mongol Era as Seen in Hu Sihu's Yinshan Zhengyao* (London: Kegan Paul International, 2000); Yan-shuan Lao, 'Notes on *non-Chinese terms in the Yuan imperial dietary compendium* Yin-shan Cheng-yao,' *The Bulletin of the Institute of History and Philology, Academia Sinica*, 39, 1969, 399-416. 덧붙여 'Notes on non-Chinese terms in the Yuan imperial dietary compendium Yin-shan Cheng-yao,' *Zentralasiatische Studien*, 4, 1970, 7-16.

10   Rossabi, *Khubilai Khan*, 81.

13장 대송의 대단원

1   Francis Woodman Cleaves, 'The Bayan of the Bārin in The Yüan Shih,' 218-19.
2   David Curtis Wright, 'Debates in the Field during Bayan's Campaign against Southern Song China, 1274-6,' *Debating War in Chinese History*, ed. Peter A. Lorge (Leiden, Netherlands: Brill, 2013), 141-62.
3   Cleaves, 'Bayan,' 220.
4   Jennifer Wei-Yen Jay-Preston, 'Loyalist Personalities,' op. cit., 87.
5   Yule-Cordier, *Marco Polo*, vol. 2, 129.
6   Davis, *Wind Against the Mountain*, op. cit., 107-22.
7   Yule-Cordier, *Marco Polo*, vol. 2, 134. Sheila S. Blair, 'The Mongol Capital of Sulṭāniyya,' *Iran*, vol. 24, 1986, 139.
8   Lo, 'Controversy over Grain Conveyance,' op. cit., 268.
9   Shane McCausland, *The Mongol Century: Visual cultures of Yuan China, 1271-1368* (London: Reaktion Books, 2014), 53-85.
10 Rob Linrothe, 'The Commissioner's Commissions,' *Buddhism between Tibet and China*, ed. Matthew T. Kapstein (Boston: Wisdom Publications, 2009), 73-4.
11 Yule-Cordier, *Marco Polo*, vol. 2, 132-4.
12 Cleaves, 'Bayan,' 233.

14장 나라 없는 수군

1   L. Carrington Goodrich, ed., *Dictionary of Ming Biography: 1368-1644* (New York: Columbia University Press, 1976), 1459.
2   John Chaffee, 'Pu Shougeng Reconsidered,' *Beyond the Silk Roads*, ed. Robert J. Antony and Angela Schottenhammer (Wiesbaden: Harrassowitz Verlag, 2017), 63 ed.76; John Chaffee, 'Cultural Transmission by Sea,' *Eurasian Influences on Yuan China*, ed. Morris Rossabi (Singapore: Nalanda Srivijaya Centre, 2013), 41-59; David Abulafia, *The Boundless Sea: A Human History of the Oceans* (New York: Oxford University Press, 2019), 242-7.
3   Paul Pelliot, 'Sögätü,' *Notes on Marco Polo Ouvrage Posthume*, vol. 2 (Paris: Imprimerie Nationale, 1963), 836-7.
4   《宋史》卷47, Lo, *Sea Power*, 231-2에서 재인용.
5   Gakusho Nakajima, 'The naval power of the Yuan dynasty,' *The Sea in History - The Medieval World*, ed. Christian Buchet and Michel Balard (Woodbridge, UK: Boydell and Brewer, 2017), 808-21, 819.
6   Vu, *The Mongol Navy*, 10.
7   Lo, *Sea Power*, 234.
8   Wang Rulai, ed., *Songji sanchao Zhengyao Jianzheng, Administrative Essentials*

    from the Last Three Courts of the Song (Beijing: Zhonghua Shuju, 2010), Chapter 2.
9   David Curtis Wright, 'Navies in the Mongol Yuan Conquest of Southern Song China, 1274-9,' *Mongolian Studies*, vol. 29, 2007, 207-16.
10 Lo, *Sea Power*, 239-43.
11 Davis, *Wind Against the Mountain*, 5.
12 Jennifer W. Jay-Preston, *A Change in Dynasties: Loyalism in Thirteenth-Century China* (Bellingham, WA: Western Washington University Press, 1991), 157-66.
13 Ibid, 190.
14 Davis, *Wind Against the Mountain*, 5.
15 후대의 자료들은 동반 자살이 벼랑에서 일어난 것으로 묘사하고 있는데, 이는 맞지 않는 듯하다. 원나라가 육상을 통제하고 있었고 벼랑에서 폭탄과 불화살을 발사했기 때문이다.
16 Lo, *Sea Power*, 244.
17 Jay-Preston, 'Loyalist Personalities,' 61.
18 Langolis, 'Song Lian,' op. cit., 131-62

15장 일본 상공의 검은 바람

1   S. W. Bushell, 'Notes on the Old Mongolian Capital of Shangtu,' *Journal of the Royal Asiatic Society of Great Britain and Ireland* 7, 1875, 331.
2   Tansen Sen, 'The Yuan Khanate and India: Cross-Cultural Diplomacy in the Thirteenth and Fourteenth Centuries,' *Asia Major* 19, 2006, 303.
3   Qu Jinliang, 'The Chinese Fleets in the Indian Ocean (Thirteenth to Fifteenth Centuries),' *The Sea in History -The Medieval World*, op. cit. 829-32.
4   István Vásáry, 'The Role and Function of Mongolian and Turkic in Ilkhanid Iran,' *Turks and Iranians*, eds Éva É. Csató, Lars Johanson, András Róna-Tas and Bo Utas (Wiesbaden: Harrassowitz Verlag, 2016), 141-52.
5   'The Maritime Scene in China at the Dawn of Great European Discoveries,' *Journal of the American Oriental Society*, vol. 94, 1974, 356.
6   Nakajima, 'Naval power of the Yuan dynasty,' op. cit., 814-17.
7   Atwood, *Encyclopedia of Mongolia*, 82.
8   한자로는 鐵蔑赤이다. George Qingzhi Zhao, *Marriage as Political Strategy and Cultural Expression* (New York: Peter Lang, 2008), 241.
9   Bruno de Nicola, 'Ruling from tents,' *Ferdowsi, The Mongols and Iranian History*, eds Robert Hillenbrand, A. C. S. Peacock and Firuza Abdullaeva (London: I. B. Tauris, 2013), 116-36.
10 Conlan, *Takezaki Suenag's Scrolls*, 267.
11 Haruko Wakabayashi, 'Review: *In Little Need of Divine Intervention*,' *Japanese Journal of Religious Studies*, vol. 31, 2004, 209-13.
12 James Harry Morris, 'Some Reflections on the First Muslim Visitor to Japan,' *The American Journal of Islamic Social Sciences*, vol. 35, 2018, 117-18.

13 William E. Henthorn, *Korea: the Mongol Invasions*, op. cit., 199.
14 Nakajima, 'Naval power of the Yuan,' 817.
15 Lo, *Sea Power*, 263.
16 Fröhlich, 'Between Local History,' 121.
17 Junko Miyawaki-Okada, 'The Japanese Origin of the Genghis Khan Legends,' *Inner Asia*, vol. 8 (2006), 123-34.
18 Kenchō Suematsu, *The Identity of the Great Conqueror Genghis Khan with the Japanese Hero Yoshitsune, and Historical Thesis* (London: W. H. and L. Collingridge, 1979).
19 Shujiro Watanabe, 'The Japanese and the Outer World', *Japan Magazine*, vol. 19, 1929, 230-2.
20 Yamada, *Ghenko*, 110-21.
21 Lo, *Sea Power*, 268.
22 Stephen Turnbull, *The Mongol Invasions of Japan* (Oxford: Osprey, 2010), 55-60.
23 J. Homer Herriott, 'Folklore from Marco Polo: Japan,' *California Folklore Quarterly*, vol. 4, 1945, 398-403.
24 Telengut, 'Beyond Enemy and Friend?', 87.
25 Yamada, *Ghenko*, 145-7.
26 Conlan, *Takezaki Suenag's Scrolls*, 264-8.
27 Lo, *Sea Power*, 272-3.
28 Neumann, 'Great Historical Events That Were Significantly Affected by the Weather', *Bulletin of the American Meteorological Society*, vol. 56, 1975, 1167-71; George Sansom, *A History of Japan to 1334* (Stanford, CA: Stanford University Press, 1967), 450.
29 Nakajima, 'Naval power of the Yuan,' 816.
30 James P. Delgado, *Khubilai Khan's Lost Fleet: In Search of a Legendary Armada* (Berkeley, CA: University of California Press, 2008).
31 Ma Guang 馬光, 'Re-evaluating the *Wokou* Problem in East Asia During the 1220s and 1390s from the Perspective of Environmental History,' *Journal of Asian History*, vol. 54, 2020, 261-80.
32 Yule-Cordier, *Marco Polo*, vol. 3, 253-62.
33 Nakajima, 'Naval power of the Yuan,' 118-20.
34 Yule-Cordier, *Marco Polo*, vol. 3, 262, n. 1.
35 Trekhsviatskyi, 'Chinese Oikoumene,' op. cit., 141-5; Kazuyuki Nakamura, 'Northern trade networks of the Ainu: "Ezo Nishiki", a silk fabric woven in China,' *The Dongguk Historical Review*, vol. 70, 2021, 115-46; Brett Walker, *The Conquest of Ainu lands: Ecology and Culture in Japanese Expansion, 1590-1800* (Berkeley, CA: University of California Press, 2001), 132.
36 Mikhail A. Danchenkov, David Aubrey and Stephen C. Riser, 'Oceanographic

Features of La Perouse Strait,' *Proceedings of the Second PICES Workshop on the Okhotsk Sea and Adjacent Areas*, eds V. B. Lobanov, Y. Nagata and S. C. Riser (Sidney, British Columbia: North Pacific Marine Science Organization, 1999).

37 Nakamura, 'Northern trade networks of the Ainu,' op. cit., 427.
38 Kaiqui Hua, 'The Journey of Zhao Xian and the Exile of Royal Descendants in the Yuan Dynasty (1271-1368),' *Buddhist Encounters and Identities Across East Asia*, eds Ann Heriman, Carmen Meinert and Christoph Anderl (Leiden: Brill, 2018), 196-223.
39 Hua, 'Journey of Zhao Xian,' op. cit., 202-4.

16장 시장, 돈, 살인

1 Mingming Wang, *The West as the Other: A Genealogy of Chinese Occidentalism* (Hong Kong: The Chinese University Press, 2014), 194-201.
2 Lo, 'Controversy over Grain Conveyance,' op. cit., 262-85.
3 Ng Chin-keong, *Boundaries and Beyond: China's Maritime South-east in Late Imperial Times* (Singapore: National University of Singapore Press, 2017), 7.
4 Yule-Cordier, *Marco Polo*, vol. 2, 234-6.
5 Anne Gerritsen, *City of Blue and White*, op. cit., 65, 164.
6 Paul Ki 祁秉淇, *Comparative Study of Yuan Dynasty Porcelains of Gaoan Museum with Other Unreported Yuan Porcelains* 高安博物館元青花與其他元青花之研究 (Hong Kong: Independent, 2021), 3.
7 McCausland, *Mongol Century*, 21.
8 Laurie E. Barnes, 'Yuan dynasty Ceramics,' *Chinese ceramics: from the paleolithic period through the Qing Dynasty*, eds Zhiyan Li, Virginia Bower and Li He (New Haven, CT: Yale University Press, 2010), 331, 363; Anne Gerritsen, 'Porcelain and the Material Culture of the Mongol-Yuan Court,' *Journal of Early Modern History*, vol. 16, 2012, 241-73.
9 Rose Kerr and Nigel Wood, *Ceramic Technology* (Cambridge, UK: Cambridge University Press, 2004) 184-291; Yanjun Weng, *An Archaeological Study of Yuan Blue and White Porcelains Unearthed at Lomaqiao Kiln* (London: Unicorn Publishing Group, 2022).
10 Regina Krahl, 'Export Porcelain Fit for the Chinese Emperor,' *The Journal of the Royal Asiatic Society of Great Britain and Ireland*, vol. 1, 1986: 68-92.
11 Jinan Fan and Haicho Li, 'A Study on the Departure Port of the Sinan Shipwreck - A Perspective Based on the Chinese Ceramic Cargo,' *Archaeological Research in Asia*, vol. 21, 2020. Barnes, 'Yuan Dynasty Ceramics,' 333, 360-2.
12 Bobby C. Orillaneda, *Asian Ceramics* (Bangkok: UNESCO, 2012), 8-9.
13 Li Baoping, 'Latest Excavations of Yuan Blue-and-White and other Ceramics from Jingdezhen,' *Oriental Ceramic Society Newsletter*, no. 22, 2014, 6-9.

14 Anne Gerritsen, 'Fragments of a Global Past: Ceramics Manufacture in Song-Yuan-Ming Jingdezhen,' *Journal of the Economic and Social History of the Orient*, vol. 52, 2009, 118-19.

15 Yule-Cordier, *Marco Polo*, vol. 2, 234-45.

16 Paul Wheatley, 'Geographical Notes on Some Commodities involved in Song Maritime Trade,' *Journal of the Malayan Branch of the Royal Asiatic Society*, vol. 32, 1959, 3.

17 Piyatosh Sharma, 'Shipbuilding in the Indian Ocean c.1000- c.1500 CE,' *Surah Punj Journal for Multidisciplinary Research*, vol. 8, 2018, 100-12; Pierre-Yves Manguin, 'Asian Ship-Building Traditions in the Indian Ocean at the Dawn of European Expansion,' *The Trading World of the Indian Ocean, 1500-1800*, ed. Om Prakash (Delhi: Pearson, 2012), 597-629; W. H. Moreland, 'The Ships of the Arabian Sea about AD 1500,' *Journal of the Royal Asiatic Society of Great Britain and Ireland*, nos 1-2, 1939, 63-74, 173-92; Archibald Lewis, 'Maritime Skills in the Indian Ocean 1368-1500,' *Journal of the Economic and Social History of the Orient*, vol. 16, 1973, 238-64.

18 Christopher Dawson, ed., *Mission to Asia: Narratives and Letters of the Franciscan Missionaries in Mongolia and China in the Thirteenth and Fourteenth Centuries* (New York: Harper and Row, 1966), 230.

19 Denis Twitchett, ed., *Alien Regime and Border States, 907-1368* (Cambridge: Cambridge University Press, 1994), 449. Endicott-West, 'Merchant Associations,' op. cit., 134-8.

20 Chaffee, 'Cultural Transmission by Sea,' 43.

21 《元史》(北京: 中華書局, 1976), 2402. "二十一年, 設市舶都轉運司於杭・泉二州, 官自具船・給本, 選人入蕃, 貿易諸貨. 其所獲之息, 以十分爲率, 官取其七, 所易人得其三."

22 Rashid al-Dīn, *Successors*, 292.

23 Richard Gregg Irwin, 'Notes on the Sources of De Mailla, *Historie Generale de la Chine*,' *Journal of the Hong Kong Branch of the Royal Asiatic Society* 14, 1974, 92-100.

24 Joseph-Anne-Marie de Moyriac de Mailla, *General History of China (Zhong Guo Tong Shi)*, vol. 9, 413-14; Yule-Cordier, *Marco Polo*, vol. 1, 421-3.

25 Langolis, 'Song Lian,' 136.

17장 밀림에서 사라지고 해상에서 떠돌고

1 Rashid al-Dīn, *Successors*, 285.

2 K. W. Taylor, *A History of the Vietnamese* (Cambridge, UK: Cambridge University Press, 2013), 133.

3 Vu, *Mongol Navy*, 24-34.

4 Masaki Mukai and Francesca Fiaschetti, 'Yang Tingbi: Mongol Expansion along the

Maritime Silk Roads,' *Along the Silk Roads in Mongol Eurasia Paperback: Generals, Merchants and Intellectuals*, eds Michal Biran, Jonathan Brack and Francesca Fiaschetti (Oakland, CA: University of California Press, 2020), 88-9.
5   Rashid al-Dīn, *Successors*, 293.
6   Baldanza, *China and Vietnam*, 24.
7   Rashid al-Dīn, *Successors*, 285.
8   Anderson, 'Man and Mongols,' 123-8.
9   Khắc Viện Nguyên, *Vietnam, a Long History* (Hanoi: Gioi Publishers, 2009), 43; Cao Van Vien, *Leadership* (Washington DC: US Army Center of Military History, 1981), 173; Keith W. Taylor, *A History of the Vietnamese* (Cambridge, UK: Cambridge University Press, 2013), 13; Kathlene Baldanza, *Ming China and Vietnam: Negotiating Borders in Early Modern Asia* (Cambridge, UK: Cambridge University Press, 2016), 27.
10 Justin Corfield, *The History of Vietnam* (Westport, Connecticut: Greenwood Press, 1008), 10.
11 Lo, *Sea Power*, 319.
12 Anderson, 'Man and Mongols,' 106-34.
13 Archimandrite Palladius, 'Elucidations of Marco Polo's Travels in North China, drawn from Chinese Sources,' *Journal of the North-China Branch of the Royal Asiatic Society*, vol. 10, 1876, 12.
14 Hsiao Ch'i-Ch'ing, *The military establishment of the Yuan dynasty* (Cambridge, MA: Council on East Asian Studies, Harvard University, 1978), 17.
15 Thackston, *Rashiduddin Fazlullah's Jami'u't-tawarikh*, 304.
16 Yule-Cordier, *Marco Polo*, vol 2, 465.
17 Rashid al-Dīn, *Succcessors*, 162.
18 Yule-Cordier, *Marco Polo*, vol 2, 461.
19 von Glahn, 'Monies of Account,' 486.
20 Herbert Franz Schurmann, *Economic Structure of the Yuan Dynasty: Translation of Chapters 93 and 94 of the Yuan Shih* (Harvard-Yenching Institute Studies, 1956), 135.
21 Yule-Cordier, *Marco Polo*, vol. 1, 332-47.
22 Hsiao Ch'i-Ch'ing, *The military establishment of the Yuan dynasty*, op. cit., 16.
23 Qiu, 'Independent Ruler, Indefinable Role,' 43.
24 Cleaves, 'Bayan,' 268-9.

18장 베트남 대신 이집트로

1   Ai-hsieh in the *Yuanshi*, Arthur Christopher Moule, *Christians in China Before the Year 1550* (New York: Macmillan, 1930), 107.
2   John Andrew Boyle, 'The Il-Khans of Persia and the Princes of Europe,' *Central*

Asiatic Journal, vol. 20, 1976, 31-3.

3   Denise Aigle, 'The Letters of Eljigidei, Hülegü and Abaqa,' *Inner Asia*, vol. 7, 2005, 148; Karl-Ernst Lupprian, *Die Beziehungen der Päpste zu islamischen und mongolischenerrscher nimm 13. Jahrhundert anhand ihres Briefwechsels* (Vatican: Biblioteca Apostolica Vaticana, 1981), 244-6.
4   Denise Aigle, *The Mongol Empire between Myth and Reality* (Leiden, Netherlands: Brill, 2014), 183-5.
5   René Grousset, *The Empire of the Steppes*, op. cit., 374.
6   René Grousset, *The Empire of the Steppes*, op. cit., 372.
7   Anne F. Broadbridge, 'Marriage, Family and Politics: The Ilkhanid-Oirat Connection,' *Journal of the Royal Asiatic Society*, vol. 26, 2016, 125-7.
8   Dashdondog Bayarsaikhan, *The Mongols and the Armenians* (Leiden: Brill, 2011), 178.
9   Peter Jackson, 'Aḥmad Takūdār,' *Encyclopædia Iranica*, vol. 1, ed. Ehsan Yarshater (Leiden, Brill, 1982), 661-2. https://iranicaonline.org/articles/ahmad-takudar-third-il-khan-of-iran-r
10 잘라이르 씨족 기독교도들의 강력한 지원을 받은 부카(Buqa)는 나중에 자신의 권한을 넘어서 아르군을 대체하려 시도했고, 이 때문에 1289년에 처형됐다.
11 Amitai-Preiss, *Mongols and Mamluks*, 101.
12 Laurence Lockhart, 'The Relations between Edward I and Edward II and the Mongol Īlkhāns of Persia,' *Iran*, vol. 6, 1968, 25.
13 E. A. Wallis Budge, trans., *The Monks of Khubilai Khan Emperor of China to the Kings of Europ, and Markos who as Mar Yahbhallaha III became Patriarch of the Nestorian Church* (London: Religious Tract Society, 1928), 186.
14 몽골제국은 쿠빌라이의 손자 테무르 치세 동안에 추가로 130만 제곱킬로미터가 확장 된다. Rein Taagepera, 'Expansion and Contraction Patterns of Large Polities,' *International Studies Quarterly*, vol. 41, 1997, 499.
15 Boyle, 'The Il-Khans of Persia and the Princes of Europe,' 33-5.
16 Ernest A. Wallis Budge, trans., *The Chronography of Bar Hebraeus* (London: Oxford University Press, 1932), Chapter 11.
17 Eliyahu Ashtor, *Levant Trade in the Middle Ages* (Princeton, NJ: Princeton University Press, 1983), 11-12.
18 Virgil Ciocîltan, *The Mongols and the Black Sea Trade in the Thirteenth and Fourteenth Centuries* (Leiden, Netherlands: Brill, 2012), 83-8. Bayarsaikhan, *The Mongols and the Armenians*, op. cit., 179-84.
19 Alfred W. Crosby, 'The Fortunate Isles,' *Ecological Imperialism: The Biological Expansion of Europe, 900-1900* (Cambridge, UK: Cambridge University Press, 2015), 71, 111-19.
20 Ryan, 'Christian Wives of Mongol Khans,' 417-18.

21 Tjalling H. F. Halbertsma, *Early Christian Remains of Inner Mongolia: Discovery, Reconstruction and Appropriation*, second ed. (Leiden, Netherlands, 2015), 24-8, 44.

22 Henry Yule, trans., Henri Cordier, ed., *Cathay and the Way Thither*, vol. 3, second ed. (London: Hakluyt Society, 1914), 4, 45.

23 Thomas T. Allsen, 'Notes on Chinese titles in Mongol Iran,' *Mongolian Studies*, vol. 14, 1991, 27-39.

24 Allsen, *Culture and Conquest*, 78.

25 Tansen Sen, 'The Yuan Khanate and India,' 299-326.

26 Mukai and Fiaschetti, 'Yang Tingbi,' 83-100.

27 Dimitri Korobeinikov, 'The Ilkhans in the Byzantine Sources,' *New Approaches to Ilkhanid History*, eds Timothy May, Dashdondog Bayarsaikhan and Christopher Atwood (Leiden: Brill, 2021), 391.

28 Wolfgang Müller-Wiener, *Bildlexikon Zur Topographie Istanbuls: Byzantion, Konstantinupolis, Istanbul Bis Zum Beginn D. 17 Jh* (Tübingen: Wasmuth, 1977), 204; Edmund C. Ryder, 'The Despoina of the Mongols and her Patronage at the church of the *Theotokos ton Mougoulian*,' *Journal of Modern Hellenism*, vol. 27, 2009-10: 71-102.

29 Vassilios Kidonopoulos, *Bauten in Kanstantinopel, 1204-1328: Verfall und Zerstörung, Restaurierung, Umbau und Neubau von Profanund Sakralbauten* (Wiesbaden: Harrassowitz, 1994), 88-90; María Isabel Cabrera Ramos, 'Maria paleologina and the Il-Khanate of Persia: a Byzantine Princess in an Empire between Islam and Christendom,' *Imago Temporis. Medium Aevum*, vol. 11, 2017, 217-31.

30 Cinna Lomnitz, *Development in Geotectonics #5, Global Tectonics and Earthquake Risk* (Amsterdam: Elsevier Scientific Publishing Co. 1974); John Milne, *Catalogue of Destructive Earthquakes [7 to 1899 AD], Report of the Eighty-first Meeting of the British Association for the Advancement of Science, Portsmouth* (London, United Kingdom, 1911), 649-740.

31 Pow, 'Gout of Khans,' 205.

19장 몽골 공주와 호랑이

1 John W. Chaffee, *The Muslim Merchants of Pre-modern China: The History of a Maritime Asian Trade Diaspora, 750-1400* (Cambridge, UK: Cambridge University Press, 2018), 124.

2 Francis Woodman Cleaves, 'A Chinese Source Bearing on Marco Polo's Departure from China and a Persian Source on His Arrival in Persia,' *Harvard Journal of Asiatic Studies*, vol. 36, 1976, 184.

3 Yand Chih-chiu and Ho Yung-chi, 'Marco Polo Quits China,' *Harvard Journal of*

	Asiatic Studies, vol. 9, 1945, 51. Cleaves, 'Chinese Source,' 181-203.
4	Thackston, *Rashiduddin Fazlullah's Jami'u't-tawarikh*, 599.
5	Yule-Cordier, *Marco Polo*, vol. 2, 249-53.
6	Cleaves, 'Chinese Source,' 183.
7	Barry Cunliffe, *By Steppe, Desert, and Ocean: The Birth of Eurasia* (Oxford: Oxford University Press, 2015), 447.
8	Tai Yew Seng, 'Zheng He's Navigation Methods and his Visit to Longyamen, Singapore,' *1819 & Before: Singapore's Pasts*, ed. Kwa Chong Guan (Singapore: ISEAS-Yusof Ishak Institute, 2021), 104.
9	Kent Gang Deng, *Chinese Maritime Activities and Socio-Economic Development, c. 2100 BC to 1900 AD* (Westport, Connecticut: Greenwood Press, 1997), 11-18.
10	Robert Finlay, *The Pilgrim Art: Cultures of Porcelain in World History* (Berkeley: University of California Press, 2010), 108.
11	Yule-Cordier, *Marco Polo*, vol. 3, 252-3.
12	Hermann Kulke, 'Śrīvijaya Revisited: Reflections on State Formation of a Southeast Asian Thalassocracy,' *Bulletin de l'École Française d'Extrême-Orient*, vol. 102, 2016, 45-96; Jan Wisseman Christie, 'Javanese Markets and the Asian Sea Trade Boom of the Tenth to Thirteenth Centuries AD', *Journal of the Economic and Social History of the Orient*, vol. 41, 1998, 344-81.
13	Willem Pieter Groeneveldt, *Notes on the Malay Archipelago and Malacca Compiled from Chinese Sources* (Batavia: W. Bruining and The Hague: M. Nijhoff, 1876), 20-34.
14	David Bade, *Of Palm Wine, Women, and War: The Mongolian Naval Expedition to Java in the Thirteenth Century* (Singapore: Institute of Southeast Asia Studies, 2013).
15	Hsiao-chun Hung, Hartatik, Tisna Arif Ma'rifat and Truman Simanjuntak, 'Mongol fleet on the way to Java: First archaeological remains from the Karimata Strait in Indonesia,' *Archaeological Research in Asia*, 29, 2022. https://www.sciencedirect.com/science/article/pii/S2352226721000738?via%3Dihub
16	Vogel, *Marco Polo Was in China*, 81.
17	Cleaves, 'Chinese Source,' 193.
18	Thackston, *Rashiduddin Fazlullah's Jami'u't-tawarikh*, 599; John Andrew Boyle, 'Rashīd al-Dīn and the Franks,' *Central Asiatic Journal* 14, 1970, 62-7.
19	Allsen, *Culture and Conquest*, 33.
20	Thackston, *Rashiduddin Fazlullah's Jami'u't-tawarikh*, 586.
21	Vogel, *Marco Polo Was in China*, 114-15; Wassaf Al-Hadrat, trans. Joseph Freiherr von Hammer-Purgstall, *Geschichte der Ilchane, das ist der Mongolen in Persien* (Darmstadt: Carl Wilhelm Leske, 1842), 423-34.
22	Karl Jahn, 'Paper Currency in Iran: A Contribution to the Cultural and Economic History of Iran in the Mongol Period,' *Journal of Asian History*, vol. 4, 1970, 120.

23 Peter Jackson, 'Čāv,' *Encyclopaedia Iranica*, vol. 5, Fasc. 1 (New York, NY: Iranica Foundation, Columbia University, 1990), 96-7.
24 Dashdondog Bayarsaikhan, *The Mongols and the Armenians*, 185.
25 Jackson, 'Čāv,' 96-7.
26 Karl Jahn, 'Rashid al-Dīn and Chinese Culture,' *Central Asiatic Journal*, vol. 14, 1970, 114, 146.
27 Jahn, 'Currency in Iran,' 123.
28 John Masson Smith, 'The Silver Currency of Mongol Iran,' *Journal of the Economic and Social History of the Orient*, vol. 12, 1969, 16-41.
29 Thackston, *Rashiduddin Fazlullah's Jami'u't-tawarikh*, 671.
30 Qiu Yihao, 'Background and Aftermath of Fakhr Al-Dīn Ṭībī's Voyage: A Reexamination of the Interaction between the Ilkhanate and the Yuan at the Beginning of the Fourteenth Century,' *New Approaches to Ilkhanid History*, eds Timothy May, Dashdondog Bayarsaikhan and Christopher Atwood (Leiden: Brill, 2021), 156.
31 Enerelt Enkhbold, 'The Role of the *ortoq* in the Mongol Empire in Forming Business Partnerships,' *Central Asian Survey*, vol. 39, 2019.
32 Allsen, *Culture and Conquest*, 32, 48-9.
33 Angela Schottenhammer, 'Huihui Medicine and Medicinal Drugs in Yuan China,' *Eurasian Influences on Yuan China*, ed. Morris Rossabi (Singapore: Institute of Southeast Asian Studies, 2013), 75-102.
34 Qu Jinliang, 'The Chinese Fleets in the Indian Ocean (Thirteenth-Fifteenth Centuries),' *The Sea in History-The Medieval World*, op. cit., 822-36.
35 George Lane, 'Intellectual Jousting and the Genghisid Wisdom Bazaars,' *Journal of the Royal Asiatic Society*, vol. 26, 2016, 235-47; Roxann Prazniak, *Sudden Appearances: The Mongol Turn in Commerce, Belief, and Art* (Honolulu, HI: University of Hawai'i Press, 2019), 25-54; Stefan Kamola, *Making Mongol History: Rashid al-Dīn and the Jamiʿ al-Tawarikh* (Edinburgh: Edinburgh University Press, 2019), 70-89.
36 Basil Gray, *The World History of Rashid al-Dīn: A Study of the Royal Asiatic Society Manuscript* (London: Faber & Faber, 1978); Karl Jahn and Herbert Franke, eds, *Die Chinageschichte des Rašid ad-Dīn* (Vienna: Österreichische Akademie der Wissenschaft, 1971).

20장 쿠빌라이 시대의 종말

1 Henry Beyle Stendhal, *Promenades dans Rome* (Paris: Michel Lévy Frères, 1866), 28. Mario Corti, "Casti, Salieri, and Peter the Great: On Salieri's Heroicomic Opera *Cublai, gran kan de' Tartari*," *Stanford Slavic Studies*, vol. 50, 2020, 29에서 재인용.
2 몽골 속담 Нохойн дуу ойртох (개 짖는 소리가 가까워진다).

3   Jinping Wang, *In the Wake of the Mongols: The Making of a New Social Order in North China, 1200-1600* (Leiden: Brill, 2020).
4   Yiming Ha, 'Emoluments, Institutions, and the Failure of Bureaucratic Reform in the Yuan Dynasty,' *International Journal of Asian Studies*, vol. 15, 2018, 153-93.
5   Paul Heng-chao Ch'en, *Chinese Legal Tradition under the Mongols: The Code of 1291 as Reconstructed* (Princeton, NJ: Princeton University Press, 1979).
6   John Dardess, 'Review of Chinese Legal Tradition under the Mongols,' *The Journal of Asian Studies*, vol. 39, 1980, 547-8; William C. Jones, 'Review of Chinese Legal Tradition under the Mongols,' *The University of Chicago Law Review*, vol. 47, 1980, 861-70.
7   Hsiao Ch'i-Ch'ing, *The Military Establishment of the Yuan dynasty* (Cambridge, MA: Council on East Asian Studies, Harvard University, 1978), 117.
8   Ibid, 117.
9   Christopher P. Atwood, 'Buddhists as Natives: Changing Positions in the Religious Ecology of the Mongol Yuan Dynasty,' *The Middle Kingdom and the Dharma Wheel: Aspects of the Relationship between the Buddhist Saṃgha and the State in Chinese History*, ed. Thomas Jülch (Leiden: Brill, 2016), 278-321.
10 N. K. Davi, R. D'Arrigo, G. C. Jacoby, E. R. Cook, K. J. Anchukaitis, B. Nachin, M. P. Rao and C. Leland, 'A long-term context (931-2005 CE) for rapid warming over Central Asia,' *Quaternary Science Reviews* 121, 2015, 89-97.
11 Brook, *Great State*, 33.
12 Atwood, *Encyclopedia of Mongolia*, 460.

21장 철인과 연꽃

1   Cleaves, 'Bayan,' 271.
2   Zhao, *Marriage as Political*, 72.
3   Vered Shurany, 'Tuqtuqa and his Descendants: Cross-Regional Mobility and Political Intrigue in the Mongol Yuan Army,' Biran, *Along the Silk Roads*, 126.
4   Howorth, *History of the Mongols*, 284.
5   Cleaves, 'Bayan,' 271.
6   Rashid al-Dīn, *Successors*, 321-2.
7   Hsiao Ch'i-ch'ing, *The Cambridge History of China, vol. 6: Alien Regimes and Border States, 907-1368*, eds Herbert Franke and Denis Twitchett (Cambridge, UK: Cambridge University Press, 1994), 496-500.
8   Hsiao Ch'i-ch'ing, 'Mid-Yüan politics,' 496.
9   Cleaves, 'Bayan,' 272.
10 George Lane, *Early Mongol Rule in Thirteenth-Century Iran: A Persian Renaissance* (London: Routledge, 2003).
11 Howorth, *History of the Mongols*, 289.

12 Qiu Yihao, 'Background and Aftermath,' 165.
13 Hsiao Ch'i-ch'ing, 'Mid-Yüan politics,' 409-505.
14 Howorth, *History of the Mongols*, 289.
15 Rashid al-Dīn, *Successors*, 329.
16 Qiu, 'Independent Ruler,' 42-3.

22장 정복에서 상업으로

1   Chanda Chhay, *The Cambodian Royal Chronicle: Including Chou Ta-Kuan's Report on the Customs of Cambodia* (New York: Vantage Press, 2009).
2   Hsiao Ch'i-ch'ing, 'Mid-Yüan politics,' 499.
3   John N. Miksic, *Singapore and the Silk Road of the Sea, 1300-1800* (Singapore: National University of Singapore Press, 2013), 130.
4   J. V. Mills, 'Notes on Early Chinese Voyages,' *Journal of the Royal Asiatic Society of Great Britain and Ireland*, nos 1-2, 1951.
5   Roderich Ptak, 'From Quanzhou to the Sulu Zone and Beyond: Questions Related to the Early Fourteenth Century,' *Journal of South-east Asian Studies*, vol. 29, 1998, 269-94.
6   Schurmann, *Economic Structure*, 226.
7   Ibid, 227.
8   Yokkaichi Yasuhiro, 'Chinese and Muslim Diasporas and the Indian Ocean Trade Network under Mongol Hegemony,' *The East Asian 'Mediterranean': Maritime Crossroads of Culture, Commerce and Human Migration*, ed. Angela Schottenhammer (Wiesbaden: Otto Harrassowitz, 2008), 73-102.
9   Derek Heng, 'State Formation and the Evolution of Naval Strategies in the Melaka Straits, c. 500-1500 CE,' *Journal of South-east Asian Studies* 44, 2013, 380-99.
10 陳大震 纂,《大德南海志》, Hyunhee Park, *Mapping the Chinese and Islamic Worlds: Cross-Cultural Exchange in Pre-modern Asia* (Cambridge, UK: Cambridge University Press, 2012), 113-14에서 재인용; Hyunhee Park, 'Mongol World,' 114.
11 Henry Yule, trans., *Cathay and the Way Thither*, 45-51.
12 L'Abbe Évariste Huc, *Christianity: China, Tartary, and Thibet* (London: Spottiswoode, 1857), 377.
13 Hsiao Ch'i-ch'ing, 'Mid-Yüan politics,' 503. Peter Jackson, *The Mongols and the West: 1221-1410* (London: Routledge, 2014), 171.
14 Philip Bowring, *Empire of the Winds: The Global Reach of Asia's Archipelago* (London: Bloomsbury Academic, 2020), 105-8.
15 《島夷誌略》(1349)의 번역: William Woodville Rockhill, 'Notes on the Relations and Trade of China with the Eastern Archipelago and the Coast of the Indian Ocean during the Fourteenth Century,' *T'oung Pao*, vol. 16, 1915, 129-32.
16 Roderich Ptak, 'Images of Maritime Asia in Two Yüan Texts: *Daoyi zhilue* and *Yiyu*

zhi,' *Journal of Song-Yuan Studies* 25, 1995, 54-5.
17 Craig Clunas, 'Commodities, collectables, and trade goods,' *Arts of the Song and Yüan*, eds Maxwell K. Hearn and Judith G. Smith (New York: Metropolitan Museum of Art, 1996), 47.
18 《島夷誌略》(1349)의 번역: William Woodville Rockhill, 'Notes on the Relations and Trade of China with the Eastern Archipelago and the Coast of the Indian Ocean during the Fourteenth Century,' *T'oung Pao*, vol. 16, 1915, 261-2.
19 Chaffee, 'Cultural Transmission by Sea,' 51; Qingxin Li, *Maritime Silk Road* (Beijing: China Intercontinental Press, 2006), 103-5.
20 John Norman Miksic and Goh Geok Yian, *Ancient South-east Asia* (New York: Taylor and Francis, 2016), 449.
21 Hyunhee Park, 'Interpreting the Mongol World,' 91.

23장 이윤과 쾌락, 시와 허영의 항구들

1 W. W. Rockhill, 'Notes on the Relations and Trade of China with the Eastern Archipelago and the Coast of the Indian Ocean during the Fourteenth Century. Part III,' *T'oung Pao*, vol. 16, 1915, 391.
2 Timothy Brook, *The Troubled Empire: China in the Yuan and Ming Dynasties* (Cambridge, MA: Harvard University Press, 2010), 219.
3 福建省泉州海外交通史博物館·泉州泉州歷史研究會 編, 《泉州伊斯蘭教研究論文選》, 1983: 63.
4 Yule-Cordier, *Marco Polo*, vol. 1, 412-15.
5 Ankeney Weitz, 'Notes on the Early Yuan Antique Art Market in Hangzhou,' *Ars Orientalis*, vol. 27, 1997, 32.
6 Yule-Cordier, *Marco Polo*, vol. 2, 200-15.
7 Stephen H. West, 'Literature from the late Jin to the early Ming: c.1230-c.1375),' ed. Stephen Owen, *The Cambridge History of Chinese Literature*, vol. 1 (Cambridge, UK: Cambridge University Press, 2010), 557-650.
8 West, 'Literature from the late Jin,' 593-9.
9 馬端臨, 《文獻通考》錢幣考. Nancy Shatzman Steinhard, 'Currency Issues of Yuan China,' *Bulletin of Song and Yüan Studies* 16, 1980, 60.
10 Joseph Needham, *Science and Civilisation in China, Vol. 4, Physics and Physical Technology Part 3, Civil Engineering and Nautics* (Cambridge: Cambridge University Press, 1971), 478.
11 Cho-yun Hsu, *China: A New Cultural History*, trans. Timothy T. Baker, Jr and Michael S. Duke (New York: Columbia University Press, 2006), 299.
12 Kate Buss, *Studies in Chinese Drama* (Boston, MA: Sour Seas Book, 1922), 27, 48.
13 West, 'Playing with Food,' 90-1.
14 Richard von Glahn, *Fountain of Fortune: Money and Monetary Policy in China*,

1000-1700 (Berkeley: University of California Press, 1996), 68.
15 Richard F. S. Yang, 'The Social Background of the Yüan Drama,' *Monumenta Serica*, vol. 17, 1958, 344-9.
16 Fan Pen Chen, 'Reunion with Son and Daughter in Kingfisher Red County: A Yuan Drama,' *Asian Theatre Journal*, vol. 14, 1997, 179.
17 James Irving Crump, 'The Elements of Yuan Opera,' *The Journal of Asian Studies*, vol. 17, 1958, 417-34.

24장 썩어가는 배, 가라앉는 화폐

1 Abdul Azim Islahi, 'Al-Asadī and his work Al-Taysīr,' Munich Personal RePEc Archive Paper no. 80122, 2016. https://mpra.ub.uni-muenchen.de/80122/
2 Zuikei Shuho and Charlotte von Verschuer, 'Japan's Foreign Relations 1200 to 1392 AD,' *Monumenta Nipponica*, vol. 57, 2002, 417-18; Hsiao Ch'i-Ch'ing, *The Military Establishment of the Yuan dynasty* (Cambridge, MA: Council on East Asian Studies, Harvard University, 1978), 121.
3 Yiwen Li, 'Networks of Profit and Faith: Spanning the Sea of Japan and the East China Sea, 838-1403' (PhD dissertation, Yale University, 2017), 170.
4 Paul J. Smith, 'Fear of Gynarchy in an Age of Chaos,' *Journal of the Economic and Social History of the Orient*, vol. 41, 1998, 10-11.
5 Lo, *Sea Power*, 323-4.
6 Hua, 'Journey of Zhao Xian,' 209-15.
7 Geoff Wade, 'An Early Age of Commerce in South-east Asia, 900-1300 CE,' *Journal of South-east Asian Studies*, vol. 40, 2009, 221-65.
8 Richard Von Glahn, 'Chinese Coin and Changes in Monetary Preferences in Maritime East Asia in the Fifteenth-Seventeenth Centuries,' *Journal of the Economic and Social History of the Orient*, vol. 57, 2014, 629.
9 C. Fred Blake, *Burning Money: The Material Spirit of the Chinese Lifeworld* (Honolulu: University of Hawai'i Press, 2011), 145.
10 Min Tian, 'Stage Directions in the Performance of Yuan Drama,' *Comparative Drama*, vol. 39, 2005, 415.
11 Ethan Segal, 'Money and the State,' *Economic Thought in Early Modern Japan*, ed. Hans Ulrich Vogel (Leiden: Brill, 2010), 28-9.
12 Li, 'Profit and Faith,' 119.
13 Yokkaichi Yasuhiro, 'The Eurasian Empire or Chinese Empire?' *Empires, Systems, and Maritime Networks* (Beppu, Oita, Japan: Ritsumeikan Asia Pacific University, Institute for Language and Culture Studies, 2011), 23-34.
14 Mio Kishimoto, 'Land markets and land laws in late imperial China,' *Law and Long-Term Economic Change*, eds Debin Ma and Jan Luiten Van Zanden (Stanford, CA: Stanford University Press, 2011), 78.

15 Fumio Hozumi, 'The characteristics of the History of Chinese Money,' *Kyoto University Economic Review*, vol. 24, 1954, 30.

16 Sukhee Lee, 'Negotiated Power' (PhD diss., Harvard University, Department of East Asian Languages and Civilizations, 2009), 191-234.

25장 바다에서 철수하는 중국

1 Lo, *Sea Power*, 324.

2 Harold M. Tanner, *China: A History* (Indianapolis: Hackett Publishing, 2009), 272.

3 John W. Dardess, 'The Transformations of Messianic Revolt and the Founding of the Ming Dynasty,' *The Journal of Asian Studies*, vol. 29, 1970, 547.

4 Chang Hsing-ling, 'The Rebellion of the Persian Garrison in Ch'üanchou (AD 1357-66),' *Monumenta Serica*, vol. 3, 1938, 611-27.

5 Edward L. Dreyer, 'The Poyang Campaign of 1363', eds Frank A., Kierman, and John K. Fairbank, *Chinese Ways in Warfare* (Cambridge, MA: Harvard University Press, 1974), 202-42.

6 Lo, *Sea Power*, 323; Yan Chen, *The Maritime Silk Road and Cultural Communication between China and the West*, trans. Haitai Mu, Caiyun Gao and Chen Chen (Lanham, MD: Lexington Books, 2020), 133-42.

7 Paola Calanca, 'Perception et Pratique de L'Espace Maritime Par Les Fonctionnaires Chinois (XIVe-début du XIXe siècle),' *Bulletin de l'École Française d'Extrême-Orient*, vols 97/98, 2010, 25.

8 Lo, *Sea Power*, 330-2.

9 Geoffrey Humble, 'Princely Qualities and Unexpected Coherence,' *Journal of Song-Yuan Studies*, vol. 45, 2015, 335.

10 Charles Baldwin, *The Mongol Chronicle Altan Tobči* (Wiesbaden: Otto Harrassowitz, 1955), 152-3.

11 David M. Robinson, 'Celebrating war with the Mongols,' *How Mongolia Matters: War, Law, and Society*, ed. Morris Rossabi (Leiden, Netherlands, Brill, 2017), 111.

12 Yang, 'Yüan Drama,' 340.

13 Kangying Li, *The Ming Maritime Trade Policy in Transition, 1368 to 1567* (Wiesbaden: Otto Harrassowitz Verlag, 2010), 3-4.

14 Kuei-Sheng Chang, 'Maritime Scene in China at the Dawn of the Great European Discoveries,' *Journal of the American Oriental Society*, vol. 94, 1974, 353.

15 Li, *Ming Maritime Trade*, 10.

16 Rila Mukherjee, *Pelagic Passageways: The Northern Bay of Bengal Before Colonialism* (Delhi: Primus Books, 2011), 84.

17 馬歡, 《瀛涯勝覽》(1433). Ma Huan, *Ying-Yai Sheng-Lan: The Overall Survey of the Ocean's Shores (1433)*, trans. Feng Ch'eng-Chün, ed. J. V. G. Mills (Cambridge, MA: Hakluyt Society, 1970), 73.

18   Morris Rossabi, 'Two Ming Envoys to Inner Asia,' *T'oung Pao*, vol. 62, 1976, 7-8.
19   Tsai, *Eunuchs*, 129-30.
20   Ralph Kauz and Roderich Ptak, 'Hormuz in Yuan and Ming Sources,' *Bulletin de l'École Française d'Extrême-Orient*, vol. 88, 2001, 27-75; Ralph Kauz, 'The Maritime Trade of Kish during the Mongol Period,' *Beyond the Legacy of Genghis Khan*, ed. Linda Komaroff (Leiden, Brill, 2006), 51-67.
21   Wade, 'Zheng He,' 56.
22   Sally K. Church, 'Zheng He: An investigation into the plausibility of 450ft treasure ships,' *Monumenta Serica*, vol. 53, 2005, 1-43.
23   Dolors Folch Fornesa, Isabel Cervera Fernández, Sally K. Church and Roderich Ptak, *El grans viatges de Zheng He* (Barcelona: Angle Editorial, 2008), 17-18; Walter Goode, 'On the *Sanbao taijian sia xiyang-ji*,' (PhD diss., Australian National University, 1976), 43-51.
24   Roderich Ptak, Review of '*Edward L. Dreyer: Zheng He: China and the Oceans in the Early Ming Dynasty, 1405-1433*,' *Archipel*, 2007, 256-60.
25   Thomas Zimmer, *Der chinesische Roman der ausgehenden Kaiserzeit* (München: K. G. Saur Verlag, 2002), 338-53; Shi Ping and Roderich Ptak, eds, *Studien Zum Roman 'sanbao Taijan Xiyang Ji Tongsu Yanyi'* (Wiesbaden: Harrassowitz, 2011).
26   Bert G. Fragner, Ralph Kauz, Roderich Ptok and Angela Schottenhammel, eds, *Pferde in Asien: Geschichte, Handel und Kultur* (Vienna: Akademie der Wissenschaften, 2009).
27   Kevin H. O'Rourke and Jeffre G. Williamson, 'Did Vasco da Gama matter for European Markets?,' *Economic History Review*, vol. 62, 2009, 661-3; Sebastian R. Prange, *Monsoon Islam: Trade and Faith on the Medieval Malabar Coast* (Cambridge, UK: Cambridge University Press, 2018), 220.
28   William S. Atwell, 'Time, Money, and the Weather,' *Journal of Asian Studies*, vol. 61, 2002, 86.
29   Geoff Wade, 'Engaging the South: Ming China and South-east Asia in the Fifteenth Century,' *Journal of the Economic and Social History of the Orient*, vol. 51, 2008, 588.
30   J. J. L. Duyvendak, 'The True Dates of the Chinese Maritime Expeditions in the Early Fifteenth Century,' *T'oung Pao*, Second Series, vol. 34, 1939, 396.

26장 늑대는 우중에 온다

1   C. V. Ranganathan, *Panchsheel and the Future: Perspectives on India-China Relations* (Delhi: Institute for Chinese Studies, 2005), 86.
2   Sanjay Subrahmanyam, *The Career and Legend of Vasco Da Gama* (Cambridge, UK: Cambridge University Press, 1997), 31-4; E. G. Ravenstein, ed., *A Journal of the First Voyage of Vasco Da Gama, 1497-1499* (Cambridge, UK: Cambridge University

Press, 1898), 52.
3   Subrahmanyam, *Vasco Da Gama*, 138.
4   몽골 속담 Чоно бороонoo (늑대는 우중에 온다).
5   Robert Finlay, 'Portuguese and Chinese Maritime Imperialism,' *Comparative Studies in Society and History*, vol. 34, 1992, 226-41.
6   이 경우에 유구는 몽골을 늑대와 비교하고 있지만, 여기서는 같은 인용이 유럽인을 무시하는 조정을 언급하기 위해 사용됐다. Liew Foon Ming, 'The Luchuan-Pingmian Campaigns (1436-49) in the Light of Official Chinese Historiography,' *Oriens Extremus*, vol. 39, 1996, 177-8.
7   Anne Gerritsen, *Ji'an Literati and the Local in Song-Yuan-Ming China* (Leiden: Brill, 2007), 145.
8   Uwe Christian Plachetka, 'Eine Telekonnektion im mittelalterlichen Weltsystem,' *Der Konak*, 92, 2018, 4-15.
9   Dietmar Rothermund, 'The European Quest for the Control of the Indian Ocean,' *The East Asian 'Mediterranean': Maritime Crossroads of Culture, Commerce and Human Migration*, ed. Angela Schottenhammer (Wiesbaden: Otto Harrassowitz, 2008), 106.
10 Tomé Pires, *The Suma Oriental of Tome Pires: An account of the East, from the Red Sea to China written in Malacca and India from 1512-15* (New Delhi: Asian Educational Services, 2005), xxxvii-xxxix.
11 Timothy Brook, *Confusions of Pleasure*, 124; Denis Crispin Twitchett and Frederick W. Mote, *The Cambridge History of China: The Ming Dynasty, 1368-1644*, Part 2 (Cambridge: Cambridge University Press, 1998), 336.
12 T'ien-tsê Chang (Tianze Zhang), *Sino-Portuguese Trade from 1514 to 1644: A Synthesis of Portuguese and Chinese Sources* (Leyden: Brill, 1934), 35-6; T'ien-tse Chang (張天澤), 'Malacca and the Failure of the First Portuguese Embassy to Peking,' *Journal of South-east Asian History*, vol. 3, 1962, 45-64.
13 Brook, *Troubled Empire*, 223-6; James Fujitani, 'The Ming Rejection of the Portuguese Embassy of 1517,' *Journal of World History*, vol. 27, 2016, 87-102.
14 Kenneth R. Hall, 'The Coming of the West,' ed. Tim O. Smith, *Cambodia and the West, 1500-2000* (London: Palgrave Macmillan, 2018), 7-36.
15 Hugo Grotius, *The Freedom of the Seas*, trans. Ralph Van Deman Magoffin (New York: Oxford University Press, 1916), 7.
16 Ronald C. Po, *The Blue Frontier: Maritime Vision and Power in the Qing Empire* (Cambridge, UK: Cambridge University Press, 2018), 71.
17 Antoine-Yves Goguet, *The Origin of Laws, Arts, and Sciences and the Progress Among the Most Ancient Nations*, vol. 1 (London: Printed for George Robinson, Paternoster-Row, and Alexander Donaldson, St Paul's Churchyard, 1775), xix-xxi.
18 Po, *Blue Frontier*, 89-180.

27장 엠프러스오브차이나호의 출항

1. Mary A. Giunta, ed., *Documents of the Emerging Nation: US Foreign Relations, 1775-89* (Wilmington, DE: Scholarly Resources, 1998), 240.
2. Clarence L. Ver Steeg, 'Financing and Outfitting the First United States Ship to China,' *Pacific Historical Review*, vol. 22, 1953, 1-12.
3. Gaillard Hunt, ed., *Journals of the Continental Congress, 1774-89*, vol. 26 (Washington, DC: United States Printing Office, 1928), 58-9.
4. John W. Swift, P. Hodgkinson and Samuel W. Woodhouse, 'The Voyage of the Empress of China,' *Pennsylvania Magazine of History and Biography*, vol. 63, 1939, 29.
5. Samuel Shaw, *The Journals of Major Samuel Shaw, First American Consul at Canton* (Boston, MA: Wh. Crosby and H. P. Nichols, 1847), 194-341.
6. Alexis de Toqueville, *Democracy in America*, trans. Harvey C. Mansfield and Delba Winthrop (Chicago, IL: University of Chicago Press, 2000), 387.
7. Jean Gordon Lee, *Philadelphia and the China Trade 1784-1844* (Philadelphia, PA: Philadelphia Museum of Art, 1984), 63-4.
8. Josiah Quincy, 'Preface: A Life of the Author,' *The Journals of Major Samuel Shaw, First American Consul at Canton*, op. cit., v.
9. Philip Chadwick Foster Smith, *The Empress of China* (Philadelphia: University of Pennsylvania Press, 1985).
10. Wanner, 'American Trade,' 40-4.
11. Ssu-yü Teng and John K. Fairbank, *China's Response to the West, A Documentary Survey, 1839-1923* (Cambridge, MA: Harvard University Press, 1954), 19.
12. Benjamin Franklin, 'A Letter from Dr Benjamin Franklin, to Mr Alphonsus le Roy,' *Transactions of the American Philosophical Society*, vol. 2, 1786, 301-7.
13. Benjamin Franklin, *Papers*, vol. 19 (New Haven: Yale University Press, 1959), 136.
14. A. Owen Aldridge, *The Dragon and the Eagle: The Presence of China in the American Enlightenment* (Detroit: Wayne State University Press, 1993), 25-87.
15. John D. Haeger, 'Business Strategy and Practice in the Early Republic,' *Western Historical Quarterly* 19, 1988, 188-90.
16. Anna Youngman, 'The Fortune of John Jacob Astor,' *Journal of Political Economy* 16, 1908, 345-68.
17. Elizabeth Sinn, *Pacific Crossing: California Gold, Chinese Migration and the Making of Hong Kong* (Hong Kong: Hong Kong University Press, 2013), 3, 36-138.
18. Aldridge, *The Dragon and the Eagle*, 110.
19. Hunt Janin, *The India-China Opium Trade in the Nineteenth Century* (Jefferson, North Carolina: MacFarland Co, 1999), 65.
20. John D. Wong, 'Global Positioning: Houqua and his China Trade Partners in the Nineteenth Century,' (PhD diss., Harvard University, 2012), 208-22.

21 Downs, 'American Merchants,' 426.
22 Alain Le Pichon, 'Howqua and the Howqua: How a Chinese Monopolist Saved American Free-Traders from Financial Ruin,' *Journal of the Royal Asiatic Society Hong Kong Branch* 50, 2010, 99-121.
23 John Lauritz Larson, *Bonds of Enterprise: John Murray Forbes and Western Development in America's Railway Age* (Iowa City: University of Iowa Press, 2001), 69.
24 Zheng Yangwen, *China on the Sea* (Leiden, Netherlands: Brill, 2011).
25 Frederic D. Grant, 'Hong Merchant Litigation in the American Courts,' *Proceedings of the Massachusetts Historical Society*, vol. 99, 1987, 44-62.
26 W. Cameron Forbes, 'Houqua: The Merchant Prince of China, 1769-1843,' *Bulletin of the American Asiatic Association*, vol. 6, 1940, 9-18.
27 Janin, *India-China Opium*, 65.
28 W. Cameron Forbes, 'Extracts from the Correspondence of John Murray Forbes,' *Proceedings of the Massachusetts Historical Society*, vol. 66, 1936, 176.
29 'Howqua, the Senior Hong Merchant,' *Merchant's Magazine and Commercial Review*, vol. 10, May 1844.
30 Stephen R. Platt, *Imperial Twilight: The Opium War and the End of China's Last Golden Age* (New York: Alfred A. Knopf, 2018).
31 Hsin-pao Chang, *Commissioner Lin and the Opium War* (Cambridge, MA: Harvard University Press, 1964), 172-6.
32 Israel Epstein, *From Opium War to Liberation* (Beijing: New World Press, 1956).

에필로그: 역사는 총아를 허락하지 않는다
1 John Patrick Diggins, *Eugene O'Neill's America: Desire Under Democracy* (Chicago, IL: University of Chicago Press, 2007), 88.

찾아보기

ㄱ

가사도 162-3, 173-4
가이하투 298, 300-3
가잔 289, 300-1, 303-5, 321-2, 334
〈강상심〉 348
거란족 22, 24, 224
건륭제(청 황제) 399
《겐코: 몽골의 일본 침략》 230
고려
    강화도 피난 39, 123
    쿠빌라이 칸 치하의 관계 93
    선박 건조 기술 123-4, 172
    -와 제1차 일본 침공 172, 175-9
《고려사》 353
고종(송 황제) 114
공제(송 황제) 173, 192, 195-6, 203, 214, 241-2, 353
광저우 115-6, 222, 250, 261, 338, 388, 391, 393, 395-6, 398, 401, 403-7
구육(대칸) 43-4
그르니에, 줄리앙 68
금나라
    몽골의 정복 21-27, 34, 36-8
    -의 송나라 공격 107-9, 112-4, 119-20

ㄴ

나야아 139
나얀 269-71, 274-5
나천익 184

남부이 225-6, 267, 276, 317-8, 321
네덜란드 389-91
노가이 305
노무칸 143
니콜라우스 4세(교황) 280, 283-4, 333
닝보 165, 338, 351, 354-5, 365

ㄷ

다 가마, 바스쿠 383
다롄 408
다마스쿠스 68, 99
다이비엣 73, 77, 123, 260, 263-9, 332 '베트남'도 참조
다케자키 스에나가 178-9
단종(송 황제) 203, 208-9
《대덕남해지》 333
대도 149 '베이징'도 참조
대리 왕국 69-71, 73, 75, 93
더 흐로트, 휘호(후고 그로티우스) 389
도르지 100
도종(송 황제) 110, 160-3, 172-3
도종의 352
도콜쿠 체르비 39, 41
도쿠즈 95, 278, 304
〈동소진〉 345
두세충 226
드 마이야, 조제프안마리 드 무아리악 256
드 토크빌, 알렉시 396
    《미국의 민주주의에 대하여》 396
디구나이(금 황제) 107-8, 113

디우누 140

ㄹ

라시드웃딘 7, 36, 38, 45, 60, 79, 84, 89-90, 156, 255, 259, 266, 268, 271-2, 292, 294, 300-3, 306, 325
루이 9세(프랑스 왕) 96
뤼브룩, 빌럼 판 57

ㅁ

마리아(동로마 공주) 96-7, 101, 288
마카오 209, 393, 407
마흐무드 얄라바치 63
만리장성 7, 408
말로, 크리스토퍼 381
매카트니, 조지 399
맹기 296
메르브 33
메르테이 288
명나라 49, 113, 140, 175, 177, 354, 365-9, 372-4, 379-81, 384, 388-9, 391-2, 395
《명태조실록》 368
모리스, 로버트 394, 396
〈몽고습래회사〉 179
《몽골비사》 25-6, 40, 42, 54, 65
뭉케(대칸) 29-31, 34, 38, 43-4, 47-8, 57-65, 69-70, 72, 83-7, 89-90, 101, 106, 123-4, 126, 326
무칼리 28-9, 67
무학조원 176
문천상 210-1
미국 281, 394, 396, 398-406, 408
미나모토노 요시쓰네 229
미하일 8세(동로마 황제) 96, 288

ㅂ

바그다드 61, 66, 68, 84, 282-4, 333
바르사우마, 랍반 279-80
바르에브라야, 그리고리오스 60
바얀
 쿠빌라이 칸 궁정 139-41
 -과 아주 141, 160, 200-1
 군 지휘관 임명 141-2, 155-6
 남방 몽골군 최고사령관 임명 158-9
 마지막 송나라 공격 187-9, 191-5, 198, 200
 송나라 반란 204, 214
 상선단 발전 246-7
 -과 아흐마드 파나카티 255
 -과 만주에서의 반란 270-1
 -과 반란군의 카라코룸 점령 275-6
 -의 복귀 312
 쿠빌라이 칸 사후 317-21
 유진 오닐의 묘사 413
박당강 전투 267-8
방국진 363-5
방봉 213
〈백화정〉 344
범문호 227
베수진 140
베이징 7, 21, 29, 36, 68, 84, 149-51, 160, 167, 185, 197-8, 200, 224, 253, 284, 289, 311-2, 322, 333, 353-4, 362, 373, 379, 388, 401, 408
베트남 16, 72-8, 80, 88, 99, 114-5, 129, 132, 179, 189, 193, 206, 208, 222, 240, 259-62, 263, 265-9, 275, 277-8, 304, 311, 314, 326, 355, 369, 389
벨구테이 269
보르지긴 197

보르테 30, 56, 100
볼라드 100, 149-50, 256, 285-7, 306-7
불루간 288-9, 301, 323-4
비발디, 바디노 283
비발디, 우골리노 283
빅토리아 여왕(영국) 406-7

ㅅ

사드르 앗딘 227
사이프 앗딘 쿠투즈 78-9
사 태후 173-4, 186, 190, 192-7, 199, 203, 214
사할린섬 122-3, 153, 223, 238-40, 370
상도 24, 100, 124, 149, 151, 159, 219, 221, 255-6, 290, 311-2, 362, 365-6
샹양 133-4, 152-4
소르콕타니 베키 29-31, 35, 38, 42-6, 48-9, 51, 58-60, 72, 84, 86, 89, 101, 278, 313
송나라
　몽골의 공격 28-9, 53, 63, 71-2, 85-8
　금나라의 공격 107-9, 112-4, 119-20
　-의 활력 110-7
　쿠빌라이 칸의 공격 재개 131-9, 152-4, 157-8
　-와 마르코 폴로 159-63
　-와 일본과의 무역 165-6
　사 태후 치하 173-4
　-의 음식과 음료 181-5
　-에 대한 마지막 공격 187-201
　계속된 반란 203-214
〈송계삼조정요〉 210
송염 140, 215
쇼, 새뮤얼 399
수게투 206, 222, 254, 260-7

수마트라섬 295-6
수베데이 25-6, 29, 36, 47, 69-70, 131, 138, 190
《수서구장》 116
스미스, 존 화이트 395
스에마쓰 겐초 228
시기 쿠투쿠 25-6
시린다리 323
시베리아 29, 45-7, 99, 121, 320, 376
신안 난파선 251, 354-5, 357
쓰다 겐칸 228

ㅇ

아다치 야스모리 178
아담, 기욤 282
아르군(일칸) 277, 279-86, 288-9, 293, 298, 300-1
아릭부케 34, 43, 61, 84, 86, 90, 92, 97-101, 121, 125, 145, 149, 318
아릭카야 153, 263
아무르강 45, 121-2, 223, 370
아바카(일칸) 101, 153, 240, 288-9, 293
아스토르, 요한 야코프(존 제이컵 애스터) 401
아이누족 122-3, 238-40
아인잘루트 전투 80-1, 95
아주
　대리 왕국 공격 70
　다이비엣 공격 75-6
　쿠빌라이의 군대 재편 131-3 136-9
　송나라 공격 133-9, 153-4
　-와 바얀 141, 160, 200-1
　제1차 일본 침공 172
　마지막 송나라 공격 187-91
안나시르 유수프 68, 81

안드로니코스 2세(동로마 황제) 288
알구 98, 101
알라 웃딘 79
알라카이 베키 60
알락 139
알레포 68
알만수리, 바이바르스 275
알바르스, 조르즈 388
알우마리, 이븐 파들랄라흐 285
야마다 나카바 229-30, 232-3, 235
야먼 전투 211
야율초재 224
야율희량 224
야쿠두 326
양만리 113
양연진가 199
양정벽 222
양추 306
에드워드 1세(잉글랜드 왕) 280, 334
에스파냐 함대 230-1
엔니 355
엘리자베스 1세(잉글랜드 여왕) 230-1
엠프러스오브차이나호 393-6, 398-9, 401
《열녀전》 374
영국 221, 228, 390, 393-4, 396, 398-9, 403-7
영락제 369-70, 374, 376-7
예수게이 바아타르 138
오굴 카이미시 53, 58-9
오닐, 유진 291, 411-2, 414
《백만장자 마르코》 291, 412
오르가나 98
오마르 269
오잠 165
와사프 하즈랏 194, 196, 200, 305

완안정가 109
왕대연 246, 334-7
왕운 219
왕원량 241
왕월 203
요나라 22
우구데이(대칸) 30, 33, 36, 39-45, 47-8, 53, 89, 101, 105, 128, 141, 144-5, 240, 270
우량카다이 70-3, 75-77, 87-8, 132
우룩 284
우윤문 112-3
울루그울루스(킵차크 칸국) 47, 67, 86, 97, 101, 125, 275, 281, 283, 326
울제이투(일칸) 284
원나라
  쿠빌라이의 왕조 창설 145-9
  -의 행정 149-52
  - 치하의 무역 증가 247-54
  만주에서의 반란 269-75
  테무르 치하 317-338
  -의 문화 생활 338-349
  -의 쇠퇴 351-3, 357-9, 361-4, 367-8
  일본과의 무역 354-7
원각 136
《원사》 48-9, 70, 87, 91, 95, 124, 134, 136, 138, 140, 150, 155, 158, 177, 189, 199, 215, 225-6, 239, 261, 266, 276-7, 292, 296, 307, 310, 317, 320, 326, 331, 358, 365
원호문 121
유기 145, 257, 367
유르키 100
유병충 51-2, 62, 149-50, 257
유복형 176

유안 118
유정 94, 134, 138
육수부 212-3
《음선정요》 184-5
의학의 발전 117-9
이그미시 222
이븐바투타 362
이사 켈레메치 277, 279, 285-6, 292
이스마일 153
이시하 370
이정 274
이종(송 황제) 162, 173-4, 199
이집트 61, 68-9, 78-81, 95-6, 114, 142, 275, 277-80, 282-3, 286, 289, 291, 300, 304, 330, 374
익스페리먼트호 398
인도 14, 16, 99, 114-6, 206, 222, 240, 241, 247, 252-3, 259, 260, 262, 281-4, 286-7, 292, 296, 303, 306, 330, 334, 363, 374, 381-7, 392, 403, 407
인드라바르만 5세(참파 왕) 260-1
일본
  -과 쿠빌라이 칸의 시베리아 원정 121
  -과 아이누족 122-3
  제1차 침공 165-79
  제2차 침공 224-38
  원나라와의 무역 354-7
일 칸국 67, 97, 101, 125, 136, 140-1, 144-5, 153, 194, 206, 221-2, 249, 253, 255, 259, 261, 271, 275, 278-9, 281-2, 284-9, 291, 293, 300-2, 304-6, 321, 326, 332, 332, 363
임칙서 409-10
잉저우 156

ㅈ

자르구다이 354
자바 16, 253, 262, 300-2, 307, 312-3, 316, 328, 334, 357, 365, 393, 418
장강 28, 69-70, 85, 87, 94, 112, 134, 154, 172, 181, 187-91, 219, 223, 269, 310, 365
장덕휘 49-50, 100
장양호 367
전 황후 173
정사초 343
정화 369-70, 372-7, 381-2, 385-6
제노바 281-3, 386
제베 24
제이, 존 398
제퍼슨, 토머스 399
조반니 다 몬테코르비노 253, 284, 333
조반니 다 피안 델 카르피네 54-5, 60, 284, 333
조병(송 소제) 209, 212, 214
조지 3세(영국 왕) 399
주달관 329
주바이니 33-4, 40, 48, 58-9
주욱 295
주원장(명 태조) 364-5, 368
주치 47-8, 141, 144-5
중국 → 송나라, 금나라, 원나라, 명나라를 보라
《중국 통사》 256
중도 21, 27-8, 36, 48, 149 베이징도 참조
진구소 116
진대진 333
진우량 364-5
징더전 250-1
쩐훙다오 266-7

찾아보기 459

ㅊ

차가다이 47-8, 141, 144-5, 270
차부이 88-90, 99, 124-6, 128, 140, 150, 155-6, 187, 196, 198, 225, 255-7, 288, 313
차이스(채석) 전투 112-3, 119
《참고몽고입구기》 228
참파 222, 259-67, 297, 332, 363, 389
청나라 229, 372, 391-2, 396, 403-4, 406
체책투 75-6
충선왕 353
취안저우 16, 115-6, 204-7, 222, 248, 252, 284, 293, 297, 331, 334, 338-9, 362-3
치르본 난파선 251
친킴 140-2, 155-6, 255, 264, 267, 270, 288, 313, 317-8, 324
칭기스 칸
  신체 묘사 23
  중국 정복 24-7
  초상 26
  -의 죽음 32
  쿠빌라이 칸 및 뭉케와의 만남 31
  일본인 설 229
칭다오만 407

ㅋ

카사르 카야 222
카이두 125, 141-2, 145-6, 148, 223, 270-3, 275-6, 284, 286, 291-2, 325
카이펑 61-2, 100, 221
캄말라 318-20
케레문 304
콜럼버스, 크리스토퍼 385-6, 388
콜리지, 새뮤얼 테일러 219, 221
콩쿠르타이 279

쿠덴 240
쿠빌라이(대칸)
  바다의 황제 7-9
  -의 초상 26
  -의 어린 시절 29-36
  교육 48-51
  -와 유병충 51-2
  뭉케 치하 60-72
  -와 대리 왕국 69-72
  -와 다이비엣 77-8
  신체 묘사 83-4
  뭉케의 죽음에 대한 반응 85, 87-91
  대칸 선언 91-5
  아릭부케와의 내전 97-102, 145
  군사 전략 변화 105-7, 109-10, 119-20
  -와 중국 의학 117-9, 184
  시베리아 원정 121-3
  -의 재정 124-9
  선박 건조 시작 131-6
  송나라 공격 재개 131-7, 152-4
  -와 바얀 139-42, 155-60, 312
  중국 서부 기지 건설 142-3
  원 왕조 창건 145-9
  원나라의 통치 150-2
  송나라 마지막 공격 187-201
  송나라의 반란 203-214
  새로운 무역로 탐색 221-4
  제2차 일본 침공 224-38
  차부이의 죽음 225
  남부이와의 혼인 225-6
  무역 확대 246-53
  아흐마드 파나카티에 대한 음모 253-7
  베트남 침공 259-69
  -와 친킴 태자 267
  만주에서의 반란 269-75

반란군의 카라코룸 점령 275
이집트 공격 계획 277-9
일 칸국 통제 285-7
인도와의 관계 286-7
건강 문제 290
자바 공격 296-8
말년 310-2
-의 죽음 313-4
후계자 문제 318-9
유진 오닐의 묘사 411-4
쿠케진, 바이람에게치 16, 267, 289, 291-3, 298, 300-1, 303-6, 311, 317-8, 321, 325, 370, 386, 411-2
쿠툴룬 141, 271-2
쿨탁 에게치 301
크메르제국 115, 260, 332, 389, 391
《키타이 학문 여러 분야에 대한 일한의 귀중한 작업》 302
키트부카 68, 79-80

ㅌ

타브리즈 14, 67-8, 97, 280, 282, 284-5, 288, 300-1, 303
탕다오 전투 109, 113, 119
태조(송 황제) 214
태종(전 황제) 73
테구데르 278-9, 285
테메치 225
테무르(대칸) 270, 275-6, 317-27, 329-30, 332-4, 337, 351, 353
테무르 부카 366
텡텡그리 30
토곤 테무르 7, 362, 365-7, 373
〈토곤 테무르의 비가〉 366
토레게네 40, 43, 53

톡테무르 272
툴루이 29, 33-4, 36-9, 41-2, 44, 47, 72, 84, 86
티베트 9, 30, 32, 69, 84, 148, 215, 240-2, 309, 353, 362

ㅍ

파나카티, 아흐마드 124, 155, 198, 253, 255, 264
파스파 148
파흐르 앗딘, 말리크 305
판첸 133-4, 152-3
퍼처스, 새뮤얼 221
페레스트렐루, 하파엘 388
펠리페 2세(에스파냐 왕) 230-1
《평주가담》 295
포르투갈 383-9, 393, 407
포브스, 로버트 베넛 404
포브스, 존 405
포수경 204-7, 222, 227, 254, 261
포양호 전투 365
폴로, 니콜로 159, 219
폴로, 마르코
  호르무즈의 배를 보고 받은 충격 13-4
  귀향 16-7
  -와 지폐 127-8
  -와 샹양(양양) 133-4
  -와 아흐마드 파나카티 156-7
  상도 도착 160, 219
  항저우 생활 161-2, 342
  -와 제1차 일본 침공 176
  -와 바얀 200
  상도 생활 219-21
  -와 제2차 일본 침공 228, 230-1, 238
  -와 취안저우 252, 293

-와 아흐마드 파나카티 256
　　-와 쿠툴룬 271-2
　　-와 만주에서의 반란 271-7
　　-와 불루간 288-9
　　-와 쿠케진 289, 291-4, 304
　　유진 오닐의 묘사 411-4
폴로, 마페오 159, 219
프랑크 282
프랭클린, 벤저민 393, 400
프리노, 필립 394
프린스에드워드호 390
피르스, 토메 388
필리프 4세(프랑스 왕) 280, 334

ㅎ

하문저 227
하우콰(오병감) 403-5
한강(중국) 133, 152, 154, 187

항저우 115, 133-4, 154, 157, 160-1, 166,
　　170, 181-2, 184-5, 191, 193, 206-7, 242,
　　246, 250-1, 338-40, 342, 352, 355
허국정 184
헤툼 80
호노리우스 4세(교황) 277, 280
호지훌 352
훌사혜 184
홍무제 368
홍염조 251
화이트먼, 윌리엄 402
환저우 24-5, 27
《황금 연대기》 27
황하 28, 32, 37, 39, 48, 53-4, 94, 136-7,
　　223, 358
훌레구 34, 43, 61, 63, 65-9, 78-9, 81, 84,
　　90, 95-99, 101, 140, 143-4, 153, 277-8,
　　281, 284, 304

바다의 황제
쿠빌라이 칸은 어떻게 유목 제국을 해양 초강국으로 변모시켰는가

1판 1쇄 2025년 4월 22일

지은이 | 잭 웨더포드
옮긴이 | 이재황

펴낸이 | 류종필
편집 | 권준, 이정우, 노민정, 이은진
경영지원 | 홍정민
교정교열 | 오효순
표지 디자인 | 석운디자인
본문 디자인 | 이미연

펴낸곳 | (주)도서출판 책과함께
      주소 (04022) 서울시 마포구 동교로 70 소와소빌딩 2층
      전화 (02) 335-1982
      팩스 (02) 335-1316
      전자우편 prpub@daum.net
      블로그 blog.naver.com/prpub
      등록 2003년 4월 3일 제2003-000392호

ISBN 979-11-94263-38-8 03900